党旗下八十年

李力安回忆录

李力安◎著

当代中国出版社
Contemporary China Publishing House
二〇一九年·北京

图书在版编目（CIP）数据

党旗下八十年：李力安回忆录 / 李力安著. -- 北京：当代中国出版社，2019.6
ISBN 978-7-5154-0942-9

Ⅰ. ①党… Ⅱ. ①李… Ⅲ. ①李力安—自传 Ⅳ. ① K827=7

中国版本图书馆 CIP 数据核字（2019）第 129145 号

出 版 人　曹宏举
责任编辑　宗　边
特约编辑　周五一　蒋建农　刘　敏
责任校对　康　莹
装帧设计　穆　丽
出版发行　当代中国出版社
地　　址　北京市地安门西大街旌勇里 8 号
网　　址　http://www.ddzg.net　邮箱：ddzgcbs@sina.com
邮政编码　100009
编 辑 部　（010）66572264　66572154　66572132　66572180
市 场 部　（010）66572281　66572161　66572157　83221785
印　　刷　北京润田金辉印刷有限公司
开　　本　787 毫米 × 1092 毫米　1/16
印　　张　30.25 印张　1 插页　302 千字
版　　次　2019 年 6 月第 1 版
印　　次　2019 年 6 月第 1 次印刷
定　　价　96.00 元

目　录

第一章　我的家族和家庭…………………………………………（1）
第二章　人生的转折…………………………………………（7）
　上小学…………………………………………（8）
　川至中学的秘密读书会…………………………………………（9）
　入党经历…………………………………………（15）
　和党组织失去联系…………………………………………（17）
第三章　抗日烽火连天…………………………………………（23）
　八路军到五台…………………………………………（24）
　参加“动委会”…………………………………………（29）
　洪水、马志远、赵鹏飞印象记…………………………………………（36）
　北岳区委党校见闻…………………………………………（46）
　抗日英雄樊金堂…………………………………………（54）
第四章　反“扫荡”、反“蚕食”的艰难岁月…………………………………………（57）
　在盂县坚持“无人区”工作…………………………………………（58）
　向敌后之敌后挺进…………………………………………（65）
　盂平对敌斗争回忆…………………………………………（71）
　胜利喜讯忽传来…………………………………………（74）
第五章　从反奸清算到土地改革…………………………………………（81）
　西柏坡全国土地会议…………………………………………（82）
　到井陉县参加土改…………………………………………（89）
第六章　南下征途…………………………………………（95）

告别父老……（96）
到陕南新区开展工作……（104）
西进安康……（116）
我所认识的唐方雷……（122）
第七章　初到北京……（125）
参加人事工作……（126）
在中央财贸部的五年……（129）
第八章　在中央组织部的大家庭里……（135）
和中央组织部的渊源……（136）
组织部对我的教育和培养……（139）
南阳调查始末……（146）
为“潘、杨、王”事件甄别平反……（151）
记安子文二三事……（164）
第九章　落脚黑龙江……（173）
开展山区调研……（174）
到东宁参加“四清”……（176）
老书记欧阳钦……（181）
第十章　我的十年“文革”经历……（187）
帮助哈尔滨市委搞“文革”……（188）
动乱蔓延到黑龙江全省……（191）
在“五七”干校的日子……（198）
从“批林整风”到粉碎“四人帮”……（206）
第十一章　迎来新的时期……（213）
“揭批查”与省委改组……（214）
冤假错案的平反……（218）

支持真理标准问题讨论……（225）
重温小平同志北方谈话……（229）
实事求是评价大庆经验……（243）
解决干部队伍“四化”问题……（248）
在改革开放的日子里……（257）
老搭档杨易辰……（268）
王钊其人……（276）
第十二章 告别黑土地……（281）
追忆黑龙江的整党工作……（282）
到中央整党办……（286）
中顾委的诞生……（294）
薄一波与中顾委……（300）
回忆与宋任穷的交往……（313）
第十三章 老兵新传——从事国史党史党建研究……（319）
担任全国中共党史人物研究会会长……（320）
国史研究战线上的一名新兵……（332）
忆国史研究事业的开创者——邓力群同志……（343）
敢吝余生息征蹄……（353）
打油诗三首……（365）
结束语……（367）
附录……（371）
附录一 李力安传略……（372）
附录二 1993—2002 年李力安主要著述目录……（462）
附录三 2002 年以来李力安主要著述活动……（475）

第一章
我的家族和家庭

我的家乡在山西五台县东冶镇槐荫村。1920 年 7 月 19 日，我出生在这里。

五台县位于山西东北部，地形多为山区，土地很贫瘠。1919 年，山西地方实力派首领阎锡山在山西整理村范，为强化统治，把五台县划分为 6 个区，东冶镇为第四区，又称下五台。和其他 5 个区相比，第四区海拔较低，相对富庶一些。滹沱河、小银河从这里蜿蜒而过，气候温和，土壤较肥沃，水利资源丰富，交通便利，人口密集。1937 年全县人口为 18 万，第四区就有 6 万。虽然它只占全县面积约 1/10，但人口已占到全县的 1/3。

我的出生地槐荫村当时归第四区管辖。提及家乡，我的内心总是充满了感情。在晋东北，槐荫村算得上一个有特点的大村子。它的一大特点是地少人多，这使得村里许多人不得不外出谋生，或打工，或当兵，或做买卖，或当教员，真正在家种地的农民约占半数。这个地方的小商品经济发展较早，文化教育比较发达，加上与佛教圣地五台山很近，租种寺院土地和到寺院帮工、做小买卖者也不少。人们的思想也相对开放些。清朝末年，政府选拔一些青年到外国留学，槐荫村的赵三成、赵子初、赵涵溪三人入选，到日本留学，其中有两人分别是我的堂叔和堂兄。留学期间，他们加入孙中山组建的同盟会，回国后参加辛亥革命，进行推翻帝制、创建民国的斗争。五四时期，这里的反封建活动更是开展得有声有色。男人剪辫子，女人放足，办女校，搬神像，把庙宇改成学堂。大革命期间，本村知识分子中陆续有人在外参加中国共产党。“九一八”事变后，先进分子的抗日活动是比较活跃的。

抗战前夕，槐荫村已有 600 户人家，3000 口人，约 80% 的村民姓赵。我本姓赵，原名叫赵子斌，“李力安”这个名字是参加革命后改的。据槐荫村的赵氏宗谱记载，我的先祖名叫赵伯英，为山西保德州人氏，后迁徙朔州。明朝洪武年间（1380 年左右），明太祖朱元璋为发展生产，推行休养生息政策，在全国实行大移民，赵伯英于是偕妻子索氏从朔州马邑迁居到槐荫。赵伯英以农事起家，很快就在村里立稳了脚跟。他和 4 个儿子勤劳耕作，买房置地，家境变得殷实起来。先祖的墓、碑至今还在。算起来，我是赵伯英的第 20 代后人。

小时候，老人们常向我讲述家族的种种往事。大概在 18 世纪末 19 世纪初，赵家先辈第 15 代赵正魁在河北省阜平县做小买卖、经商，逐渐富裕起来，到我曾祖父、祖父一代达到鼎盛期。祖父弟兄 7 人，分家时每人分得一座院子，一辆马拉车，这是相当丰厚的家产了。到 19 世纪后期，国家、社会发生动荡和变化，赵氏家族人口不断增多（祖父 7 兄弟共有 24 个儿子、17 个女儿），家族出现分化和衰落也就不可避免了。

我的父亲赵秀龙出生于 1877 年，到他这一代时家里已经没落了。父亲 4 岁时，祖母去世。祖母一共生了 4 个儿子、1 个女儿。以后，继祖母又生了 4 个儿子、3 个女儿。家里人口太多，照顾不过来，父亲出生后不久便被抱到奶妈家抚养，到五六岁才回来。小时候，继母对父亲不好。父亲自 10 岁起就给全家人做饭。村里的老人讲，父亲个子小，上不去锅台，常常要踩着个小板凳才能够得着。父亲只念过三年私塾，十三四岁时，我伯父让他到五台城杂货铺里当了小伙计，给掌柜提茶壶、倒夜壶、抱孩子，当佣人使唤。我父亲从小就干伺候人的活儿，心细勤快，加上人又老实，周围人对他印象都不错。一家铺子垮了，另一家铺子就要他去，他曾在好几家铺子干过。1927 年前后，他所服务的那个铺子又垮了，正值我祖父和一位姑母先后患重病，他就回来服侍了他们一年多。此后我父亲又外出谋生。我的舅父在阎锡山的宪兵三营任营长，看到我父亲失业，家庭生活困难，就让我父亲去他儿那当军需，月薪 30 元。1929 年，父亲去了该宪兵营驻地张家口，但不久阎锡山、冯玉祥与蒋介石进行中原大战，我舅父也跟着上了前线，二人未能见到面，所以只在留守处干点儿杂活。不久，阎、冯兵败，阎锡山下野，他的军队被编迁、解散，我父亲又回到村里。槐荫村有个农工钱庄（有点儿像信用合作社），要他到那里工作，后来他当过三掌柜，月薪 7 元。我家房无一间，地无一垄，就靠父亲的工资养活全家 5 口人。我的母亲名叫张季莲，是一个农家女，没上过一天学，一辈子都在贫苦的家里操持家务。她的善良和勤勉，为家族、邻居称道，我永远不能忘怀。

在我的青少年时代，生活是非常贫困的，甚至是悲苦的。父亲很早就离家当店员，勤勤恳恳地干到 50 岁。从我 4 岁到 15 岁，全家人一直租住在本族的祠堂里。1934 年冬，大我 3 岁的姐姐病故，年仅 17 岁。第二年春，小我 3 岁的妹妹患肺炎，也夭折了，只活了 11 岁。接踵而至的灾难，给父母的打击太大了。祠堂成了全家的伤心地，难以再居住下去。以后，年迈的双亲向其亲侄子租了两间房子，房租一年 10 块钱，一家 3 口人就这么相依为命。小时候家里穷，母亲省吃俭用，尽量把好吃的留给我，她自己常常吃糠和麸子，就着干辣椒下饭，弄得嘴角起泡，流鼻血。我年纪小，不明白操持家务的艰难，还问母亲：为什么老吃辣椒呀？母亲只对我笑笑，什么也没说。以后我参加了革命，经历过抗战最艰难的时期，我和同志们常以粗粮果腹。粗粮又苦又涩，没有下饭的菜，只能就着辣椒往下咽。这个时候，我深深体会到母亲的舐犊之情。

我的家庭和家族对我个人的影响是非常大的。前面说到，我的家族是个大家族，祖父兄弟 7 人，生了 41 个子女。随着家族的贫富分化，每个人的际遇也就各不相同。在我的记忆中，这些亲属中读书人是少数，多数人经商当店员。还有些公子哥儿，整天游手好闲，躺在床上抽大烟，我能点上名字的就有 20 多个。我的祖父有 12 个子女，我父亲排行第四，有 3 个哥哥、4 个弟弟和 4 个妹妹。我父亲一辈子是个穷店员，我的 2 个伯父当了私塾教员。五叔残疾，每天挎着个篮子，沿街乞讨。七叔是个赌徒，三伯、六叔和八叔早已死亡，我从未见过。几个姑姑都早出嫁了。

到我这一代，亲叔伯兄弟 10 人，我排行第九。我大伯有个儿子，比我大 30 多岁，原来和我父亲都在五台县城当店员，生活也很窘迫。我这个叔伯哥后来跟表兄到晋东南承包了个税务所，赚了不少钱，买了房，置了地。当时人们传说他赚了 12 万 5000 块钱，就给他起了个外号叫“十二万五”。他发财后，像是换了一个人。他觉得他那残疾的亲叔叔在外边讨饭给他丢了面子，就颐指气使地对我五叔说：我给你粮食，你不要讨饭了。五叔一家 4 口人，他一年只给 500 斤小米，我的五婶还要给他家洗衣服，做杂活。但是，500 斤小米怎么能够让一家人吃饱呢？五叔还得偷偷地到远一点儿的村子去乞讨，天黑后才敢回家。看到这些情景，我心里特别难过。我这个叔伯哥发财后，游手好闲，抽上了大烟，但凡身体不舒服了，就叫我父亲去伺候他。有一年左右的时间，父亲白天在钱庄上班，晚上就住到侄子家里看护他。有一天晚上，我跟着父亲住在他家，恰巧在半夜他犯了病。我父亲说要去请医生，他说：你不能离开我。那怎么办呢？父亲走不开，他们就派了我的差。我只是一个9岁的孩子，不敢一个人外出，想要他的儿子做个伴，他的儿子大我两岁，在同一家小学读书。但他说他的儿子要睡觉，不要叫他。直到现在，我还记得自己深更半夜外出找大夫的情景。我母亲知道这件事后，伤心得不行。以后，我的姐妹先后病逝，全家从祠堂搬出来，租了他的空房子住。每年10块钱的房租，一分钱也不能少，还有其他苛刻条件。

在我众多的亲叔伯兄弟中，除上述的一个外，二哥在大革命时期失踪了，儿子病死，二嫂改了嫁。还有5个人都曾到太原当了产业工人。抗战时期，其中的两人不知下落，还有一人参加了八路军，牺牲在战场上。我则在读书期间加入共产党，成了一名职业革命者。

少年时期，我从我这个大家族中深切感受到了生活的贫富悬殊。父母一辈子辛勤劳作，全家人却过着贫困的生活，姐姐和妹妹相继病故，给我很深的刺激。我觉得这个社会实在是太不公平了。慢慢懂事以后，我从那两个富亲戚的所作所为中，体会到富人对穷人的欺凌，体会到人与人之间的金钱关系。参加革命后，我才知道这就叫阶级分化。从我这个大家族的贫富分化中，可以看出中国农村的阶级分化。这也是旧社会的一个缩影。

第二章
人生的转折

上小学

1928 年秋，我 8 岁了，就在槐荫村小学校读书。

槐荫村的文化教育水平相对是比较高的。清朝末年，我们村设有 5 座私塾。这些私塾，或由富庶之家独办，或由几户人家联办，或由儒士在家设馆收费招收学生。教材不外乎《三字经》《百家姓》《千字文》一类的书籍。学生们读书识字，学作“八股文”，结业后再赴县城参加会试和乡试。清朝时期，我们村共有庠生、贡生、增生 75 人，太学生 21 人，举人 12 人，进士 1 人。仅同治、光绪年间，就有 2 人考中举人，19 人考中秀才。槐荫村出文化人，这在五台县是有名的。辛亥革命后，私塾被废除，加上当时倡导男女平等，槐荫村把一座大庙的泥胎神像搬毁了，相继办起了公立学堂和女子学堂，开始了新式教育。1926 年，这两所学堂合并为槐荫村小学校，学制 4 年。从 1925 年开始，男女学生都已使用上海出版的新学制课本。1929 年起，学校的老师中就有师范毕业生。1931 年，当时任晋绥军骑兵司令的赵承绶[①]就给学校补助经费，扩充为 6 年制，叫“槐

① 赵承绶（1891—1968），山西五台人，保定陆军军官学校毕业，在阎锡山军中先后任连长、团长、师长、骑兵司令等职。抗战爆发后，任晋绥军骑兵第一军军长。国共合作后，赵赞同中国共产党的抗日救国十大纲领，曾赠送八路军一二〇师部分经费和枪支弹药。后又积极反共，阎锡山曾派他去汾阳与日本人谈判投降条件。1946 年，阎委任赵为山西省保安司令部副司令，后任野战军总司令。1948 年夏，在晋中战役中被解放军俘获，曾帮我军做劝降敌军将领的工作。新中国成立后，任山西省政协委员、国家水利部参事。从远祖论，我们是本家，但没什么交往，新中国成立后他曾找我叙乡情。

荫村两级小学校”。从 1934 年开始，赵承绶出资重新改建全部校舍。这所学校聘用的教师多为太原国民师范毕业的学生，有少数老师思想进步，传播新文化。许多学生受到影响，后来走上了革命的道路。

在槐荫村小学校，我们有国文、算学、社会、体育、图画等课程。到 5 年级时还开设了英文课，我就是在那时认得英文 26 个字母，学会了一些简单的英文单词。学校对我很有吸引力，自己学得也很用功。父亲常常对我讲：你要好好上学，以后像你的伯伯一样，当个小学教员。父亲总觉得教员的地位和收入比他当店员的要高，能够养家糊口，故此寄希望于我，给我设计了这么一条人生道路。家境的贫困，使我很早就知道要好好读书，不辜负父母的期望，长大以后要孝顺双亲。这就是我年少时的志向。由于父母管教严格，在学校，我是个勤奋的好学生。在 6 年 12 个学期之内，我曾有七八次考第一，成绩从没有掉过第三名，班上只有两三个女同学是我的竞争对手。总起来看，我的成绩是拔尖的。在家里，我是个听话的好孩子，从小就没跟人打过架，也不会说脏话骂人。以后我参加了革命，和同志们的团结都搞得很好，工作开展得比较顺利，这些都得益于当年父母对我的教诲。

川至中学的秘密读书会

在槐荫村小学的 6 年光阴转瞬即逝。1934 年我高小毕业后，顺利考上了河边村川至中学，分在 21 班。

河边村是山西军阀阎锡山的老家。这是滹沱河岸一个比较富足的大村子，交通便利，“七七”事变前就通了铁路，同蒲路有一条支线到达这里。1915 年，阎锡山在村里征地 80 余亩，建起川至中学[①]，设有初中一至三年级 3 个班。学校经费每年由阎拨款，1937 年被日本侵略军占领后停办。20 世纪 20 年代，川至中学曾发生学潮，开除过进步学生。后来我才知道，就在我入学的这一年冬天，共产党员杜心源在川至中学建立了中共地下党支部，有了党组织的秘密活动。杜心源是一个老党员、老革命，抗日战争开始后，他把学生带出去，组织起抗日游击队，新中国成立后担任过四川省委书记处书记。

时光荏苒。大半个世纪过去后，年少时在川至中学传唱过的那些悠扬旋律，仍清晰地刻在我的脑海里。一首是校歌：“川至川至，建立在古台州，东倚文山麓，西临滹沱滨……切莫负主任之设学意。”歌词中的主任，即山西军阀、晋察绥绥靖公署主任阎锡山。另一首是根据唐代诗人杜牧《清明》改编的歌曲。歌词唱道：“艳阳春，艳阳春，清明时节雨纷纷。雨纷纷，雨纷纷，路上行人欲断魂。借问酒家何处有？牧童牛背忙欠身，遥指草桥道，一片白云深。青山翠荫荫，绿水碧沉沉，酒旗飘林外，茅屋靠山根，这就是杏花村。”

进川至中学后不久，我们家的生活发生了很大变故。1934 年底到翌年春，姐姐和妹妹相继病逝。母亲接连失去

---

① 阎锡山，字百川。

川至中学的同窗好友。右起：赵子斌（李力安）、徐光裕、李松年、康震勋、郭承斌。

两个孩子，心肝俱裂，整日以泪洗面，悲痛得快要疯了。我这个家里的独生子，成了父母唯一的精神寄托和希望。为了供我住校上学，父母省吃俭用，凑足每年的学费。川至中学离家15华里，很多时候，我从家里带上一个礼拜的窝窝头到学校。这是我最主要的伙食了。我知道家里穷，尽量不给父母增添负担。课本能向高年级同学借的，就不买新的。三年下来，我的英文课本用的是别人给我的《英语拾级》。学校门口有卖小吃的，我没买过一次糖，更别提上馆子了。我心里牢记父亲对我的嘱咐，心里抱定了毕业后当个小学教员的志向，非常努力地学好功课。有一次，别的学校到我们学校参观，学生之间举行足球比赛，算是联欢。我们学校不大，共有3个年级，100多个学生，大家踢球的踢球，看球的看球，热闹得很，只有我一个人在自习室里埋头读书。因为用功，我的成绩不错。入校时，我

我的父亲

1934年夏，我顺利考入川至中学。这是我报考时提交的报名照片。

们班 40 个同学，我的成绩在全班排第 18 名。到一年级期末考试，我拿了全班第 5 名，家里人都为我高兴。

到一年级后，我和一些进步学生有了来往，就不再"两耳不闻窗外事"了。他们看到我是个好学生，家里也很穷，常给我介绍一些课外书。我上一班的同学刘振国，有好多书，我常常找他借阅。我看的第一本小说，是茅盾的《子夜》。这本书可读性很强，几天就看完了。刘振国问我：看完《子夜》，有什么想法没有？我那时看书只注意故事情节，答不出个所以然来。他指点我说：你看这书里面，讲到了老板对工人的剥削，讲到了工人罢工，你要注意这个。刘振国还提醒我：你怎么不看报啊？在他的指点下，我开始到学校阅览室看报。我们学校阅览室有《申报》《太原日报》等二三十份报纸，了解到不少事情。

大概在 1935 年上半年，我参加了学校中进步学生组织的秘密读书会，一同传看进步书刊、读报，与人谈话。读书会在学校地下党领导下开展活动。这个组织没有入会手续，只要思想进步，愿意读一些进步书籍，由已入会的人介绍，经主要负责人同意，就可以参加。这期间，我看过邹韬奋主编的《大众生活》杂志，看过田汉的一些剧本，还有孙中山、梁启超、鲁迅等人的书，后来又读了一些唯物史观一类的哲学、历史、理论书籍。那时候，读书活动是秘密进行的。我们常常给这些书包上物理、算术课本的书皮儿，塞在床板下边或藏在安全的地方，逃过了学校当局的检查。

通过读书会，我知道了中国共产党，知道了朱德、毛泽东的名字，了解到红军的英勇事迹以及“九一八”事变后的国内抗日活动，还有在国际上发生的意大利侵略埃塞俄比亚的事件。读书会的宣传和教育，对我这个穷孩子来说，不啻是打开了一扇广阔的大门，让我认识到外面的世界，思想也因此受到很大触动。

读书之余，一些进步学生常在课余饭后在操场边向我们宣传全民抗战的思想，揭露阎锡山军阀的反动统治。慢慢地，我对现实社会的黑暗有了一定的认识。记得二年级开学后两个月，刘振国问我：你的家庭怎么样？我跟他讲起我家族和家庭的许多情况，特别提到了我的一个叔伯兄弟，暴富后就不劳动了，穷奢极欲。而我那残疾的五叔，要靠乞讨生活。我们家租我堂兄的房子住，除了一年要交10块钱的租金外，他还向父亲提出，我们家厕所积下的粪便要归房东所有。在那个时候，一年的粪便可以卖两块钱。这一点，他是算计过了的。院子里的菜窖，他家要搁菜，不让我们家用。如果要在院子里栽花，可以，但是栽什么花，由他说了算，挑水浇花的体力活由我父亲承担。父亲想在院东墙边搭个棚子，堆些杂物，但墙边有棵枣树，他又发话了：这枣树不能刨掉。父亲只得围着枣树盖了一间小棚子，棚子上方挖个洞，让枣树往上长……这些点点滴滴的不平之事，在我心里积压了很长时间，我向刘振国一吐为快。他听完后，跟我分析说：你看，他成了房东、成了地主后，对他的亲叔叔都这样无情，地主老财们这么做，就是剥削。这是对我进行的朴素的阶级教育。80多年后，这些话还深刻地印在我的脑海里，不会忘记。

入党经历

读书会是川至中学中国共产党地下党组织的外围组织，是党支部开展工作的重要阵地。因为我出身贫困，学习好，人又老实，在读书会的表现不错，党组织经过一段时间的接触、考察后，决定发展我入党。

1935年秋，刘振国找我谈话，试探着对我说："上个星期天，我到东冶镇，见到我的表兄，他可是个共产党。他要介绍我入党，我说我得考虑考虑，我还有个很好的朋友，我们俩商量商量，要入我们俩一起入，他要不入，我也不入。你看怎么样？"刘振国当时是读书会的负责人，长我一岁，高我一班。我觉得他见识广，成绩好，平时就对他很佩服。听他这么一说，我心里热乎乎地，就很坚决地表示："你死我也跟你死。"这样，经刘振国介绍，我在1935年10月秘密加入了中国共产党。后来我知道，刘振国是在1934年入的党，是川至中学的党支部书记，他在学校一共发展了4名党员。刘振国后来改名李哲夫，新中国成立后曾任广州军区空军政治部副主任、代主任、中央广播事业局副局长、中共十二届中央纪律检查委员会委员，2000年在北京病逝。

我加入中国共产党，既没有宣誓仪式，也没有预备期，正式谈话后就实行单线联系。过了些时候，党组织允许我同另一名党员李志民接触。我和刘振国、李志民会趁着黄昏时分别的同学踢足球、打篮球的时候，不经意地聚在操场边，假装聊天，开一次小组会，说一说国内外形势，进行工作报告，作自我检讨，最后布置下一步的活动。每次小组会前，我都要翻翻报纸，做一下准备。当时党组织的纪律很严，入党一事，上不传父母，下不传妻子，谁也不能告诉。所以，我没有向父母透露过一丝一毫的口风。这就是我入党的大概经过。当时知道入党就是干革命，但从来没想过这与新中国成立后享受的待遇有什么联系。因此后来许多年间在填写个人事项的表格“何时何地参加革命”一栏时，我一直填写 1937 年 9 月在五台县第四区动委员会参加工作。直到新时期废除领导干部职务终身制建立离退休制度时，我才知道我参加革命的时间是从 1935 年 10 月加入共产党开始的。

入党后，党组织教育我们要革命，要关心国家大事，反对死读书。那时我们的想法很简单，也很幼稚：找个法子，让学校考不成试，这样就是反对死读书。有一次，学校要进行数学、物理、化学课程考试。在考试的前一天晚上，我们几个人偷偷地把食堂的油、面、米拿走，心想，第二天早上大师傅一看没有面，做不成饭，就考不成了嘛。没想到，大师傅到街上临时买了一顿早饭，考试照常进行。学校为此还查了一阵子，没有查出个所以然，就不了了之。入党后的那个学期，我的成绩是比较差的。因为要反对死读书，所以对功课不太上心。到 1936 年夏天考试的时候，我在班上的排名从第 5 名滑到第 30 名，还有两次化学考试拿了 30 分，挨了老师两次手板子。我们学校每学期有一次数、理、化的课程考试，并设有奖金，奖学金最高达 18 元。那时的学生每月生活费 2 元，18 元的奖学金是很诱人的，但我一次也没有得上。

这些往事都过去几十年了，但还是那么生动、鲜活地印在我的脑海里。每当忆起“以身许党年少时”，我的内心便充满了激动。

和党组织失去联系

1935年底到1936年初，正是我们党的政策发生很大转变的时期。红军长征结束后，中共中央于1935年12月在陕西安定县（今子长）瓦窑堡召开政治局会议，确立了抗日民族统一战线的新策略，并相应调整了各项具体政策。会后，为扩大抗日武装和根据地，红军准备东征同日本侵略军直接作战。1936年2月，在毛泽东、彭德怀的率领下，红一方面军以“中国人民红军抗日先锋军”的名义，从陕北渡过黄河，突破晋绥军防线，进入山西。红军此次东征，特别值得一提的是有8000多名三晋子弟参加了红军。整个东征战役历时75天，虽因军事形势变化没有能够完全达到预期目的，但红军在军事和政治上还是取得了重大成功。红军东进，让阎锡山深感震惊，他采取军事、政治、经济、思想、民众等一系列反动措施，加强“反共”“防共”的部署。在这段时间里，阎锡山在全省大搞白色恐怖，抓捕共产党员，五台县的形势也骤然紧张。

1936年3月，阎锡山的宪兵队追查到了川至中学。我自己做好了思想准备，心想万一查到我，我就死不承认，反正也抓不到什么把柄。但是，学校当局还是怀疑上了我。

1937 年夏，我在川至中学初中毕业。

我们学校订有《中央日报》《山西日报》《庸报》等二三十份报纸，大多是国民党的报纸，也有一两份宣传抗日救国的进步报刊，集中放在学校礼堂后边的三间屋子里。因我常去看报，引起了校方的注意。有一天，训育主任把我叫去问话："你为什么老到阅报室看报？你是不是参加了读书会？"我马上回答："没有。"他又问："听说你们一个月还交 5 分钱的会费？"我说："没有。我要知道什么事，我一定会告诉老师的。"我应付过了审查，没有暴露自己的政治身份。以后，学校经常检查点名，学生们都很紧张。我有一个同学，平时学习不好，也被叫去审查。老师说："人家共产党也是要好样的呢！你那点儿水平，写字两个格里写一个，共产党要你这样的赖包子？"在宪兵队的这次追查活动中，全校 5 名地下党员有 2 名被抓走，刘振国被迫离校转移，学校的党组织遭到破坏。一直到放暑假，我们暂停了活动，尽量隐蔽起来。

那个时候，家里决定要给我娶媳妇。这门亲事是"父母之命、媒妁之言"确定的。我的妻子叫孙建民，与我同岁，念过三年书，东冶镇人，老丈人在耿镇开了家杂货铺。我向学校请了一周假，于阴历二月初五办了婚事。这个媳妇很老实，对父母很孝顺，1939 年春参加了工作，后来也入了党。可惜她1940年病亡，只活了20岁。

到1936年春，红军东征之后，我们党尽可能地向国民党上层领导人和军队将领宣传抗日民族统一战线的主张，这对山西当局内部产生了影响。山西地方实力派首领阎锡山既不满于国民党中央军的吞并，又面临着日伪军重兵压境的威胁，感到用旧的一套已难以维持统治，愿意同共产党谈判，改善关系。

1936年8月底，阎锡山派人邀请共产党员薄一波回山西工作。那时薄一波刚结束5年的铁窗生涯，被我党从国民党北平草岚子监狱营救出来。薄一波对阎派来的人说：叫我给阎锡山干事情，我不干。薄一波拒绝给阎锡山做事这件事报告到北方局刘少奇同志那里，少奇同志对薄一波说：现在搞抗日民族统一战线，我们想打还打不进去呢，你为

北平草岚子监狱遗址

什么要拒绝呢？你要接受。这样，在1936年10月下旬，薄一波等人受中共北方局的派遣，到山西与阎锡山建立特殊形式的统一战线，协助阎锡山从事抗战准备。薄一波以山西抗敌救亡活动家、组织家的面貌回到家乡后，很明白地告诉阎锡山：我是共产党。阎锡山有一个很反动的幕僚叫梁化之，是他的表侄和亲信，后来在太原解放时自杀了。梁化之对阎锡山讲：薄一波和其他人不一样，他可是个真正的共产党。你怎么把他请回来做事？这可有危险。阎锡山说：我们要请就得请个真共产党，请假共产党来起不了作用。这些都是薄一波后来亲口跟我讲的。

薄一波回山西后不久，北方局成立中共山西工作委员会，薄一波任书记。这个委员会专门领导共产党的公开合法活动，从事上层统战工作，开展抗日救亡活运动。它同中共山西临时省委严格分开，不发生横向关系，直属北方局。当时，山西还有一个重要抗日团体叫“牺牲救国同盟会”，简称“牺盟会”。薄一波到山西后，在1936年11月上旬任牺盟会秘书，实际上就是牺盟会的主要负责人（该组织名义上是阎锡山领导）。此后，牺盟会便发展成为实际上由中国共产党领导的抗日民族统一战线组织，合法地训练了许多年轻的进步知识分子，给每县派了一个“牺盟”特派员。后来组织的山西新军——抗敌决死队也是以牺盟会培训的知识青年为骨干的。在牺盟会的推动下，山西各地的抗日救亡运动蓬勃兴起。

1936年12月，“西安事变”的消息传来，在山西引起很大震动。河边村是阎锡山的老家，川至中学的老师中大部分是忠于阎锡山的，听说蒋介石被抓起来后，捶胸顿足地大哭。我则偷偷地高兴得不行。“西安事变”后，在山西就可以公开宣传抗日了。太原的学生可以进行抗日游行示威，公开地在街上喊打倒日本帝国主义的口号，这在北平、上海、南京、济南等地都还不行。

1936 年冬以后，我还没有同组织正式接上关系。我所在的槐荫村有两个共产党员，我和他们有过接触。一个是朱效成，是东冶镇沱阳高小的教员，他是 1933 年加入共产党的党员，曾在阳泉、石家庄、张家口、绥远等地进行地下活动，后来回到东冶镇教书。山西抗日形势好转后，朱效成以牺盟会的名义开展活动，我和他有过联系。他推荐书给我看，跟我谈了一些和抗日有关的事情。新中国成立后，朱效成担任过地质部地质科学院的副院长。另一个是赵鹏飞，1934 年夏他在太原国民师范读书时加入共产党，毕业后到槐荫村两级小学当了教员，秘密地进行党的工作。赵鹏飞为人很好，很有威信。

1937 年 6 月，我初中毕业。

川至中学的党组织遭到破坏后，也有人找我接过头，了解情况，想联络人员，恢复组织，但都没有明确提出具体该怎么办。尽管和组织失去了联系，我的思想并没有出现消极和动摇。看到抗日形势好转，我便开展些力所能及的活动。1936 年冬，日本侵略军进攻绥远，晋绥军傅作义进行抵抗。我和李志民便公开组织了绥东抗敌后援会，联系一些同学上街为绥东抗战募捐，进行抗日宣传。我们村有演文明戏的传统，在农历正月元宵节三天要演戏，搞文化活动。1930 年元宵节，我 9 岁的时候，就参加过演话剧。1937 年正月放寒假，我回到村里，和回家度假的北平、太原的学生和知识分子一起演过田汉编的话剧，大部分则是自编的戏，反映"西安事变"的经过，宣传抗日爱国和反封建思想。我们还在村子里出黑板报，组织读书会，给小学生补课，向他们传播进步书刊。后来，有三个同学在我的影响下，参加了革命。

1937 年夏，我初中毕业，打算到太原考高中。当时川至中学和槐荫村两级小学都设有贷金，如果毕业考试的平均分数达到 80 分，一年可以贷给 80 块钱；考到 90 分，可贷给 120 块钱。学生可以报考指定的初中和高中，这些学校有太原进山中学、太原第一中学、平民中学等。我同时报考太原进山中学和太原第一中学，都被录取了，最后选择在太原一中注册。可是没多久，"七七"事变爆发了。日军进攻华北各战略要点，山西形势紧张，太原一中先通知迁移到外县开学，后到外地也开不成学了，我就一直留在槐荫村。

第三章
抗日烽火连天

八路军到五台

1937 年全面抗战爆发后，我从太原辍学回到家里。当时我并没有认识到抗日战争的长期性，还想着等学校复学后就去读高中，或者等打完仗后再去上学。没想到，这仗一打就是 8 年。

回到村里后，我和几个进步青年常常到小学校里去宣传抗日，给学生们讲“九一八”事变，讲东北抗日义勇军的事迹。槐荫村消息闭塞，村里也没有什么报纸，我和我的叔伯哥赵子泽一起，每天晚上到赵承绥家里听收音机广播的新闻。赵承绥是我们村的人，抗战爆发后任阎锡山晋绥军骑兵第一军军长，正好这段时间住在家里。他们家和我们在同一个胡同。晚上趁他们打麻将的时候，我和赵子泽就从国民党的电台里收听全国抗日的消息。第二天早上，我们就出墙报。墙报是手写的两张纸，村东头贴一张，村西头贴一张，每天一期，向群众宣传抗战的形势。

“七七”事变后，中华民族面临亡国的严重危险。在全国抗日救亡运动日益高涨和共产党的倡议下，国共两党实现了第二次合作，共同抗日。1937 年 8 月，在陕北的中国工农红军主力改编为国民革命军第八路军，由朱德任总指挥，彭德怀任副总指挥，叶剑英任参谋长，下辖第一一五师、第一二〇师、第一二九师。红军改编之后，八路军总部率各师迅速出师山西抗日。同年 9 月中旬，朱德总司令率八路军总部进驻五台县南茹村，一一五师也从陕西东渡黄河开到以恒山为依托的晋东北地区，进行抗日。

1937 年 9 月间，日军侵占山西雁北，大同、广灵等地相继失守。国民党军队从晋北往南步步溃退。他们一路上乱抢东西，军纪败坏。我家一个亲戚，家里养了一头毛驴，被国民党兵盯上，非要牵走驮行李、送病号不可。那时老百姓养一头毛驴很不容易，那是他的半条命啊，当然舍不得被人拉走。我的亲戚只得跟着毛驴一起随军运送军需。没想走到半路，毛驴还是被抢走了，人也被国民党兵用刺刀捅死了。

当日本侵略军大举进攻、国民党军队节节败退的时候，八路军却大踏步地向前线开进。看到自己的部队出师抗日，我们心里别提有多高兴、多自豪了。八路军的装备虽然简陋，战士们穿着草鞋，背着背包，枪支也不一致，但是队伍走得很精神，纪律很严明。山西的老百姓被国民党的部队给整惨了，再加上阎锡山过去的反共宣传，诸如“共党杀人如割草，无论穷富皆难逃”，共产党是“共产共妻”的“土匪”，等等，他们对共产党和由红军改编的八路军心怀疑惧，看到军队后都往山沟里躲。这时候，我们就向群众宣传，八路军是来打日本鬼子的。同时我们还组织大家慰问部队。1937 年的中秋节前后，八路军途经东冶镇。我和赵子泽、赵拓背上篓子，到村子里为战士们募捐，你家给几个果子，他家给几块月饼，很快就把篓子装满了。在胡同口边上，一个老太太在我们的动员下，把开水烧好，摆上桌子和饭碗。当八路军经过我村村边的时候，我们把募捐来的瓜果、月饼，追着往战士手里送。战士们军纪很严，什么都不要，最多是边走边喝上几口水。八路军以自己的实际行动，赢得了老百姓的信任、尊重和爱戴。

在这一时期，我第一次见到薄一波同志。1936 年 10 月，薄一波受北方局指示回到山西。卢沟桥事变后他向阎锡山建议组织新军。阎锡山同意了。1937 年 8 月，山西新军在太原成立，全称叫“山西青年抗敌决死总队”。这实际上是一支由中共山西（公开）工作委员会组建和领导的革命队伍，后来密切协同八路军作战，发挥过积极作用。1937 年 9 月 21 日，薄一波率抗敌决死总队从太原开到五台山地区，准备建立抗日根据地，部队就驻在东冶镇。在东冶镇的群众大会上，我第一次见到他，听他作报告。我在入党后听说过薄一波的名字，知道他是个共产党员。薄一波的家在定襄县蒋村，离我上学的河边村有 20 里路。他比我大 12 岁。新中国成立后，我们因工作关系而熟识，我从他那里获得很多的教益，在以后的篇幅中我将详细叙述。

1937 年 9 月下旬，一二九师副师长徐向前随八路军总部到五台后，回到离别十多年的家乡五台县永安村看望家人和乡亲。徐向前是我们景仰的红军高级将领。听到这个消息，我和赵鹏飞、赵子泽很兴奋。一天黄昏，我们三人偷偷到永安村看望徐向前。徐家是个普通的家庭，有个小院子。见面后，我们向徐向前作了自我介绍，徐向前对我们这三个家乡青年表示欢迎。因为是乡邻，我和他有一点儿曲里拐弯的亲戚关系，但从未向他提及。他跟我们谈了抗战形势、统一战线、抗日救国十大纲领等，谈了半个多钟头，我们很受鼓舞。以后，徐向前率部队到了晋东南。1945 年日本投降前后，我在晋察冀边区冀晋区二地委工作。

徐向前有个亲姐姐，丈夫去世了，家里生活很困难。地委了解情况后，把他的姐姐和外甥女接到地委机关，住了一年左右的时间。全国解放后，我和徐帅没有工作的联系，没有在小范围再见过他。他逝世后，我到他家里去进行了吊唁。

1937年9月中旬，日本侵略军攻打山西雁门关。在槐荫村可以听到远处的枪炮声，老百姓人心惶惶。赵承绶全家都跑了，凡是有点儿办法的人都向大后方逃难。9月29日晚上，青年抗日决死队离开了东冶镇。第二天早上起来，我们一打听，决死队沿着滹沱河往东走了。当时我们并不知道薄一波奉中央的指示，率队过石太路到晋东南创建新的根据地去了。决死队离开后，我心里很着急，想找赵鹏飞、赵子泽商量，参加决死队一块儿走，因为这也是党的队伍。正好在这天早晨，川至中学的三个同学背着简单行李找到我家，说学校解散了，老师、学生各回各家。这三个同学常和我接触、联系，受我的影响比较大，对我也很信任，就来找我。我告诉他们：我的同学刘振国（后改名李哲夫）就在决死队总队部，昨天晚上才开走。我写一个条子给他，你们赶快追，追上后就参加决死队。你们先走，我随后也要去。听我这么一讲，三个人饭也没吃，背起背包就出发了。以后，他们都参加了决死队，后改编为八路军，经历了革命战争的锻炼，新中国成立后这三人都成为人民解放军的中高级干部。

这三个同学走后，我找到了赵鹏飞、赵子泽。当时，炮声隆隆，村里人都跑到了街上，商量该怎么办。我要赵鹏飞、赵子泽一道去参加决死队。这时候，旁边有个名叫赵广生的人，在旧军队当过参谋，对我们说："你们年轻人都走了，剩下妇女、老人、小孩怎么办？赵承绶家里有枪，你们应该去把枪取出来，组成个队伍，掩护全村的人跑反去，到哪儿也能搞点儿饭吃啊！"

听他这么一说，我们也觉得有道理。我和赵鹏飞，还有几个进步青年赵拓、赵元红、赵二虎一起去搞枪。赵承绶家里确实有不少枪，还留有一个军械员看家。这个军械员正慌得不得了。他既不敢跑，怕赵承绶以后处分他，又怕日本侵略军打来，知道他是中国兵，也不得了。我们去取枪，他巴不得呢。他知道我们都是本村人，姓赵，和赵承绶都是一家子，于是让我们开了个条子，很快就把枪交给了我们。这样，我们从赵承绶家搞到 108 支步枪，有汉阳造的，也有山西造的，还有 18 支山西造的冲锋枪，13 支驳壳枪。这些驳壳枪少数是德国造的，大部分是山西兵工厂造的，还有不少弹药。

武器弹药取出来后，我们随即成立起槐荫村自卫队，保卫家乡。自卫队刚成立的时候，有 200 多人参加，以后稳定在 100 人左右。每天集合，上操训练，学唱歌，有时还到附近村子里游行。村公所对我们也很支持，中午管吃一顿饭。到 1937 年 10 月，日本人把雁门关攻破了。我当时想，日本人来了以后，一看到我们有枪，我们又不会打仗，全村老幼 3000 多人往哪里转移？几个人商量，趁着夜晚，把枪拉到野外，挖了沟埋起来。我们几个带头的人出去躲一下，看看情形再说。过了几天，日本侵略军没来，我们又回到村子，取出枪，自卫队继续操练。

参加“动委会”

1937 年 11 月初，忻口在经中国守军一段激烈的抵抗后失守了。中共中央根据战局的发展，重新调整八路军的战略部署，由聂荣臻率一一五师一部留在晋东北创建晋察冀抗日根据地。11 月 7 日，晋察冀军区在五台县正式成立，聂荣臻为司令员兼政治委员，下辖四个军分区。五台县属二分区，司令部就驻在东冶镇，赵尔陆为第二军分区（开始叫晋东北游击司令部）司令员兼政委，分区政治部积极开展地方工作。

赵尔陆是山西崞县（现为原平县）人，1905 年生，1927 年加入共产党，参加过长征。抗战爆发后，他在 1937 年 8 月起任八路军总部供给部部长，是晋东北根据地的创建人和组织者。赵尔陆知道槐荫村组织了自卫队，有 100 多条枪，便派一名营级干部刘钊到村子里来帮助我们训练，同时也做我们的政治思想工作。此前，五台县第四区的“动委会”组织起来。1937 年 11 月中旬的一天，区“动委会”的地下党员郭子俊通知赵鹏飞说：现在八路军已经来了，组织了游击司令部。你们应把武器交给游击司令部，你们几个人到区“动委会”参加工作。

“动委会”是“民族革命战争战地动员委员会”的简称，是一个由共产党参加领导的抗日民族统一战线的组织，其上级机构叫“第二战区民族革命战争战地总动员委员会”（简称“战动总会”）。1937 年 9 月 20 日，由中国共产党提出并和阎锡山商议后，“战动总会”在太原成立，爱国将领续范亭为主任，阎锡山也派了副主任。随后，山西、察哈尔、绥远广大地区的68个县相继组建起县、区、村各级战地动员委员会。“动委会”配合八路军、牺盟会，在动员群众、组建发展抗日武装、开展游击斗争、支援前线等方面发挥了积极作用。五台县第四区“动委会”成立于1937年9月，游击司令部政治部派共产党员洪水具体指导区“动委会”工作。

赵鹏飞传达郭子俊的意见后，我们都表示同意，分三批把自卫队的武器弹药全部交给了游击司令部。我和赵鹏飞、赵子泽、赵拓、赵元等一起参加了五台县第四区“动委会”的工作。

五台县第四区所在地是东冶镇，这是五台县最大的一个镇子。听说以前经济繁荣的时候，大大小小的商号有500家，2000户人家，六七千口人。我参加“动委会”后，被分配在区动员委员会组织部当干事，郭子俊是组织部长，朱卫华是宣传部干事。不久，军分区政治部找我们谈话，了解情况，还发给我一张表，把家庭情况，何时入党，何时与组织失去联系，做了些什么工作等，都如实登记了。以后，政治部把我们五六个人找去，专门进行政治审查和培训。经过一段时间的调查、考察，洪水在1937年11月召集我们开了一个会，说要建立党的区委。不久，进行党员登记，随后组建五台县第四区区委。赵鹏飞任区委书记，郭子俊任组织委员，朱卫华任宣传委员，徐常山任锄奸委员，吴耀枢任武装委员，我任青年委员。这是四区区委成立的大致情况。这是秘密进行的。1938年2月，“动委会”工作结束，相邻各县也陆续恢复了党委、政府、群众团体的正常体制，调整干部，改组区委，赵鹏飞、郭子俊、徐常山调别处工作，五台县四区由朱卫华任区委书记，我任组织委员，张尚智任宣传委员。区公所正式成立，县里派党员赵建邦任区长。我们的党内职务不公开。此时，群众团体也普遍建立起来了。朱卫华的公开身份是青救会干部，张尚智是区公所助理，我任牺盟会区分会秘书。

从 1937 年底我参加“动委会”到 1938 年 10 月离开五台县第四区，将近一年的时间。这一时期党的工作，主要有三个方面。

一是发动群众，宣传组织群众，扩大抗日队伍。抗战开始后，原来的村公所已不能发挥作用，战地动员委员会实际上成为战时的政权组织。在区委会领导下，我们利用这个组织的合法性和权威性，在各村普遍建立工人抗日救国会、农民抗日救国会、青年抗日救国会、妇女抗日救国会和村牺盟会等群众团体。“动委会”结束后，开始改造村政权，选举和任命农民积极分子担任村长。山西是一个比较保守落后的省份，要把妇女组织、发动起来，有不少困难。我们组织起妇女抗日救国会后，成立了妇女识字班，通过这个办法，对广大妇女进行思想教育，发动她们做军鞋，支援前线。晋东北的产业工人不多，农村有不少雇农、长工和手艺工人，群众工作对象主要是农民。因此，我们积极利用农民抗日救国会，改造村政权。刚开始的时候，受封建思想和阎锡山反共宣传的影响，有些农民不愿意当村长，常推辞说：“我当不了，那都是有钱人、有知识的人干的”；“我没有那个本事，没有那个能力。”这就需要做很多动员工作，对群众进行阶级教育，让他们的阶级觉悟一步一步地提高，让他们愿意起来自己掌握自己的命运。这是一项非常艰苦的工作。到 1938 年日寇占领东冶镇前，第四区大约有 2/3 的村政权掌握在农会的手里。

二是搞合理负担，减租减息。1938 年前半年，五台县还没有直接成为战场，敌人虽然占领了定襄城，离东冶镇还有 50 华里，但五台是比较安全的，晋察冀中央分局、北岳区党委、边区政府、地委都驻在五台。过去按地亩、人头等征收财政收入，现在难以实行，税收也没有了。八路军到五台后，实行有钱出钱、有粮出粮、有人出人的政策，叫合理负担。刚开始做这些工作，没有经验，只能和大家一起商议。当时的做法是，根据各家各户的实际生活状况，定出一些有钱的大户人家来负担一定的粮食和钱款。由于定下的标准只能是个大约数，难免会引起很多争执。你给这家派 200 斤粮食，给那家派 150 斤，多负担的就叫苦连天。有一天，我到区委开会，听到有人叫我的名字，我一看，是我的叔伯兄弟。他因拒交钱粮被区公所抓起来了，关在区公所旁的看守所里。他说："他们派我 100 块钱。你知道的，我哪儿有钱啊？你叫他们把我放了。"他还哭穷呢。我没有搭理他。因为这事，他后来对我一直不满。

减租减息，是我们党在抗战时期处理土地问题的基本政策。实行这一政策，在政治上可以动摇封建统治，在经济上可以削弱封建剥削，改善农民的政治地位和生活状况，提高广大农民群众抗日和生产的积极性。当时实行"二五"减租的办法，即农民向地主交纳租金要按原定租额减少25%，借的高利贷年息不能超过1/10。这项工作开展起来也不容易。农民不觉悟的时候，你让他减租是很困难的。我有一个叔伯姐夫，是个佃农。我到他家里，动员他减租减息。他跟我说："咱们家没有地，三老爷租给咱们5亩地，说得好好的，1亩地给人家交多少斤粮食。现在你们让少给人家，不守信用。这还有没有良心啊？"我给他做了半天的动员工作，他还是要按原定租额交。那时我缺乏经验和办法，对他讲："不行！你就是不能交。你交了以后就是不拥护抗战。"他白天少交一些租，晚上又偷偷地给地主家补送去，还对人家说："不是我要减租，是他们不让我送啊。"还有一些佃农胆小怕事，生怕地主秋后算账，也不愿意减租减息。我们就一家一户地给农民讲政策，讲革命道理、抗日的前途。经过长期反复细致的思想工作，减租减息工作有了新的进展。看来，不论什么时候，什么工作，都要耐心地做好群众的思想工作。只要他们的思想真正通了，党的事业就能干好。这是我的深刻体会。

三是发展党员，建立基层组织。五台县第四区当时有44个行政村，1938年大概在2/3的村子都发展了党员，有1/3强的村子建立了党支部，其中滹沱河北边的两个村子和南边的几个大村子，党支部的力量比较强，在对敌斗争、阶级斗争中是非常坚定的。我离开四区时，全区已发展了近100名党员。许多农民党员都能坚决服从党的领导，不计个人利益，非常出色，他们是基层党组织的中坚力量。

在1938年10月敌人占领五台县以前，我们的工作主要就是上面这三项。在五台县，阎锡山的统治基础很深厚。

阎锡山是辛亥革命推翻清朝后山西的第一任都督，他的左膀右臂大多是五台县这一带的人。抗战开始后，阎锡山任第二战区司令长官，他的第二战区副司令长官杨爱源、山西省长赵戴文、十九军军长王靖国、骑兵司令赵承绶都是五台县人，他的宪兵司令李润发、炮兵司令周玳也是五台邻县人。在五台，特别是第四区，旧势力的统治相当深厚。“动委会”成立后，我们组织农会，改造村政权，全区 44 个村子中，有 2/3 的村政权掌握在我们手里，但东冶镇镇政府、镇自卫队我们还没有能够掌握。这样，在维护统一战线的方针下，开展工作就不可避免地和这些旧势力发生复杂、激烈的斗争。

1938 年初，“动委会”撤销后，工人抗日救国会、农民抗日救国会、青年抗日救国会、妇女抗日救国会、牺盟会这 5 个群众团体联合办公，成立了新的区公所。东冶镇有一个叫李文甫的劣绅老财，成立“动委会”时还吸收了他，“动委会”结束后，他暗中纠集各村旧村长中有实力的人搞村联会议。还有些旧知识分子由一个政治上反动的人带头组织了文化界救国会。他们互相勾结，和“动委会”、区公所及各群众团体的各项工作相对抗，想把我们架空。我们跟这些地主、绅士进行了长时间的斗争。

1938 年七八月间，东冶镇的这些反动势力蒙蔽一些人，设下圈套，扣押了第四区区长赵建邦。赵建邦是一个老大学生、共产党员。一天，他受人之托，给他的同学家里捎些东西。他到同学家时，他的同学正躺在炕上抽大烟。赵建邦虽说是个党员，但还脱不了旧习惯、旧感情，看到老同学抽大烟，也没多说什么。两人刚碰面不久，那些劣绅操纵的镇自卫队便赶来了，硬说区长抽大烟，把事情闹得沸沸扬扬。他们押着区长，喊着口号，游行示威。他们把区长押送到区公所后，还要区公所开了个收条，写上“收到大烟犯一名”。用什么法子把区长弄回来呢？我们连夜把区长偷偷送到了县政府。第二天，这伙人又纠集起来闹事。为了解决这个问题，我们用统一战线的关系，通过阎锡山一专区的保安司令，把事情化解了。

抗战刚开始的时候，我们和阎锡山的关系还搞得不错。1937 年 9 月，日本侵略军占领平津后，很快就大举入侵山西。这年 9 月，雁北失守，11 月太原失守，1938 年 2 月，临汾失守。阎锡山在遭日军重创之际，与共产党维持着比较好的合作关系。但是，革命力量的不断发展，特别是新军的迅猛发展，又让阎锡山感到不安。为了保存和扩充实力，他于 5 月在山西全省每个专区都建立保安区，成立了保安队和保安司令部。晋东北是第一保安区，五台县内驻有阎锡山晋绥军建制的新编第二师和郭如嵩为首的保安队。阎锡山在保安司令部组织起阎锡山的“党”，叫“民族革命同志会”，这是他的核心组织。第一保安区“民族革命同志会”的主任是郭如嵩。保安队还成立了政治部。根据党的决定，地委派了三个党员干部到政治部工作，于寿康任保安队政治部主任，康瑞华任副主任，郭子俊任教导队队长，要我以第四区牺盟会秘书的身份参加“民族革命同志会”这个组织。在一个时期，双方都在组织自己的力量，还能维持关系。区公所、阎锡山的部队、我们的二分区司令部，加上我们的群众团体，常在一起召开军政民联席会，讨论与抗战有关的问题。

我们首先把保安司令争取过来支持我们。我们鼓动他说：老百姓把区长抓了，事先也不报告你，他们眼里没有郭司令。当劣绅再带人到区公所吵闹的时候，我们就把郭司令请来了。这些人不识趣，当面对他说：你不要管，你也管不着！这一下把保安司令惹火了，很快带兵把闹事的人押了下去。9 月 18 日那天，我们在东冶镇外一个广场开纪念大会，东冶镇的自卫队占领了主要会场，又准备闹事。我们一看这个情况，又请郭如嵩和他的队伍来维持秩序，自卫队没有闹起来。以后，在四区区委的主持下，我们把背后撺掇闹事的那名劣绅抓了起来，召开群众大会，发动群众声讨他破坏团结、诬蔑好人的罪行。我作为群众大会推选出来的代表团团长，协同 4 位农民群众代表，到县政府、专员公署和边区政府请愿，要求依法惩处他，顽固势力的气焰被打压了下去。这一事件的处理，对我是一次深刻的教育，使我认识到统一战线的重要性。大敌当前，民族矛盾是主要矛盾，在处理阶级矛盾、阶级斗争的问题时，我们要善于利用旧势力之间的矛盾进行化解，这是必要的。

当我领着代表团到边区政府请愿时，日本侵略军于 1938 年 10 月 2 日侵占五台县、东冶镇，我没能再回到第四区。

洪水、马志远、赵鹏飞印象记

在“动委会”和第四区委工作的时候，我还是一个十七八岁的小青年。在这个时候，我恢复了党的组织关系，真正全身心地参加了革命工作，提高了思想政治觉悟，并从实践中学会了怎样工作，获得许多宝贵的经验。在这段难忘的岁月中，我想说说给我留下深刻印象的三位同志。

洪水，1906 年生，越南北安省嘉林县人。他在少年时代结识了越南革命领袖胡志明，接触到马克思主义。1925 年，洪水到广州参加胡志明在此举办的越南革命青年“特别政治训练班”，成为越南早期的共产党人。在国共第一次合作期间，他于 1926 年 3 月入黄埔军校第四期学习，并加入中国国民党。大革命失败后，洪水在 1927 年 8 月退出国民党，秘密加入中国共产党。他参加过广州起义，参加过长征。抗日战争爆发后，他受党组织的派遣，于 1937 年 9 月担任山西省五台县第四区战地动员委员会主任。我参加“动委会”的工作后，和洪水有了交往。

洪水到东冶镇的时候，我们都知道他是越南人。他讲着一口南方的普通话，大家也能听得懂。洪水的汉字写得龙飞凤舞，非常漂亮。他还擅长演讲，口才很好，作起报告来，头头是道。洪水长得粗眉大眼，批评起人来很严厉，说起笑话来也很风趣随和。有两件事让我对洪水印象很深。一件是对赵戴祥问题的处理。赵戴祥是山西省长赵戴文的兄弟，一贯横行霸道，是个臭名昭著的劣绅。国民党派下去的县长上任后，必须第一个拜见他，不取得他的支持，他就跟你作对。赵戴祥家里很有钱，可他很自私。他常早晨带着随从逛菜市，看上白菜了，便走到菜摊前说：“哟！这白菜很新鲜。”卖菜的都知道他的心思，不敢得罪，赶忙说："你要多少？都送给二先生。"当地人都称他作"二先生"。谁家要到县里打官司，不管是原告还是被告，有理无理，都想办法提着礼物去拜见他。他就会说："好，你拿我的名片去。"他的名片就是通行证，都能得到照顾。每年三月初八、四月初八有两次庙会，戏班子要唱戏，班主必须带上女演员去拜见他，给他磕头，不然他就砸场子捣乱。那个时候，艺人的地位是很低的。他看中哪个女演员，那个女演员就得陪他睡觉。他就是这么个劣绅。他在东冶镇开了个大车店，砌的围墙占了一米宽、几米长的公地，大伙儿都敢怒不敢言。抗战开始后，八路军来到五台，赵戴祥跑到大后方去了。洪水主持区"动委会"工作时，支持群众把二先生砌在公地上的院墙给推倒了。忻口战役时，阎锡山旧政府的区长跑了。"动委会"组织新政权时，洪水没有建区公所。他仿照苏区，搞了个区人民委员会，选举了一个小学校长徐继之为委员会主任。徐继之后来加入了共产党。可能因为这两件事，有人反映他"左"了，洪水受到上级的批评。"动委会"的工作还没有结束，洪水就被调走了。1937 年 11 月，他调任晋东北地委副书记兼宣传部部长。有很长一段时间，他都在晋察冀工作。尽管洪水在第四区"动委会"的时间不长，只有三个月，但他在组建"动委会"，恢复党的组织，动员、宣传群众方面，尽心尽力做了很多工作，是有功劳的。

洪水在 1943 年 4 月到延安，入中共中央党校二部学习并参加整风运动。1945 年，他作为旁听会议人员列席了中国共产党的七大。不久，应越南劳动党和胡志明的邀请，洪水回到越南参加抗法战争，先后担任第四、第五战区司令员兼政治委员。1948 年被授予越南少将军衔。1950 年 10 月，洪水回到中国，担任中共中央统战部越南科负责人。1951 年他到解放军军事学院学习，1954 年毕业后到中国人民解放军训练总监部工作，任训练总监部条令局副局长，1955 年被授予中华人民共和国少将军衔。他是为数不多的两国的将军。

在“动委会”期间，经组织介绍，洪水和四区“动委会”的女干部陈玉英结了婚。陈玉英是东冶镇人，地下党员，是太原女子师范的毕业生，是女同志中参加“动委会”最早的一个，革命热情很高。他们结婚的时候，东冶镇的一个叫马志远的知识分子曾赋诗祝贺，我到现在还能背下来。诗云：

洪涛汪洋灌台东，水萍相逢夸长征。
玉人素抱抗战志，英雄早怀游击心。
恋君单矛出安南，爱侬双刀劈日本。
纪功统一思壮士，念念难忘八路军。

这首诗构思巧妙，把每句的第一个字连起来，就是“洪水玉英恋爱纪念”。洪水夫妇育有两个孩子。洪水回越南参加抗法斗争后，环境很艰苦，跟陈玉英的联系减少了。1956 年，洪水病逝于河内，陈玉英回越南看过一次。每逢我忆起洪水同志，还是很有感情的。应该说，领我走上革命道路的是刘振国；真正教会我进行革命工作的是洪水、

洪水与陈玉英

赵鹏飞。这么多年过去了，我对他们充满怀念。陈玉英新中国成立后曾任六一幼儿园副园长兼党支部书记、北京市妇联常委、市机关党委委员、北京市教育局副局长，是一位值得人尊敬的老同志。她于 2013 年 1 月 13 日去世，享年 98 岁。

马志远，也是一位传奇人物。他读过专科学校，比我大十几岁，是我的长辈。马志远的家里是小土地出租者，家境比较宽裕，他游历过很多地方，读过不少古书，擅诗词。马志远对老人很孝顺，对生活贫困的姐姐一家也很照顾。他是一个很正直、清高的人，内心对阎锡山、“二先生”之流非常厌恶。大概在 1934 年或 1935 年，阎锡山的老丈母娘去世了，丧事大操大办。当时马志远在五台县教育局当督学，写了篇文章，发表在教育局的小刊物上，题目是

《不重生男重生女》，借以讽刺阎锡山。山西当局看到后，认为他“反阎”，下令查办，要逮捕马志远，发了通缉令。马志远只得离开教育局另谋职业。以后此事不了了之。八路军来到五台后，他很高兴，积极参加战地动员委员会的工作。虽然他的家庭出身是小土地出租者，但他为人廉洁、清高，思想比较进步，反对旧社会腐败的那一套东西。当时的晋东北特委书记王逸群（后来在地质部当过司长，是老红军）也住在东冶镇，想介绍他入党，马志远没有答应。他对王逸群说：“逸群，你不要叫我入党了。我拥护共产党、拥护八路军，你叫我干什么，我就干什么。”马志远参加革命，确实是很坚决的。抗战期间，他家离敌人据点只有三四里路，因为他参加革命，他的母亲、女儿都曾被日本人抓到监狱里去，他一点儿都没有动摇。1938 年初，马志远被派到崞县（现原平县）当了三四个月的县长，后来又调回。他自带简单行装，步行回家。他的日记中有这么一句：中华县长担担归，恐自马志远始。这反映了他的清廉作风。后来，他在专署做过财政科长、民政科长，抗战胜利前任副专员，以后他在华北人民政府工作。新中国成立后，担任过中央人民政府民政部优抚司司长。

马志远和我相处得很好。1956 年，他终于加入了共产党。入党后，他给我打电话，兴高采烈地讲：“力安，我入党了！”我也很高兴，向他祝贺。以后见了面，他和我谈到入党的经历。他说：“过去王逸群要介绍我入党，我不入，觉得自己只要干革命、抗日，就行了。入党得过组织生活，得遵守纪律，还得批评与自我批评，约束太多，我受不了。”他在专署工作的时候，曾列席党组会，党的文件很多都给他看。他通过在党的实际领导下的经历，对共产党有了认识，很受感动，思想发生了变化。他说：“抗战快胜利的时候，我已想入党，但提不出来，怕人家说我。困难的时候介绍我，我不入，现在快胜利了，要入党，是个投机分子，想‘摘桃子’。我提不出来，但心里要求自己好好干，学共产党员的样子。我不是党员，但党没有把我当外人。抗战胜利了，不好提入党的事了；解放战争胜利了，也不好提了；到了北京当司长，那就更不好提了，心里憋得不行。想入党，怕人家说三道四，顾虑面子。到了 1955 年，我憋不住了。管别人说什么呢！反正我是真心要入党，愿为共产主义终身奋斗。入党申请提出来后，很快就通过了。”

我和许多人说过马志远的入党经历。这是中国旧知识分子经过思想改造走上革命道路的生动例子，是一个爱国主义者发展成为优秀共产党员的典范。1957 年中央决定抽调力量加强对高等学校的领导。马志远坚决要求不当司长，要去直接办教育，后来他担任了山西水利学院的院长，1960 年病逝。

赵鹏飞，和我同是槐荫村人，是本家，出生于 1911 年，1934 年在太原国民师范毕业前加入中国共产党。这一年，赵承绶正投资兴建槐荫村两级小学校，回到家乡的赵鹏飞当起了小学教员。赵承绶对赵鹏飞是比较信任的。赵鹏飞以小学教员的身份为掩护，秘密进行党的地下工作，以后他的许多学生受其影响，参加了革命。赵鹏飞为人正直廉洁，平易近人，村里的人们对他的印象都很好。我的父亲是个小店员，思想比较守旧，但对赵鹏飞非常信任，希望我也能像他一样，当个小学教员。我父亲对我说："你出去就跟着鹏飞。鹏飞叫你做什么，你就做什么。你就学鹏飞。"

1937 年，槐荫村小学聘请了一位新校长，这是一个只谋升官发财的反共分子。1937 年前半年，赵鹏飞被他辞退了。"七七"事变后，我同赵鹏飞一起参加了本区"动委会"的工作。1937 年 10 月，五台县第四区委建立时，他担任区委书记。同年末，五台县建立县委，赵鹏飞调任县委宣传部长。在我最初参加革命工作的时候，赵鹏飞给了我许多帮助。这里仅举一例。

在第四区区委成员中，我公开的职务是区牺盟会秘书。区委决定，公开场合我要多出面。这样，我常在区的群众大会上主持会议和讲话。1938 年秋，区委组织群众斗争那个操纵各村政权的劣绅。他同我的家族还有点儿亲戚关系。我公开主持批斗他的时候，他托人向我父母说情。我偶尔回到家里，父母就跟我说："人家说就是你要斗他，你不要多出头露面，何必得罪人呢！"我不听。事后，他又散布传言威胁说：阎锡山回来以后，第一个就枪毙赵子斌。我是家里的独子，才 18 岁，父母亲听到这些话很害怕。我一到家里，父母就哭着劝我不要领人斗争这个劣绅了，搞得我心里很烦恼。赵鹏飞当时在四区指导工作。我找到他，要求调到别的区工作。他问我原因，我没讲明理由，只说不愿意在本地工作了。他对我讲："现在工作这么紧张，你是区委委员，怎么能调动呢？”我说：“我就是要求调动。你不调的话，我自己离开。”他听后发脾气了：“你这是逃避斗争，政治上动摇。组织上不调动，你还想自由行动？好！你走啊！”

赵鹏飞严厉的批评使我很受震动。慢慢地，我的思想转过弯儿来，认识到，作为一个革命者，在大是大非面前，不能存有私心。我暗下决心，豁出去了，死也死在这个地方。思想坚定了，工作就能大胆干了。在召开斗争劣绅大会时，区委决定组织一个请愿团，选我当团长，其他 4 人都是农民（党员），到边区请愿，要求严惩这个劣绅。我毫不犹豫地接受了这个任务，在万人大会上宣了誓。当晚，区里 20 多位干部开总结会议。在会上把我当初因害怕、动摇，要求调动的思想转变过程原原本本地说了，准备接受批评。没想到，赵鹏飞不但没有再批评我，还表扬我说：“赵子斌说的都是实话。这种自我批评精神很好，就应该这样在斗争里接受锻炼，有什么错误就向组织检讨，这就是党性，就是组织观念。”第二天，我带着代表团上边区政府请愿去了。我在这次斗争里受了锻炼。在以后的工作中，我认识到自己有什么缺点错误，就赶快主动向组织和同志们讲，不等别人揭发批评再被动承认检讨。这样，自己思想上经常是轻松愉快的。这一次的教训让我一生受用，我很感谢赵鹏飞同志对我的教育。

1939 年 2 月赵鹏飞受党的指派，到延安向中央汇报工作。1941 年他从延安回到晋察冀边区，任五台县委书记，直到 1944 年。后来还担任过晋察冀二地委宣传部长、二专署专员、晋中区党委组织部副部长等职务。新中国成立前夕，晋察冀边区组织干部南下，他到了湖南，20世纪50年代初在湖南湘潭地区参加土地改革。1951年，赵鹏飞调到中组部工作，1955年在最高人民检察院任办公厅主任。“文化大革命”期间，他被打倒。“文化大革命”结束后，对他的错案平了反，因他年事已高，没有再分配他工作，后按副部级干部待遇离休。他和华国锋交往较多，华曾题字为他祝寿。我从黑龙江回到北京后，住在万寿路甲十五号院，和他成了近邻（他住在乙十五号院，一路之隔），时常来往，并和他以及朱效成等一起讨论修改《槐荫村志》。到2010年他99岁时病逝。

赵鹏飞（前排左一）、洪水（前排左二）、马志远（后排左二）。

赵鹏飞能团结和爱护干部，在群众、干部中的威信比较高。他是抗战期间任期最长的五台县委书记。他当县委书记的那几年，正是敌人对晋察冀根据地进行“扫荡”“蚕食”频繁，根据地最困难时期。他一直坚持在斗争的最前线，革命意志非常坚强。说起五台县的老干部，人们常常会提到赵鹏飞的名字。

北岳区委党校见闻

1938年9月末，日本侵略军逼近五台县东冶镇。当时我带着请愿团到边区政府请愿，10月2日返回县城时，敌人已经进到东冶镇，县委、县政府正在准备转移。县委同四区区委已经联系不上，让我先跟县委一起走。我就同县委机关干部打游击，发动群众，坚壁清野。不久，五台县委书记田洪涛调走，由赵鹏飞任县委书记，地委决定我接替赵鹏飞任县委宣传部长。

在此期间，我参加了两项工作。一是组建新的四区区委。敌人占东冶镇及五台县城后，四区区委未按原计划向靠近县委的山区转移，反向西过滹沱河、同蒲铁路，到了晋西北。组织决定派我带着一位青年党员干部徐秉谦返回第四区，建立新区委，徐秉谦任区委书记。在两三个月的时间内，我们建立起了新的区委、区公所、群众团体，恢复开展了党的工作。二是参与边区政权改革工作。1939年上半年，为了便于深入开展工作，晋察冀边区军民在开展反“扫荡”、反“摩擦”斗争的同时，又进行区、村政权的民主改革。五台县由原来的6个区，划成14个区。每个区召开代表大会，选举区长。通过改革，各区都由党员干部或先进分子担任区长。区里还成立区小队，对敌人开展游击战争。这一年，我参加了不少这样的区代表会。当时县委领导干部每人分工联系一两个区，我分管第三区、第四区。我每天的工作，都在村里进行。每到一个村子，就召开支部会，同村里所有党员谈一遍话，进行教育，开展批评自我批评，建立一些必要的制度，一起研究村里的对敌斗争、阶级斗争、合理负担、减租减息等工作。我做群众工作、支部工作的初步经验，就是在这个时候取得的。

1939 年 7 月，朱卫华任县委宣传部长，我改任青委书记和统战部长。当年年底，县委决定送我到北岳区党委党校学习。

北岳区委党校的前身是晋察冀省委党校。1937 年 10 月 21 日，根据中共中央北方局的决定，中共晋察冀省委在河北阜平县建立。省委受北方局领导，以战动总会名义公开活动，主要任务是配合一一五师在晋察冀三省边界地区发动群众，组织游击队，收复失地，建立政权机构。李葆华、黄敬先后任省委书记。省委成立后不久，为适应各项抗日工作迅速展开的需要，决定举办党的训练班即党校。晋察冀省委党校对外称“民运干部学校”“工训班”，重点培训党的县区级干部。1938 年 10 月，晋察冀省委改建为晋察冀中央分局，彭真任书记。1939 年后半年，晋察冀边区下边分别成立了北岳区党委、冀中区党委、冀热察区党委。北岳区党委书记是刘澜涛，组织部长是林铁，宣传部长是胡锡奎。北岳区党委也建了党校，公开称“农训班”。

1939 年，五台县委没有正式的供给，吃饭、穿衣，要靠部队、区里和当地百姓接济。我自己没有什么东西。我去北岳区委党校的时候，只带了三件行李：一床棉被，是向部队要的；一件旧毛巾睡衣，是一个老同志给的；还有一双鞋。我穿着平时的破衣服，和五台县同去学习的六七名干部，步行 4 天，来到位于河北省阜平县平阳区台峪村的北岳区党委党校。

入校后，我在高级班。这个班主要是培训县委和区委一级的干部，约 90 多人。抗战期间，生活条件很艰苦。我们住在一个大庙里，睡在铺着谷草的地上。这时候，我带的那件破睡衣派上了用场，铺在干草上当褥子。我们平时吃的是小米干饭，酱水煮干萝卜条儿，连新鲜蔬菜都很少。一天的伙食定量是一斤小米。学员们多是二三十岁的年轻人，常常吃不饱。阜平这个地方多产枣，秋天时节，房子周围的枣树结满了枣子。党校纪律很严，别说把枣子打下来吃，就连落在地上的枣子捡来吃，也要受到批评。

到党校报到时，组织科长和我谈话，询问我的情况，并让我改个名字。当时党的组织不公开，受训完各回各地，不发生横向的关系，到党校的学员必须改名。我改个什么名字好呢？想起在川至中学念书的时候，有个同学和我斗嘴仗，他说他叫刀出鞘，我说我叫箭离弦。离弦离弦，那我就姓李，努力奋斗，转危为安，叫李力安吧。其他同学的名字更是五花八门，有叫黄河、长江的，有叫太行山、五台山的，还有叫洪水、暴雨的。学了四五个月，毕业后我被留在党校工作，我提出恢复原名。组织上跟我说，你这个名字很好，大家都熟悉了，不用再换回去了。于是，李力安这个名字就跟我到了现在，孩子们都跟我姓李了。

区党委党校没有专职教员，给我们上课的都是中央局和区党委的领导同志，课程有党的建设，主要讲支部建设，还有党的纲领、路线、方针、政策，群众工作、联共（布）党史等。晋察冀根据地的许多负责同志，如彭真、聂荣臻、刘澜涛、吕正操、萧克、林铁、胡锡奎等都到党校给我们作过报告。我很珍惜在党校这 4 个多月的学习时间。过去我做地方工作，常年在农村奔波，能看到的文件和学习材料很少，也难找到一个相对安静的环境进行集中学习。1939 年 7 月在党成立 18 周年纪念日的时候，我曾看过分局发的一本油印的小册子，介绍赵世炎、瞿秋白、罗亦农、陈延年等烈士的生平事迹。这本小册子跟了我很长时间，也常翻阅。通过它，我对我们党的历史有了初步的了解。现在进了党校，终于有机会进行比较系统地学习了。我如饥似渴地读书，像毛泽东的《论持久战》《中国共产党在民族战争中的地位》《中国革命与中国共产党》等著作和文章，给我以教育和启迪。党校内容丰富的课程，紧扣实际的报告，学员间热烈的交流和讨论，都深深吸引着我。这一时期的学习，为我在马克思主义理论和党的基本知识方面打下了初步基础。

我在党校的学习很认真，刚开始当了一个月的小组长，接着当支部学习委员，从第三个月起担任班党支部副书记、书记。1940 年 5 月初学习结业。班上的大部分同志回原地工作，有两个人留校工作，我是其中之一，担任学校党总支委员会组织科长，并兼一个培训县区干部的高级班的班主任。在北岳区党校工作，有正式的供给，除了吃饭，还发给军衣、鞋子、牙刷，一个月有两块钱的津贴费。过去我在五台县第四区“动委会”工作时，一个月有两块钱的津贴。我第一次把津贴交给父亲时，他高兴得不得了，觉得儿子 17 岁就能挣到 2 块银元，不简单，但津贴领过 2 个月后就停发了。当牺盟会秘书后，阎锡山当局发给 20 块钱的月薪，因工会、农会等群众团体没有活动经费，我都拿出来充公。阎锡山跟我们党的关系搞僵后，牺盟会的月薪也就没有了。等我再拿津贴，就是到北岳区党委党校工作的时候。我在党校工作了一年，经手举办过县委、区委书记参加的高级学习班两期。党校还办了一期青年班，班主任（校总支委员）是李梦华，新中国成立后曾任国家体委主任。

在假期之余，我们在老同志的带领下，到易县、繁峙、定县进行农村调查。这里还有一个小故事。抗战开始后，搞统一战线，盂县某村的一个大地主（他的儿子是共产党员、县青年抗日救国会的干部），表现还比较好。我搞调查，到了他家，正赶上早饭时候，他便提出要请我吃早饭。群众怕我在地主家吃饭出问题，特意派上两个农民，借故到他家对我进行观察。我心里很清楚，当面拒绝了他的邀请。群众放心了，说我是坚定的，能经受住考验。1941 年春我到定县搞调查。这是我第一次到平原地区工作。常言道：平原的干部到山里怕，山里边的干部到平原怕。一天晚上，我睡在野外梨树下，结果第二天就患上急性肠胃炎，肚子剧痛，上吐下泻。好在当时年轻，挺了过来。

在北岳区委党校学习和工作期间，我接触到不少同志。他们给予我的帮助和影响是难忘的。

先从彭真同志说起。彭真是 1923 年入党的老党员，长期在中共华北党的机关工作。我在党校学习期间，他任中共中央北方分局书记。北方分局成立于1939年1月，驻地在河北平山县。北方分局代表中共中央和北方局，对晋察冀地区的党政军民实行全面领导，下辖晋察冀（北岳）、冀中、冀热察三个区党委，同时还领导中共晋西北区党委和平、津、塘等敌占大城市党的工作。彭真的威信很高，在他的带领下，晋察冀根据地形成了许多群众化的好作风。那时候，不论职务高低，大家都以“同志”相称。对彭真，大家称他“彭真同志”或“老彭”。受北岳区党委党校之邀，彭真来给我们作过报告，我记得那一次他讲的是党的战略和策略问题。他跟我们讲，党的战略就是指导战争全局的计划。根据形势的变化，采取不同的行动方针和斗争方式，这叫策略。抗战是全民的抗战，我们要弄清楚依靠和团结的对象，要弄清楚反对和打击的目标，处理好敌我友三方的关系。策略要服从战略，战略长时期不能变。我们的战略阶段主要分为三个时期：大革命时期、土地革命战争时期、抗日战争时期。他的报告深入浅出，给人以启迪，马克思主义理论水平不高的同志也能听懂。

以后在1940年的9月的一次大会上，我又见到彭真。这次大会由他主持，讨论《北方分局关于晋察冀边区目前施政纲领》，即《双十纲领》20条。这是晋察冀的大事，晋察冀根据地的县委书记都来了。我也参加了会议。由于与会人员太多，又没有礼堂，临时搭个棚子作为会场。那时候，开会一般都在野地上。夏天在小树林里听报告，冬天天寒地冻，就在地下挖一个大坑，人坐在坑里，再在地上放块木板，可以避风寒。彭真在会上作报告，我们听报告，还做记录。后来，我们知道彭真在1941年初去了延安，几次向毛泽东和中央政治局汇报晋察冀边区工作。他的汇报不久整理成《晋察冀边区各项具体政策及党的建设经验》，毛主席很赞赏，称这个报告是“马克思主义的”。彭真离职到延安期间，聂荣臻代理北方分局书记，刘澜涛任副书记兼北岳区党委书记。

刘澜涛，1910年生，陕西米脂人，1939年春到晋察冀根据地工作。他上任伊始，到二分区五台县检查工作，我们县委距地委只有十来里路，他和我们见了面，谈了工作。我到党校学习期间，听过他的报告。晋察冀军区聂荣臻司令员向大家介绍说：“你们不要看我们澜涛同志头发白，他实际上还是个年轻人，他只有29岁。”刘澜涛是少白头，留着个寸头，看起来挺精神。以后，我向他汇报过工作。新中国成立后，他担任过中央纪律检查委员会委员、西北局第一书记、西北三线建设委员会主任等职。“文化大革命”期间，他遭迫害，入狱达8年之久，十一届三中全会后获得平反。在党的十三大上，他当选为中顾委常委。我和刘澜涛接触中，觉得他平易近人，作风随和，骨子里有很强的革命传统观念。1991年，中央布置我去江西考察省委班子，碰到他。他在江西住了一个月，看了很多地方，深有感触地对我说：这个地方很值得来。我这辈子可能就来这最后一次了。到井冈山、上饶、瑞金，受党的革命传统教育，等于上了一个月的党课。他建议我：你这次来，最好到各地方走一走，好好了解一下党的历史。

这给我留下很深的印象。1987 年十三大后我到中顾委任秘书长后，和他走动较多。记得他在北京的居所挂有一幅毛泽东像。他说毛泽东很伟大，从遵义会议到 1957 年的 20 多年大大小小那么多的决策，几乎没有出过错，虽然“文革”中我挨整、坐牢，但我不怨恨他，平反回到北京后我就买了这张毛主席像，他是我们党的旗帜啊。

梅开五，是我在北岳区党委党校学习时的班主任，总支书记名叫李勇争。梅开五是河北井陉县人，1893 年出生，长我 27 岁。这是一位 1927 年入党的老党员，以前当过小学教员，老文化底子不错。他性格开朗，常跟我们说笑话。我记得最清楚的有这么一段，他说：“我跟毛主席有三个共同点。他是共产党员，我也是共产党员；他 47 岁，我也 47 岁；他好吃辣椒，我也好吃辣椒。”他就是这么个诙谐幽默的同志。梅开五组织观念非常强，工作勤勤恳恳，生活朴素。他对老同志很尊重，对年轻干部也很随和，从来不摆什么老资格，一切事情都和大家平等商量。在华北工作过的老同志对他印象都非常好，他的人品和作风对我影响很大。1941 年我离开党校后，和他见面的机会就很少了。梅开五在党校兢兢业业工作了很长时间，新中国成立后他病逝，葬在八宝山。我到北京工作后，特意到八宝山吊唁过他。

李葆华，是北岳区委党校的校长，当时他用的是“赵振声”的化名。李葆华是李大钊的儿子，1909 年出生在河北省乐亭县。1927 年 4 月李大钊在北京遇害，李葆华到了日本，1931 年在东京加入中国共产党，“九一八”事变后回国，后到北平从事党的秘密工作。1935 年起，李葆华任中共河北省委宣传部部长、河北省驻冀东地区代表、中共北平市委书记。“七七”事变前，他任山西工委组织部部长。八路军总部在 1937 年 9 月进驻五台后，李葆华和八路军总政治部负责人任弼时、邓小平等人接上了关系。邓小平告诉他：中央已决定在正太、同蒲、平汉、平绥 4 条铁路中间建立根据地，叫晋察冀省，准备由你做书记。10 月，晋察冀省委在阜平成立，李葆华任书记。不久，省委班子进行调整，黄敬任书记，李葆华改任组织部长。以后，晋察冀省委改称晋察冀区党委，刘澜涛任书记，李葆华任组织部长兼党校校长。李葆华的个性不苟言笑。我和李葆华再次见面，是在 1977 年。这一年，我到中央党校省干班学习，班上有 20 多人，李葆华恰巧也在党校这个班学习，并任支部书记，我是组织委员。李葆华那时任贵州省委第二书记。见了面，他还是过去的老样子，坚持原则，言语不多。有时候，他和我谈到往事，我觉得他很随和。1977 年 10 月，正值粉碎“四人帮”一周年，大家都很高兴，我们开了支部会，几个支委还进行了座谈。有人拿了一瓶酒，说要庆贺庆贺。没有下酒的菜，我从背包里掏出些红枣、饼干，大家就着红枣、饼干，喝酒畅谈。在党校学习 70 多天后，我回到黑龙江省，以后再没有和李葆华联系过。

抗日英雄樊金堂

樊金堂和我同岁。我认识他并同他在一起工作是在 1939 年，时间不长就分开了。但他的名字、关于他打击日本鬼子的故事，我早已听说过。

1939年，日寇已经占领了山西五台县的河边村、大关、东冶镇、五台城、豆村、大石一线，在上述村镇建了据点，据点附近的村子成了敌占区。连接据点的交通线，常有日伪军往来，成为分割根据地的“封锁线”。我在五台县委任宣传部长、青委书记，分工联系三、四区，因而常在那一带下乡。这一年，樊金堂由定襄县调任五台县公安局长。但他并没有蹲机关，而是带着几十个人的公安队，常在四区的敌据点附近活动，伺机打击敌人，掩护干部开展地方工作，保护人民的生命财产安全。他除了自己派侦察员外，在群众中、伪军中的耳目也很多，对敌情了如指掌。他晚上常住在据点附近，却从未遭受敌人包围袭击。每天早起，他带着战士跑步爬山，总是跑在最前头，第一个爬到山头上。每当敌人一出发，他很快就知道了，立刻集合队伍，迎着敌人来的方向前进，尖兵同敌人交火后，视情况决定阻击或者迅速转移。这样，一面争取时间，一面让干部和群众听到枪声，好早做各方面的准备，往山上隐蔽。所以，那一带的群众都异口同声地说：樊金堂听说敌人来了，从不逃跑，总是迎着敌人顶一阵；群众都转移了，他们再转移，真是好样的。一次，他得知敌人从河边往五台县送给养，就带队在中途打了一个漂亮的伏击战，缴获了大量的弹药、纸烟、罐头、军大衣等物品，分送给部队、地方机关。我们都分享了这些胜利果实。又有一次他夜袭河边老车站敌据点，除打死一些敌人、缴获一些战利品外，还背出了两个随军的日本慰安妇，回来后对她们进行教育后，尊重她们的意愿，又把她们送了回去。有时敌人向据点附近各村征要粮草、鸡、肉、蛋，村干部就同樊金堂等商议好，在假装送粮的路上打几枪，扔几颗手榴弹，专门应付敌人的“伪村长”（实际是我们的情报员），就假装慌张地跑到敌据点报告：送的东西被八路军半途劫去了。这样，有的就可以不再给敌人了，有的可以少送一些，从而减轻了群众的负担。

樊金堂他们在敌占区、游击区活动，有时也向村里要白面、猪肉吃。这在当时是不允许的，规定只是供给小米和蔬菜，所以组织上也曾严肃地批评樊金堂，并向群众进行解释、教育。但群众反而说：樊金堂的队伍替我们打鬼子，保护我们的生命财产，他们的生活很苦，吃几顿好的算什么，把我们少给小日本儿送的，尽够咱们队伍吃。因此，常有管理员没有向村民要，而群众自动送细粮、猪肉给部队的情况。有一次，樊金堂在定襄活动，从家里拿了一个马灯，用完后把它放在村边大路上，下边压了一张纸条，写着“樊金堂家的灯，请送回我家去”。一个群众看到后，即送到他家去了。

樊金堂革命坚定，英勇杀敌，出奇制胜，敌人很害怕他，人民却十分爱戴他。他为中华民族的解放事业做出了很大贡献。五台、定襄的广大人民永远怀念自己的抗日英雄。

第四章
反“扫荡”、反“蚕食”的艰难岁月

在盂县坚持“无人区”工作

1941 年 7 月，北岳区党委分配我去盂县任县委副书记。8 月 5 日，我到盂县就任。到盂县没几天，就赶上了日军的“大扫荡”。

从抗战开始到 1941 年，日军对晋察冀根据地进行过 5 次较大规模的“扫荡”。1938 年秋是第一次，1939 年是第二次。1940 年夏“百团大战”后，日军在这年秋冬进行过两次报复性“扫荡”。1941 年秋的第五次“扫荡”规模最大。这年 8 月 13 日到 10 月 16 日，华北日本侵略军及伪军 7 万多人，分十几路出动，在日本华北侵略军司令长官冈村宁次的指挥下，采取“铁壁合围”“篦梳清剿”等战术，对晋察冀根据地北岳区、平西区进行“大扫荡”。敌人所到之处杀光、抢光、烧光，制造无人区，非常残酷。

8 月 13 日“大扫荡”开始时，我刚到盂县工作 8 天。那天，县委刚开完各区及县机关干部会，传达区党委 7 月间召开的组织工作会议精神。敌人袭击了县委所在地石家塔村。县委紧急向附近的山沟转移，但被敌人堵在山沟里（敌人不知道）。时值秋季，苞米已经成熟，尚未收割，我们把苞米弄熟了，就是一顿晚饭。趁着夜色，我们突围翻到另一个山沟，没想到这里也布满了敌人，只得退了回来。第二天天亮后，我和县委书记吕健东、县长康瑞华、通信员、组织干事六七人，一直藏在苞米地里，到午后才突围出去。进了另一个山沟，跑反的乡亲们给我们拿来锅和米，让我们做点儿饭吃。刚把米下锅，山头上又响起了敌人的枪声。那时候，我们每个人腰上系着一个包袱，装些换洗的衣服。一位同志腾出一个包袱布，管不上是否干净，把米饭倒进包袱里，扎紧了，找一根木棍抬着，又转移到下一处。走了一路，实在走不动了，看敌人没有追来，大家把半生不熟的米饭狼吞虎咽地吃下。走到另一个山头的小村子，老百姓给我们腾出地方歇息。天黑后，敌人在村边打枪了，我们又转移。雨雾交加，伸手不见五指，大伙儿带着草帽在雨里蹲着。这样几经反复，我们终于摆脱了敌人的围追。

在这次“扫荡”中，敌人把盂县沿滹沱河北岸以及山西、河北交界一带的146个大小村子，全部烧光，片瓦不留，制造“无人区”。我的家乡五台县18万居民，有9200人被杀。敌人毁坏耕地3万余亩，烧毁房屋19800余间，抢走粮食9600余石。除此外，他们还强迫老百姓集中到据点和交通线上他们能绝对控制的地方，实行“并村”，使得五台县沿河北省一带真的成了无人区了。1943年，我路过五台县无人区，放眼望去，田园荒芜，草长得齐腰深，野狼、兔子四处出没。“扫荡”五台县的是同蒲路上的日本侵略军。他们没有烧房屋，但把人都赶到敌占区去了。所以，在五台县开展工作非常困难，县委只能在平山县一个村子办公，几道封锁线以外较远的几个区只能临时由邻县领导。和五台县不同，敌人在盂县没有并大村。老百姓的房子虽然被烧光了，但大部分人没有离开。日本人把无人区的界限划到他们控制的村庄以外，大概离敌据点有十来里。这样就有了个缓冲地带，我们开展活动有了空间。

针对敌人的“扫荡”，北岳区党委在8月24日发出《为彻底粉碎敌寇秋季大“扫荡”的指示信》，要求普遍开展群众性的游击战争，展开“麻雀战”，困扰、袭击与疲惫敌人，破坏交通线，肃清敌探、特务，武装保卫秋收，彻底坚壁清野，使敌人食无粮、饮无水、用无物。根据区党委的指示，我们在日伪军制造的无人区内，在异常艰苦的生存条件下，依靠群众开展对敌斗争，整整坚持了一年。

最初的两三个月，县委只能住在野外、山沟，最后退到最边境的马圈村。马圈村的房子全被日本人烧光了，剩下一些没烧掉的石头砌的窑洞，就成了县委的办公地。我住在一间地主家用石头垒起的羊圈里。1942年7月1日，我和年初才从四分区正定县调盂县任县妇救会主任的郑健在这个羊圈里结了婚。这是我的第二次婚姻。郑健是河北定县人，1921年1月15日出生，1937年春入党，肄业于保定医学专科学院。全国解放前，历任区、县、专区妇联主任及区委书记、县委宣传部长，1943年秋被日寇逮捕，在狱中受尽残酷折磨，但她坚贞不屈，未暴露身份，三个多月后，她经营救出狱，身体却被搞垮了。1953年春，她调全国妇联工作，到1954年10月24日去世时只有33岁。郑健政治坚定，组织观念强，从不计较职务高低、待遇多少，一切服从党的决定。

在古石铺，县政府的同志们在残垣断壁上垒起石头，立上几个木头桩子，再搭着苞米秆子，把废墟改造成了办公地。古石铺北边的山坡上，斜挖着几口小土窑洞，这是群众团体的办公地。大多数时候，大家都在乡下开展工作，只有开会的时候才回来碰头。那时候没有电话，县委和上级的联系，只有靠通信员。往来信件，县委的签名常常是“吕李康”。“吕”，是指县委书记吕健东；“李”，是指县委副书记李力安；“康”，是指县长康瑞华。县委的工作主要是组织民兵开展游击战，配合分区部队、县大队进行反“扫荡”，组织群众转移，在敌据点附近开展工作。当时，我们县委提出的口号是“军民团结一致，开展劳武自救，坚持‘无人区’斗争，粉碎敌人扫荡。”敌人把房子烧光了，粮食抢光了，没有饭吃，我们就派出干部到各个村子，领导人民进行劳武结合，生产自救。盂县坚持无人区的工作，做得很好。除了极少数地主跑到敌占区外，广大群众在党的领导下，顽强地坚持了下来。在残酷的对敌斗争中，广大群众和我们同仇敌忾，患难与共。我们每到一个村庄，每逢危难时刻，都能得到乡亲们的全力支持和掩护，一次次化险为夷。

在无人区工作，由于条件艰苦恶劣，吃、住都没有保障。干部生病，几乎无一人幸免。我认识的两个女同志，就是在反“扫荡”过程中去世的，想起来就让人感到痛惜。其中一位是盂县的妇联主任芦醒，她在山沟窝棚里生完孩子后，没有经验，喝了河里的凉水，不久就得病死了，孩子也没有保住。大家很难过，借了老百姓的一个大木箱子，埋葬了母子俩。另一名女同志叫宋自奋，跟我同岁，也是东冶镇人，她的丈夫叫李希庚，是牺盟中心区的负责人。有一天，敌人来“讨伐”，她和大家一起转移。她当时正怀着孕，挺着大肚子跑了二三里路。天近黄昏，敌人回到据点，我们缓过口气，开始查点人数，没有看见她。有个同志说，刚跑出去时，看见她在山沟边靠着一棵树坐着哩。我们赶紧派人去找，发现她正靠在树旁坐着，人已经没气了。孕妇受到惊吓，加上一路的奔波，就这么死掉了，孩子也没有生出来。战争就是这样的残酷。以后还有一位女同志，新中国成立后做过开封市委书记。她在村子里生孩子，孩子的脑袋刚露出来，敌人来了。大家手忙脚乱地用包袱布兜着，把产妇抬到野外庄稼地里，所幸的是母子平安。

在敌人残酷的大“扫荡”中，盂县人民的生命财产遭受了巨大损失。146 个大大小小的村庄被日军烧毁，粮食、牛、羊等财物被抢光，2 万多群众无家可归。盂县无人区有个大峪村，群众都逃到山沟里。从 1941 年到 1945 年日本投降，村子就没有出生过一个孩子。敌人来“扫荡”的时候，有个母亲怕孩子的哭声把敌人引来，把孩子给捂死了。大峪村的许多青年参加了八路军，留在本地当民兵的青年，常年不在家，跟着部队在外打游击，忙着破坏敌人的交通大道、埋地雷。兵荒马乱，少数在家的青壮年夫妇都不敢怀孕。一旦发现怀上了孩子，赶紧打掉。日本帝国主义的侵略，给我们的国家和民族带来了巨大的灾难。这些苦和恨真是罄竹难书。

进入 1942 年，北岳区根据地的形势更加严峻。经过日伪军的“大扫荡”，根据地基本上被分割、封锁，面积大大缩小。日伪军随后采取“蚕食”政策，搞“治安强化”运动。敌人的手段很毒辣，他们大量修筑公路网、碉堡群、封锁沟墙，割断游击区和根据地的联系。在军事推进的同时，扶持汉奸伪组织，一个村一个村地瓦解我们，北岳区根据地受到更严重的摧残。

在盂县，敌人的“蚕食”和封锁，给党的基层组织带来很大损失。1942 年上半年发生的两件事可以说明当时对敌斗争的复杂和残酷。

第一件是“红枪会”的暴动。1941 年 12 月，盂县反动会道门道首谢嘉岱、李铁柱等趁日本侵略军“扫荡”、人民生活极其困苦之际，在盂县城敌据点附近村子秘密设堂，点传道首、道徒，拼凑反动会道门组织“红枪会”，逐步向周围发展到 40 余村，蒙骗万余名会员。日军及伪政权强令各村设堂，胁迫群众入会，勒索百姓钱财，抢夺公粮财物，杀害抗日干部战士，大肆破坏抗日活动。“红枪会”搞起来后，蚕食了我们的大片村子。我们地方上没有武装力量，几个区小队也难以和他们抗衡。县委将“红枪会”的情况报告地委，请求支援。从 1942 年 5 月 22 日起，北岳二分区政委赵尔陆亲自带领二分区十九团、三十四团，到盂县东北部镇压“红枪会”。在一周时间内，先后击毙“红枪会”首领李铁柱及骨干分子 100 余人，摧垮了全部村庄的红枪会组织，收缴了全部凶器。随后，这两个团又与军区抗敌剧社、二分区七月剧社、当地县区干部、区小队、民兵共 1000 余人组成工作团，分赴各村召开群众大会，揭露“红枪会”愚弄群众的骗局和破坏抗战的汉奸本质。在部队的帮助下，我们的工作局面得到扭转。

第二件是敌人发动的“自首”运动。1942 年 4 月 19 日，由于盂县党的七区区委委员王林叛变投敌告密，盂县进圭社据点之敌抓捕了附近 28 个村庄的 300 多名共产党员。在进圭社一个大庙里，敌人召开所谓“清党大会”。在叛徒王林、陈志中主持下，这批党员被迫向敌人集体自首，使第十区、六区的基层党组织遭到严重破坏。8 月，县委召开专门会议，研究讨论对进圭社一带党员集体自首事件，决定派专人进行调查。后经严格审查，按照不同情况，对这批党员分别给予恢复党籍、除名、开除党籍等不同处理，并在各村重新建立党支部。

经过敌人的“扫荡”和“蚕食”，晋东北根据地的面积萎缩，人口减少，原抗日游击区大部分变成敌占区，原根据地一部分也变为游击区，二分区的党政军领导机关，曾一度被迫迁到河北省境内。在盂县，敌人的据点增加到近 20 个，县委也退到盂县东边的最后一个村子马圈村。领导全县的工作，要经过好几道封锁线，困难重重。由于敌人的分割包围，盂县的整个建制难以存在下去。在这种情况下，1942 年 8 月，地委决定取消盂县建制，分别与周围县组成盂平、盂阳、盂寿等县，还有一个区划给了定襄县，两个区划给了平定县，原来盂县的主要干部调到盂阳县。吕健东被任命为盂阳县县委书记，我被任命为县委副书记兼组织部长，原阳曲县委书记李振江被任命为县委副书记兼宣传部长。李振江是山东人，初中毕业，比我年长一岁。他 1937 年底到陕北公学学习，1938 年分配到晋察冀根据地工作。这是一位政治坚定、组织观念强、对敌斗争经验丰富的同志。在二分区，哪里未打开局面，哪里最困难、最艰苦，他就被调往哪里去。像崞县、忻县、阳曲、寿阳，他都当过县委书记。他从来不计较个人得失，一向埋头苦干，低调做人。李振江有思想、有独立见解，他既服从组织，也敢提不同意见。以后我们在一起工作，彼此加深了了解，我对他更加佩服。新中国成立后，他曾任中共武汉市委组织部长、武汉钢铁公司党委书记、中共黄石市委书记、吉林省副省长、中共吉林市委第一书记、吉林省顾问委员会常委。1996 年 8 月，我到长春参加全国党建研究会召开的关于党的先进性问题学术讨论会时，还曾专门到他家探望他。

向敌后之敌后挺进

战争期间，敌后根据地生存、生活条件很差，尤其是游击区，睡在窑洞里，放的被子是谁去谁盖，没有换洗的衣服，得了病，缺医少药，所以干部患病的很多。当时患疟疾、长疥疮的人很普遍，我也没能逃过这一劫。

1942 年 8 月 8 日，在出发去盂阳县的这一天，走了不久我就发起疟疾来，一阵发热，一阵冷得不得了，很难长途跋涉了。吕健东等多数同志只好先走，我和县委社会部长兼公安局长戴涛等几个患病的同志暂时留在一个叫大峪村的小村子养病。

吕健东同李振江等原阳曲县的干部取得联系后，在离西烟镇敌据点十来里路的王伏庄村外山沟的窑洞里开了两天会，盂阳县委就算正式组成了。会后，李振江等人分散离去下乡了，只有吕健东因患疟疾还未离开。

我和戴涛的病基本好了后，即同两名公安战士于9月1日动身去盂阳县。我因久病初愈，身体虚弱，一天只能走十来里路，还得在夜里越过敌人的交通线，共走了10天，才到王伏庄村外窑洞与吕健东会合。我们商量在此休息一夜，明天再分散转移到各村进行工作。但由于汉奸密报，第二天我们还没来得及做早饭吃，周围几个据点的敌人即来包围袭击我们，大家赶忙往山沟里撤退转移。吕健东疟疾发作，跑了几里路实在走不动了，趴在一处深草丛里隐蔽。我们往对面山上跑。秋天的时候，山上的野草又高又深，大家分散躲在草里。敌人到山梁上一边喊话，一边乱打枪，到黄昏时方才撤去。我和一个藏在一处的同志出来找冲散的同志，集中后清点人数，有7位同志被捕，戴涛同志被敌人乱枪打伤，也被捕了，所幸吕健东没被敌人发现。当晚，剩下的同志分散到附近的村子，白天藏在野外，晚上才能向群众做些工作。此后得知，李振江也病了，在阳曲一个村子的土洞里养病。这个洞在一个悬崖上，只能一个人一个人地爬下去。9月16日，敌人去包围了。一个敌人爬到洞口，李振江的手枪只有两颗子弹，向敌人打了一枪，敌人缩回去再未敢下来。李振江自己也跑不了了，又向自己头部打了一枪，负了重伤。敌人一直包围半天，直至傍晚才撤回据点。群众把李振江接出，转移到别处去。盂阳县委成立之初，两次遭到敌人袭击。那个时候，县委没有力量打击敌人，主要是把党组织和县区村干部队伍巩固住，把村子里的工作坚持下来，保存力量。这一年，我们县里有不少干部被捕、牺牲。

1942 年 9 月以后，晋察冀分局对反“蚕食”斗争进行了新的部署，我们的对敌斗争策略也随之发生了较大的转变。

一是“向敌后之敌后”挺进

这个口号是 1942 年 9 月 11 日“寨北会议”提出的。“寨北会议”即晋察冀分局和晋察冀军区在平山寨北村召开的党政军高级干部会议。这次会议在总结前一阶段反“蚕食”斗争经验教训的基础上，确定了以武装斗争为核心，配合各种斗争，向敌人开展全面攻势，变根据地为游击区，也变敌占区为游击区，敌进我进，向敌后之敌后伸展的方针。晋察冀本来就处在敌后，到“敌后之敌后”，就是指到根据地周围敌人统治的地区去活动。会后，北岳区主力部队以 1/3 至 1/2 的兵力执行“向敌后之敌后”挺进的任务。把大团缩小，取消营，一个团直接管辖六七个连，便于分散活动。二地委也在封锁线外建立两个地委分委，领导线外几个县的工作，逐渐恢复和扩大根据地。

根据晋察冀分局的指示，盂阳县委也积极到敌人据点附近开展工作，并配合部队的活动。当时军用物资缺乏，游击队也难以保证人手一支枪，地方干部就更难奢望有什么武器了。我们每人发有一颗手榴弹，大家随身带着，以防万一。我的这颗是从日本人手里缴获的，球的形状，没有把儿。每个人还带有一个包袱，里面装一两件换洗的衣服、一双鞋子，往腰上一系，就日夜奔波到基层开展工作。那时候没有电话，住址也不固定，上下联系，只能通过县委的三四个交通员，或者由群众送来“鸡毛信”。形势稍微稳定后，县委才添置了一部油印机。

二是利用两面村政权应付敌人

这是为了粉碎敌人不断分割封锁和突击“蚕食”而采取的一项措施。1942 年 9 月 4 日，晋察冀边区行政委员会作出《关于目前游击区政权组织及工作的决定》。《决定》指出：游击地区的村级政权，可以利用敌伪政权的形式，或者把抗日政权加以伪装，作为暂时应变的措施。两面村政权，在形式上可以是多种多样的，以能迷惑敌伪视线、掩护抗日工作为准，不必求形式一致。

这项措施在实际斗争是很有成效的。过去敌人来“扫荡”，我们动员群众及时转移到山里，坚壁清野，将粮食、牲口藏起来。有时敌人来了以后，一些村长不得不向敌人送交少量粮食，我们知道后对他们进行严厉批评。这样，有些村长就不敢来见我们了。敌人的“蚕食”，使我们的地盘越缩越小，开展工作非常困难。这就需要我们根据实际情况，更多地采取革命的两面政策，除了对死心塌地的汉奸进行镇压外，我们加强对伪政权的工作，引导他们在适当范围内为我们服务。

两面村是指敌占区和根据地之间的中间地带，它们分为三类。第一类是向我的抗日的两面村。这种村子一般离敌人据点较远，敌人来的不太频繁。这些“村长”“会长”是我们指定的假村长、会长，他们不领导村里的工作，是专门应付敌人的可靠干部。敌人要村公所报情况、摊派粮食时，都由“村长”应付。有时候实在没有办法，也得给敌人送点儿粮食。他们经常去敌据点，报点儿假情报，就成了我们的情报员。敌人到村子来后，除了暴露的干部外出躲避外，老百姓一般地不再往外跑了，否则难以保证生产的正常进行。第二类是中间的两面村。村长既支应敌人，也支应我们，我们在这里的控制力量比较薄弱。第三类是向日的两面村，村公所基本上由日伪军控制。我们到这些村子，他也得保护、应付，让村长到区政府开会，他也得来。我们向这些村派粮食和钱，他也得给我们。但是，这些村子不可靠，常有敌人、汉奸出入，很不安全，我们只能依靠少数党员、积极分子掩护在夜间活动。1942 年到 1944 年，我常到这些村子活动，跟村里的党员秘密接头，询问敌人据点的情况。敌人来了，就藏在地洞、柜子里。通过两面村政权，我们运用各种方法迷惑敌人、欺骗敌人，同时逐步开展群众工作、组织工作，也保证了生产、保卫了粮食，扩大了第一种游击区，缩小了第三种游击区。

三是党实行一元化领导

面对敌人残酷的“扫荡”和“蚕食”，我们党认识到，要战胜敌人，必须充分发挥人民战争的威力，在军事、政治、经济、思想文化等方面展开斗争，避免单纯在军事上同敌人硬拼。要做到这一点，需要加强党的集中统一领导，统一部署各方面的工作。1942 年 9 月 1 日，中共中央政治局作出《关于统一抗日根据地党的领导及调整各组织间关系的决定》（即“九一决定”），明确提出要加强党的一元化领导。《决定》规定：根据地领导的统一与一元化，应当表现为每个根据地有一个统一的领导一切的党的委员会。中央代表机关（中央局、分局）及各级党委是各地区的最高领导机关，党委书记兼同级部队的政治委员，统一领导各地区党政军民的工作；中央代表机关及区党委、地委的决议、决定和指示，同级政府的党团、军队的军政委员会、政治部和民众团体的党团及党员，均须无条件执行；各级党委严格执行民主集中制，下级服从上级，全党服从中央。

根据“九一决定”精神，北岳区党委在 1942 年 11 月初相继发出《关于党的领导一元化的决定》《关于北岳区群众团体领导一元化的决定》，北岳区党委作为北岳区党、政、军、民统一的领导机关；将工、农、青、妇、文各群众团体合并，组合成统一的“北岳区各界抗日救国联合会”（简称“抗联会”），下分设农、工、妇、青等部门。不久，北岳区各地委全部实行一元化领导，北岳二地委书记由二分区政委赵尔陆兼任。随后，各县也先后实行一元化领导。在实行一元化领导以前，各县的县政府和县委是各司其职。县政府主要负责民、财、教、实（业）、司法，县长不参加县委，有的县长还不是共产党员（如五台县是阎锡山的老家，为了照顾统一战线关系，就没有委派共产党员去当县长）。县委主要负责党的建设（如发展党员、建设支部）、对敌斗争、战争动员、合理负担等。实行一元化领导后，县长、县人民武装委员会的主任、抗联会的主任等都参加县委为委员，负责组织部、宣传部、社会部、武装部、民运部等各部门的工作，这样就集中了力量，加强了对敌斗争。

在盂阳工作几个月后，我的疟疾、疥疮再度发作。这次发病，来势凶猛，几乎要了我的性命。1943 年 3 月，地委看到盂平县委都是平山的干部，没有原盂县县委的干部，对工作不利，又知道我病重，决定调我回盂平县任县委副书记。我经过五台县的无人区，绕了很大的弯子，才到地委报了到。

盂平对敌斗争回忆

我到盂平后，北岳区的大生产运动正开展得如火如荼。

大生产运动是我们党为克服经济困难、减轻人民负担而倡导的一项重要举措。早在 1939 年 2 月 2 日，毛主席在延安的生产动员大会上就发出了“自己动手”的号召。1941 年，日本侵略者对各抗日根据地进行“大扫荡”，国民党顽固派又加紧对我们的军事包围和经济封锁，敌后抗战出现严重困难。在这种情形下，党中央再次强调走生产自救的道路。各抗日根据地随即积极响应，相继掀起大规模的生产运动。

在北岳区，军队和地方都规定有生产任务，除了开荒种地，还要纺毛线，织毛衣、毛袜子，搞一点儿运销、运输。所谓运销，就是在甲地买物，运到乙地去卖，挣中间的差价。那时候的运销，主要是秘密到敌人据点里买点儿东西，什么肥皂啦，牙粉、牙刷啦，线袜子啦，再运到根据地卖掉。运输，是将某地贸易公司的货物从甲地背运到乙地商店，挣点儿运费交公。按规定，我们盂平县委的干部，每人一年要上交 100 斤小米或相当于 100 斤小米的款项。我自己参加过县委的开荒种地，种苞米、种谷子，还搞过一次运输。得知贸易公司、供销合作社从后方购进一批铁锹后，我背着 20 多把铁锹，走了 90 多里路，运到前方的区里，挣回一点儿运费，完成了上交的任务。其他人也一样，只要有机会，都参加生产劳动。

1943 年 9 月，敌人对盂平进行过一次“扫荡”。这时，我们的对敌斗争经验就比较丰富了。在开展反“扫荡”的两个月内，盂平县一、二、三区民兵先后爆炸地雷 155 颗，毙伤俘日伪军 377 人，同时缴获了大量武器物品，《晋察冀日报》对此进行了报道。长期艰苦的对敌斗争，对每一位党员干部都是严峻的考验和磨炼。在盂平县的这次反“扫荡”中，绝大多数同志的革命意志是非常坚定的。盂平县的一位女同志，叫余芹，湖南人，是区委组织委员。她经常冒着生命危险，出入敌人据点，很勇敢。但是，也有一些同志没有能够坚持下来。盂平县委的组织部长、公安局长、三区的区委书记都在反“扫荡”的途中离队未归。还有一位三十四团的团长也表现不好。这个团长原是晋察冀军区教导团团长，长得一表人才，文化程度也较高，是个老红军，但实战经验不多。反“扫荡”期间，他带着部队在我领导的那两个区活动。我们希望他乘敌空虚，袭击据点，打击敌人的嚣张气焰，配合地方工作。但他就是不愿意和敌人接触，拉着队伍到处跑，总是说这也困难，那也困难。到最后，我们派人到据点，把围墙的砖层、壕沟的宽度、吊桥的长度都摸清了，报告给他，他还是没有动手。后来，军分区督促他打仗，他甚至把重机枪和电台都藏了起来。反

“扫荡”结束后，军分区免去了他的团长职务，降级使用。

在反“扫荡”的空隙，我们县委按照党的指示，领导群众减租减息、组织生产，较好地完成了征收公粮、往根据地后方和延安运送粮食的任务。那时候，运送粮食的工作不好做，成本也高。送的粮食，只有一部分能够到达。到了冬天，运输更加困难。雪深路滑，老百姓的毛驴子滚到山沟里，还得赔偿。以后，我们就在沿途设站，指定专人负责，保证任务的完成。

1943 年盂平县的对敌斗争开展得不错。1944 年 2 月，地委召开会议，对反“扫荡”斗争以及“一元化”开展以来党的领导工作进行总结。自 1942 年底实行党的一元化领导后，赵尔陆任北岳区二地委书记，领导反“扫荡”、反“蚕食”等各项工作，取得很大战果。在总结会上，大家都很坦率，有什么意见都直说。我和几位同志提了一些意见，有的意见没有讲到点子上，表达的方式也不太好，赵尔陆发脾气了，把我们严厉地批评一通。我们紧张得不得了。过了几个月，大约在 8 月的时候，中央局开会，传达中央精神：军队和地方实行党的一元化领导以后，搞好团结关系，军队应该负主要责任。根据中央精神，赵尔陆同志及时检查自己的思想和作风。他感到 2 月份在地委的那次会上对我们的批评重了。由于他在 9 月份调任冀晋军区司令员，没能回到二地委来，便特意委托地委书记张连奎说：你回去以后，代我向于林、李力安、刘子英同志道歉，那次会上批评他们批评重了。他很有自我批评的精神。新中国成立后，我和赵尔陆见过面，他很热情。我很佩服这个老同志，讲真理，不讲面子，对就对，错就错，错了就检讨、改正，从不扭扭捏捏，体现了共产党员光明磊落的品格。

1944 年 2 月地委开会总结反“扫荡”及一元化领导的经验之后，盂平县的整风开始了。因县委书记刘昂到中央局党校学习，县委的工作和整风学习便由我主持。当时，地委住在我们县内，所以，我也参加地委的整风。那个时候确实是认认真真地学习、讨论整风的 22 个文件，对照文件，检查自己的思想、工作和作风，重点解决对党的忠诚老实和团结问题。我们七八个县委委员集中在一起，对个人历史、家庭状况、入党后的经历、工作中犯过什么错误等等，都敞开来谈，毫无保留地进行检查。我们县委的整风没有发生抢救运动。我认为，通过整风，对增强团结，增强同志们之间的了解起了很好的作用，大家的工作热情更加高涨了。

1944 年 8 月，县委书记刘昂调到别处工作，还有许多干部相继被上级调走，组织上正式任命我为盂平县委书记。县委班子的干部严重缺乏。盂平县有 7 个区，我们经地委批准，把这 7 个区的区委书记都提拔为县委委员，其中包括青年诗人田间，他担任县委宣传部长。那时候提拔干部，也没有多少框框。新的县委班子很团结，干起工作来劲头十足。

胜利喜讯忽传来

1944 年 9 月，北岳区的组织机构发生很大变化。

早在 1944 年 7 月 28 日，中共中央发出《关于晋察冀边区划分为四个区党委和军区的指示》。指示认为，因冀中形势好转，冀东已大开展，同时，军区、分局直属单位太多，指挥不便，建议在分局、军区下划四个区党委和军区，即冀晋区（军区）、冀察区（军区）、冀中区（军区）、冀热辽区（军区）。分局、军区机关应精干短小，各种工作的执行，主要放在下划区（军区），加强各区（军区）同志的责任。

根据中央指示，9月下旬，原北岳区被划分为冀晋、冀察两个区。冀晋区党委书记王平，军区司令员赵尔陆；冀察区党委书记刘道生，军区司令员郭天民。冀晋区党委下辖二、三、四、五地委。其中，二地委下辖五台、盂平、盂寿（寿东）、忻定、盂阳、寿榆、代县、崞县（东）8个县委。二地委书记张连奎，副书记张何明，组织部长智生元，宣传部长朱卫华，二地委驻地也由河北平山移回五台县境内。由于建制变更和干部调动频繁，五台县委书记一职空缺。1944年12月，我调任五台县委书记。在这里，我介绍一下张连奎的情况。

张连奎，1912年生于山西定襄县，年轻时是一名出色的篮球选手。1929年，他代表山西男篮队参加第十四届华北运动会男女篮球比赛，被评为“全国最优秀的篮球运动员”。1933年他考入北平师范大学体育系后，球技大长，成为篮球运动的国手。张连奎在学校时思想进步，参加过“一二九”运动，是北师大“民先”组织的干事之一，1935年底加入中国共产党。抗战开始后，他回到山西，任中共晋察冀二分区特委组织部长，1939年3月任二地委书记。

晋察冀区党委改称北岳区党委后，他任北岳区二地委书记。1942 年 10 月实行党的一元化领导后，北岳区第二军分区政委赵尔陆兼二地委书记，张连奎改任地委副书记，1944 年任冀晋区二地委书记。抗战胜利后，国共两党进行重庆谈判，张连奎被聂荣臻选中，到太原军调处当执行代表。1946 年 8 月，他重回根据地，任冀晋区党委委员兼军区政治部主任。1949 年初，任第二十六兵团第六十六军副政委兼政治部主任。1952 年，中央军委决定部队一批指挥员转业，支援新中国的经济建设事业。张连奎到了二机部工作，任党组成员，后来当了二机部副部长。

在抗日战争期间，张连奎主要在晋察冀二地委工作。他为人虚心，工作扎实，注意调查研究，特别重视对干部的培养。张连奎任地委组织部长的时候，在五台县和其他县举办过多期干部培训班。在神山创办的定襄学院是当时比较有影响的干部培训基地，张连奎担任院长，亲自授课。有不少干部是这个学院培养出来的。盂县有个铁匠叫张德胜，就是他提拔的工农干部。张德胜最初参加工作的时候，识字不多，只是一名通信员。后来地委送他到中央分局党校接受培训，在实践斗争中成长很快，曾任盂阳县委副书记、盂县县委书记，新中国成立后任太原市委农村工作部部长。张连奎在对敌斗争、党的建设方面做了很多工作，在二分区的干部中有很高的威信。

1944 年底我调任五台县委书记时，北岳区的对敌斗争形势已经发生很大变化。1941 年、1942 年敌人“大扫荡”和“蚕食”，把我们逼到山沟里。现在，我们的工作一直开展到铁路沿线和敌人的据点内。敌人的一举一动，都在我们的掌握之中。我在五台工作的几个月，主要的工作还是开展对敌斗争。当时五台台北、台南支队已合编为五台支队，秦永寿任支队长，李开任政委，下辖 4 个中队，部队战斗力相当强。虽然日伪军在这里还有十四五个据点，有时候小规模地出来活动，但他们已是强弩之末。就拿五台县河边村来说吧，在这个大村子里，日本人住在火车站，伪军住在原村公所。晚上我们在村子附近开群众大会，请剧团演戏，日伪军都不敢出来。敌人白天出来，常常会踩上我们的地雷。不仅五台县，别的县如定襄县，工作也开展得很好。寿阳县的县支队 4 个连，很有战斗力。

在五台的时候，我主持召开过一次全县英雄模范代表大会，参加会议的代表有 500 人。在会上，县委表彰了 1943 年冬反“扫荡”以来的一大批战斗英雄和劳动模范。我记得有个女党员村干部，叫刘三妮，50 多岁，表现很突出。1944 年秋反“扫荡”中，区委转移到别处，她与村支部失去了联系。她讨饭到处去探寻，终于找到了区委，恢复了联系。她让村里的妇女躲到山里，宁愿自己到据点给敌人洗衣服、挨打受辱，也不愿让姐妹们受害。还有许许多多的英模，为了保护群众，牺牲自己，他们的事迹是可歌可泣的。

1945 年 3 月，地委通知我回地委工作，任敌工部部长。这时，冀晋区党委和军区按照晋察冀分局和军区的要求，正在组织、开展扩大解放区的战役。冀晋军区下辖二、三、四、五军分区，二军分区的任务主要是拔除、逼退深入根据地内部和边缘区的敌据点，打击和牵制本区域的敌人。二分区当时的司令员叫曾美，江西人，他从抗战开始一直在二分区工作。他带领二分区的主要部队及五台支队，在五台县城至台怀镇一带作战，扩大解放区。从3月到7月底，我一直跟随二分区的部队行动，开展敌军工作，掌握敌人状况，提供情报，配合军队作战。

8月中旬的一个晚上，传来了日本投降的消息。那时候，一个县只有一部电话，我在盂平县委那里接到了胜利的喜讯。日本鬼子真的投降了？一时间我还不敢相信自己的耳朵。我们是真的胜利了！我们兴奋得不得了，站在高处，举着大喇叭，放声喊着：日本投降了，我们胜利了！老百姓也都聚在胡同口，欢呼雀跃。不少人蹦上房顶，手舞足蹈，跳啊唱啊，尽情释放自己内心的喜悦。8年的艰苦抗战，终于盼到了今天，怎能不让人万分激动呢！

回想起8年抗战的峥嵘岁月，我感慨万分。为了这场胜利，我们的国家和民族付出了极大的牺牲。对那些曾经同生死、共患难的战友，我永远不会忘怀。在这里，我仅举两个例子。

1940年"百团大战"后，敌人在这年冬实行报复性"扫荡"。寿阳县委书记刘全磊在反"扫荡"斗争中牺牲，二地委决定调盂县县委组织部长李勇争继任寿阳县委书记。1941年，敌"大扫荡"时，李勇争在寿阳县的战斗中又牺牲了。地委再调盂县组织部长赵修到寿阳任县委书记。两年之内，寿阳县连着牺牲两名县委书记，可见当时对敌斗争的残酷。

1941年我调盂县任副书记时，认识一个叫刘尚文的同志，他是一个农民干部，只上过几年小学，当时任六区区委组织委员。1943 年秋，敌人对盂县发动“扫荡”，正在一个村子工作的刘尚文被敌人包围。敌人看到他上衣口袋沾着紫颜色，认定他是共产党的干部。当时，我们用的水笔是从日本鬼子手里缴获的。没有墨水，就从老百姓那里找点紫颜料，用水化开，制成墨水。由于水笔的质量不好，常常会漏出，染到衣服上。刘尚文就这样被敌人认出是干部。敌人将他五花大绑，带到中午搞饭吃的一个村边的打麦场上，在他后颈上猛砍一刀，以为他死了。过了一段时间，浑身是血的刘尚文苏醒过来，趁着敌人回到村里吃饭喝酒，使劲儿挣断绳子，跑了几里路，最终获救。养好伤后，他继续在游击区坚持工作。通过这次经历，刘尚文痛感手里没有武器，在对敌斗争中很容易负伤或牺牲。他千方百计弄到一支缴获的三八式步枪，每天瞄准练习，最后练就了一身好枪法。从这个例子可以看出我们的同志对党的事业是多么的坚定忠诚。我常想起许多英勇牺牲、负伤的战友们的事迹，对他们万分尊敬和怀念。2015 年纪念抗战胜利 70 周年，我有幸作为抗战老战士的代表之一接受习近平总书记的亲自授勋，不禁想起那些牺牲的战友和同志们，悲喜交加，感慨万分。事后，中央电视台采访我时，我说抗战的胜利是几千万中国人民用生命和鲜血换来的啊，必须永远珍惜。

日本宣布投降后不久，在冀晋军区司令员赵尔陆的统一指挥下，部队对盂县城敌据点发起进攻。我随部队活动。这时候的日伪军已经土崩瓦解，他们没和我们怎么打，就逃走了，盂县全境在 8 月 25 日获得解放。27 日，地委决定恢复盂县建制，调整好县的党政机关，张德胜任县委书记，郝光任县长。我们着手清查那些没有跑掉的汉奸、坏人，整顿社会秩序。几天后，地委敌工部和康瑞华为部长的地委城工部决定继续向前开进。我们到了寿阳，两个部的机关住在寿阳县坪头镇，就近开展对太原和正太、同蒲铁路沿线的情报工作和瓦解敌伪军的工作。不久我调任冀晋区二地委组织部部长，时间是 1945 年 11 月。

第五章
从反奸清算到土地改革

西柏坡全国土地会议

日本投降后，蒋介石派出大批国民党军队到解放区、游击区和各被我军包围的原日寇占领的大城市，企图抢夺和独霸抗战胜利果实。此前，蒋介石在1945年8月11日下达了三项命令，要求解放区军民“就原地驻防待命”，不得向日、伪军“擅自行动”；他的嫡系部队则“积极推进”；他要日伪军“切实负责维持地方治安”，抵抗人民军队受降，以待国民党军队的接收。这些命令遭到我们党坚决拒绝。当时，阎锡山受蒋介石委派，负责“接收”山西。1945年秋，阎锡山的军队抢占大同、太原等地，收编了大批日伪军，并将地盘向外伸展。晋察冀根据地的军民进行了针锋相对的斗争，一方面积极打击日伪军，扩大解放区，抗击阎军对解放区的进攻。另一方面，根据中央的指示，从1945年秋冬起，在新解放区开展反奸清算斗争和大规模的群众性减租减息运动；在老解放区，则对减租减息法令的贯彻执行情况进行复查，以调动广大农民保卫和建设解放区的积极性。

1945年冬，我调到地委组织部后，带着4位县领导干部和一个区委书记，在阳曲县一个叫范庄的大村子蹲点开展反奸清算斗争。我们住到一个赤贫老人家里，同他睡在一个土炕上。我们吃饭，都是到群众家里吃饭，所以贫苦群众对我们很相信。我们做贫雇农的工作，组织他们开诉苦大会，斗汉奸、恶霸，分粮食，分浮财。在诉苦会上，农民们控诉地主恶霸的剥削，提及深仇大恨，我们和他们都声泪俱下。反奸清算斗争，既能使群众在政治上翻身做主人，激发他们的革命热情，又能使贫雇农直接获得生活用品、物质利益，他们亲身感受、认识到共产党是为他们谋利益的，心情舒畅。自从参加工作以来，我感到最高兴的一件事是听到日本投降的消息，那时候的心情可以用“欣喜若狂”四个字来形容。其次就是看到农民的解放。他们发自内心的喜悦，使我深受感染，进一步加深了同群众的感情。

随着反奸清算和减租减息运动的深入开展，贫雇农迫切要求解决土地问题。群众对土地的实际要求是觉悟提高的表现，也是反封建的根本问题。为此，中共中央采取了一项极为重大的措施，在 1946 年 5 月 4 日颁布《关于土地问题的指示》(即“五四指示”)，将抗日战争期间实行的减租减息政策，转变为实现“耕者有其田”的政策，其基本内容是：要坚决地支持和引导广大农民群众，采取各种适当方法，使地主剥削农民而占有的土地转移到农民手中；用一切方法吸收中农参加运动，决不可侵犯中农土地，一般不变动富农土地，对富农和地主有所区别；不可将农村中反对地主阶级的办法，运用于城市中反对工商业资产阶级的斗争。此外，指示还规定了一系列的政策和方法，如：对抗日军人及抗日干部家属之属于地主成分者，对在抗日期间与我们合作而不反共的开明绅士，予以照顾；对中小地主的生活应给以相当的照顾；对汉奸、豪绅、恶霸作坚决斗争，但应给他们留下维持生活所必需的土地等。“五四指示”表明，我们党在土地政策方面开始由抗战期间的削弱封建剥削，过渡到变革封建土地关系、废除封建剥削制度。它的颁布和执行，为以后解放战争的胜利奠定了群众基础和物质基础。

根据“五四指示”的精神，各解放区放手发动群众，以反奸清算、彻底减租减息的方式，使贫苦农民从地主手中夺回土地，实现耕者有其田。从1946年到1947年，我先后到五台县、崞县、盂县、寿阳县进行调查、蹲点，发动群众、重新组织农会、斗争地主恶霸、搞反奸清算，帮助县的新解放区建立新政权、发展党员、建立支部。除此外，还组织审查干部，做调干部南下的工作。

在此期间，中央工委书记刘少奇到晋察冀。1947年3月底，鉴于国民党军队胡宗南部进占延安，中央决定成立由刘少奇、朱德、董必武组成中央工作委员会，刘少奇任书记。中央工委组建后不久即进入晋西北，进行中央委托的工作。少奇同志路经晋绥和晋察冀解放区时，视察了这两个地区的土改工作，认为有缺点。他在1947年4月30日在晋察冀中央局干部会上的讲话中讲到，晋察冀在土地问题上的缺点是群众路线不够，群众观点不够。少奇同志过多地肯定了群众运动的自发性，肯定了一些地区在土改中把地主财产搞干净后再留生活出路的经验，这些指示和讲话传到基层后，晋绥和晋察冀地区随即掀起土改复查运动。许多地主被扫地出门，出现乱打乱杀的现象。这些问题后来反映到中央和毛主席那里，也反映到少奇同志那里。少奇同志说：这不是发动群众，这是命令起来的，能命令起来，就可以命令停止。土改复查中“左”的错误很快得到纠正。

有了“五四指示”，各地的土改工作迅速开展。到 1947 年下半年，2/3 的解放区已基本解决土地问题，但还有 1/3 的解放区尚未进行土地制度的改革，有些已经实行土改的地区，工作也不够深入。在国民党发动内战的情形下，如何加快“耕者有其田”的步伐，以取得广大农民群众对我党自卫战争的支援，成为我们面临的重大问题。为了总结前一段土改工作的经验，推动解放区的土改运动进一步发展，中央工委于 1947 年 7 月在河北省建屏县（现属平山县）召开全国土地会议。我作为冀晋二地委的代表参加了这次会议。会议从 1947 年 7 月 17 日一直开到 9 月 13 日。来自晋察冀、察哈尔、晋冀鲁豫、晋绥、山东、陕甘宁、东北解放区的有关负责人和代表 110 余人云集西柏坡村，对土改和整党两大问题进行讨论研究。一晃 70 年过去了，我过去的秘书蒋建农在中央党史研究室工作，他说我现在是参加这次会议的唯一健在者了。

这次会议开得很及时、很好，对推动彻底废除封建制度，提高群众觉悟，巩固党在新解放区的执政地位，起到了重要作用。朱德、董必武在会议开幕时发表讲话，少奇同志作了会议总结，特别是会议通过的《中国土地法大纲》，为我们党在全国彻底消灭封建剥削的土地制度提供了一个基本纲领，具有重大而深远的历史意义。它旗帜鲜明地规定：“废除封建性及半封建性剥削的土地制度，实行耕者有其田的土地制度”；“废除一切地主的土地所有权”；“废除一切祠堂、庙宇、寺院、机关及团体的土地所有权”；“废除一切乡村中在土地制度改革前的一切债务”。《大纲》还规

1999 年秋，与老伴傅义仙重返西柏坡。

定了彻底平分土地的基本原则：乡村中一切地主的土地及公地，由乡村农会接收，连同乡村中其他一切土地，按全乡全部人口，不分男女老幼，统一平均分配，在土地数量上抽多补少，质量上抽肥补瘦，使全乡村人民均获得同等的土地，并归个人所有。《大纲》的颁布，对新老解放区的土改运动起到了巨大的推动作用。正因为坚决高举反封建的大旗，我们党才获得广大农民群众的热烈拥护，赢得了解放战争的胜利。

现在回过头来看，这次会议也有不少“左”的东西，主要体现在：对解放区土改不彻底和党内不纯的情况估计得过于严重；没有作出具体的政策规定来保证不侵犯中农利益和保护民族工商业；强调反右倾而对“左”的错误批评不力。尤其是彻底平分的政策规定，这使得许多地区的土改和整党运动发生“左”的严重偏差。会议期间，晋察冀代表团分成几个小组。我在发言中讲到，1946 年的土改复查中有打人现象，我认为不好，不赞成。有些干部的家属，家里有一些土地，因缺乏劳动力，不得不把土地出租，他们实际上是小土地出租者，但在复查划阶级成分时被戴上了地主的帽子。有一位女干部的母亲是个寡妇，家里有几亩地，我曾劝过她：你写信给你妈妈，干脆把土地交出去，不要老守着自己的那点儿土地舍不得，不要等人家斗嘛。因为这件事，在会上我被指责为对地主家庭有感情，是富农路线。我一直想不通，自己是贫苦店员出身，房无一间，地无一垅，没有包庇、支持过富农，怎么成了富农路线呢？当时心理压力也很大。

我们白天开会，晚上还参加村子的群众大会。斗争的对象有地主，也有村干部。那时对党的干部中存在的问题估计得过于严重，会上形成一些“左”的看法，认为多数村干部严重脱离群众，不能真正反映贫雇农的意见。因此，有的县没有做调查研究，不分干部错误的性质与轻重，粗暴地采用“搬石头”的做法，把负责党、政、民、武、治工作的村干部（那时称“五大领袖”，指支部书记、村长、农会主任、武委会主任、村治安员）集中起来，开“石头训练班”，“洗热水澡”，“背靠背”发动群众，把他们当成绊脚的“石头”搬掉。在斗争会上，有的人脱下鞋子对这些干部劈头盖脸就是一阵猛打，搞得很紧张，伤害了许多基层干部的感情。对这种斗争方式，我们不少人有看法、有抵触，但由于会上强调批右，也没敢向上反映。会上发生的这些“左”的偏差，对下边的工作影响是不小的。比如说，整党过程中对干部的阶级、思想、作风查得极严，一些地方出现了“唯成分论”、查“三代”的偏向。冀晋军区供给部有个负责干部，和平山县一个地主的女儿结了婚，就被当作混进党内的阶级异己分子，批了又批。边区政府开会，贫雇农出身的干部坐在左边，桌子上放着牌子，写着“贫雇农席”；地主富农、资本家出身的干部坐在右边，被称为“王八蛋席”。这些做法都是非常错误的。会议中出现对党内不纯现象估计过重、掌握政策上的一些“左”的错误，从11月份开始，毛主席和中央发现这些问题后，迅速采取有力措施予以纠正。

我是第一次参加这样大规模的全国性会议。会议期间，我聆听了刘少奇、朱德、董必武、徐特立、彭真等中央工委领导同志的报告和各个地方的工作报告，开阔了眼界和思路。会议期间，我再次见到彭真同志。彭真1945年9月从延安到了东北，任东北局第一书记。1947年7月上旬，他从东北回到西柏坡，出席全国土地会议，是会议的主席团成员。会议期间，他曾召集参加会议的晋察冀代表团的20多位同志，开了个小会，进行座谈。记得他对我们说过一番话，大意是：他从东北回来后，周恩来同志见了他，对他讲，那次让你到东北去，没有征求你的意见，对工作做得不细表示歉意。彭真同志回答说：这有什么啊！我这么个老党员，组织决定我就服从。难道我还需要被说服才去吗？通知我去，我就去。彭真参加完土地会议后，根据中央的决定，不再去东北，留在中央工委工作，任工委常委。

到井陉县参加土改

为贯彻西柏坡全国土地会议精神，1947年10月3日至11月9日，在聂荣臻主持下，晋察冀中央局在河北阜平史家寨召开晋察冀边区土地会议，冀晋、冀中、察哈尔等地区的县级以上干部1100多人参加了会议。

在开幕式上，聂荣臻发表讲话说：有些同志认为平分土地很容易，但真正做起来还是很复杂的。因为做这件工作我们还没有经验，而且斗争是很尖锐、很残酷的，地主、富农是“舍命不舍财”的。所以，我们在思想上、工作上要有充分准备，才会少出乱子。这次会议决定立即在全区开展土地改革运动，彻底分配土地；同时结合开展整党工作；土改期间，要对干部进行调整，本地干部回避在本区工作。边区土地会议后，晋察冀各地委相继召开三级干部会议，学习《中国土地法大纲》，进行整党。

1947 年 11 月，北岳二地委[①]领导找我谈话，考虑到我是五台县人，在盂县县委工作多年，又在地委工作了两年半。根据“回避”政策，决定把我从二地委调到四地委工作。四地委管辖冀晋区西南部的平山、建屏、井陉、获鹿、正定、灵寿、行唐等县。西柏坡土地会议后，四地委的领导班子重新作了调整，原地委书记齐文俭、专员齐文川调别地去工作，任命新的地委书记梁雨晴（原为平山县县委书记）、专员崔民生，他们都是贫雇农出身，文化程度不高，决定安排做过地委书记的胡开明（大学毕业）任四地委顾问。中央工委、中央局、地委的领导干部大都到县里去任职或参加工作队，去参加土改。于是，中央局副书记刘澜涛到曲阳，中央局城工部部长吴德峰到阜平，中央局社会部长许建国到正定，团中央书记冯文彬到平山，中央派来的钱俊瑞到建屏。四地委除只留梁雨晴、崔民生在机关掌握全面工作外，其他委员都下去直接搞土改，我被分配

① 1947 年 11 月，冀晋区与察哈尔省合并改称北岳区，同时成立中共北岳区党委，赵振声任区党委书记。原冀晋一地委、二地委改称北岳一地委、二地委。一地委书记赵汉，副书记张斌；二地委书记武光，副书记赵鹏飞。一地委辖灵丘、广灵、浑源、应县、大同、阳高、繁峙、山阴等县；二地委辖五台、定襄、平定（北）、盂县、阳曲（东）、寿阳（北）、榆次（北）、忻州（东）、代县。

到井陉县兼任县委书记。

记得刚到井陉县时，正逢天大旱，连地下水也打不出来。老百姓吃水困难，只能靠小毛驴到几十里外的地方去驮水。我向当时任石家庄铁路局政委的栗再温同志求援。栗再温是 1927 年入党的老党员，平山早期党组织的主要领导人之一。他曾在北平市委、太原特委工作过，1934 年受北方局派遣回到家乡，大约是在 1938 年底或 1939 初任晋察冀四分区地委书记。我和栗再温并没有见过面，但认识他的夫人刘旭江。1940 年我们在北岳区委党校共事，她任图书管理员，文化程度不高，但人很本分老实。我和栗再温工作的地区之间隔着平山县，那时石家庄铁路局正在赶修铁路，支援前线，我写信给栗再温，劳驾他让每天途经井陉县的火车帮我们拉上一大罐子水，这样可以解决七八十户人家的用水问题。他很帮忙，缓解了我们的急需。

我到井陉后，很快组织起工作队，发动群众，斗地主、分浮财，分土地。那时，发动群众的工作做得比较深入，县委机关住在老百姓家里，工作队住在贫雇农家里，跟群众的关系很密切。我带着工作队住在贾庄，直接参加村里的土改。1948 年初，临近春节。我们想，过春节，怎么也得让贫苦的老百姓们吃顿好饭呀。我们把从地主家没收的一些东西，再加上买的东西，给贫雇农家每个人分一斤肉、一斤白面。有一个老贫农叫李尤贵，70 岁了，当了一辈子长工，没有结过婚，和侄子一块儿过。领到肉和白面后，他和侄儿在年三十晚上高高兴兴地包了顿饺子。没想到，老头子吃饺子吃得撑死了。这件事情，我永远不会忘记。

一个贫苦农民，劳动了一辈子，多少年没有吃过白面，没有吃过肉，吃一顿饺子，竟给撑死了。想起这件事情，我就非常难过。在旧社会，农民过的是什么日子啊！这就是我们的农民拥护土地改革、积极参加革命、坚决保卫革命胜利果实的根本原因。

西柏坡全国土地会议后，各解放区根据《全国土地法大纲》进行大规模的土改和整党。最初的一段时间里许多地方发生了扩大打击面的“左”的偏向。就土改而言，这里有我们制定政策不够完善、不够具体的原因，还有更深刻的社会历史原因，特别是千百年来小农平均主义思想的影响根深蒂固。土改发动起来后，这种在小农经济基础上形成的平均主义思想很快形成一股思潮，冲击党的正确的土地政策。在土改过程中，许多干部缺乏经验，加上整党过程中强调谁对地主富农斗争不坚决就是立场错误，使人们有宁“左”勿右的思想，不敢坚持党的正确政策，而是附和农民自发的平均主义要求。党中央注意到土改群众运动中出现的“左”的偏差，及时采取措施进行纠正。1947 年 12 月 25 日至 28 日，毛主席在陕西米脂县杨家沟主持召开中央扩大会议，在充分肯定全国土地会议基本精神的前提下，着重讨论、解决解放区在土改和整党过程中出现“左”的偏差问题，如土改中要正确对待中农、保护民族工商业、禁止打人杀人和团结党外民主人士等，提出了一系列纠正办法。十二月会议前后，党中央将毛主席在 1933 年起草的两个重要文件《怎样分析阶级》和《中华苏维埃共和国中央政府关于土地斗争中一些问题的决定》印发全党，此后，又公布任弼时关于《土地改革中的几个问题》的讲话，转发西北局书记习仲勋《关于土改中一些问题的报告》、中原局书记邓小平《关于新区工作问题的报告》等。通过这些文件，我们党对土改和整党的政策和策略作了更加完善的规定和说明，进一步纠正了“左”的偏向。

少奇同志当时在西柏坡，对土改和整党中出现的问题也是密切关注的。我在井陉县进行土改一个多月后，接到地委通知，要我们几个县委书记到地委汇报第一期土改情况。少奇同志听说后，就提议到他的住处去开会，他要听听。1948 年 1 月 13 日，我和平山县委书记冯文彬、建屏县委书记钱俊瑞、获鹿县委书记曹维屏，随着四地委书记梁雨晴，一块儿到少奇同志处。参加汇报的这 4 个县的情况各不相同，有建立 10 年以上的老区，有解放两年半的半老区，也有新近解放的地区。通过这次汇报会，少奇同志了解到不同地区土改运动的进展。为了准备汇报，我特地赶写了十来页的书面材料，油印出来，带到会上。我汇报了一多半时，少奇同志走到我面前，很和蔼地问：这个材料是谁写的？我说是我自己写的。少奇同志对我说：工作做得好，汇报材料，情况也很多、很具体，但是缺乏分析，没有讲观点，没有提出意见，没有说今后怎么办，就是报告过程，说白了，这是材料的堆砌，这就叫作文牍主义。少奇同志没有发脾气，没有任何教训的口气，就是这么和蔼地笑眯眯地对我说了这番话。受到这样的批评，我当时脸红脖子粗，心里想，自己当了县委书记，又当过地委组织部长，工作也十多年了，现在汇报土改，怎么就只汇报过程情况，不作分析，没有观点、意见，就是材料加减法，没有乘除法？今后可一定要记住。少奇同志对我耳提面授的一席话，使我终生不忘，受用无穷，以后写材料、写报告的时候，尽量做到有据有论，有建议或要求。

少奇同志这次在四地委土改汇报会议上的讲话，《刘少奇年谱》和《刘少奇传》均有记载。少奇同志在谈到老区土改方针问题时指出，全国土地会议没有区分新老解放区的不同办法是个不足。老区和新区的情况不同，方针、政策与工作方式都应有区别。老区消灭封建已搞过好几次，油水已不多，硬造高潮就会出乱子，老区的错误就在于主观上硬要制造斗争，动富裕中农，动工商业。今天老区挤封建主要是整党，整党内的地主，就是搞掉党内的封建，把整党与挤封建、“搬石头”、斗地主结合起来就会有高潮，要在群众参加的公开的支部整党会议上来查阶级、查思想、查行为。整党与土地改革要结合进行，不能机械分开。这次汇报会后，少奇同志在 1 月 18 日给毛主席写了封七八千字的长信，对新区、老区、半老区的几种不同情况，以及在土改中应采取的不同方针作了说明。4 县委汇报会议结束后，少奇同志还深入平山县附近的几个村子，进行了一个多月的调查研究。

1948 年初，井陉县城解放。抗战时期，井陉县原被敌占的正太路分割，分属冀晋区和太行区。井陉解放后，正太路东段已为我方控制，井陉南和井陉北连成一片，井陉县建制恢复，仍归属四地委领导。我主持了这次合并，以后县级领导机关就迁入县城。

第六章 南下征途

告别父老

1948年3月，我突然接到二地委的通知，说中央局要找我谈话，让我尽快到中央局去一趟。我不知何事，匆匆把县里的工作安排后，赶到晋察冀中央局所在地阜平县城南庄。途中路过中央局党校，顺便到党校询问有关土改政策事宜，在这里第一次见到晋察冀中央局党校校长杨献珍。到中央局后，组织部的同志找我谈话，对我说：1947年秋刘（伯承）邓（小平）、陈（毅）粟（裕）、陈（赓）谢（富治）三路大军在中原会合，开辟了局面。刘邓大军现在已经打到大别山，中原扩大了新解放区。中央决定要从老区选调干部南下到豫鄂陕边区开展工作，组织决定派你到新区工作。这次是大规模的成建制的调动干部，考虑你在二地委工作时间比较久，熟悉干部，决定你还回二地委，抽调干部，组成一个地委和5个县委的班子，准备南下。

后来，我们了解到，在三路大军挺进中原不久，中央就考虑抽调干部南下的问题。1947年10月，中央发出指示：为着眼下一步战略行动，华北、西北各解放区应尽量抽调长江以南各省籍的干部，今冬派往刘邓、陈粟、陈谢三处，以便时机成熟时随军过江。12月，少奇同志为中央工委起草致晋察冀中央局、晋绥分局并报中央电说：“现华中局面开展，急需大批干部南下工作，决定从晋察冀抽调二千人，从晋绥抽调八百人南下，区党委、地委、县委、区委及优秀乡级干部，党政军民财经干部均要。”根据中央工委的指示，晋察冀中央局在 1948 年 1 月着手进行抽调干部的工作，初步确定各区抽调干部的数额，其中，分配给北岳区党委的名额是 1000 名，分 4 批完成。北岳区还提出派遣干部的条件：经中央局党校四查（即查阶级、查立场、查思想、查工作）后证明阶级立场明确，思想正派，工作中能起骨干作用的干部，至少要占 1/3；在整党中受了处分（开除党籍或有政治问题者除外），愿意服从组织，改正错误，不拒绝工作者，可送一部，但数目不得超过总数的 1/3；身体要强壮，没有宿疾，同时一律不准带妇女及小孩。由于当时晋绥、晋察冀解放区的大批干部已进入乡村土改，中央工委决定将大批抽调干部的工作推延到 1948 年二三月份。

晋察冀中央局组织部的同志找我谈话后，我随即表示服从组织安排，没有向组织提个人要求。1945 年春我到五台县委工作的时候，考虑父母上了年岁，完全没有劳动能力，需要我来赡养。我向地委报告后，地委同意我把他们接出来，跟着我生活。1946 年夏，我那多年辛劳的母亲去世。这次南下，70 多岁的父亲不能再跟着我四处奔波。我把父亲送回老家东冶镇，托付给我的一个亲叔伯哥哥。这个叔伯哥哥从小给人当羊倌，30 岁了也没娶上媳妇，家里很穷，我请他照顾父亲的生活。我把两岁的女儿寄养在老百姓家里，留下曾在日伪军监狱里被折磨得浑身伤病的妻子郑健继续在井陉县工作。

井陉县的工作交代后，我很快回到二地委。二地委地处盂县的一个小村里。我在这里待了个把月，协同地委从

与妻子郑健临别合影，踏上南下的征程。

1946 年夏，父母亲抱着第一个孙女与我们合影。

五台、盂县、定襄、寿阳、平定5个县抽调干部，大体上配备起一个相当于地委和5个县委的干部班子。这些干部包括县级领导干部17人，军分区级委员、科股长、干事10人，县级科股长、委员、干事30人，区级副职以上35人，区级一般干部70人。4月底，我带着这些干部，到中央局指定的地点——平山县集中。这次晋察冀抽调的约2000名干部，包括冀晋、冀中、察哈尔区的干部和中央局党校的大部分学员。冀察区党委书记刘杰任干部团党委书记，负总责。其余的负责人还有王延春、田坪、宋志和。干部团下分8个大队，二地委调出的干部编为第二大队，第二大队下辖5个小队，分别是二地委下辖的5个县，我任二大队总支书记。

1948年5月，各地区南下干部集中到平山，在这里进行动员培训、思想教育和政策教育。此前，由于全国和西北战局有了很大改善，为适应全国战争胜利发展的形势，中共中央机关和人民解放军总部机关在毛泽东、周恩来、任弼时率领下，于1948年3月21日从陕西米脂县杨家沟出发，东渡黄河，经晋绥区，过五台山，于4月13日到达晋察冀解放区阜平县城南庄晋察冀军区司令部驻地。在途经山西期间，毛主席于4月1日在晋绥干部会议上发表长篇讲话。他谈到党的新民主主义革命的总路线和总政策、土地改革工作的总路线和总政策。“无产阶级领导的，人民大众的，反对帝国主义、封建主义和官僚资本主义的革命，这就是中国的新民主主义的革命，这就是中国共产党在当前历史阶段的总路线和总政策”。“依靠贫农，团结中农，有步骤地、有分别地消灭封建剥削制度，发展农业生产，这就是中国共产党在新民主主义的革命时期，在土地改革工作中的总路线和总政策”。针对土改中出现的“左”的倾向，毛主席在讲话中指出：我们赞助农民平分土地的要求，是为了便于发动广大的农民群众最迅速地消灭封建地主阶级的土地所有制度，并非提倡绝对的平均主义。主张绝对平均主义的思想是一种农业社会主义的思想[①]，这种思想的性质是反动的，落后的，倒退的。我们必须批判这种思想。

很快，毛主席在晋绥会议的讲话精神就传开了。我们知道党中央和毛主席到了晋察冀，很希望他能给我们讲一次话，但因为他实在太忙，改由少奇同志代表党中央为我们送行。5 月 20 日，少奇同志给我们作了动员报告，他向我们介绍了南方的情况，讲到应该注意的问题。他说，河南、湖北、陕西一带是去年刘邓、陈谢、陈粟大军南渡黄河，展开战略进攻后才创立的根据地。困难比这里要多些，但这是胜利中的困难，发展中的困难，不是不能克服的。你们到新区，是去开展工作的，是去为人民服务的。到了那里，不要以解放者自居，非要老百姓对你们夹道欢迎。南方是鱼米之乡，天气热、下雨多，蚊子有这么长，很恼火。少奇同志的湖南口音比较重，有些字句大家听不

① 审改这个稿子时，我查阅收入《毛泽东选集》的《在晋绥干部会议上的讲话》，没找到关于“农业社会主义”这句话，但我记得当年学习时学过。后来蒋建农同志从 1949 年 3 月中央政策研究室编的《政策汇编》收录的文中查到，确有这句话。

清，还以为新区有老虎，其实我们是把“恼火”误听为“老虎”。

除少奇同志外，朱德、彭真、叶剑英、董必武、薄一波等中央领导同志都给我们作了报告。薄一波的报告至今我还记得，他对我们说：毛主席在晋绥干部会议上讲，土改不能乱打乱杀。你们到新区后，不能这样搞，要保护工商业，保护中农，对地主要斗，但是不要随便打人、杀人。该杀的，完全搞清楚以后再杀还来得及，假使情况还没有搞清楚，把人杀了，等再查清楚，脑袋就安不上去啦。你们到新区以后，给那里的同志们讲清楚，右比“左”好，就说这是我薄一波说的。

经过一段时间的培训后，1948 年 5 月 28 日这一天，晋察冀的南下干部队伍出发了。我们从平山出发后，先到石家庄，尔后沿原平汉线（当时铁路没有修复）经邢台到邯郸，折向西，进入太行山，经武安、涉县，山西黎城、潞城、长治、高平、晋城，下太行山进河南到沁阳、孟津。7 月 1 日夜，我们从孟津乘木船渡黄河到洛阳东南的一个村子，休息六七天后，又前往伊川、临汝，7 月中旬到达中原局和中原军区所在地豫西宝丰县。中原局成立于 1947 年 5 月，这是中央作出挺进中原的战略决策后设立的领导机构。挺进中原的三路大军经过 10 个月的艰苦奋战，到 1948 年 5 月，中原解放区已拥有 3000 万人口，逐渐稳固下来。为适应以后作战和建设中原解放区的需要，中央在 1948 年 5 月 9 日决定加强中原局并组建中原军区。中原局以邓小平为第一书记，陈毅为第二书记，邓子恢为第三书记；同时成立中原军区，把刘邓大军及陈谢部队统一为中原野战军，刘伯承任中原军区及中原野军司令员，邓小平任政治委员，陈毅任中原军区第一副司令员。中原局领导鄂豫、皖西、豫皖苏、桐柏、江汉、豫陕鄂（后为豫西、陕南）战略区。5 月 19 日，中原局和中原野战军领导机关在邓小平和刘伯承率领下，由淮西地区移到宝丰县。宝丰县位于河南中部汝河流域，洛（阳）叶（县）公路贯穿其中，可与陇海、平汉两条铁路相通，西北达洛阳，西南通宛（南阳）襄（阳），是当时太岳、太行等华北老解放区通向豫陕鄂等战场的必经之地。以后，邓小平、刘伯承等人在这里领导中原局和中原军区的对敌斗争和解放区的各项工作。

我们到宝丰不久，中原局在 1948 年 7 月 16 日召开了欢迎晋察冀解放区南下中原的干部大会，邓小平、刘伯承、陈毅、邓子恢等首长到会讲话。我们在这里学习停留半个多月，进行新区政策和工作的学习训练。期间，听了中原局和中原军区领导同志的多场报告，其中给人留下印象最深的是邓子恢。他用了 4 个半天的时间，给我们讲如何在新区发动和组织群众，如何进行减租减息等问题。邓子恢是福建人，口音较重，但基本上还能听得懂。他的讲话通俗风趣，很受大家欢迎。邓子恢是个非常群众化的领导同志，我到现在还记得他当时的模样。他上身穿着件老头儿衫儿，下身是草绿色的军裤，光着脑袋，在讲台上侃侃而谈。时值盛夏，酷暑难耐，他一边作报告，一边使劲儿地挥着扇子。他这种朴素作风，保留了一辈子。

在宝丰停留期间，中原局组织部对南下干部分配了工作。刘杰同志带了4个队留在豫西，王延春同志带3个队到湖北江汉地区，我带二大队到鄂陕交界的陕南地区，并从各队中抽出少数骨干留在中原局机关。二大队被抽走20来人，为了补充缺额，将另一大队井陉县的20名干部调拨到二大队来。

1948年9月在湖北郧阳

7月底，我带着二大队朝着目的地出发。第一站是鲁山县陕南办事处。鲁山驻有陕南军区的一个教导队，并有已经康复的部分伤病员，共300余人。他们正准备回陕南军区，军区供给部部长王鸣山也要携带巨额中州币和其他财物到前方去，因为要经过土匪经常出没的地区，正感到掩护力量不足。经过商量，给我们这些地方干部每人发了一套军衣、一支步枪，大家编在一起，掩护着四五十匹驮马，俨然是一支500多人的战斗队伍。经过伏牛山中的上下汤、四棵树，冒雨走了两天，渡过多次洪水暴发的河流，山头不时有土匪冷枪骚扰。因为沿途没有大的村庄，夜晚，有的挤在路边漏雨的小屋，有的只得在雨中露营，好不容易到了南召县的李清店。这段路程真搞得大家疲惫不堪。休整两天后，又经内乡县、马山口、赤眉镇、淅川县的上集镇、西峡口到紫荆关。由于这一段都是新解放区，又常在雨中行军，晚上还得站岗放哨，不少同志累得生了病。队伍到紫荆关后休整了一星期，以后又经白桑关、南化塘，于 8 月底到达陕南区党委所在地——湖北郧阳县城。

整个南下，我们途径 4 省 35 县，风尘仆仆走了约 2800 华里。我带的这队干部以农民干部居多，没有一个大学生，文化程度不高。许多人长期在晋察冀根据地工作，有的同志连县都没有出过。远离家乡，到语言和风俗迥异、条件艰苦的新区开展工作，无疑会碰到各种各样的困难，对大家来说，这是个严峻的考验。沿路上，我们注意做政治思想工作，比较顺利地把大家带到了目的地，但也有十几个人开了小差。我们从石家庄出来的当晚，就有两个人开小差离队出走。在荆紫关，我们留下 8 个病号，其中 1 个是区委书记，要他们病好后跟上大部队。从荆紫关到湖北，只有四五天的路程。我们左等右等也没有等到他们。后来才知道，这 8 个人休息一星期后，跑回了华北。这些开小差的人，后来听说都被开除了党籍。

到陕南新区开展工作

到陕南区后不久，组织上于 1948 年 9 月任命我为两郧地委副书记。

陕南区根据地，包括陕西省东南部和鄂西北一带。红军曾在这里八进八出，打过游击，地方尚有少数地下党员。这一次（也是第九进）是由第二野战军的陈（赓）谢（富治）纵队十二旅开辟的。1947 年 8 月下旬，根据中央和中央军委的决定，陈赓、谢富治率晋冀鲁豫野战军 8 万余人在晋南、豫北一带强渡黄河，挺进豫陕鄂边地区，实施战略展开，创建根据地，协同刘邓大军经略中原。年底，陈谢第四纵队第十二旅先后解放山阳、镇安、郧西、郧县等县，建立了县级民主政权。1948 年 1 月，在郧西土门镇成立中共豫陕鄂区第四地委、第四专员公署和第四军分区。随着解放战争的不断胜利，中央在 1948 年 5 月对中原局的行政区划进行调整，将原辖鄂豫、皖西、豫皖苏、桐柏、江汉和豫陕行政区中的豫陕鄂划分为陕南和豫西两个省级行政区，均属中原局、中原临时人民政府领导。6 月，陈谢部第四纵队第十二旅和第三十八军第十七师组成陕南军区，在郧县城关正式成立中共陕南区委员会和陕南行署。汪锋任区党委书记兼军区政委（11 月改由张邦英任书记兼政委，汪锋任第二书记兼第二政委）；时逸之任行署主任，刘金轩任军区司令员。陕南区下辖原豫鄂陕后方工委所属的第一、二、四地委以及专署和军分区（后第一地委、专署、军分区很快改由豫西区所辖）。1949 年 1 月，根据中原局关于各地委一律以地名命名的决定，陕南二地委、四地委分别更名为商洛地委、两郧地委。两郧地委下辖湖北郧阳、郧西、均县、房县、竹山、竹溪和陕西山阳、白河、旬阳、镇安及新设的上关县。

我们这批干部到达时，陕南根据地已比较巩固，党政军领导机关已经建立。先我们到达的同志们经历了最艰苦的斗争，做了大量的工作。据我所知，陕南的整个干部队伍，是由以下几个部分组成的。

随十二旅第一批到达的有祁果、席庄、罗毅、王廷佐同志等原太岳区的一批干部，以后陆续又从太行、太岳到达一批干部，还有1946年新四军五师突围时，留在这里坚持游击战争的一些同志。地方干部不足时，就抽调大批的军队中下层干部转业做地方工作。到1948年五六月，由于江震、杨超、陈野萍、程占彪、罗仕寿、王祝平带领“川干队”约300人从陕北来到这里。随后，我带的晋察冀干部160余人也于8月份到达。九十月间，由魏今非同志带来100多名山东干部到达。

从延安出发的川干队比我们早两个月到达郧西，他们原本要到四川开展工作，因四川还未解放，陕南解放区离四川最近，就到了陕南。到陕南后，发现不能马上入川，于是暂时留在陕南工作，全体队员陆续分配到两郧地区。川干队有不少高级知识分子，思想水平、政治水平都比较高，写作能力也很强。川干队的同志们在艰苦的环境中任劳任怨，对两郧地区的剿匪斗争、支前运动、政权建设做出了贡献。直到1949年8月，川干队才再次集中，扩充为“南下服务团”，随解放大军入川。

当时任两郧地委组织部副部长的陈野萍，就是川干队的干部。陈野萍1915年生于四川冕宁，是四川省立第二师范学校的毕业生。他在1933年加入共产党，抗战爆发后，先后任四川华（阳）仁（寿）特支书记、庆符县委书记、江北县委书记、泸县中心县委书记、广安中心县委书记。1943年7月赴延安，在中央党校学习，任六部学员支部书

1949 年春，与陕南两郧地委的同志们在一起。前排右起：李力安、杨超、王廷佐。后排右起：陈文、陈野萍、刘乃因。

记。解放战争时期，陈野苹先后在四川省委组织部、《新华日报》、中央城工部、川干队政治处工作。川干队留在陕南后，陈野苹任陕南区两郧地委组织部副部长。我和陈野苹初识于1948年，当时他给自己改了个名字，叫田家英，后来又用回本名。在两郧地委期间，我们互相配合，相处很融洽。新中国成立后，陈野苹任职于西南局组织部，此后我和他有几次会合，在一起工作。1954年大区撤销，陈野苹由西南局调回中组部，我先由陕南调中央人事部，后也调中组部。1960年他在中组部任副部长兼秘书长，中央财贸部撤销，我调回中组部调配任免处工作。陈野苹在1983年2月至1984年4月任中央组织部部长，1986年整党工作中他是中央整党指导委员会委员，我由黑龙江省调整党办公室工作。1987年我和陈野苹一同选为中顾委委员，我被任命为秘书长，做具体工作。1992年中顾委结束后，我们都在北京再未离开，并住在一座楼上。1994年8月他因病去世。陈野苹长期从事党的组织工作，能力强，有经验，可以说是一位组织工作的专家、老领导。他立场坚定，原则性强，作风民主，爱护团结干部。陈野苹写诗做文章很出色，毛笔字写得也很好。他是我的老领导，也是老同行、老朋友，我很敬佩他，至今仍深深怀念他。

陕南区党委下设两个地区：二地委（后改为商洛地委）、四地委（后改为两郧地委）。四分区已经建立了郧阳、郧西、均县、上关、山阳、镇安、白河7县。

我们到陕南时，汪峰任区党委书记兼军区政委（1949

年后，张邦英任区党委第一书记兼军区第一政委，汪峰任区党委第二书记兼军区第二政委），刘金轩任司令员，薛克忠任参谋长，李耀任副政委。时逸之任行署主任，魏今非任行署副主任，林渤民任行署秘书长。

四分区干部配备情况如下：

于江震任地委书记兼军分区政委，祁果任地委副书记。我去后，祁果调任区党委办公室主任，我接任地委副书记。杨超任组织部长，陈野萍任副部长，张超任宣传部长，刘乃因任秘书长，陈文任副秘书长。

杨锐任专员，王廷佐任副专员，高继先任公安处长。

符先辉任军分区司令员，张明任副政委，张文彬任政治部主任，程占彪任参谋长。

四分区各县县委书记配备如下：郧阳县委书记黄文仲，郧西县委书记宋筠，均县县委书记罗毅，上关县委书记宋景先、副书记赵修，镇安县委书记席庄，山阳县委书记范杰先，白河县委书记李顺天，房县县委书记刘露冼。

当时的干部，大家都是一心干革命，不计较职务高低。一些同志过去曾担任过较高的职务，到陕南后分配了较低的职务，但他们都毫无怨言，乐意去干。这些干部，来自四面八方，可以说是“五湖四海”。大家团结一心，从不闹无原则纠纷。

陕南根据地的创建，约有一年多的时间。经过多次战斗后，陕南区党委、行署、军区司令部才在郧阳立足。在这个过程中，同志们经历了千辛万苦，许多人甚至付出了宝贵的生命。陕南根据地有相当长一段时间与解放区的大后方隔绝，经费、被服、粮草、弹药得不到后方的补给，全靠自己筹措，经济非常困难。1947年，我们进入新区初期，也进行过急性土改，对地主富农采取了过激行动，伤害过部分中农和工商业者的利益。到1948年冬天，主力部队又都离开陕南，参加淮海战役去了，根据地只有新建立的地方部队。解放区的边沿许多地方有还乡团（当地人叫“棒子队”），常进入我解放区进行骚扰，杀害干部，抢劫财物，破坏通讯设备，群众情绪不够稳定。从四地委驻地郧西县土门镇到区党委驻地郧阳，中途也会遭土匪袭击。郧西城郊夜里还有坏人扔手榴弹。在这种情况下，落实新区政策，纠正某些“左”的倾向，继续解放新区，扩大根据地，进行剿匪，保护群众基本利益，就成了我们当时的主要任务。

一、发动群众，建立基层新政权

1948年9月18日，我随工作队到了两郧地委驻地湖北郧西县土门镇。两郧地区处在汉水中游的两岸，绝大部分是山区，新区的群众由于长期遭受国民党的残酷剥削和压榨，饱经战乱，虽已获解放，但被破坏的生产尚未恢复，生活十分困难。工作队的生活条件也非常艰苦，大家吃的派饭，很多时候是苞米糊糊就野菜，连油盐都难以充足供应。地方干部下乡，经常是“人不脱衣，马不卸鞍”。山区的冬季，湿冷难耐，许多北方同志一下子适应不了。1949年一直挨到春节，我们才穿上了棉袄。

镇安县的同志更艰苦，因为那里是突出深入敌区的一块阵地，敌我力量悬殊，经常遭到敌人围攻、堵截。就是在这样的艰苦条件下，群众对我们也是积极支持的。他们冒着生命危险给我们送情报，掩护地方干部，从自己很少的口粮里挤出一点儿送给政府。我们到两郧后，首先发动群众起来诉苦。他们控诉国民党的抓壮丁，控诉地主恶霸的欺凌。他们的悲惨遭遇，比我家乡的群众更厉害，让我们受到很大震撼。我感到，这个地方阶级分化太大了，农民人身没有安全保障，不革命就没有出路。诉苦大会是我们开展群众工作的一个非常好的做法。通过诉苦，广大农民群众受到马克思主义的通俗教育，提高了阶级觉悟，能够真心实意跟着共产党走。诉苦大会之后，群众发动起来了，许多青年都出来参军和参加地方工作。我们在各村建立农会，建立起群众当家作主的革命基层政权。

二、清匪反霸

我们刚到两郧地区时，只有郧西、郧阳、均县 3 个县全部解放，其他的县有的大部解放，有的只解放了一小部分，县城还在国民党手中。在一些地区，小股土匪、“棒子队”的活动还很猖獗。“棒子队”手里没有多少武器，他们常拿着棒子到各村抢东西，打人、放火甚至杀人，晚上常在村子边扔手榴弹，袭扰基层干部和工作队。1949 年 3 月，在组织安排下，我的妻子郑健和一些女干部也来到前方。到老河口的那天晚上，土匪包围了村子，放火烧了房子，抢走了大家的行李。天亮时分，土匪撤离，她们又返回豫西鲁山县办事处，过了一个月，才随部队来到两郧。

郑健和她的战友们。左起：郑健、王素芳、朱祺。

那个时候，新区的剿匪工作是很艰巨的。我们派出部队追剿，土匪就躲到山里。部队刚撤回，他们又从山里冒了出来。这使我从反面认识到我们过去在敌占区开展游击战争、扰乱敌人的重要性。当时，陕南区党委提出以军事清剿与政治瓦解相结合的剿匪方针，陕南部队和两郧军分区于 1948 年下半年和 1949 年春两次集中力量剿匪，给土匪以沉重的打击。在我离开两郧地委后，陕南区党委和军区继续对两郧地委、军分区的剿匪工作进行部署，将郧西、均县、郧县独立团改称为两郧军分区独立一、二、三团，成立剿匪工作委员会，统一指挥剿匪。经过几个月的斗争，剿匪工作取得很大成绩，社会秩序得到安定。

三、培训新干部

随着解放区的不断扩大和各项建设的需要，吸收和培训新干部的工作很快提上日程。陕南区党委曾发出指示，要求提高现有干部，大量培养新干部，并大量吸收本地知识分子。为此，两郧地委在1948年8月在郧西开办两郧地委干校，校长由专员杨锐担任，党委书记由地委组织部副部长陈野萍兼任。到1949年底，共举办5期，培养学员800多人。这些学员多分配回原县，在各项工作中发挥了积极作用。陕南区党委创办的陕南公学，也培养了不少知识分子，他们中的许多人参加了新区的建设工作。

陕南区过去是游击区，红四方面军、红二十五军、李先念领导的新四军第五师都曾在这里活动。我们在培训新干部的同时，还动员一些留在本地的干部出来工作。新四军有一个姓梁的基层女干部，掉队后留在本地，后来隐姓埋名给人家当了丫头。我们到这里后，动员她出来参加工作，以后她和专员杨锐结了婚。还有一个新四军的女同志，是复旦大学新闻系的毕业生，突围时掉了队。当时国民党查捕共产党的风声很紧，她偷偷藏在山洞里，靠地瓜、苞米、野菜为生，后来被一个青年农民发现。这个青年农民很老实本分，同情她的遭遇，想法子每天给她送饭，帮她在山洞里藏了好几个月。冬天来临，山洞里实在无法过冬，农民青年把她接到家里，对外人说是他从外地娶回来的媳妇。过了一些时候，这个女同志感念他的救命之恩，和他结了婚。解放两郧后，县里发现这个情况，把这名女同志安排在陕南日报社，把她的丈夫也安排在报社做一些事务性工作。

四、贯彻新区政策

三路大军挺进中原后，鄂豫、皖西、江汉、桐柏和豫陕鄂等新解放区随即展开土改运动。中原各解放区大部分是新区，尚不具备土地改革的条件，不少地方进行“急性土改”，出现了“左”的偏差。如片面强调贫雇农路线，侵犯中农利益；破坏一部分工商业；有些地方对地主、富农和恶霸不加区别地进行斗争，不给生活出路，甚至出现乱打乱杀现象等。针对上述情况，中央于1948年3月15日发出《新解放区土地改革要点》的党内指示，提出新区土改“不要性急”，要分两个阶段进行；严禁乱杀，保护工商业。随后，中原局在6月6日发出《关于执行〈中央一九四八年土地改革工作和整党工作指示〉的指示》(即“六六指示”)，决定在新区全区立即停止分土地，停止打土豪、分浮财，禁止乱没收、乱杀人现象，实行减租减息，保护工商业的政策。

我们到两郧地区后，即根据新区政策，开展工作。对未土改的乡村暂不进行土改，先开展二五减租、分半减息。对已进行土改的村子落实政策，进行土地调整。四地委所在的郧县曾组织200多人的工作队，在十堰、茶店两区进行双减试点，随后在全县展开双减运动。由于充分发动群众，斗争大恶霸地主数百人，减租2万多石，减息9200万元(旧币)。

在贯彻落实新区政策的同时，在陕南区党委的领导下，四地委还进行了整党工作。1949年2月，地委召开扩大会议，把区委书记集中起来学习党的各项政策，进行自上而下的整党。在整党过程中，党员干部认真总结过去的工作，反省自己的思想和作风，开展批评和自我批评。整党不仅统一了大家的思想认识，也纠正了土改过程中“左”的错误和各种不良倾向，有利于新区工作的展开。

五、着力解决经济困难

当时财政主要是保证军需。供给与财政的关系是“两个鸡蛋跳舞”，谁也不能挤掉谁。许多干部无棉衣穿，先用国民党的中央票买，因周围未解放，买回来的布匹远不能满足需要。我们带来的中州票，当时信用还不高。人们半开玩笑地说：现在是“花花世界一条线”（用棉花和棉线为一般等价物），以盐（言）为主。市场上基本没有商品。商店开是开了，但没有商品。我们常常派人通过各种关系，到国民党统治区的老河口和驻马店搞回一些急需的东西，如药品等物。在城市搞一些合理负担，依靠本地解决吃饭、穿衣问题。记得有一次我视察镇安，从镇安回来，身上披着被子，吃饭也是先开白条子欠着，以后算作交的公粮。

在两郧地委工作的这段时间里，我有一个很深的感触，那就是：每到一个新区开展工作，都需要我们从当地的实际出发，注意学习政策，调查研究，总结经验。过去，我们有过简单化的做法，新解放一个地方，对国民党设立的税收一下子全部废除，只向有钱人摊派合理负担，群众对此很欢迎，说共产党好，不收税。等我们建立政权后，政府必须要有固定的财政收入，才能进行投资，实行供给，恢复生产，稳定社会。于是根据上级政策，逐步建立合理税收制度，如工商税、营业税、屠宰税等六七种税。这样一部分群众就不高兴了，产生了不同看法，说怎么共产党也要收税？建立一次税制，群众议论一次。看来，免除一切苛捐杂税这个口号不实际、不策略，不如逐步减少。陕南行署主任时逸之总结经验说：一到新解放的地区，除明显不合理的苛捐杂税要立即废除外，暂时维持现状，然后认真调查研究，搞清楚一种不合理，废除一种。这样废除一种，老百姓说一次好。你一下子废除了，群众开始说好，以后你设立一种，群众就骂你一次。这一经验很正确，我们在以后扩大的新区就这样办，效果很好。后来解放房县、竹山，我们开始一切税照常，以后逐步减少到5种，群众很高兴。

西进安康

在陕南工作8个月后，1949年5月下旬，组织决定调我随第十九军西进作战。

随军西进，抵达安康。

第十九军是在陕南军区部队基础上整编而来的。1948年11月发起淮海战役后，陕南部队原第十二旅三十四团、三十五团，十七师五十一团及郧白独立团奉命开到河南南阳，执行牵制豫南国民党王凌云和黄维兵团的作战任务。留守陕南的部队在1949年1月进行房竹战役，解放了房县、竹山两座县城。淮海战役结束后，陕南军区部队在1949年5月1日奉命改编为中国人民解放军第二野战军第十九军，5月8日，中央军委决定

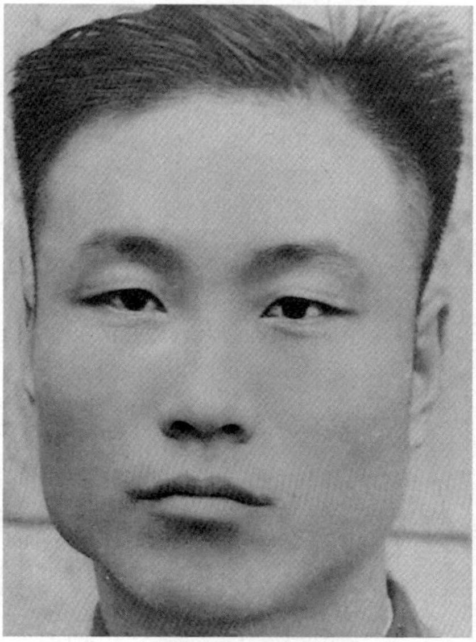

1950 年在安康

第十九军归第一野战军建制，全军1.5 万余人，刘金轩任军长，张邦英任政委，汪锋任第二政委。我被任命为十九军前委委员、随军工作队总支书记，负责后方政治工作，主要任务是沿路动员组织群众筹集粮草，供应部队，支援前线。

第十九军下辖第五十五师、五十七师。五十五师由原第十二旅改编，师长符先辉，政委张明。五十五师原是抗战爆发时山西新军决死队一部，参加过著名的“百团大战”和上党、白晋、晋南等战役。第五十七师师长张复振，政委张文彬。这个师原是国民党爱国将领杨虎城的部队，参加过“西安事变”。新中国成立后，经毛主席批准，五十七师在 1952 年 2 月转为石油工程第一师，全师官兵 7000 多人成为我国石油产业大军的骨干力量，转战玉门等油矿。

第十九军整编之后，随即组织第一次西进，于 1949 年 5 月 21 日至 6 月 21 日连克白河、竹溪、平利三座县城。胡宗南看到防线被突破，急忙调兵增援，阻止第十九军西进。我军为寻机消灭敌军主力，第十九军以五十七师一部同敌人保持接触，第五十五师主动撤离平利，大部队转移到湖北竹溪一带休整。7 月上旬至 26 日，第十九军组织第二次西进，经激战关垭子、女娲山和牛蹄岭，占领安康新城。

安康这一仗是场恶战，消灭敌人不少，十九军也付出了很大牺牲。

安康老城在汉江南岸，已很容易攻占，但敌人渡江退守北岸高地，我们渡江和守老城则很困难。另外按原作战计划，西北野战军解放关中地区，经宝鸡越秦岭攻汉中，十九军沿汉江向西进攻，解放汉江上游两岸地区，主攻汉中，与西北大军会师。但西北野战军主力未能按计划攻越秦岭，所以西北野战军司令部认为十九军不能孤军西进，让退至平利休整。我们随军工作队在已解放的白河、竹溪、平利三县开展工作。因为敌人的反动宣传，加上土改过急的残留影响，我们的部队到达后，乡保长和一部分群众逃跑藏匿起来，不敢接近我们，给当时的部队供给、支前工作造成很多困难。但由于部队纪律严明，工作队深入山沟，四处动员宣传，数日后，群众大部分回村了。县区新政权普遍建立起来，没有严重劣迹的保长也暂时留用了。这时的工作主要是组织农会支前，按照合理负担的原则，筹集粮草，供应部队。1949 年 11 月 27 日，十九军在西北野战军总的部署下，第二次解放安康。这一次没有大的战斗，安康的保安队、旬阳伪自卫团也起义了。安康解放以后，十九军继续西进，陕南区党委机关也于 1949 年 12 月初由两郧迁到汉中。

陕南根据地是中原、西北战场的前沿。第十九军西进解放安康、汉中，对西北战场是有力的配合。十九军三十六团的战斗力最强。大军西进后，大部分干部西进了，只留下少数老干部同当地新干部一起坚持工作。我随军西

1951 年 8 月 20 日，安康各界欢送赴朝慰问团的代表。前排左四为李力安。

进，在新解放的竹溪、平利两县工作了半年，1949 年底进入安康。党组织决定我留在安康地委工作，地委书记、军分区政委是从河南调来的老同志唐方雷，我任地委副书记、军分区第一副政委。

在此后的三年中，依照上级党委指示，在地委集体领导下，我们深入各县，领导帮助基层进行建立政权、反奸清算、剿匪反霸、查田定产、土地改革、镇压反革命、抗美援朝、“三反”、“五反”等工作。在这里，我想简要谈谈当时的“三反”斗争。

1952 年初，反对贪污、反对浪费、反对官僚主义的

"三反"斗争在全国大规模地展开。根据中央的部署，全国县级以上的机关单位，从干部到全体工作人员都要学习文件，学习各级领导人的讲话和报告，统一思想认识，自我坦白，检举贪污行为。"三反"开始后，我们地委都很认真地进行检查，其中有几件事印象比较深。地委书记唐方雷到省里开会，给地委 5 个委员每人买了一支圆珠笔，当时叫"原子笔"。我们对此进行检讨，认为这是公私不分。当时，我们地委几个委员用的煤油罩子灯，其他干事点的是桐油灯。这种桐油灯，就是一个小碗盛上桐子油，放上几根灯芯草，点起来后，烟气重，常把屋子熏得漆黑。我们诚心诚意地检查自己搞特殊化，既然煤油供应不足，我们为什么不能和其他同志一样点桐油灯呢？"三反"斗争中，也有一些同志因生活、作风问题受到处分。比如，安康军分区有一位供给部长，进城以后，手里有了一些权力，就放松了思想，以权谋私。他抽上了没收来的鸦片，染上了烟瘾，还乱搞男女关系，后来受到处分。初进城市，环境变了，开展"三反"斗争是必要的，也是及时的。新中国成立后，我们党成为执政党，面临着执政的严峻考验。共产党的干部手里有了权，如果不加强教育，不整肃党纪、政纪，就会出现贪污蜕化。"三反"斗争对党的建设和国家建设是有成效的。当然，在当时的历史条件下，"三反"采取群众运动的方式，许多地方和部门发生偏差，留下不少后遗症，对此，我们应该很好地总结经验教训。

新中国成立之初的这几年，中央很重视干部的理论学习。对地委以上的干部，中央局还指定必读书目，列出相关的学习文件、杂志。我们自己也很重视学习。在很长的一段时间里，我都在大清早带着书本到城墙上去学习，自己还做读书笔记，定期向组织报告读书体会。这期间的学习对我帮助很大。

进入 1952 年，随着国家经济的恢复和发展，大规模的经济建设全面展开。党和国家急需大批经济建设方面的干部，中组部决定从全国抽调一批地市级以上的干部到工业交通战线。这时，安康的剿匪反霸、土地改革、查田定产、镇反和“三反”、“五反”等大规模的群众运动已经完成。得知中央的这个决定后，我报了名。尽管知道自己的文化程度低，也不懂得怎么搞工业，但我总感到战争结束后，必须学习点儿新的东西。我向地委书记唐方雷谈了自己的想法。我说，我要响应党的号召，趁着自己还年轻，想转到工业战线工作。唐方雷同意了。我分别向陕西省委和中共中央西北局写了请求调动工作的报告。没多久，我的调令就下来了。后来，中组部副部长安子文告诉我，中央那一次共调了地委委员以上的干部 666 个。

接到调令，我很高兴，心想以后可以搞工业了。但究竟搞什么工业，也没有再多细想。当时大家都很单纯，既然党号召我们搞工业，那我们就响应，不提个人的什么要求。1952 年 10 月 25 日，我离开安康到西北局报到。走的那天，天正下大雨。怀孕 9 个多月的妻子，挺着大肚子把我送到门口，我骑着马打着伞就出发了。到西安没多久，我的第二个儿子出生。我和西北局其他奉调的 7 位同志在西安会齐后，乘火车到了北京。

这是我平生第一次到北京。

我所认识的唐方雷

在安康地委工作期间，唐方雷是地委书记，我是副书记。我们共事三年，相处得不错。

唐方雷 1904 年出生于四川省安岳县。1926 年到上海大同大学读书，1927 年 4 月考入中央军事政治军校，算是黄埔军校第五期学员，1927 年 12 月加入中国共产党。唐方雷参加过南昌起义、广州起义，是一位老资格的党员。他在广州起义的战斗中被俘，1928 年出狱后到上海，在党组织安排下做地下工作。1932 年唐方雷因宣传抗日主张被捕入狱，被关在“北平军人反省分院”（即草岚子监狱），在监狱内党组织的领导下与敌人进行了顽强的斗争。1936 年，在日寇侵占华北、全国抗日救亡运动高涨的形势下，北方局为了开展工作，解决缺乏干部的问题，作出了要关押在北平军人反省分院的一批党员履行敌人规定的手续出狱的决定，并报告了党中央。党中央批准了这个决定。这是中央和北方局在当时特定的历史条件下采取的特殊措施。这样，经党组织的营救，唐方雷出了狱，随后即与党组织接上关系，被分配到北平做地下军委工作。后由中共中央北方局派遣，随薄一波到山西开展工作。

安康解放前夕，陕南区党委决定建立中共安康地委、安康军分区、专员公署，唐方雷任地委书记兼分区政委、军管会副主任。唐方雷非常勤恳刻苦。安康刚解放，各项工作和任务接踵而至，加上大大小小的会议和经常下乡指导、检查工作，唐方雷从来都是迎难而上，不辞辛苦。他做事极为认真，甚至有点儿固执古板。他的字也如其人，一笔一画，工工整整。唐方雷不苟言笑，常常是满脸严肃的样子，批评起人来非常严厉，下边的干部都有点儿怕他。在安康地委工作期间，对某些工作我也有过不同看法，但有许多次没有向唐方雷提出来进行讨论。以后我接受这个教训，碰到工作上的不同意见，我都向组织和上级提出。

我离开安康后，唐方雷调任陕西省委农村工作部部长，1960 年任西安市委书记处书记兼副市长。60 年代中期审干，唐方雷因草岚子监狱的经历，被认为不适宜作党的工作，于 1964 年调到黄河中游水土保持委员会任副主任、党组书记。“文化大革命”期间，他被打成“六十一人叛徒集团”案成员之一，被整得很惨。“文化大革命”结束后，中央组织部从 1978 年 7 月起，对薄一波等 61 人 1936 年出反省院的问题进行调查，研究了他们及其家属子女的申述材料，查阅了中组部保存的有关干部档案，调阅了敌伪档案和天津、陕西、吉林省档案馆有关档案，并向部分有关人员作了查证后，对这一重大案件作出结论：“所谓六十一人叛徒集团是不存在的，是一个大错案。”中组部《关于“六十一人案件”的调查报告》在同年 12 月获中央同意并转发。“六十一人案件”获得平反后，唐方雷回到北京。1979 年任五届全国政协委员，1985 年按副部级待遇离休。

唐方雷对党忠心耿耿，认准了的事情绝不回头，是一位政治立场坚定、党的组织观念很强的老同志。尽管经历过不少坎坷，遭遇过不公的待遇，但我从没有听见他对党有过一句怨言。他在北京安度晚年，我每年都去看望他几次。就在去世前的两三年，他还在看“二十四史”，做读书笔记，字迹依旧那么工整。昔日那种认真刻苦的劲头，一点儿也没变。唐方雷长寿，活到 101 岁。他出生于 1904 年的五月端午，2005 年的大年初一去世，可以说生死都是好日子。

第七章
初到北京

参加人事工作

1952 年 11 月，我到了北京。中组部副部长兼干部处处长李楚离召集各地奉调的 20 多名干部开会。当时，党中央的各部不设司局，处长相当于国务院的司局长。李楚离对我们说：原本调你们来搞工业。但现在有个新情况，中央人民政府新组建了一些部门，干部配不上。你们这 20 多个人不去搞工业了，先到中央各部工作。我对你们不太了解，只看了你们的档案，现在先按需要进行分配，合适的就干下去，不合适的以后再调整。你们有什么意见？那个时候，党安排哪里就到哪里，大家都表示服从。第二天，中组部干部处副处长帅孟奇大姐找我谈话，她说，你已被分配到中央人事部，让我到东四二条找人事部一局局长章夷白谈话。当天下午，我赶到人事部报到，被任命为办公厅副主任，分管办公厅的人事科、研究室，同时还兼任机关党总支副书记，半年后任书记。

下面说说人事部的大体情况。

1949 年 10 月，中央人民政府政务院设立人事局，负责管理政府机关的人事工作。与此同时，政务院政法委员会、财经委员会、文教委员会设有人事局（处），中央人民政府内务部设有干部司，分别主管本系统的人事工作。随着各项事业的恢复和发展，工作人员迅速增加，人事管理工作的任务日益繁重。1950 年 9 月，中央人民政府委员会第九次会议决定成立中央人民政府人事部，统一管理全国政府系统的全部干部，以保证人事政策和人事制度的统一。这样，政务院人事局和政务院政法、财政、文教委员会的人事局（处）及内务部干部司随即撤销，有关业务交由人事部办理。人事部部长为安子文（兼中央组织部常务副部长），副部长还有徐冰（兼中央统战部副部长）、孙起孟、李楚离（兼中央组织部副部长）。

人事部刚成立时，设一、二、三、四局和办公厅。1951年5月后，改设一、二、三局和办公厅。一局负责干部调派任免，二局负责干部工资福利，三局负责大学生分配。局长们都是资深的“老革命”。就拿一局局长章夷白来说吧，他是湖北英山人，1905年生，1925年考入黄埔军校，1926年加入中国共产党，参加过北伐战争，在革命年代被捕，敌人残忍地把他的膝盖骨去掉了。章夷白很坚强，没有屈服，出狱后继续革命。尽管他坐着的时候腿都无法弯曲，走路也不太利索，可他很乐观，偏偏喜欢跳舞。章夷白在1959年至1964年任内政部副部长，1979年至1982年任全国政协副秘书长。二局局长于光汉，河北平山人，抗战前入党的党员，后来任劳动部副部长。由于安子文、徐冰、李楚离都是兼职，工作很忙，实际主持人事部工作的是孙起孟（后任民建中央主席），他的共产党员的身份当时就是公开的。安子文、李楚离每星期来部里开一次部务会议，解决主要问题。徐冰很少到部里来，我在人事部工作一年半，一直没有见过他。

最近我看《当代中国的人事工作》，了解到一段过去我不知道的事情。安子文就任人事部部长不久，在1950年12月8日向毛泽东、刘少奇提出了关于干部管理的报告，提出“由少到多、逐渐多管”的干部管理原则，并拟就了中共中央管理的干部职务名称表。(1)中共系统：包括中共中央委员会秘书长、办公室主任、各部正副部长、秘书长、正副处长；各委员会正副书记、委员以及马列学院正副院长、各中央局正副书记、委员；各省、自治区、直辖市正副书记、正副部长，政府厅局长，地委正副书记、正副专员。(2)国家机关系统，包括中央人民政府委员会委员、秘书长、政务院总理、副总理，各部正副部长，最高人民法院院长，各省、市政府正副主席、正副市长。(3)群众团体系统，包括全国总工会正副主席、委员，新民主主义青年团中央书记、副书记、青年联合会正副主席，全国妇女联合会正副主席。这是安子文在借鉴苏联经验后向中央提出的关于组织人事的重要意见。中央批准了这个报告。

中央决定干部的任免调动后，政府系统干部的任免调动的各种手续都由人事部办理。由于许多工作是程序性的，有些同志产生了人事部门只办具体事情，成天打杂、没有权力的思想。对此，安子文曾在局级干部会上强调：什么叫“人事”？有人的地方就有人事。人事部门要管人，事无大小必须管。事情在这里摆着，我们不管，谁管？难道让中央管？人事部就要替中央管这些具体事，否则就把中央拖到事务的泥潭里了。这番话体现了安子文高度的党性原则，多年后我仍记忆犹新。

我在人事部工作不到两年，1954 年 5 月，我被调到中央组织部任财贸干部处副处长。1956 年 1 月又调到中央财贸部任基层组织处处长。关于我在中组部的工作，我将在后文详说，因为我以后又调回了中组部。

在中央财贸部的五年

中央财贸部是中共中央财政贸易工作部的简称。

1954 年“高饶事件”后，党中央对党的领导机构进行较大调整，并加强对地方、对政府、对企业的领导。1955 年 12 月 28 日，中央政治局决定成立中共中央财政贸易工作部和中共中央工业交通部（1956 年 11 月又分为工业工作部、交通工作部）。1956 年 1 月，中央财贸部正式成立。其工作任务主要有 4 项：管理财政贸易系统的干部；检查财政贸易部门对党的决议政策的执行情况；管理财政贸易系统党的基层组织工作；指导财政贸易部门政治机关的工作。中央财贸部机构设一厅（办公厅）、一室（政策研究室）、七处（干部管理处、干部训练处、基层组织工作处、财政银行工作处、商业工作处、粮食工作处、供销合作工作处），干部编制 241 名。

中央财贸部部长为马明方，副部长为裴孟飞。1958 年裴孟飞调任山东省委副书记后，1959 年中央调商业部副部长姚依林任财贸部副部长，同时还将商业工作处处长白潜提拔为副部长。部里的领导机构是部务委员会，正副部长、秘书长、办公厅主任、干部训练处处长为部委员。中央财贸部的办公地点在华北饭店（即今天的金台饭店）。中央财贸部成立时，中组部财贸干部处干部都到财贸部工作。这样，我调入中央财贸部任基层组织处处长，直到 1960 年 9 月中央财贸部撤销。

中央财贸部部长马明方是陕西米脂人，1925 年加入中国共产党，为陕北革命根据地的创始人和主要领导人之一。1941 年 1 月，从苏联学习回国的马明方路经新疆时被反动军阀盛世才拘禁，1943 年 4 月被捕入狱，历经磨难。直到 1946 年 6 月经中央营救获释，辗转回到延安。1945 年党的七大召开时，尚在狱中的马明方当选为中央候补委员。新中国成立初期，马明方曾任西北局常务委员、陕西省委书记、西北行政委员会副主席、西北局第三书记、中共中央副秘书长、中央组织部副部长，在党的八大上当选为中央委员。他在西北局工作时，行政级别定为三级，当他得知中央许多部长的级别都比自己低时，便主动请求中央将自己的级别由三级降为四级。

马明方主管中央财贸部时有一个理念：加强党的基层组织建设，是各级财贸部的首要任务。他强调要到下边去，摸情况，调查问题。当时财贸系统党的基层组织工作已从中组部分离出来，完全由中央财贸部管理，一直要管到基层商店和银行储蓄所。这项工作怎么开展呢？我初来乍到，不知从什么地方下手，于是向中央组织部党员管理处处长王甫请教。他对我说：从调查支部的工作做起，加强党的基层工作，加强财贸系统党的建设，先不要考虑自己管的范围有多宽，管多少，从实际出发，做一条算一条。在工作中我们不断摸索，将基层组织工作处的主要工作定位为：调查研究遍布全国城乡的财贸系统基层单位，积极指导各地财贸部门发展党员的工作，总结推广好的经验，提出问题和改进工作的意见。

在财贸部的这几年，我们进行了系统调查，部署和检查发展党员、加强基层组织建设的情况。我跑了北京、天津、湖北、湖南、河南、广东、江苏、四川、云南等省市的基层单位。其中天津去的次数比较多，到商店去了解情况，听支部书记汇报，找党员谈话，也站过柜台。北京的天桥百货商场和东安商场，是我们常去的地方。

据调查，1955 年底，在全国财贸系统的 800 多万职工中，党员只有 43 万人，仅占职工总数的 5% 多一点儿，党员分布很不平衡，有些部门和企业中党员很少，有些甚至没有党员，多数企业中没有单独的党支部。鉴于此，我们按照中央财贸部领导的指示，积极指导各地财贸部门在基层单位发展党员的工作，要求各级财贸部门注意从基层单位的店员、营业员、财会人员和知识分子中吸收一批具备党员条件的积极分子入党。凡是有党员 3 人以上的企业单位，都应单独建立党的支部；党员不足 3 人的，可由党员和团员组成党团小组，以加强企业中党组织的工作。这样，我们在财贸系统中逐步增多了党的支部。几年内，全国的基层合作社和商业企业大都建立起独立支部，大单位的党支部还设立专职支部书记，如北京的天桥商场、东安商场、百货大楼，天津的和平路商店，武汉的中心商店，等等。

经过全国财贸系统各级党组织的努力，到 1959 年 1 月，全国财贸系统的党员人数已发展到 60 多万，党的基层组织由 2.3 万个增加到 4 万多个，基层组织的战斗堡垒作用和党员的先锋模范作用大大加强。到 1960 年 9 月中央决定撤销财贸部时，全国财贸系统的党员已增加到 85 万人，党的基层组织发展到 7.5 万多个，加强了党对财贸工作的领导，促进了财贸工作的发展。

除了加强党的自身建设外，中央财贸部还很注意抓思想政治工作，开展劳动竞赛，以此来推动各省市的工作。我记得我们在北京饭店召开过全国性的财贸劳模会。1959年10月底11月初，在北京召开全国工业、交通运输、基本建设、财贸方面社会主义建设先进集体和先进生产者代表大会。出席大会的代表6567人，号称“全国群英大会”。当时人民大会堂刚建成使用，会餐时宴会厅聚集了近7000人，规模确实很大。部里决定我参加会议。

我在中央财贸部工作的这5年，国内政治生活经历了生产资料私有制的社会主义改造基本完成、党的八大召开、整风运动和反右派斗争、“大跃进”和人民公社化运动、庐山会议和批判右倾机会主义的斗争。我大致讲讲我所经历过的一些事情。

新中国成立6年来，由于党和国家对资本主义工商业采取利用、限制、改造的政策，以及国民经济中计划管理因素的不断加强，单个企业的公私合营发展到全行业公私合营成为大势所趋。1956年元旦过后，北京率先出现全行业公私合营热潮。1月15日，北京各界20多万人在天安门广场举行庆祝社会主义改造胜利大会。毛泽东、刘少奇、周恩来、朱德等党和国家领导人出席，接受了农业合作社、手工业合作社、公私合营企业代表呈送的热情洋溢的喜报。北京市市长彭真在会上宣布：我们的首都已经进入了社会主义。全国其他城市也很快跟进，宣布对资本主义工商业实行全行业公私合营。财贸系统搞合作化的主要是私营商店和少数饭店及手工业方面。北京敲锣打鼓的时候，我正在天津，听到消息，高兴得不得了。尽管当时不太理解怎么一夜之间就成了社会主义，思想有点儿跟不上形势，但心里跟大家一样高兴。

1957 年反右派斗争开始后，中央财贸部有一位同志被打成右派，还有三位同志受到党内处分。1962 年中央决定对搞错的人进行甄别平反，经组织决定，那三个人的处分被撤销了，只保留了被打成右派的那个同志的结论。现在看来，那时人们思想上有“左”的东西，把一个同志的思想作风问题当作政治问题来处理，把人民内部矛盾当作敌我矛盾来处理，把错误的性质搞错了，应该吸取教训。“文化大革命”结束后，这个同志的右派分子帽子摘掉了。

“大跃进”运动期间，部机关搞大炼钢铁。大家热情很高，把窗户上的铁条、铁环都拆下来炼钢了。对这场运动中发生的许多不符合科学的稀奇古怪的举动，自己没有能当面反对，但心里还是嘀咕：钢铁就是那么容易炼成的吗？对社会上盛行的浮夸风，我也没有明确的认识，更没有进行过公开反对。在“大跃进”的浪潮里，自己晕晕乎乎地过来了。

1959 年的反右倾斗争对财贸部影响不大。由于反右派斗争搞的时间较长，这场运动刚结束不久，反右倾斗争就开始了，也没找到什么典型的右倾机会主义分子，所以这场运动在部里就没怎么搞。

1959 年 11 月 15 日至 21 日，我参加了在重庆召开的第二次全国大中城市副食品生产会议。会议由李先念同志主持，中央、国务院有关部门的负责人以及北京、天津、上海、武汉、广州等39个大中城市的市委书记都去了。重庆和上海的代表还在会上介绍了他们发展副食品生产供应的经验。当时由于城市工业化的任务很重，许多地方忽视了副食品生产供应工作，而重庆在这方面工作做得比较好。一般地方都是重视工业部，财贸部次之，重庆市委对财贸部很依赖。市委财贸部门通过调查研究，根据不同人群的需求和市场需求分配蔬菜，供应工作做得不错，到现在我认为他们的经验还是宝贵的。

第八章 在中央组织部的大家庭里

和中央组织部的渊源

算起来，从 1954 年 5 月到 1956 年 1 月，从 1960 年 10 月到 1964 年 9 月，我在中央组织部工作的时间共有 5 年多。如果加上“文化大革命”期间从黑龙江押回组织部接受审查的 5 年，那就 10 年多了。

我和中央组织部的渊源，要从 1954 年说起。

新中国成立后，随着各项事业的发展，党、政、军、统、群各系统机构增多，干部队伍迅速扩大。据 1954 年底统计，全国除军队干部和 180 万名中小学教职员外，其他各条战线的干部共 492 万人（不包括未脱离生产的乡村干部），比 1948 年底的 60 万名干部扩大了 8 倍。在这种情况下，中央改变过去由党委组织部门统一管理干部的办法，决定按系统来管理干部。

1953 年 11 月，中央作出《关于加强干部管理工作的决定》，将全体干部划分为九类，由中共中央及各级党委的各部分别进行管理。第一类军队干部，由军委总干部部、总政治部和军队中的各级干部部、政治部负责管理；第二类文教工作干部，由党委宣传部负责管理；第三类计划、工业工作干部，由党委的工业部负责管理；第四类财政、贸易工作干部，由党委的财贸部负责管理；第五类交通、运输工作干部，由党委的交通部负责管理；第六类农、林、水利工作干部，由党委的农村工作部负责管理；第七类与统一战线工作有关的干部，由党委的统战部负责管理；第八类政法工作干部，由党委的政法部门负责管理；第九类是党、群工作干部和未包括在上述八类之外的其他干部，由党委的组织部负责管理。《决定》还规定，在中共中央及各级党委之间建立分级管理干部的制度。中央管理中央委员会秘书长以下至正副司局长以上干部；中央局管理县以上主要干部；省、市委管理区以上主要干部，地委管理区一般干部，县委管理乡级干部。

1954 年，发生了高岗、饶漱石反党分裂活动事件。党中央决定调整行政区划，撤销各大区和各中央局，各省、直辖市、自治区党的工作由中央直接领导，中组部代中央直接管理各地各部门的干部。当时由中央管理的干部就有 1.2 万多人，而中央组织部只有 5 个处（室），即干部处、党员管理处、组织指导处、办公室、研究室，无法适应这种状况。为此，中央决定，在中央有关干部工作部门建立以前，1954 年先在中央组织部内设立工业、财贸、交通运输、政法、群工等干部处，初步实现对这几个方面干部的分工管理。这样，组织部的机构从 5 个处（室）增加到 12 个处（室）。原来的干部处分成 9 个处，分别是：综合干部处、工业干部处、交通干部处、财贸干部处、政法干部处、工青妇干部处、外交外贸干部处、干部行政处、干部训练处。

由于机构的扩大，中央从各中央局、国务院、各省抽调了不少干部充实到中组部，中组部的部领导成员增加到 10 名。西北局第三书记马明方任中共中央副秘书长兼中组部副部长；华东局第四书记张鼎丞在 1954 年底调任中组部副部长；中南局组织部长裴孟飞、西南局组织部长于江震在 1955 年 1 月都调任中组部副部长。

在1954年三四月间，我到组织部开会。会议主持人说，中央组织部机构扩充，要增加干部，接着公布了各处处长和副处长的名单。我一听，有我的名字，当时一点儿思想准备也没有。转念一想，反正螺丝钉拧到哪里算哪里。回去办完交接手续后，我于5月份到中组部财贸干部处任第一副处长。

财贸干部处一开始是一正三副，十几个人。处长陈野萍（原为西南局组织部副部长、1954西南局撤销后到中组部）一个月后调任干部训练处处长，由西南局另一个组织部副部长白潜继任。副处长除我外，还有王进和江卓。此后，我们处又陆续调来三个副处长。刚到组织部，部的大楼尚未建成，各处分散办公。工业干部处、财贸干部处在中组部招待所翠明庄办公，政法干部处、交通干部处、群众工作干部处在前门大街南边的中组部另一招待所新华饭店办公，剩下的部门则挤在新楼后面的几处房子里。

在组织部一年半的时间里，我们主要进行了两项工作。1954年冬，各个中央局撤销后，还留下一些中央管理的干部没有分配。中央要求各中央局组织部先提出一个名单，经中组部考察后再决定哪些人调到省里，哪些人调到北京。中组部决定，我和综合干部处副处长李军及另一位同志到上海考察、挑选。我们三人在上海工作了近1个月的时间，翻阅二三十个人的档案，不停地找干部谈话，接收了一批干部。

根据中央于1953年11月作出的《关于审查干部的决定》，各级党政机关、人民团体及财经、文教部门从1954年下半年起陆续展开审干工作。中央在《决定》中要求，在两三年内对全国干部进行一次细致的审查，主要从政治上进行审查，弄清每个干部的政治面目，清除混入党政机关内的反革命分子、阶级异己分子、蜕化堕落分子，以保持干部队伍的纯洁；同时又要多方面了解和熟悉干部的思想品质、工作才能，以便更有计划地培养干部，正确地使用干部。

财贸干部处主要负责对财政部、人民银行、供销合作总社、粮食部、商业部、水产部司局长以上的干部进行管理。对这些部门干部的调配任免，由我们考察了解后，上报中央组织部，再报中央决定。审干期间，我经常参加各部的党组会，找干部本人谈话，也找知情的同志谈话，翻看了不少调查材料和档案，对有历史问题的干部提出了处理方案。

组织部对我的教育和培养

说起组织部，许多人和事让我不能忘怀。“文化大革命”前老组织部的许多好作风，我记忆犹新。

以党的工作大局为重，对职务升迁怀淡泊之心。这是老组织部的同志们给我们树立的好榜样。高饶事件后，决定由邓小平同志兼任中组部部长。我初到组织部时，安子文是主管日常工作的副部长。除安子文外，副部长还有李楚离、龚子荣，他们还分别兼任干部处处长、组织指导处处长。李楚离的资历很老，他出生于1903年，河北元氏县人，1924 年 10 月加入中国共产主义青年团，1927 年转为中共党员。李楚离有相当长的时间是在冀热察地区工作，新中国成立之初任广西省委副书记兼组织部部长，1952 年 5 月调任中组部副部长，一直到离休。在 1992 年党的十二大上，李楚离当选为中顾委委员。龚子荣是 1914 年生，福建福州人，1934 年春加入中国共产主义青年团，两年后由团转党。他参与了晋西南革命根据地的创建，1952 年 5 月任中组部副部长，1954 年底离开中组部，先后任中央办公厅副主任兼中直党委书记、国务院副秘书长兼国家机关党委书记，直至离休。李楚离、龚子荣两位老领导几十年职务没有升迁，一直积极工作，毫无怨言。所以，1964 年，我被提为中组部副部长，两个月后调黑龙江任书记处书记，工作了 22 个年头，当了不到 3 年的第一书记，觉得很正常。

对干部的提拔使用，搞五湖四海。到 20 世纪 50 年代中期，中央组织部已经有七八个副部长，人数不少了。对这些干部的提拔，在考虑资历、能力的同时，更多的是从工作需要出发，不搞内部“繁殖”。我举一个例子。1958 年 9 月，张启龙调任中组部副部长。张启龙是 1900 年生人，湖南浏阳人，1925 年加入中国共产主义青年团，1926 年 3 月由团转党。在任组织部副部长前，他是中华全国供销合作总社副主任、党组副书记。1965 年 9 月，因中央错误的决定，他由中央委员、组织部常务副部长调任南京市副市长，降级使用。以后平反，在 1978 至 1982 年任中央纪律检查委员会副书记，在党的十二大上当选为中顾委委员。张启龙是老红军转地方工作的，对军队转业老干部比较了解。1965 年 1 月，中组部接受张启龙调离时的建议，将也是老红军转业的新疆维吾尔自治区党委副书记曾涤调任中组部副部长。

注重对干部平时的考察。组织部代中央管理上万名的干部，在一年四季的大部分时间里，各个处经常到下面去考察了解干部。我认为这是一个很好的做法。特别是 20 世纪 50 年代至 70 年代，党的代表大会未按时召开，换届也不是那么规范，仅在换届的时候考察干部，时间紧，谈话的人有很多顾虑，考察的结果往往不够全面。因此，平时的考察就显得很重要。尽管我所在的干部调配任免处，主要工作是发文件、办手续，没有具体考察干部的任务，但我还是积极主动地争取机会去考察干部。1964 年，李楚离副部长带队到东北考察干部，我参加了。我们先到黑龙江，再到辽宁，每个省待一个半月。那时出差，地方上基本没有什么接待。记得那次到辽宁，我到省委组织部交了介绍信，谈了要做什么工作，就自己交钱和粮票办理了在省委食堂的就餐手续，自己去排队买饭，临走时把剩余的饭票换成钱和粮票。大家分头到各个单位找人谈话，了解干部情况。除了到地方考察干部外，中央组织部的部长、副部长们还经常利用地方同志到北京开会的时机，找他们谈话，听取情况汇报。谈话时我们也常常在场。处长、副部长找干部谈话，对我们来讲，既是日常的工作，也是一项基本功。1985 年底我从黑龙江省委书记的岗位退下来后，省委新提的组织部长曾问我，长期从事组织工作，有何经验？

我说就是找人谈话，不是在电话里谈，也不是写信，就是当面谈，在办公室或到他家里谈。这是中央组织部的老作风，也是一种工作方法上的艺术。它的效果，是别的形式所替代不了的。1965 年我刚到黑龙江任省委副书记时，有位民政厅副厅长给我打电话，问我何时有空，想找我谈谈。当我得知他身体不大好，一直待在家里养病后，就直接到他家里和他谈话。他感动得不得了，对我说：我想找组织部长或分管党群的书记谈个问题，他们很忙，快一个月了还没见上面。没想到，我给你通电话后，你就直接到我家来了。他一边哭一边诉说，最后问题得到了很好解决。

教育干部培养艰苦朴素的作风。这一点，组织部给我留下深刻印象。20 世纪五六十年代，我们国家的经济实力不强，中组部一个处设一部电话，只有部长家里才配电话。处长们除了外出办公事、开会可以要公车外，处理个人事情一律坐公共汽车、骑自行车。1964 年，毛主席、党中央提出要培养无产阶级革命事业接班人后，组织部尽管已经有了 7 个副部长，但还是在这年 8 月把我和 42 岁的五处处长杨以希提拔为副部长。安子文特地找我们谈话说：我在中央书记处的会上提出，新提拔的干部要约法三章，从我们组织部开始实行。第一，不配专车。第二，不搬房子，你原来当处长的时候住在哪里还住在哪里。第三，不派服务员。这三条，你们一定要做到。我当即表示连办公室也不动，也不要配秘书。两个月以后，我调任黑龙江省委副书记，省里要给我配专车，我拒绝了，直到 1973 年所有的省委常委都配了专车后，我才接受下来。在黑龙江主持工作时，我的行政级别还是1956年在中央财贸部提任处长时定的行政九级，当时鉴于“文革”以来的十几年间，工资一直没有变化，中央决定普遍调整一次工资，平均到每个员工都能长一级工资。省委组织部提议报请中央给我提一级，我不同意。我对他们说，如果我提了级，今后不好工作。记得20世纪80年代初，胡耀邦同志批评黑龙江在接待上级部门时大吃大喝，省委很重视，采取不少措施遏制吃喝风。其中有一项规定，陪同北京等外来客人吃饭的，每餐要交5元餐费，杨易辰和我因为属于省委系统，本来接待就相对少些，一个月又有二三百元的工资，还不成问题。但新任副省长的侯捷同志只有六七十元工资，接待任务又多，有时一个月要拿二三十元，还是很困难的。我心里一直谨记着中央组织部和安子文部长对我们的要求。

坚持学习和认真过组织生活。五六十年代，在党中央的号召下，党政领导干部兴起了学习文化的热潮。中央组织部的同志们也不例外。每天早晨，我们常常是洗漱完毕后赶到办公室，在上班前抓紧学习一个小时，下班后再上夜校学习。我就经常到中国人民大学听胡华教授讲《中国革命史》。除了学习，大家过组织生活也很认真，彼此开诚布公地提意见，有则改之，无则加勉。个人有什么事情，及时向组织上报告，这一点也成为常态。记得1963年我回了一趟老家。我有个姑妈住在太原，我去看望了她。她的两个儿子1948年跟国民党跑到了台湾。大儿子比我小4岁，在国民党空军里搞气象工作，后来升至少将。二儿子在国

1958 年，与妻子傅义仙的合影。

民党政府当公务员。这个情况我过去不知道，战争期间，我和敌占区的亲戚都没有了来往，以后也很少回家。这次看望姑妈回来后，我向组织作了汇报，说明有两个表弟在台湾。70 年代，我的两个儿子参军、入党，还来调查我同这两个亲戚的关系。那个时候，真正做到了“事无不可对党言”。

在中央组织部工作期间，我的家庭发生了变故。1953 年春，郑健病倒了。她生病期间，我每天下班后到医院陪护。组织对我家庭的困难非常关心，安子文曾亲自联系医院帮助郑健就医。1954 年 10 月，郑健撒手人世西去了，给我留下 2 岁到 11 岁的两女、两儿。这时，我 77 岁高龄的老父亲及 65 岁的继母也在北京我的家里。我这个“光棍”过着上有老下有下的艰难日子。过了近两年时间，1956 年 8 月，我与曾在人事部一同工作过的傅义仙结婚，事先报经党组织批准。结婚这天是星期日，我们既没有请客，也没有休婚假，只是买了些糖果表示庆贺，周一又接着上班。在一道工作的 20 多个同志共同买了一个塑料小花瓶送我，至今我还当珍品保存着。傅义仙 1923 年 11 月 18 日生于湖北省沔阳县（现仙桃市），大专学历，1949 年参加革命，1954 年入党，曾在中央人事部、国务院编制委员会工作。1964 年调黑龙江，先后在省委组织部整党办、纪检委工作，1986 年在省纪检委常委任上离休。傅义仙对郑健留下的 4 个孩子视如己出，把他们教养成人，全家和睦相处。我们的婚姻持续了半个世纪。2007 年 12 月，傅义仙去世，享年 84 岁。

南阳调查始末

1960年9月，中央决定撤销中共中央财政贸易工作部、工业工作部、交通工作部，三部所管干部都归到中央组织部管理。我服从组织分配，又回到组织部这个大家庭，担任调配任免处处长。刚去报到，安子文同志对我说：你暂时不要上班，先带一个工作组到河南去。于是，我和部里的4位同志组成工作组，在1960年12月前往河南。到后才知晓，组织部副部长安子文、中央监察委员会副书记王从吾、公安部副部长徐子荣等已经在河南展开了调查工作。

在1958年至1960年的"大跃进"、人民公社化运动、反右倾斗争中，河南是一个重灾区。严重泛滥的高指标、"共产风"、"浮夸风"、生产瞎指挥风，以及1959年的自然灾害，给河南带来了巨大灾难。河南经济和人民生活发生严重困难，其中又以信阳地区尤甚。信阳位于河南省南部，与湖北、安徽接壤，是著名的革命老区。1959年秋至1960年春，由于虚报产量，征了过头粮，群众严重缺粮，这个地区发生了人口外流、浮肿病蔓延、大批农村人口非正常死亡的严重事件。据1961年1月13日信阳地区呈报中央最后一次统计数字反映：光山、商城、息县、正阳、新蔡、潢

40周岁时的生日照

川、固始、遂平、汝南9个县的人口死亡率超过100‰（千分之一百），光山县高达235‰。信阳事件在1960年夏反映到中央，引起中央的极大震惊和高度重视。

1960年5月，中央监察委员会派检查组到信阳调查处理信阳问题。8月，中监委检查组向中央报告说："河南全省去冬今春发生浮肿病死人问题以信阳专区最严重。信阳地委和有关县委对浮肿病死人问题负有重大责任。地委领导上有严重的主观主义、官僚主义和浮夸作风"。"河南省委对信阳地区浮肿病死人问题负有一定的责任"。刘少奇在批转谭震林阅处的批语中说："河南信阳地委和以下的几个县委显然有严重问题。请你同中央监委和河南省委商量，采取办法，彻底予以解决。"

为彻底查清信阳问题，中央和省委派了大批干部帮助工作。谭震林、安子文、王从吾等人就是接到中央指示后到河南进行调查的。除此外，中央书记处还从中央、国务院各部抽调人员组成工作队，派驻河南各个地委。我们这个工作组被派到了南阳地区。后来，我在当代中国研究所工作时听南阳党史部门的同志说，当时河南省委曾发文让我兼任南阳地委第二书记。由于信阳事件凸显出严重的问题，中央紧急采取应对措施，在1960年11月3日发出《关于农村人民公社当前政策问题的紧急指示信》，努力纠正以"一平二调"的"共产风"，调整农村政策。但由于当时对"左"倾错误的认识还不清楚，对基层和农村的实际情况缺乏深入了解，中央没有能够找到失误发生的根本原因。1960年11月下旬至12月上旬，中央对"信阳事件”的处理作出指示时，认为信阳问题的实质，是阶级敌人篡夺领导权，对劳动人民进行残酷的阶级报复；信阳地区的党政组织的领导权多数被坏人夺取了，变质了，基本上烂掉了，必须采取革命的办法，进行民主革命补课，彻底夺回领导权。12 月 8 日，中央发出《关于山东、河南、甘肃和贵州某些地区所发生的严重情况的指示》，认为这些地区发生的严重情况，“特别是干部中的极其严重的不可容忍的铺张浪费、贪污腐化、破坏纪律、违反法纪、不顾人民死活的情况”，“显然是封建势力在地方上篡夺领导权，实行绝望性的破坏性的报复”，“是农村中阶级斗争的最激烈的表现”。为此，河南省委在纠正上述错误中，又错误地采取“民主革命补课”的方法，伤害了一大批基层干部。

临出发前，部里跟我们交代任务说：现在出现了信阳饿死人的问题，主要是民主革命不彻底，有异己分子、投机分子混进党内来。你们下去，要进一步查生活，查组织，查证他们的罪行。我们就是带着这个任务前往河南的。当时的南阳，也深受“浮夸风”等天灾人祸之害，仅唐河县就饿死了 300 多人。问题发生后，在“左”的思想影响下，省、地一些领导把问题的症结简单地归结为基层组织的领导权被坏人掌握，揪出了一大批所谓“钉子”和“阶级异己分子”。南阳地区被定为“钉子”的县委书记和县委副书记有 21 人，公社正副书记 274 人。唐河县委书记毕可旦被逼跳井自杀。他死后，还被定为“畏罪自杀”，被开除了党籍。还有一个县委书记被判了 15 年徒刑，这样问题就变得很严重了。

我们到后，听取地委、县委的汇报，一个县一个县地做调查。每到一个县，要跑好几个公社、村庄，到基层和农户家中，了解情况。南阳地区共有10个县，除了邓县，我们工作队都走到了。我多年没有在农村工作，这次亲眼看见“浮夸风”“共产风”给农村造成的严重危害，心里非常震惊。也就是在这个时候，我开始对公共食堂、对大锅饭产生了怀疑。不少地方为了办大食堂和大炼钢铁，把群众的锅都砸了，很多农民家里连一口完整的铁锅都没有。我对这种做法很有看法。南阳地处平原，多产高粱，当地群众以高粱秆子做烧柴、盖房子。但在“打倒高秆作物”的瞎指挥下，高粱不让种了，改种红薯。红薯产量不低，但不顶饥饿，老百姓食不果腹，连取暖烧饭的柴火都没有了。由于缺乏燃料，有些公社不得不派人外出拉煤，来回7天，好不容易拉回一车煤，也仅够食堂烧一个礼拜的。马路边上长着的野草，被老百姓割走当柴烧，后来草也没了，连草根子都被挖得一干二净。没有了盖房子的高粱秆，农民的房子一片破败。在南阳期间，我们喝的是红薯面糊糊，吃的是红薯蔓子，咬也咬不动。公安部一位在南阳搞调查的干部，就是因为吃了许多作为“代食品”的红薯蔓子而难以消化，导致胃扩张死亡。

通过三个月的调查，我们并没有在县委书记、副书记中发现一个阶级异己分子。当然，也有少数人存在着作风不民主，搞形式主义、强迫命令等错误做法。比如说，淅川有一个县委副书记就比较铺张浪费。这个县没有汽车，他非要修汽车路不可，路宽 18 米，占用了不少耕地。为展现“大跃进”的热情，一些地方弄虚作假。隆冬时节，寒气逼人，地方干部还要求农民身着背心裤衩深翻土地，自己却穿着大衣在一旁观看。这些情况我们都向省委和组织部作了报告。

在调查期间，我们每到一个县，就给部里写报告，我记得大概写了十几份，还三次到郑州，向在那里听取汇总报告的安子文、王从吾、徐子荣等作口头汇报，如实反映南阳的现实情况。我们认为，南阳地区干部的绝大多数是能够与群众同甘共苦的，除有少数干部作风不民主外，没有发现“阶级异己分子”。来南阳前，听说下面的干部有坏人，工作胡来，有粮食也不给百姓吃。我在报告中表示，这种说法没有找到证据。南阳问题的症结，除了自然灾害外，主要是由于高指标、“共产风”和瞎指挥。我在报告中说，下面死人确实不少，“人人戴孝布，户户有哭声”。这些看法，后来在“文化大革命”中成为我诬蔑“三面红旗”的罪名。

工作组的报告和其他类似的报告反映到中央，南阳地区正在进行的“民主革命补课运动”很快停止，被抓起来的干部释放了，被集中在学习班“学习”的干部也解脱了。但是，经过“大跃进”这几年的折腾，河南元气大伤。“文化大革命”期间，我下放到中央组织部在河南长葛县的“五七”干校劳动改造。在我们住的农场里，留有几位养猪的、开拖拉机的农工，一个月工资 27 块钱，粮食定量 36 斤。这 27 块钱，他们交 7 块给生产队，7 块当生活费，剩下的留给家里。干校每半年要跟他们订一次合同。到订合同那天，这些农工紧张得不行，生怕干校不要他们，丢了这份美差。我在长葛过了几个春节。过节期间，如果农民家里能买上几棵白菜、两斤肉，那就是过一个好节了。长葛一带蚊子多，商店里进了蚊帐布，全让我们给买了，老百姓太穷，买不起。这个地方的经济，很长时间没有缓过来。

20 世纪 90 年代末，南阳市委党史研究室的同志在搞专题史研究时，记录了我们在南阳调查的这段历史，说我当时兼任南阳地委第二书记，这事我不记得了，因为有任职文件的复印件，那就算有吧。他们还认为南阳地区纠“左”的展开，是因为我们如实地向毛主席汇报了南阳的情况。我看到材料后向他们表示，我没有机会直接向毛主席汇报，南阳地区“左”倾错误后来得到纠正，是得力于各地向中央报告了真实情况，中央对大政方针作了调整。我只是在那次调查中，客观地反映了情况，做了一名共产党员应该做的事情。

为“潘、杨、王”事件甄别平反

20 世纪 60 年代初期，在严重的经济困难面前，党中央开始对国民经济和社会政治关系进行全面调整。按照中央组织部的指示，干部调配处承担了大量的考核调查和干部调配工作。

我记得大概有这么几项：为加强地方工作和改进基层

干部作风，遵照中央的决定，挑选了100名司局长任地、市委书记；为增强中央监察委员会的力量，根据书记处的指示，推荐了一些德高望重的老同志参加中监委的工作，我记得有瞿秋白的夫人杨之华（1924年入党）和王若飞的夫人李培之（1925年入党）等；为执行毛主席关于加强政治思想工作的指示，协同解放军总政治部调配了一批部队的军、师级干部，担任国务院财经各部门的政治部主任、副主任；为全面落实党的干部政策，不仅对在反右派斗争和反右倾斗争中被错误定性、批判的干部进行甄别平反，也对那些因在历史上被捕而受到不公正待遇的干部进行了重新审查。在我的印象中，历史上有这样或那样问题而各级党委已查清可以担任重要职务的高级干部，经我手办理的就有上千人，印象比较深的有孟用潜、袁汉澄等。“文革”时把我经手过的这一工作批判为“为刘少奇的修正主义路线招降纳叛”。

在这里，我想详细讲讲我经历的为“潘、杨、王”事件甄别平反的工作。

1961年5月，我从河南南阳调查回来不久，组织部领导指示我带上三个同志到河南，帮助省委进行甄别平反工作。在省委第二招待所，我们遇到了谭震林同志。他当时正代表中央到河南检查、推动甄别平反工作，从新乡、安阳等地一路传达中央精神，刚回到郑州。我们听说他为新乡地委书记耿起昌的“右倾机会主义分子”问题平了反，大家一起吃了“团结饭”。谭震林对我们讲：厅局以下的干部可由省委去甄别，你们就别管了。但有一个问题省委自己搞不了，这就是河南省委原第一书记潘复生右倾机会主义的问题。你们把这个问题查清楚。谭震林同志发话后，我向安子文电话请示。他答复说：你们听谭老板的。于是我们开始处理这个在全国都有影响的“潘、杨、王”事件。

1958年，在发动“大跃进”运动的过程中，河南省发生了一场揭发批判“潘、杨、王”为代表的“右倾机会主义”的大规模斗争。潘、杨、王，是指潘复生、杨珏、王庭栋。新中国成立后，潘复生任平原省委第一书记兼军区政委，杨珏任平原省委秘书长兼组织部副部长，王庭栋任平原省委政策研究室主任、办公厅主任。平原省是1949年以冀鲁豫解放区为基础设置的。1952年11月，中央人民政府作出《关于调整省、区建制的决议》后，平原省建制撤销，辖区各县分别划归山东、河南两省，原平原省新乡、安阳、濮阳3个专区所辖的新乡、辉县、修武等27个县和新乡、安阳两省辖市及焦作工矿区归河南省。合省以后，潘复生于1952年11月至1958年8月任河南省委第一书记，王庭栋任河南省委副秘书长，杨珏于1955年调任河南省委书记处书记。1954年7月至1957年3月，潘复生因病休养，由省委第二书记吴芝圃主持河南省委工作。在1956年9月召开的党的八大上，潘复生当选为候补中央委员，而吴芝圃则被选为中央委员。直到1957年4月，潘复生才恢复主持省委工作。

对潘复生所谓“右倾错误”的批判，始于1957年8月召开的河南省委一届五次全会。当时，省委对如何分析河南省省情，如何评价合作化运动，如何估计粮食工作的成绩与缺点，如何看待三大改造完成后国内、省内的形势及主要矛盾、阶级斗争等问题，存在意见分歧。这些分歧在1957年下半年反右派斗争的形势下很快演变成为两条路线的斗争。河南省委一届五次全会的主要内容是传达贯彻中央在青岛召开的省市委书记会议精神、中央有关整风和反右派斗争的指示及全国粮食会议精神。会议检查、批判了所谓党内“右倾错误”表现，认为省委对右派进攻存在右倾麻痹思想，对反右派斗争和开展社会主义教育运动的意义估计不足，在粮食问题上过多照顾农民利益而忽视、妨碍了国家利益，这些错误应由潘复生负主要责任。

会后，对潘复生右倾错误的批判持续升温。在1958年5月的八大二次会议上，以吴芝圃为首的河南省代表在大会发言中报告了同所谓“犯有右倾机会主义错误”的潘复生作斗争的经过。1958年五六月间，河南省委召开一届九次全体扩大会议，进一步揭发、批判潘复生的所谓“右倾机会主义”言行，认定潘复生与省委书记处书记杨珏、省委副秘书长王庭栋结成“反党、反社会主义联盟”，并作出错误的处理决定。8月，党中央批准撤销潘复生等人的职务，任命吴芝圃为省委第一书记。此后，全省开展反“潘、杨、王”运动，层层揪“代理人”，一大批干部受到错误的打击。在对潘复生的批判中，也出现了一些过火的侮辱人格的做法。12月，中共河南省第一届党代表大会第三次会议通过《关于潘复生、杨珏、王庭栋同志所犯右倾机会主义错误的决议》。会后，潘复生被下放到河南黄泛区农场任副场长，在经过两三年的劳动锻炼后，于1961年10月至1962年5月任中南局农业办公室副主任、农业委员会副主任。杨珏从8级降为11级，下放到洛阳地区孟津县洪水公社寒亮大队当社员。王庭栋从9级降为12级，下放到许昌地区襄县孙祠堂公社柳林大队当社员。以上是“潘、杨、王”事件的大致过程。

1961年5月，我们4个人到了河南，根据领导指示，花了两个月的时间，分头查阅潘复生主持河南省委工作以来的所有档案，包括他主持召开的省委常委会议记录、所作过的报告、总结。我们还同所有的省委常委、地市委书记和省里综合部门的主要负责干部谈了话，大多数同志认为“潘、杨、王”事件搞过头了，同意为这三个人甄别平反。我们两次找潘复生、杨珏等谈话，做了详细的记录。潘复生不承认自己犯了“右倾机会主义错误”，但也检讨了具体的错误。

为慎重起见，针对当年给潘复生等定下的罪名，我们4个人分成正方和反方，进行辩论，仔细推敲能否为他们平反。通过调查核实，我们认为潘复生等人有缺点，但只是工作中的错误，并不是什么路线问题。我们写了详细的调查报告，对1958年12月中共河南省第一届党代表大会第三次会议《关于潘复生、杨珏、王庭栋同志犯有右倾机会主义错误的决议》（以下简称原决议）所认定的6个方面的“右倾机会主义错误”逐一进行分析，推倒了原来的结论。这个报告的主要内容有：

1. **关于否认阶级斗争和两条路线的斗争、制造阶级斗争熄灭论问题**

报告说：潘复生在阶级斗争问题上，有许多观点是正确的。如，他曾多次强调当前社会的矛盾主要的是人民内部矛盾；强调不要混淆敌我矛盾和人民内部矛盾的界线，不要用处理敌我矛盾的方法来处理人民内部的矛盾；认为整风运动是无产阶级思想和资产阶级、小资产阶级思想斗争的过程；认为富裕中农是我们团结的对象，贫农、下中农同富裕中农的矛盾是人民内部矛盾；指出对反革命的破坏活动必须给以坚决镇压，等等。

另一方面，他对当时农村阶级形势的认识是有错误的。1957 年 7 月 9 日荥阳县委发了一个《关于发动群众彻底揭露和打击资产阶级右派分子的指示》，提出在群众中通过驳斥国内和省内右派分子反动谬论来开展阶级教育和社会主义教育运动，并在当地或本单位内开展反右派斗争。潘复生针对荥阳县委的指示，发了一个《关于不在县级以下机关开展反右派分子斗争的指示》。在一定的时间内，为了避免分散力量、照顾不周而出乱子，暂时不在县以下机关开展反右派斗争和整风运动，是正确的。但是这个指示对农村形势的分析，则是错误的。这个指示说："广大农民走社会主义道路问题基本上解决了，所谓思想战线上两条道路的斗争胜负问题还没有解决，就是说在五百万知识分子中间两条道路的斗争胜负问题没有解决。荥阳县委在所发指示中，笼统地说思想战线上两条道路的斗争胜负问题还未解决，是不妥当的。那就会打击了富裕中农，在农村造成人为的紧张形势，也会助长了强迫命令作风的发展。”又说：“对于目前反右派斗争的形势，应当向群众进行适当的宣传解释，但是绝对不能采取荥阳县委那样划出半个月的时间来进行反击右派以及‘结合本地本社地主、富农、被管制分子的反动言行，进行大力揭发和批驳’的做法。”但是事实上，在城市中资产阶级右派分子向党和社会主义猖狂进攻的同时，农村中许多地方，已经发生了由少数富裕中农带头的“闹社”和集体退社事件，部分地主、富农也在乘机倒算。

由此可见，潘复生当时对农村中确实存在着两条道路的斗争，是缺乏认识的。潘复生当时没有明确地理解：在过渡时期，无产阶级同资产阶级的矛盾、社会主义道路同资本主义道路的矛盾仍然是我国社会的主要矛盾，这个矛盾大量地表现为人民内部矛盾，在少数情况下则表现为敌我矛盾。在人民内部矛盾中，既包含着非阶级性的矛盾，也包含着阶级矛盾、两条道路的矛盾；而人民内部矛盾，特别是其中的阶级矛盾、两条道路的矛盾，同敌我矛盾（敌我矛盾当然都是阶级矛盾）之间，是可能在一定的条件之下互相交错以至互相转换的。在对待富裕中农问题上，潘复生往往过分地强调团结的一面，而忽视斗争的一面，甚至在部分富裕中农已经成为农村中资本主义道路的代表，同我们进行着严重的两条道路斗争的时候，还看不到这种斗争的存在，因而仍然不敢对他们进行必要的斗争。这也是不正确的。

潘复生在对民权、永城、夏邑闹社事件和临汝闹社事件的分析上，一方面正确指出事件的性质主要是人民内部矛盾；但另一方面却没有明确认识它们都或多或少地反映了农村中存在两条道路的斗争，对于少数坏人乘机捣乱也缺乏警惕。原决议对潘复生在阶级斗争问题上的正确一面没有予以承认，只根据他的某些错误观点，加以夸大，笼统地说成是“否认阶级斗争和两条道路斗争的实际存在”，甚至说成是“制造阶级斗争熄灭论”，是错误的。

2. 关于否认合作化的优越性问题

报告说：潘复生主张合作化运动要分期分批，要有步骤，批评省委“过去曾经过分肯定大社的优越性”，“盲目地认为社越大越好”，这些都是正确的。省委原决议说他“坚持把社的规模尽量划小”，是不符合实际的。潘复生曾指出合作化的成绩是基本的，合作化解放了生产力，要肯定和发扬合作化的优越性，要巩固合作社。他指出合作化运动以后的遗留问题和缺点，并且提出了解决问题和纠正缺点的一些措施，是必要的。虽然那个时期，潘复生在讲这些缺点的同时，对于完成合作化以后出现的有利形势讲得少些，这是一个缺点；但是原决议说他“否认合作化的优越性”，“宣扬小农经济的优越性”，则是没有根据的，是错误的。

潘复生针对农村合作化运动以后存在着的问题，于1957年6月25日经省委常委会通过后发布了《关于奖励发展农业生产争取秋季大丰收的宣传要点》，其中所提出的奖励农民生产经济性的一些具体政策和措施，如合作社在国家统一计划下因地制宜、合理种植；牲口分槽喂养、养用合一；兼顾国家、集体、个人利益、奖励生产；合理记工，同工同酬；留足自留地，允许社员个人开垦隙地废地，自养牲畜，发展家庭副业；正确地开放自由市场，禁止进行商业投机等，都是符合中央的政策精神，并且是我们今天在农村中还必须继续坚决加以贯彻的。“宣传要点”中有一条说：“个别社员要求退社者，应首先认真解决困难，做好工作。如进行工作后仍坚持出社者，应根据社章规定允许退社。在处理退社财产时，应从团结生产出发，贯彻互利原则，不得歧视和打击。”作为政策措施，这也是正确的。但是，在当时城市资产阶级右派向党猖狂进攻，农村中部分地主、富农进行倒算，少数富裕中农带头退社的形势下，把允许退社写在“宣传要点”上，公开登报，是有副作用的。但是，既然《宣传要点》的内容基本上是正确的，它的颁布又是省委常委集体讨论通过的，原决议中却把这个《宣传要点》说成是潘复生的“发展资本主义的纲领”，这不仅是错误的，而且是一种极不正常的现象。

3. 关于攻击粮食统购统销政策问题

报告说：当时潘复生是执行了中央的粮食统购统销政策的。他曾经主张农民口粮留量标准定高一些，这确实反映了当时某些地方农民生活有些困难的一面。从这一考虑出发，潘复生同意了关于一般地区吃 380 斤，经济作物地区吃 400—420 斤的方案。但是，如果按照这个方案执行，国家每年便要给河南调进若干亿斤粮食。这样过多地照顾农民的要求，而忽视国家的需要，不能说是全面的群众观点。

在这个问题上的缺点，潘复生已经及时改正，并作了检讨。原决议把潘复生在粮食安排问题上的个别缺点，说成是“攻击粮食统购统销政策”，是错误的。

4．关于对反右派斗争实际上起了阻挠和破坏的作用问题

报告说：潘复生根据中央的指示领导了反右派斗争，在对运动的指导上，强调团结中间派，强调说理斗争，注意防止简单粗暴的偏向，都是正确的。运动初期，潘复生曾经过早地不切实际地认为反右派斗争的主要偏向是扩大打击面。但是不久，根据中央的指示，潘复生便强调发动群众深挖右派。原决议把潘复生在这一工作上一时的缺点，说成是“对反右派斗争，实际上起了阻挠和破坏的作用”，是错误的。

5．关于散布生产悲观论问题

报告说：当时，河南在农业生产上和群众生活上，确实存在着一定的困难，潘复生对这些困难作了足够的估计，并且提出不少具体措施和方法，这对克服困难、发展生产是有好处的，应该加以肯定。虽然他对克服困难的有利条件说的不够，但是，原决议说潘复生“把河南描写的漆黑一团”，“散布生产悲观论”，是不符合实际的、错误的。

6．关于在组织上实行惩办主义问题

这主要是指潘复生在解决永城、夏邑、民权事件和临汝事件过程中对于干部的违法乱纪行为的处理。潘复生在指导这一工作中，强调严肃精神，是正确的。原决议所说的“在组织上实行惩办主义”，是没有根据的、错误的。

现在回过头来看，当时我们的认识也有局限性，也有一些“左”的观点。但这份调查报告总的说还是比较全面的，大致把情况说清楚了，也把问题解决了。我记得回到北京后，中组部将我们的材料向中监委作了汇报请示。当时中监委负责案件调查的李振海同志跟我说：你们平反就平反吧，还两面说，留了一点儿尾巴。我说：有错误就是有错误，应该实事求是。

我们到河南期间，中南局刚刚重建不久。中南局在1960年9月建立后，陶铸于10月担任中南局第一书记，王任重为第二书记。那个时候，为了纠正“左”的错误，战胜困难，从组织上保证调整“八字”方针的贯彻执行，党中央对河南省委领导成员逐步进行调整。1961年1月，中央调刘仰峤任省委书记处书记；2月，调文敏生任省委常务书记；7月，调广西壮族自治区区委书记刘建勋任河南省委第一书记，吴芝圃改任第二书记。1962年4月29日，中央再次对河南省委进行调整：何伟任河南省委第二书记，参加中南局委员会为委员，免除驻越南民主共和国大使兼驻老挝经济文化代表团团长职务；文敏生任河南省省长；吴芝圃调中南局工作，仍任中南局书记处书记，免去河南省委第二书记兼省长职务；杨蔚屏免除中南局委员职务，仍任河南省委书记处书记；史向生、宋致和调中央分配工作，免除他们的河南省委书记处书记职务。

我们在结束调查“潘、杨、王”事件的时候，吴芝圃尚未离开河南。我们向正在河南巡视工作的陶铸同志汇报时，吴芝圃、文敏生同志都在座。他们都没有表示不同意见。工作组回到北京后，分别向中组部的领导和谭震林汇报。谭震林肯定我们调查得深入、仔细，报告材料写得实际。他把我们的材料复印后交中南局，让中南局根据这个材料进行核实、作结论。中南局肯定了我们给潘复生平反的意见。1962 年 4 月 8 日，在有潘复生参加的河南省委第 443 次常委会议上，河南省委作出《关于潘复生同志“右倾机会主义错误”的平反决议》，认为省委在 1957 年以来在批判和处理潘复生的问题上犯了严重错误，并撤销了 1958 年 12 月《关于潘复生、杨珏、王庭栋同志所犯右倾机会主义错误的决议》。

1962 年 5 月 2 日，中南局同意并批复了河南省委的决定。中南局在批复中指出：潘复生在河南省工作期间，基本上贯彻执行了中央的方针政策，不是什么右倾机会主义，不应当受到处分。河南省委这样明确地纠正自己在对待潘复生问题上所犯的错误，是正确的和十分必要的。中南局还提出 4 条要求，第一，要全面彻底做好平反工作。1958 年以来，河南斗争错了和处分错了的干部数量较大，如果逐个进行甄别，必致迁延时日，不利工作。根据中央的指示，可以把几次反倾向斗争中极少数确实明显地犯有严重错误因而应当保留原来结论的人除外，其余的成批宣布，一律平反。第二，划清政策界线，借传达这个决议的机会，使干部和群众懂得，潘复生过去哪些意见是符合中央政策的，即便在今天看也还是应当那样做的，而哪些意见则是不完全正确或是有错误的，以及错在什么地方。只有划清政策界线，分清是非，才能统一思想，加强团结。第三，恢复和健全民主集中制，健全党委的集体领导，正确地开展批评与自我批评。党内的分歧必须按照团结——批评——团结的原则处理。今后一定要吸取教训，永远不再犯过火斗争的错误。第四，加强团结。无论是原有的或是新去的同志，外地的或者本地的同志，特别是被错斗了或者错斗了别人的同志，为了党和群众的利益，都要紧密地团结起来。受了委屈的同志既已得到平反，就不要计较个人恩怨。河南省前一段的错误应当由省委负主要责任，现在已经纠正了错误，大家便应当积极支持省委，拥护省委的领导。在调整恢复国民经济的方针政策方面，统一认识、统一行动是十分重要的。目前河南的困难较大，河南 5000 万人民群众热烈地盼望着我们党领导他们去战胜困难，恢复生产。我们相信河南省委和河南全体同志，必能发奋图强，鼓足干劲，团结一致，逐步克服困难，取得胜利。

经中央批准，河南省委的决定和中南局的批复在《中南通讯》全文刊出。此后，河南省委又于 1962 年 7 月 30 日和 12 月 20 日，分别对杨珏、王庭栋的错误处理作出甄别平反的结论。“潘、杨、王”在当时甄别平反的干部中是级别最高的，在全国产生了一定影响。潘复生在甄别平反后于 1962 年被任命为全国供销合作总社主任。杨珏后来任农业部副部长，王庭栋最后是在山西省人大常委会主任任上离休的。

记安子文二三事

安子文是陕西子洲人，1909 年生，1925 年 6 月加入中国共产主义青年团，1927 年由团转党。他早年从事党的秘密工作，在 1925 年至 1936 年的 12 年间曾 4 次被捕，始终坚贞不屈。其中，第 4 次被捕发生在 1931 年 3 月，当时他任中共河北省委秘书长。安子文在北平草岚子监狱坚持斗争，任狱中党支部书记，直到 1936 年秋经党组织营救才得以获释。因为这段经历，他在“文化大革命”中被打成“六十一人叛徒案”的一员，蒙受了很大的冤屈。从草岚子监狱出来后，安子文担任中共北平市委组织部部长兼管北平学委工作。全面抗日战争爆发后，他参加北方局组织部的领导工作和晋冀豫、太岳抗日民主根据地的开创工作。安子文长期从事党的组织工作，从 1945 年 10 月起就担任中央组织部副部长兼干部处处长，是我们党杰出的组织活动家。

我第一次和安子文见面，是在 1947 年西柏坡土地会议上。20 世纪五六十年代，我在人事部、中组部工作，安子文一直是我的领导。我和大家一样习惯地称他为“安部长”。直到 60 年代中央发出通知，要求对领导干部不称呼职务，一律以同志相称后，我才改称他为“安子文同志”。我刚到组织部时，还以为安子文就是中组部部长，不久后才知道他是主管日常工作的副部长，小平同志是部长。在小平同志之前，彭真、饶漱石都当过中组部部长。安子文在 1956 年党的八大上当选为中央委员，同年 11 月被任命为中组部部长，直到“文化大革命”中被打倒。

我到中央组织部不久，中央在1955年1月决定颁发中共中央管理的干部职务名称表。同年9月，中央发出通知，要求各地区、各部门迅速制定各自管理的干部职务名称表，并且提出，在制定干部职务名称表时，应注意贯彻“管好管少”的原则，把干部管理工作的正常秩序迅速建立起来。在安子文的主持下，中组部制定的中共中央管理的干部职务名称表，一直用到1966年“文化大革命”发生。

根据这个干部职务名称表，当时归中央管理的干部有一万多人，包括省部级和各省的正副厅局长、地委正副书记、正副专员，还有一些大企业的党委书记、副书记、厂长、副厂长、总工程师。中央管的干部由中央任命，中央组织部负责具体的考察工作，提出提拔使用意见，国家机关系统干部的任免手续由人事部办理。省委正副书记、政府正副部长以上的干部，一人一报，一事一报。例如，60年代，中央成立新的中央局，其班子成员的任职，均由中央书记处决定后再告知中组部。中组部根据干部档案进行考察，将考察结果和鉴定报告中央书记处。对于司局级调动任命的干部，组织部将他们的姓名、性别、年龄、原任职务、拟任职务登记造册，一本名册有三四十人，经部务会议通过后上报中央。司局长一级的干部基本上由中央组织部决定，档案也由组织部管理。60年代，我列席过几次中央书记处会议。会议讨论干部任用问题时，按照程序是我们代表组织部在宣读拟使用的干部名单及其相关情况，但要占用不少时间。小平同志往往会拿着中组部上报的任命干部名册问："这个本子大家看过了吗？有什么意见？没有意见就通过了。"如果对某同志的任命有意见，组织部再进行核查，如果没有问题，就编到下次的任命名册中。也就是说，归中央管理的干部，其调动任用，必须经中央书记处会议通过，最后的决定权在中央。

安子文对中央组织部的权限掌握得很严。我记得他不止一次地对我们讲过：省市委的组织部、中央局的组织部是党委的组织部，不是中央组织部的下级。中央组织部和他们的关系是工作关系，不是领导关系，我们不能对他们作决定、指示，要求他们按中组部的决定、指示去办。如果感觉到组织工作、党的建设有问题，我们可以向中央报告，中央批下去，那是中央的指示。他要求中央组织部不能越权，不能直接干涉各省市的干部任用。

1962年夏，毛主席对安子文进行过一次严厉的批评，认为中央组织部搞"独立王国"。毛主席对组织部的批评很快传达到部里，我们上上下下都很紧张，从各方面检查有没有什么事情是没有向中央请示我们就自己处理了的。这一查，可把我们处的一个副处长史雷锋吓坏了。有一次我出差在外，由史雷锋主持处里工作。农村工作部部长邓子恢打来电话，想要从广西壮族自治区调来一个区委副书记到农村工作部。史雷锋认为邓老要调干部，肯定是经中央决定了的。于是，他发了调令，把人给调来了。前面说过，副部长级的干部由中央管理，调动命令要单独起草电报，经中央书记处批准后才能发出。平时史雷锋办事很仔细，不知道那一次怎么就犯了糊涂，没有把调这个省一级副书记单写报告报送中央，也没有编到干部名册里上报书记处，而且没有跟部里说明。这就是闹“独立王国”的具体事例嘛！他为此一再作检讨。

为此，中央组织部在 7 月 29 日给毛主席、中央政治局常委的 7 月份综合报告中检讨说：长期以来，没有向主席和常委报告工作，反映情况，这是一个严重的错误。今后，一定引以为戒，努力改正。报告主要讲了干部队伍方面的情况和问题，认为在干部队伍方面，有两个问题值得注意，一是一部分干部的精神状态不正常，二是干部队伍过于庞大。报告对解决这两个问题提出了具体意见。8 月 12 日，毛主席在这个报告上作出批语：“中央组织部从来不向中央作报告，以致中央同志对组织部同志们的活动一无所知，全部封锁，成了一个独立王国。现在部长安子文同志在经过批评之后，觉悟了，这就好了。希望毛病不要重犯。”这个批语还印发给正在北戴河参加中央工作会议的同志。

自从毛主席批评组织部闹“独立王国”后，组织部每个月给中央写一次综合报告，报告的抬头就写毛主席、中央书记处（1953 年、1954 年以前，我们报告的抬头一般写毛主席、党中央）。这么报了五六次后，每月写综合报告就很困难，这让专门负责写报告的副部长赵汉发了愁。因为没有这么多的大事要事可以上报，报告里也不能老讲具体事情。于是，部里只得向中央书记处请示，改为每两个月向中央报告一次。书记处也同意了。

毛主席批评安子文，实际上他是对中央书记处有意见。早在 1953 年底，毛主席在领导层内提出中央分一线、二线，希望自己退居二线，思考理论和大的方针、政策问题，由邓小平同志主持一线工作，以后他也几次讲过这个话。60 年代初期，在中央一线主持工作的实际上是少奇、小平同志。尽管毛主席说过分一线、二线，但他习惯了包括大小事情的全面情况都要了解，现在有些事情他不知道了，认为把他架空了。

我在组织部工作期间，安子文对我有过三次批评，我至今记忆犹新。

第一次批评是在 1954 年我刚到组织部工作不久。当时中央正在进行审干工作，部里开会汇报审查的问题。我在财贸干部处调看档案，其中贵州省供销合作社有个干部姓郇。我不认识这个郇字，想当然地按偏旁念成“旬”字。安子文当众纠正我说：李力安，你把郇字念错了！这个字念 huán，不念 xún。我一下子脸红脖子粗。不过，受到批评是件好事，发现自己的不足和缺点就是进步。以后我记住这个教训，碰到不认识的字一律查清楚，念错字的错误就很少犯了。时至今日，我的案头上还摆着字典，督促自己不断学习。

1960 年 11 月，我调任中组部调配任免处处长。这个处又称一处，其职能在中组部各处中是综合性的，负责审核下边报告的材料，提出意见，部里同意后，起草向中央的报告和下达中央的决定，并保存、管理中管干部的档案。我们每天的工作不是发文件，就是办手续，忙得不行，加班加点成了常态，大家戏称调配处是“门市部”。由于这个处不承担具体考察干部的工作，老守在家里，时间久了，我也很想参加考察干部的工作。既然外出机会有限，我提议就近考察在北京的中央直属机构中的中管干部。经请示主管副部长同意后，我带了两三个人，到中央党校、中央宣传部、中央联络部、中央农村工作部，找他们的干部处长谈话，了解考察干部情况，回来后整理了材料向部里汇报。安子文得知后狠狠批评我说：谁让你去的！你小心闯大乱子。党校、联络部，这是康生的天下！你考察他管的部门？你的手伸得太长了！这是安子文对我的第二次批评。

安子文对我的第三次批评在 1962 年。这年春节前，根据党中央决定，中央机关抽调了近百名司局长级干部，还有个别副部长下放到粮食高产地区，担任地、市的领导工作。这是中央为贯彻“八字”调整方针、改善党群关系的一项组织措施。临行前，有些同志向组织部反映，这次到地方去，主要是搞农业、农村工作，但不少人之前没有这方面的工作经验，对目前农村的状况、农业存在的问题不了解，心里没底，能否请组织部出面请一位熟悉农村工作的领导同志作个报告。

我觉得这些同志的意见有道理，经向主管的副部长请示后，决定从中央农村工作部请一位司局长给大家介绍情况。我们处的一个副科长负责联系此事，他没想到，邓子恢同志知道后决定亲自来作这个报告。联系人高兴得不得了，我也很高兴。这时候，我又出了个点子：邓老作报告，下面只有近百名下放的司局局长听讲，这样的机会让更多的人听听不是更好嘛？可以多发一点儿票！我们共印发了400多张票。这件事事先没有跟安子文报告，只和分管我们的副部长说了。

邓子恢作报告的地点在丰盛胡同中直礼堂。他对农业和农村问题真有感情，也有研究，介绍了农村的情况，讲了包产到户的意见，半天没有讲完，又讲了半天。报告会分别由中组部李楚离、陈野萍两位副部长主持。这个情况传到了毛主席那里。毛主席说：邓子恢的报告，还不是包产到户那一套？这怎么行！让刘少奇再作一次报告。安子文后来为此事批评了我：你怎么请邓老作报告！你不知道毛主席对他的观点有意见吗？我没有解释，承担了责任。1962年年终，中组部召开各省组织部部长会议。在预备会议上，安子文还说：今年我们组织部犯了个错误。李力安也没有告诉我，就请了邓子恢作报告，毛主席很不高兴。安子文说这番话前，党的八届十中全会已在9月间召开。包产到户的主张在会上被斥为“单干风”，邓子恢一再作了检讨。会后，以邓子恢为部长的中央农村工作部被撤销，包产到户停止下来。

“文化大革命”开始后，康生等人诬陷“旧中央组织部长期以来是刘、邓资产阶级司令部所把持的，是他们搞资本主义复辟的有力工具”，“推行他们一整套的反革命修正主义建党路线和干部路线”；“安子文大肆网罗党羽，培植亲信，积极纠集反革命队伍”，把黑手伸向全国各地区，伸进中央各机关，建立反革命据点，为篡党篡国做准备。安子文很快被打倒，并第五次入狱，1975 年 5 月下放到安徽淮南接受监禁。在身陷囹圄之时，他几次断然拒绝康生和专案组的要求，绝不做“承认刘少奇是叛徒”的伪证，体现了共产党人的崇高气节。十一届三中全会后，党中央推倒了强加在中央组织部和安子文身上的诬陷诽谤之词，为 1966 年前的中组部恢复名誉，为一切受过牵连的同志全部平反。安子文于 1979 年 1 月担任了中共中央党校副校长、党委副书记。

1980 年初，安子文在北京医院住院，我去看他。这是“文化大革命”结束后我第一次和他见面。我们谈起了往事。他问我在“文化大革命”期间被扣上了什么帽子。我告诉他，我有三个罪名：反对“三面红旗”、刘（少奇）邓（小平）安（子文）的黑干将、走资派错误。当谈到 1962 年毛主席对安子文和组织部的批评时，安子文问我：你知道这是怎么回事吗？他说，就在毛主席批评组织部后不久，他到毛主席处汇报工作。毛主席问：“安子文，组织部在什么地方办公呀？”安子文答：“西单北大街。”“门朝哪一边啊？”“门朝西。”“门口挂着牌子没有？”实际上当时党中央各部都不挂牌子，但主席问得急了，安子文话赶话地回答说“挂了”。“上边写的什么？”“中共中央组织部。”“哦！为什么不写中共中央书记处组织部啊？”安子文说：“主席，我知道我错在什么地方了。”

安子文跟我讲，毛主席批评组织部搞“独立王国”时，小平同志还向毛主席作过解释，说组织部所有的事情都报告了书记处，我们只是拣重要问题送你看了，一般的问题我们自己就处理了。安子文过去没有跟我们说过这个事情。他受到毛主席的严厉批评，但从来没有在我们面前流露过什么情绪。

就在这次我们见面后几个月，安子文于6月25日在北京病逝。依照他的遗言，他的骨灰撒在了晋陕之间的黄河中。

第九章
落脚黑龙江

开展山区调研

大概在1964年8月的一天，我和外交外贸干部处处长杨以希由副部长陈野萍带领，到北戴河向在那里休暑假的安子文和几位副部长汇报工作。事先我们做了准备。没想到，见面后安子文对我和杨以希说：前两天中央书记处开会，通过了你们二人做副部长的任命，接着讲了对我们的约法三章。我毫无思想准备，当天晚上紧张得没睡着觉，觉得自己能力不够，怎么能当副部长呢？思前想后，决定第二天要找安子文同志谈谈。我把自己的想法跟陈野萍说了。陈野萍说：对你们的提拔，事先经部务会议讨论，向各处处长征求了意见，他们都认可。部务会议通过了，向中央写了报告，中央书记处也批准了。你找安子文同志，不会改变。知道自己不行，就好好学习，好好工作，不要去找安子文同志了。

1964年8月，经中央批准，我被任命为中组部副部长，分管调配任免处工作。就我个人而言，能够继续在中央组织部工作，是贡献自己力量的难得的机会，要尽心尽力地把工作搞好，做好了干一辈子组织工作的准备。

但没过多久，我的工作发生了变动。8月中下旬，东北局组织部副部长李志文给我打电话，问我什么时候来报到。我很纳闷："什么报到？"他说："你不知道？那我不跟你说了。"我找到安子文同志："李志文说了这么一句话，是不是我的工作要调动了？"他说："你知道了就告诉你吧。电报就在桌子上放着呢。黑龙江省缺个省委副书记，宋任穷同志到东北局以后从来没指名要过干部，他现在提出来要你，不好拒绝。部里同意了，已经报中央，还没批回来。你先不要考虑这个事情，先把组织中央机关的‘四清’工作队的任务完成。”9月18日，我被任命为中共黑龙江省委书记处书记。

我的任命下来后，黑龙江省委决定我分管“三农”工作。临行前，中央分管农业的谭震林同志找我谈话，要求我到省里后，一定要坚持原则，注意接近和团结干部群众，保持艰苦朴素的作风，不搞特殊化。我把北京的住房全部退还单位，只留下即将高中和初中毕业的两个女儿继续在京住校读书，举家搬到了哈尔滨。

到哈尔滨不久，我便到省委农工部和农口各部去了解他们的干部和工作情况，之后，即去富锦、尚志县调查农业生产情况，和大家一起参加秋收打场。过了年后，到绥化、海伦搞春耕。大概在1965年4月，我又到方正、延寿、通河等几个山区县进行调查。这些县基本属于山区县。在调查中，我认为黑龙江林区面积很大，有37个县为山区（包括林区），山区党的建设和生产搞得如何对全省关系重大。我对山区党的建设和生产中一些亟待解决的问题提出了一些意见。我认为，一定要加强山区党的建设，树立艰苦奋斗、长远建设山区的思想；我们的党员干部不仅要想到眼前的工作，而且应该想到5年、10年以至于下一代的事情。每到一处，我和党员干部谈心，鼓励他们从实际出发，踏踏实实地干，树立艰苦创业的思想、全心全意为人民服务的思想，下决心和当地群众一起，为建设社会主义新山区贡献自己的一切。

调研回来后，我向省委提出了《加强山区党的建设工作的几个问题》。对这个报告，省委很重视。1965 年 5 月 27 日至 6 月 1 日，省委召开山区会议。会议由省长李范五作报告，我作总结。我在总结中提出了山区建设的方针：以农为主，以粮为纲，农林并举，多种经营；全面发展山区生产，繁荣山区经济；山区建设必须由近及远，由浅入深，以浅山区为基地，有计划、有步骤地开发深山区。会后，各地根据会议精神，把山区工作的重点先放在浅山区，集中力量把浅山区生产搞好，同时量力而行地积极为开发深山区做必要准备。半年后，省委在哈尔滨召开林业先进集体和先进生产者代表会议。会议表彰了 32 个林业建设红旗单位、355 个先进单位和 135 名先进生产者。会议确定全省在第三个五年计划期间，要努力完成植树造林 1000 万亩，林地更新 1000 万亩，次生林抚育 1000 万亩的任务。我在讲话中提出要贯彻“以集中造林为主，集体造林与国营造林并举”的方针，同时帮助个人进行植树造林；贯彻因地种树，速生为主，乔灌结合，多中求好的原则，做到植树造林与农业生产相结合，与农田基本建设相结合，与发展多种经营相结合。《加强山区党的建设工作的几个问题》是我到黑龙江后所作的第一个调查报告。巧的是，1985 年我离开黑龙江到中央工作前主持的最后一个大型会议，主题也是讨论山区的开发建设。这是我在黑龙江工作期间一直关心的问题。

到东宁参加“四清”

1965 年 6 月，黑龙江省委领导调整分工，我改为负责党群工作。7月，第二批农村社教工作在东宁等县展开。

1962年9月党的八届十中全会后，为了“反修防修”、防止“和平演变”，毛主席和党中央决定在全国城乡进行社会主义教育运动，开展大规模的阶级斗争教育。中央于1963年5月、9月和1965年初，相继制定了“前十条”即《关于目前农村工作中若干问题的决定（草案）》、“后十条”即《关于农村社会主义教育运动中一些具体政策的规定（草案）》，“二十三条”即《农村社会主义教育运动中目前提出的一些问题》，部署和推进社会主义教育运动。在中苏两党争论不断升级的背景下，毛主席对当时的阶级斗争形势作了不符合实际的严重估计。“以阶级斗争为纲”“整党内走资本主义道路的当权派”，都是在“四清”运动中提出来的非常“左”的方针、任务和口号。1964年五六月间，毛主席提出：全国有1/3左右的基层单位，领导权不在我们手里，是在敌人和他们的同盟者手里。少奇同志则认为，恐怕有些地方1/3还打不住。这年9月，中央转发了王光美在河北抚宁县桃园公社搞“四清”的“桃园经验”。王光美在北京作过很多场报告，介绍工作队进村后访贫问苦、扎根串联、进行敌对斗争的一整套做法和经验。

“四清”开始的时候，中组部的几位副部长带着工作组分别下到几个地方工作。陈野萍领着30多个干部到了山东。当时，中央各部的工作组到各省搞“四清”，都由我们干部调配任免处来安排。尽管我到黑龙江的调令在9月就来了，但因组织部人手少，安子文让我把这项工作安排好后再离开。所以，我到了10月份才到黑龙江。

根据中央精神和东北局的部署，黑龙江在 1963 年 5 月开始农村社会主义教育运动的试点工作。“后十条”下达后，省委先后组织了 10 余万人的工作队，分批铺开“四清”运动。绥化地区的庆安县、哈尔滨地区的阿城县、合江地区的集贤县、牡丹江地区的宁安县、黑河地区的瑷珲县是第一批“四清”的试点县，分别由省委书记处书记杨易辰、于杰和组织部部长李瑞带队，从 1964 年 10 月一直搞到 1965 年 7 月中旬。

第一批“四清”结束后，按照省委的分工，我从 1965 年 8 月起，到牡丹江地区的东宁、鸡东等县指导第二期“四清”。鸡东县我只去了一次，主要精力放在了东宁。东宁地处黑龙江的最东南，约有 11 万人口。自从省委将这个县定为社教试点后，各部门工作队来了不少。除牡丹江地区副专员安玉书、军分区张司令员是工作团负责人驻东宁县领导外，另有省委组织部的一个副处长带了一个工作队、哈尔滨师范学院的院长和书记带着一批学生也到这里搞社教，松花江地区、牡丹江地区的三个县委书记以及二十三军的副政委都各自带着工作队到这里下到一些生产队进行社教。我不担任工作团、队的任何职务，只参加会议，发表意见，起指导作用。我蹲在省组工作队，在东宁县城关公社大城子大队工作，直到 1966 年 6 月才回来。

当时全国的“四清”运动中流行了不少“左”的做法。有些做法和 1947 年全国土地会议后的一些“左”的方法近似。不少工作队下去后，先取代县委、区委，然后召开三级干部会议，让县委领导干部在会上检讨，通不过的就靠边站；鼓动贫下中农搞串联、夺权，把基层干部简单地分为好的、比较好的、坏的、非常坏的四类。因为有1948年土改纠“左”的经历，我对这些做法有看法。在我看来，多数干部是好的或是比较好的。“四清”运动一定要在县委领导下进行，要按党的原则办事，不能由工作队包办代替一切。就是公社、大队也一样，不能随意让公社、大队领导靠边站。三级干部会议是县委领导下召开的工作会议，不是权力机构，检查县委工作可以，但不能罢免县委领导，罢免或改组县委要通过党的代表大会。因此，我们坚持在东宁县委领导下搞“四清”，没有出现在三级干部会上罢免县委领导的情况，保护了一批干部。现在回想起来，当时这么做还是坚持了党内整风的原则的。

我到东宁县蹲点时，该县原县委书记慕振英一年多前已调到绥化地区任副专员。东宁县的工作在牡丹江是比较好的，干部积极参加劳动，生产也搞得不错，省里还为此通报表扬。我记得有个叫加信子的村子，一个劳动力一天居然可以挣到3块钱，这在全国是很突出的。我老家一个劳动力一天才挣5角钱。相比之下，差得太远了。“四清”搞起来后，慕振英就成了走资本主义道路、人民币挂帅的典型，县里一些人非要把他揪回东宁批斗不可。我们拦不住，只得同意让他回来作检讨。我找慕振英谈话，对他讲：你要实事求是，有什么错误就检讨什么错误，如果没有，不管谁怎么提意见，你也要坚持住。为了防止群众任意揪斗他，我把他安排在县委机关住，自己特意住在他的隔壁。春节期间，大家都回家过年了，慕振英向我请假，想回家看看老婆孩子。我同意了，但叮嘱他一定要按期回来，否则又要被多加一条罪。以后县里开了干部大会，慕振英作了两次检讨。但有些同志仍坚持要处分他，说他有这样那样的错误，不定四类干部也得定三类干部。我了解到群众对慕振英的意见主要是他妻子的作风上的问题，我为此做了不少工作，说服了县里和工作团的同志。我对那些工作队长们说：你们那里和东宁比怎么样？如果给慕振英定成三类干部，你们回去看自己能定几类？最后大家都同意不给慕振英处分了。不过有些人始终对我的态度不满意，认为我包庇慕振英。“文化大革命”期间，绥化的造反派到省里造反，问我在牡丹江时为什么不给慕振英处分，他到底应该定几类干部。我说如果我是走资派，被打倒，慕振英也跑不了；我不是走资派，他也不是走资派。造反派们也没有办法。这件事情今天看来我是坚持对了。

在“四清”运动中，我同意东宁县定了两个四类干部。一个是老黑山公社书记。这个公社自己印钞票，内部流通，这是违法的，书记被定为四类干部，开除了党籍。另一个是大肚川公社书记，他在大肚川公社开了小煤窑，有了收入，干部吃喝、请客送礼，成了“走资本主义道路”的典型，也被定为四类干部，开除党籍。1979 年我又去东宁时，提出大肚川公社开办煤窑是发展生产，没有大错误，公社书记是作风问题，可以批评处分，但不应定为走资派、开除党籍。当地负责人告诉我，已经恢复了他的党籍。这件事情我负有责任。

总的说来，东宁县的“四清”运动进行得比较平稳。

到东宁搞“四清”，给我留下了很深的印象。回到久违的乡村，和百姓们同吃同住同劳动，我心里有深深的亲切感。看到我像他们一样挎筐拣粪，社员们也和我拉近了距离。在半年多的时间里，我和他们接触、谈心，了解到不少农村的实际情况。2001 年我重返大城子大队。时间过得真快，一转眼就是 36 年，我已是 81 岁的老人了。我和乡亲们围坐在一起，畅谈往事，我还能叫出他们一些人的名字。看到他们的生产、生活远胜于当年，我由衷地为他们感到高兴。

老书记欧阳钦

1964 年 10 月我调到黑龙江时，省委班子是团结的。欧阳钦任东北局第二书记兼黑龙江省委第一书记，李范五任省委第二书记兼省长（原来的省长韩光刚调走），书记处书记有王一伦（常务）、杨易辰（兼副省长）、李剑白、任仲夷（兼哈尔滨市委书记）、张林池（兼东北农垦局书记）。1965 年秋，中央提出要培养无产阶级革命事业接班人、要积极培养和提拔年轻干部，黑龙江按此精神一次提拔了 8 名省委常委以上干部，如谭云鹤、李瑞、陈俊生、王操黎、王钊、邹问轩等人，都比较年轻，省委班子得到很大充实。

欧阳钦是湖南省宁乡县邓家冲人，1924 年 2 月在法国留学时参加中国共产主义青年团，5 月转为中国共产党党员。1948 年 11 月东北全境解放后，欧阳钦曾任大连市委书记、东北局委员等职。1954 年 6 月，中央对一些行政区划进行了较大调整，决定松江省与黑龙江省合并为黑龙江省；哈尔滨市由中央直辖改为黑龙江省辖市；原黑龙江省所辖白城、开通等7县划归吉林省。中央在1954年7月27日任命欧阳钦为黑龙江省委书记。1960年9月东北局重建，欧阳钦任东北局第二书记兼黑龙江省委第一书记，东北局第一、第三书记分别是宋任穷和马明方。欧阳钦是中共八届中央委员。他在黑龙江省委书记的岗位上整整干了12年，直到1965年10月才卸任，由潘复生继任省委第一书记。

在我看来，欧阳钦这个同志优缺点都很明显。他在政治、思想方面的领导能力很强，对中央的方针政策的贯彻和执行是非常坚决的，威信也比较高。我到黑龙江的时候，他已经64岁了，他是1900年8月生人，身体不太好。欧阳钦有较高的理论素养，平时注意学习，特别是注意研究中央文件精神，抓政治思想工作很有一手。

我举一个例子。1956年我们国家开始大规模的经济建设时，确定了优先发展重工业的战略，安排国民经济的次序是重、轻、农、商、交。1958年“大跃进”开始后，由于片面强调“以钢为纲”，重工业畸形发展，农业、轻工业受到严重挤压。在1959年庐山会议召开前夕，毛主席对“大跃进”以来的经验教训作了总结，强调要把农业搞好，提出安排国民经济的次序要改为农、轻、重、交、商。欧阳钦对此进行了研究，并根据黑龙江的实际情况，提出了“思、农、工、商及其他”的口号，把思想政治工作摆在第一位。这个新鲜的提法我还是第一次听到。

欧阳钦很注重运用党报指导全省工作。省委召开常委会，《黑龙江日报》的主编赵扬是固定的列席成员，这样省委的精神就能够及时地在报刊上得到传达和反映。省报的一些重要社论，也常提到常委会上进行讨论。有时候，欧阳钦还自己动手写社论。

我记得 1965 年春，《黑龙江日报》准备发表一篇社论，大意是提倡过一个艰苦朴素的春节，不要大吃大喝，铺张浪费。按理说，这个调子也没错。但省委在讨论这篇社论时，欧阳钦提出了批评。黑龙江是出粮食的地方，但养猪不多，每年总要向中央申请调拨些猪肉，平时想要 2 万斤，中央能批 1 万斤就不错了。四川、江苏等省养猪多。每逢春节，天气渐暖，南方冷库不足，猪肉就放不住了。黑龙江是天然的冷库，到清明时节，街上的冻冰都没有融化。1965 年春，有些省卖不完的猪肉都调给了黑龙江，黑龙江的猪肉一下子就卖不出去了。在讨论社论时，欧阳钦说，经历了三年困难，提倡艰苦朴素没有错，但 1965 年形势好转了，应该改善人民的生活。要不然，这么多猪肉卖不出去，天气转暖就冻不住了。于是，省报那篇社论的中心就改为提倡吃爱国肉。从这件事可以看出，欧阳钦很注意根据形势指导工作、撰写社论。用现在的话来说，他擅长运用传媒手段指导全省工作，教育和号召人民。以后我当了黑龙江省委书记，在主持全局工作上远没有他这样的思想政治水平和工作能力。

当然，欧阳钦也有缺点，那就是民主作风不够。他批评起人来很厉害，好多同志都怕他。1965 年春，中央搞精兵简政，黑龙江许多县的剧团解散了。欧阳钦一向重视剧团的工作，他还把江西的赣剧引进黑龙江，想在这个基础上开创一个黑龙江戏。这些剧团取消后，他对分管宣传、意识形态的书记处书记大发脾气。他在省委常委会上说：你知道不知道？把剧团 90% 都砍掉了！主管宣传的书记处书记说：事先我不太知道。欧阳钦就急了，大声说：不知道？人家把刀都架到你脖子上了，你还不知道！在此前后，黑龙江省里不少为农民无偿服务的配种站等也被砍掉了。欧阳钦知道后，在常委会上把分管农业的副省长和财政厅长狠狠批了一通。

欧阳钦对我这个新来的比较年轻的同志，倒是很客气，一次也没有这么严厉地批评过我。1966 年春，东北局开会讨论“四清”工作，会议由东北局第一书记宋任穷主持。当时宋任穷在水源公社搞了一个试点，要在会上总结推广经验。我参加了这个会议。会后，我找到宋任穷，想向他反映黑龙江省委的一些情况。他要我找东北局常务书记强晓初谈。强晓初在 1954 年调到黑龙江，先后任省委常委、书记处书记，1963 年 1 月从黑龙江调到东北局任候补书记。强晓初曾在欧阳钦领导下工作了好几年，对他很佩服。我跟强晓初说：我来黑龙江一年多的时间，欧阳钦同志其他方面都很好，就是批评人太厉害，我觉得这是民主作风问题。我不知道强晓初是否把这些情况跟欧阳钦谈过，但欧阳钦并没有给我穿小鞋。正因为这样，以后我什么话都敢跟他讲，有意见就跟他当面提。我这个人一向老实、胆小，斗争精神不够，连我都敢上东北局去反映省委第一书记的问题，这就说明那个时候黑龙江省委、东北局的民主风气是很好的。现在回想起来，觉得欧阳钦是一个政治水平很高、思想品质很好的同志。

“文化大革命”开始后，欧阳钦遭到批判，周总理把他保护了起来。1971 年他被定为“犯了走资派错误”，向他传达后，他说：我不承认，保留意见；但是，中央决定了，我服从。粉碎“四人帮”后，欧阳钦曾跟黑龙江的同志作过一番谈话。他说：我是东北局第二书记，在黑龙江当了十几年的省委第一书记。我要顶不住，承认了，你们怎么办？你们精神的压力就更大了。欧阳钦是个原则性很强的人，我很佩服他。欧阳钦在 1978 年 3 月任第五届全国政协副主席，同年 5 月 15 日在北京病逝，享年 78 岁。

第十章
我的十年“文革”经历

帮助哈尔滨市委搞“文革”

1965年10月，中央调欧阳钦到东北局工作，任命潘复生为黑龙江省委第一书记。

潘复生也是位老同志，1908年生，山东文登人，1931年10月加入中国共产主义青年团，12月转为中国共产党党员。他是中共第八届中央候补委员、中央委员（扩大的八届十二中全会增补）和中共第九届中央委员。他刚到黑龙江时，生活朴素，工作作风民主，表现非常好。上任伊始，潘复生到五六个县去视察，发表了不少讲话。回来后，随行的同志把他的讲话作了整理，建议下发全省。潘复生说：那不行。这只是我个人的意见。把它整理以后，拿到省委常委会上讨论，大家都同意后再以省委的名义下发。这件事让我感觉他的工作作风挺民主。

有次省委常委开会，讨论花园村一栋停工几年的半截楼是否续建竣工的问题，潘复生的表现也不错。1958年，全国大兴土木建设，黑龙江也跟风，搞了一个北方大厦，原本是想中央来哈尔滨开中央全会给中央委员住的；还建了一个花园村，内有七座小楼，以备毛泽东、刘少奇、周恩来等七位常委视察黑龙江时入住。工程快封顶时，因资金缺乏，只得叫停。花园村有一栋大会议室成了烂尾楼。1966年经济情况好转后，省委想把它完工，利用起来。常委会讨论这个问题时，潘复生表示要到花园村看看。省委秘书长赶快要车。潘复生问：离这多远？当得知只有一里多远的路程时说：一里路还用坐车？走着去！潘复生身着布衣、布鞋，带领十几个常委步行到了花园村。当时我也在场，心想，这个省委书记真不错。过去，黑龙江的省委书记们习惯在家里办公，潘复生到任后，改在机关办公。这一点，大家反映也很好。但这些只是一时的表象，实际上潘复生并不是这个样子。

潘复生任黑龙江省委书记后不久，1966 年 5 月，中央政治局扩大会议在北京召开，通过了《中国共产党中央委员会通知》（后来被简称为“五一六通知”）。“五一六通知”要求全党高举无产阶级文化大革命的大旗，彻底揭露那批“反党反社会主义”的所谓“学术权威”的资产阶级反动立场，彻底批判学术界、教育界、新闻界、文艺界和出版界即所谓“小五界”的资产阶级反动思想，夺取在这些文化领域中的领导权。

当时，我正在密山县参加“四清”，结合进行春耕生产。5 月末，我回到哈尔滨，听到了中央精神的传达。

“五一六通知”下达后不久，6 月，哈尔滨市的街头上贴出对省和哈尔滨市党政领导人的大字报，省城大专院校学生开始上街游行。7 月，省委决定由我和省委常委兼副省长陈剑飞率领一个五六个人的工作组，指导、帮助哈尔滨市委搞“文化大革命”。当时，哈尔滨市里一些人要把省委书记处书记兼哈尔滨市委第一书记任仲夷和市长吕其恩当作“走资派”打倒，已不让任仲夷和吕其恩参加市委常委会了。

任仲夷是河北威县人，1914 年生，1936 年 2 月加入中国共产主义青年团，同年 6 月转为中共党员。他是北平中国大学的肄业生，参加过“一二·九”运动。任仲夷的思想一直比较活跃，有点子，敢提意见。他是分管工业的省委书记处书记，但工作主要在哈尔滨市。

那个时候，潘复生和省委的意见还是一致的。省委给我们的任务是：任仲夷和吕其恩这两个同志总的是好的，要保住他们，帮助他们检查缺点错误，力求过关。实在过不了关，准备让我接替任仲夷，陈剑飞接替吕其恩。

我们下去后，决定让任仲夷和吕其恩照常参加市委常委会议。我们说：任仲夷是省委书记处书记，他都参加省委常委会，却不让他参加市委常委会，你们报告中央了吗？任仲夷必须参加市委常委会议，如果会议涉及谈他们的问题，必要时让他们回避一下。这样，他们才参加了几次市委常委会。有一天晚上，任仲夷到我家里，跟我商量该怎么办。他说：如果市委的同志对我有意见，应该公开讲，不要只在背后讲。市委能不能开一次会，面对面地对我提意见，进行批评？我和市委第二书记王观潮等人商量后，开了一次市委常委会议。我在会上说：对任仲夷、吕其恩同志要积极、热情、严肃地开展批评，帮助他们改正缺点错误。但有的人不同意我的看法，认为我说的“积极、热情”不妥当，任仲夷与他们的矛盾是敌我矛盾。过了一段时间，一张大字报写着“肃清任仲夷等人的反革命影响”，我看到后不同意这个提法。我说：谁说他们是反革命了？提批判任仲夷的错误可以，但不能写“反革命影响”。后来造反派在市委给我贴大字报，说我压制群众，包庇任仲夷、吕其恩。我们在那工作了十几天，也没能保住任仲夷、吕其恩。大概 2003 年，任仲夷来北京时到我家里，我们还一起谈到那段往事。

动乱蔓延到黑龙江全省

为了控制日趋混乱的局面，1966 年 7 月 18 日，省委召开了 1 万多人参加的哈尔滨市大中学校无产阶级“文化大革命”积极分子会议。主会场设在北方大厦，许多学校还设有分会场。

此前，一些大中学校已出现造反派学生斗争校、系领导干部，搜查和查封校、系党委及总支办公室，查“黑材料”等过激行为。潘复生到各校开小会时也讲过学生中有“变色龙”“小爬虫”，有动机不纯的人在那里反党，试图要对运动进行约束和引导。他到北京开会，得知北京市委第一书记李雪峰有一个报告稿，主要内容是讲在党委领导下进行“文化大革命”。潘复生认为黑龙江也应该有这么一个报告，就以李雪峰的稿子为基础，写了一个稿子，由省委常委会议一字一句地修改，写成《高举毛泽东思想伟大旗帜，在党的正确领导下，彻底搞好文化大革命》一文。

报告稿说，要在党委领导下进行文化革命，要把运动引导到正确轨道上来；要讲究斗争方法，要摆事实、讲道理，严禁打人、骂人，不要采取戴高帽、游行以及其他形式的变相体罚。报告还说：值得警惕的是有些别有用心的人，利用一些群众的糊涂认识，利用党在工作中的个别错误，反对党的领导，有人假借反对党内资产阶级代理人的口号，实际在那里煽动反对共产党。谁来作这个报告呢？由于我是省委书记处中最年轻的，也是新来的书记，潘复生就让我在 7 月 18 日的大会上代表省委作报告。我到黑龙江才两年，到外地搞“四清”8个月，连哈尔滨的街道走向还没弄清，省里除了农业口的干部外，许多人我还不熟悉，我心想不会有人保护我，也不会有人打倒我，没想到这个报告引火烧身了。

1966年8月1日至12日，毛主席在北京主持召开八届十一中全会。会议通过了中央文革小组起草、经毛泽东审定的《关于无产阶级文化大革命的决定》（即“十六条”），还印发了毛主席8月5日写的《炮打司令部——我的一张大字报》。会后，在毛主席的支持下，全国的红卫兵组织迅速发展，红卫兵运动席卷全国。8月中旬以后，黑龙江省的局势和全国一样，越来越乱。潘复生的态度也急转直下。

8月16日，哈尔滨军事工程学院学生在省委办公大楼前面公然贴出《省委不革命就罢他娘的官》的大字报。8月18日，潘复生没有和省委打招呼，就擅自到北方大厦发表讲话，公开宣布支持红卫兵小将们炮打省委这个司令部的造反行动，还戴上红卫兵袖标参加了游行。这样，潘复生以最早支持红卫兵造反的省委第一书记而闻名全国，而省委其他人则被抛到了一边。在12名省委书记处书记中，除了潘复生外，其余的陆续被宣布为“走资本主义道路的当权派”遭到揪斗。

8月24日，哈尔滨市的一些大中学校、机关、工厂、企业单位召开30万人的“哈尔滨市各界文化大革命点火大会”。会上称7月18日大会犯了方向路线错误。我因代表省委在7月18日大会上发表过讲话，就成了主要批斗对象之一。造反派们说我是“消防队”，是扑灭“造反有理”这把火的。潘复生对我和王一伦说：你们现在不要多出头露面，不要出去，休息几天，不要把身体搞垮了。我们在和平村休息了没两天，他又批评我们说：你们怕群众，就不出去。类似这样出尔反尔的事情还有很多。没办法，我和李范五到了哈尔滨师范学院。当时学生们正批判学院党委书记杜若牧，要罢他的官。在台上的李范五和我被逼表态。我们俩商量一下，只能表示可免去他的职务，但要先与杜若牧打个招呼，让他心里有个底。但杜若牧没有扛过去，当天晚上自杀了。我没有保护好自己的同志，之后感到非常愧悔，现在想起来仍很难过。等到我自己后来被罢官时，更能体会到杜若牧当时的痛苦心情。

到 8 月下旬，省委常委会已经很难正常召开。会议经常受到造反派的冲击，有的书记在会上被揪走，常委会决定的事项，造反组织可以随意否定，省委及机关工作陷于瘫痪状态。大约在 8 月 25 日，造反派在哈尔滨八区广场开了斗争省委领导干部的 10 万人大会，把李范五、王一伦、任仲夷和我都揪到台上去，后来还把李范五、王一伦非法关押了起来。当时东北局第三书记马明方正在哈尔滨，得知这个情况后，非常生气。他找我谈话说：潘复生是东北局书记处书记、黑龙江省委第一书记，为什么一言不发？造反派有什么权力把省委书记关起来？马明方让我转告潘复生，要把李范五和王一伦放出来。我把马明方的意见向潘复生转达了。潘复生说，小将们都很激动，我正在做工作，但得有时间。实际上，他并没有去做任何工作。

八九月间，红卫兵组织和省委、省政府机关的造反派组织相继召开大会，揪斗省委、省政府的领导干部，“戴高帽”“挂牌子”“大弯腰”“游街示众”，要求罢他们的官。由此，掀起了省内各级领导干部被揪斗、体罚和抄家的浪潮。针对学生造反派在9月4日批斗省委、省政府领导时的打人行为，9月7日，哈尔滨第一工具厂和第二工具厂2000多名工人到省委门前，向省委提出5条意见：省委对运动要敢于领导，对运动中出现的一些问题要态度明朗；运动中揭发出来的坏人，要由本单位管理；对哈尔滨军事工程学院红色造反团搞“武斗”的做法要制止；对被造反团控制的省委领导人，要保证安全；不准造反团干涉其他单位的“文化大革命”，同时要求省委第一书记潘复生出面接见工人代表予以答复。这里真反映出以产业工人为主体的工人阶级的立场态度。这个时候，潘复生借口眼睛疼，躲避不见。我去请示潘复生，他要我们顶住，让我和杨易辰去接见工人代表。我们经过好几个小时的说服和劝阻工作，才避免了工人和学生的冲突，没有出现什么大问题。此事后来被称作“九七事件”。

10月下旬到11月上旬，潘复生和杨易辰到北京开会，李范五、王一伦已被打倒，省委的日常工作暂由我负责。由于造反派的干扰，局面混乱，省委工作十分困难。“造反团”和“八八团”两派造反派都说对方整了自己的黑材料，分别找省委要求表态。11月1日，我要求两派各自都要销毁调查对方的材料，结果，被两派指责为“挑动群众斗群众”。这就是所谓的“十一·一事件”。很快，杨易辰和我因“九七事件”和“十一·一事件”，被扣上不支持学生革命运动的罪名遭到批判。

这个时候，有的同志向我建议说，省委只有潘复生能站住，你应该支持潘复生，你不支持他，你就危险了。但我不能支持他的立场和态度。说老实话，因为60年代初甄别平反他的问题，潘复生刚到黑龙江时对我是比较器重和信任的，还曾有要让我担任常务书记的想法。我明确说自己在省委书记处排名最后，年纪最轻，干不了。“文化大革命”开始后，潘复生看我不跟从他，觉得我不可“挽救”，就把我抛出去了。

11月20日，根据中央领导关于“三个正确对待”（正确对待运动、正确对待群众、正确对待自己）的要求，我在省、地、县三级干部会议上违心作了《我的初步检查》。12月中旬，省委机关召开“批判省委资产阶级反动路线大会”，我又被迫在会上作了检查。但无论如何检查，造反派总不满意，难以过关。接着，就是给我挂牌子，在哈尔滨市14所大学轮番批斗，这家斗完交下一家，身体就这样被斗垮了，家也被抄了。

1967年1月，由张春桥、姚文元、王洪文操纵的造反派“夺取”了上海市的党政大权。在上海“一月夺权”的带动下，黑龙江省造反派也纷纷在许多单位“夺权”。1月16日，在潘复生的支持下，23个单位的造反团成立“联合总部”，发表《红色造反者联合接管省、市党政财文大权的公告》。1月31日，“黑龙江省红色造反大联合大夺权誓师大会”召开，宣布成立“黑龙江省红色革命造反者革命委员会”，同时发布《第一号通告》称：中共黑龙江省委、黑龙江省人民委员会的党、政、财、文等一切领导权自即日起归该委员会，停止黑龙江省委、省人委的一切领导权。这个“造反委员会”还请潘复生和省军区司令员汪家道担任顾问。1月31日当天，潘复生召开省委常委会，对我们说：“小将们成立了革命委员会，夺权了，省委和省政府从今天晚上起停止活动，再活动就非法了。我跟小将们讲，我看还有一些同志是不是也当顾问，但他们不答应。我和汪司令员是顾问，我们先掌握着，过一段时间再说。”这样，省委、省人委的其他领导同志彻底靠边站了。2月2日，《人民日报》发表题为《东北的新曙光》的社论，肯定了黑龙江省造反派的这次夺权行动和建立起来的革命委员会。

过了一段时间，中央认为学生造反派难以掌管全省的工作，决定让潘复生任革委会主任，汪家道任第一副主任。3月23日，中央批准黑龙江红色造反者革命委员会改称黑龙江省革命委员会，潘复生任革委会主任，汪家道任副主任。我在这年4月被中组部的造反派揪回北京批斗。后来在粉碎“四人帮”后主持黑龙江省的“揭批查”工作时了解到，1967年10月27日，中央发出通知，提出“在已成立革命委员会的单位恢复党的组织生活”。黑龙江省革委会于1968年2月电请中央成立中共黑龙江省核心小组。1970年5月，中央批准潘复生任省革委会核心小组组长，汪家道、刘光涛任副组长。这个时候的潘复生，早已和刚到黑龙江的时候判若两人。他自负地说：报纸怎么不写社论？我的每次讲话你们稍微改一下，都是一篇好的社论！当时的黑龙江报纸仿照《人民日报》的文风，有“潘政委和他的亲密战友汪家道司令员神采奕奕地向我们走来”之语。潘政委即潘复生，他任黑龙江省委第一书记后，即任黑龙江省军区政治委员，1967 年 5 月至 1971 年 9 月他又任沈阳军区副政治委员。

省革委会建立后，潘复生支持一派压一派，使派仗越打越烈。从 1966 年到 1970 年的 5 年时间里，潘复生整了很多人，把大批老干部整下去了，所有的省委书记处书记全打倒了。他到黑河地区走了一圈，就罢了 5 个县委书记，以“里通苏修”的罪名对他们进行“批斗”。他还提出，生产队的老三位（支部书记、大队长、会计），留一位，打倒两个。据《中国共产党组织史资料》记载，在 1968 年开展的“反右倾”“反复旧”“反复辟”和清理阶级队伍的斗争中，潘复生认为黑龙江省“特务绊脚”“坏人如毛”，要求“挖地三尺”，彻底清除“坏人”。全省揭出 1200 多起所谓“反革命阶级报复案”，定了 2.9 万多名所谓“漏网走资派”，被揪斗、被撤换、被批判的干部达 5 万多人。全省设立了 1000 多个“叛徒”“特务”专案组，将欧阳钦、李范五、陈雷和省委常委 12 人打成“叛国集团”主要成员，省、市的 168 名各级领导干部受牵连，全省造成冤假错案 8 万多起，许多人非正常死亡。

到后来，潘复生和汪家道之间也产生了矛盾。汪家道是个老红军，看到别的省份革委会主任大多是军代表，而在黑龙江，潘复生是革委会主任，自己却成了二把手，心有不甘，逐渐不买潘复生的账。1969 年九大以后，潘复生未报经中央批准，对汪家道和沈阳军区支左的一批军队干部进行批判。陈锡联、毛远新为此对潘复生不满意，认为他打倒老干部一大批、打到军代表一大批、打倒造反派一大批。1971 年 6 月，沈阳军区决定对潘复生进行免职审查，认为他被捕坐过监狱，给他定为“叛徒”“走资派”，党内外职务一抹到底，下放到沈阳农村劳动改造。汪家道随后当上了省委第一书记。

粉碎“四人帮”后，党中央在 1977 年 12 月改组黑龙江省委，杨易辰担任省委第一书记。潘复生从辽宁回到了黑龙江，省委一方面实事求是地撤销了后来扣在他头上的“叛徒”帽子，另一方面也严正指出他在“文革”中的严重错误。70 年代末 80 年代初，中央几次就“两案”审判召开会议。黑龙江省委鉴于潘复生在“文化大革命”期间犯有严重错误，曾提出要开除他的党籍，但中央没有批准。1980 年 4 月，潘复生病逝于哈尔滨。

在“五七”干校的日子

当我正在哈尔滨接受各大专院校批斗的时候，1967 年 4 月 26 日，中央组织部的造反派来到哈尔滨，传达康生的指示，说要把我这个安子文的黑干将揪回北京审查。我回家带了几件衣服和一本《毛泽东选集》，跟造反派回到了北京。这一走，就是 5 年。

“文化大革命”开始后，中央组织部在 1966 年 8 月 15 日成立了“‘文化大革命’临时筹委会”，主任为曾涤。8 月 19 日晚，在筹委会主持召开的有曹轶欧等参加的中组部全体工作人员揭批大会上，部长安子文和副部长李楚离、赵汉、陈野苹、乔明甫、杨以希被点名批判，部长和所有副部长以及多数处级干部被停职审查。10 月 13 日，中央派某军政委聂济峰担任中组部“文革”筹委会顾问。但到 1967 年 1 月，这个“文革”筹委会很快被中组部几个群众组织夺了权，曾涤、聂济峰被停职反省。康生在 5 月 6 日宣布，经中央批准，由解放军组成业务组，朱光为负责人。朱光在 8 月 10 日回海军后，康生又在 10 月 25 日宣布由郭玉峰为中组部业务组主要负责人。因我在中组部担任过两个多月的副部长，虽然人在黑龙江，也在劫难逃，被押回北京审查。

刚到北京的时候，我住在中组部干部宿舍的一间房里，有人监视，还处于半自由状态，造反团一有事就找上门来纠缠。当时上访的人很多，组织部调配处有些说不清楚的问题，也让我去答复。记得安徽派人来调查钱俊瑞的问题，找了我不下一二十次。到了 7 月，中南海礼堂批斗刘少奇，各地设有分会场，李楚离、陈野苹、乔明甫、杨以希和我都被揪到中组部分会场陪斗，大弯腰、“喷气式”。搞了两个半天，陪斗结束后我就趴在台阶上起不来了。入秋后，我们这些人被关了起来，开始接受审查。到 1968 年二三月间，张启龙也被从南京抓了进来。有几次，我还碰到帅孟奇大姐，她在 1967 年 1 月也被戴上“反革命修正主义分子”的帽子。帅大姐很坚强，对我很关心，叮嘱我要注意身体，说总有一天要解放的。这些话给了我许多温暖，使我更加坚定。

在隔离室，我们这些“走资派”失去了人身自由，“早请示”，“晚汇报”。每天打水、吃饭都要排队，剃须刀、针线包都要交出，上厕所要报告，而且不许两人同去，人与人不能交头接耳，住的房子日夜都不许关门，晚上睡觉都要按规定头朝门。造反派在审查中不断追问我在中组部工作时看江青档案的事情是谁布置的，看过后向谁汇报过。当时在整理干部档案，有位同志拿到江青的档案，感到很新奇，就在办公室里吵吵，我听见就说放在我办公桌上吧。我都不记得是否看过，可能只是随手翻了一下，就让归档了。“文革”中这件事被揭发出来。本来这是正常业务范围内的事情，这时候就成了整江青的罪行。造反派说我“招降纳叛”，给我安上了刘少奇、邓小平、安子文“反革命修正主义黑干将”的罪名。一次，造反派就1962年由中组部推荐中央监察委员会人选一事，死活要我揭发安子文。1962年9月八届十中全会召开前，中央书记处开会讨论加强党的监察机关的问题，决定推荐一些德高望重的老同志参加中央监察委员会的工作。中央书记处提出，老同志年龄大一点儿也没关系，能坚持半天工作就可以。会后，安子文根据中央书记处的意见，让我们提出推荐名单。我们查阅档案，提出了王世英、杨之华、李培之、周仲英等人的名字。随后，八届十中全会作出加强中央和地方各级监察委员会的决定，扩大各级监察委员会委员名额。王世英等同志被选为中监委的委员或候补委员。造反派揪住这件事不放，一开始我实话实说，但他们一直追问十几次，说我未老实交代。最后我说了反话。我说：安子文跟我讲，找一些叛徒、特务，安排到监察委员会，把共产党给破坏了！造反派问：安子文能这样交代吗？我说：你们不就是想让我这么说吗？他们弄得很没趣，此后不再追问了。“文化大革命”期间，我没说过任何假话，就是这一次说了反话。

到 1969 年 2 月底，造反派宣布有 4 个人可以解除隔离，我是其中之一。当时家里人说：这回可解放了。造反派纠正道：不是解放，叫解除隔离。那个时候，我全身浮肿，虚弱得厉害，眼睛肿得只剩下一条缝。小女儿下乡前来看我，见了面都不认识我了。我到了北大医院，先看西医，没看好。后来到护国寺的中医院看，2 角钱一服的中药吃了 20 服，加上我女儿每天给我送一开水瓶豆浆喝，浮肿就消退了。

解除隔离 20 天后，1969 年 3 月，我被下放到在吉林白城子地区中组部“五七”干校。

“五七”干校是“文化大革命”中出现的一个“新生事物”。当时为了贯彻毛泽东提出的各行各业都要办成亦工亦农、亦文亦武的革命化大学校的“五七指示”和接受贫下中农再教育的指示，各地建了不少所谓的“干部学校”，将党政机关干部、知识分子集中下放参加农业劳动，进行学习和思想改造。“五七”干校的发源地就在黑龙江。1968 年 4 月，黑龙江革委会在庆安县的省委原机关农场创办柳河“五七”干校，在通河县的原省政府机关农场创办清河“五七”干校，作为没有结合到革委会的干部下放劳动的场所。毛主席高度评价了这一做法。10 月 5 日，《人民日报》发表《柳河“五·七”干校为机关革命化提供了新的经验》一文，在编者按中公布了毛泽东的一段话：“广大干部下放劳动，这是对干部的一种重新学习的机会，除老弱病残者外都应这样做。在职干部也应分批下放劳动。”此后，各省、各部门纷纷以柳河“五七”干校为样板，普遍在农村地区开办“五七”干校。在 1969 年党的九大之后，全国各地干部下放干校劳动达到高潮。

中央组织部的“五七”干校设在吉林白城子地区的通榆县。这个地点是由郭玉峰选定的。郭玉峰曾是沈阳军区第六十四军的副政治委员，1967 年 10 月成为中组部业务组主要负责人，1975 年以后是中组部核心小组组长。他对东北情况比较熟悉，派人和白城子方面联系，选中了通榆县的一个部队养马场。1969 年 2 月 21 日，中央批准中组部业务组《关于中组部中监委机关工作人员下放劳动的报告》，中组部除留机关工作的 55 人（其中干部 35 人）外，其余全部下放劳动。这样，中组部、中监委的 400 多名干部被编成 4 个连，集中到白城子进行劳动改造。我被编入第三连。刚去的时候，没有住宿的房子，只能住在马圈里。以后，我们砌了十几个石头窑洞，环境才稍有改善。通榆县地广人稀，自然条件比较差。当地老百姓开玩笑说：咱们这个地方，一年只刮两次风，第一次从 1 月 1 号刮到 6 月 30 号，第二次从 7 月 1 号刮到 12 月 31 号。到通榆不久，我们真正领会到了这里风沙的厉害。4 月份播种苞米的时节，头一天播上的种子，第二天就被风刮得老远。风力猛烈的时候，连人都站不稳。

我们在白城子“五七”干校待了 9 个月。这段时间，中苏关系很紧张。1969 年 3 月，苏联军队入侵乌苏里江主航道中国一侧的珍宝岛，造成严重流血事件。6 月和 8 月，新疆裕民县的塔斯提地区和铁列克提地区因苏军入侵发生中苏武装冲突。苏联在中国北方边界外陈兵百万。在苏联的军事威胁下，全国掀起战备高潮。10 月 17 日，林彪发出“紧急指示”，要求全军立即进入紧急战备状态。翌日，这个“紧急指示”以“林副主席第一个号令”的形式传达到全军。由于东北有很长的边境与苏联接壤，干校里又集中了不少“走资派”，上面担心这些“走资派”与苏修里应外合，决定将东北的“五七”干校全部撤到关内。1969 年 12 月底，我随中组部的“五七”干校辗转到河南长葛县，继续接受审查和劳动改造。

经过两年零两个月的审查，造反派给我定了三条罪状。

第一条罪状是反对社会主义建设总路线、“大跃进”、人民公社这“三面红旗”。前面讲过，1960 年底 1961 年初，我带了一个工作组到河南南阳进行调查，如实反映了当地的严重困难和饿死人的问题。报告中因有“家家戴孝、户户哭声”的话，这就成了给“三面红旗”抹黑的铁证。

第二条罪状是积极执行刘少奇、邓小平、安子文的“招降纳叛”的干部路线。这条罪状的“证据”就更多了。20 世纪五六十年代，我在中组部时，经手办理了不少厅局长以上干部的调配任免。造反派找出当年我批注的文字材料，摆在我面前，要我交代。我记得有一位河南省的经委主任，当时要提拔他为副省长。这个同志被捕过，办过轻微的自首手续，在延安时组织已经作了结论。在审核他的档案后，我写下意见：30 年前被捕过，办了一般自首手续；20 年前中央已作结论，可正常提拔，使用不受限制。造反派说：类似这样的干部有 20 多人，经你手得到提拔调动，这就是包庇叛徒自首分子、让他们钻进党内的招降纳叛行为。

第三条罪状是直接反对毛主席。这条罪状牵涉所谓的“黑旗党事件”。1957 年 6 月，中央办公厅秘书室在整风运动中，群众对该室负责同志的一些错误进行了批判，不久后，该同志被免职，下放劳动。在讨论该同志错误性质的过程中，出现了意见分歧。中直党委认为“问题严重，内部性质，批深批透，治病救人”；另一种意见则认为是敌我性质的矛盾，应定为右派分子或反党分子。1958 年 8 月，中办秘书室新领导和一些坚持是内部性质的同志被说成是“扶右反左”，“犯了方向路线的错误”，是“黑旗反党”。“扶右反左”的斗争得到了毛主席的肯定，有十几个同志因此遭到批判，中央办公厅秘书室原负责人被定为右派分子，被开除了党籍。

在这些人当中，我比较熟悉的有李东冶、刘华峰等人。刘华峰是河北景县人，1939 年入党，新中国成立初期先后任中央直属机关委员会办公室主任、中央办公厅人事处处长、中央直属机关第五届委员会副书记。“黑旗党事件”后，刘华峰下放到西安市的一个生产大队当副大队长。1960 年 8 月，中央重建中央局，需要配备一批干部。安子文跟我说：刘华峰从 1958 年下放当村干部已经两年多了，中央书记处的意见，是不是可以给他安排一个司局级的职位。组织部经和西北局联系后，于 1960 年 11 月将刘华峰调任西北局办公厅副主任。过了一段时间，毛主席提出：6 个中央局都已经开始办公了，干部是怎么配备的？给他开出一个单子。组织部把各中央局的主要干部名单列了出来，送给毛主席。毛主席看到刘华峰的名字，就问了一句：这个刘华峰是不是过去中办的刘华峰？这话不知道怎么传了出去。中央书记处知道毛主席惦记这个事情后，就指示把刘华峰调到陕西省商洛专员公署任副专员。因为这件事，造反派批判我说：刘少奇、邓小平、安子文联合起来，瞒着毛主席让刘华峰当了副专员。这是你具体办的，把被毛主席处分的干部提拔重用，不就是直接反对毛主席吗？除此外，毛主席在 1962 年批评过安子文，说组织部是“独立王国”。而我在处里工作总结中说过“在安部长的正确领导下，处里工作取得了成绩”等话，被造反派认定为“吹捧安子文”，“跟毛主席唱对台戏”。

到 1971 年夏，上面叫我签字，说鉴于上述三条罪状，我犯了“走资派”错误，是外部问题，但按内部处理。我签字承认了。这是我的软弱之处。欧阳钦、杨易辰在“文化大革命”期间一直不肯承认犯“走资派”错误，我对他们很是敬佩，遗憾自己没有能够做到像他们那样坚强。

“文化大革命”对我们党和国家，乃至我们每一个亲身经历者都是一场浩劫。但是，特定的条件也使我们有机会直接同劳动群众亲密地生活在一起。劳动是一件寻常的事情。我是在农村长大的，但幼年没有干过农活。对我来说，干农活并不容易。我在干校负责烧开水、焖米饭、煮粥。一大锅水 230 多公斤，每次要挑五六担水，一天要烧好几锅。会烧水的人讲究用虚火，我不懂，烧一个多小时都烧不开一锅水，弄得水房烟熏火燎。经过一段时间体会和农民朋友的指点，我逐渐掌握了烧水的诀窍。后来，我烧一锅水只用 19 分钟。当时，每天下工前要熬一大锅粥，由我和另一位副部长李步新同志负责。开始我们掌握不好下米多少，要么太稀，要么过稠。我就削了一个小木条，每次放多少米，用多少水，都在木条上划一刻度。逐渐地连火候也把握得很好了，这样粥的稀稠、黏度都很恰当。同志们很满意称为“二李粥”或“部长粥”。我亲身感受到了劳动获得成果后的喜悦。劳动也治好了我的失眠症。过去十几年睡眠不好，下放回来后全好了。在“五七”干校，我还结交了一批劳动人民的朋友，其中有几位一直同我有联系。我从黑龙江回北京定居后，他们看病、访友来京，有时就住在我家。2001 年建党 80 周年前夕，我曾专门到长葛看望他们，一起畅谈。和他们的情谊是我这辈子也难以忘怀的。

在我被关押审查的 5 年间，我的妻子傅义仙为我和家庭承担了许多责任和压力。她包揽了家务事，给下乡的孩子们写信、寄钱。我前妻的父亲到北京小住，前妻的侄子经常找她帮忙，她都处理得很好。她在这方面确实宽宏大量。我的工资停发后，她的工资 98 元，要负担我的父亲（他老人家 1969 年 92 岁去世），负担她的继母和带她长大的姨妈加上 5 个孩子和她自己，共 9 口人的生活。其间的艰难困苦可想而知，她却没有怨言。大家同甘共苦，熬了过来。对于她的付出，我是很感激的。

从“批林整风”到粉碎“四人帮”

从 1971 年底“批林整风”运动到 1976 年 10 月粉碎“四人帮”近 5 年间，国内的政治形势起伏不定，政治运动不断。

1971 年 6 月，潘复生被中央免职审查。此后不久，中共黑龙江第三次代表大会于 8 月 16 日至 19 日在哈尔滨召开，选举出中共黑龙江省第三届委员会委员 87 名、候补委员 22 名。8 月 20 日，中共黑龙江省第三届委员会第一次全体会议召开，选举省委常务委员 15 名，这才结束了黑龙江省“以政代党”的历史（全国其他省区市也都有这样一段经过，这是新中国历史的一段特殊经历）。汪家道为省委第一书记，刘光涛为省委第二书记。中共黑龙江省委恢复时，工作机构仍与省革委会的工作机构一套人员，直到 1973 年 6 月 1 日，省委、省革委会才分别成立工作机构。汪家道当了省委第一书记后，并没有真正主持工作，到大连养病去了，省委的工作由刘光涛负责。刘是省军区的第二政委。

1971 年 9 月 13 日，林彪、叶群等叛国出逃，在蒙古人民共和国温都尔汗机毁人亡。“九一三事件”后，周总理主持中央和国务院的工作，他把批判林彪集团的罪行和批判极“左”思潮结合起来，落实党的各项正确政策，取得了明显的成效。这年 12 月，中央下发了有关林彪反革命集团的材料，全国范围内开展了“批林整风”运动。黑龙江省委在“批林整风”运动的过程中，根据中央关于落实干部政策的要求，相继恢复了一批老干部的工作。

在河南长葛，我和当地老百姓听到中央文件传达，才知晓“九一三事件”的大致情况。1972 年 1 月 11 日，恢复了我的组织生活，可以参加支部活动了。我把这天视为自己的“第二次新生”，毅然戒掉了多年来陪伴我度过疲劳苦闷的抽烟习惯，此后再也没有抽过一支香烟。2 月，中组部造反派结束对我的“政治审查”，让我把行李发回黑龙江，说不用回北京来了。我问结论批下来没有，回答说没有。我说：那我不回去。我在黑龙江工作 2 年，你们审查我 5 年，不作结论就再审查我 5 年吧。最后，我还是回到了黑龙江。5 个月后，省委决定任命我为省革委会政治部主任。

1973 年 4 月 19 日，经中共中央批准，任仲夷、杨易辰、于洪亮、我和王一伦任中共黑龙江省委书记，张秀芝、阮永胜为省委常委，我主管党的组织工作。“文化大革命”中，党群工作受到严重破坏。虽然党的组织已经恢复，但党的各级组织，特别是基层组织涣散，党员思想十分混乱，有的受“左”的错误影响很深，颠倒了是非。在这种情况下，如何抓党群工作，从哪里下手，确实是一个难问题。1973 年 5 月 14 日至 5 月 22 日，省委召开全省基层党的工作座谈会，我专门讲了抓基层和经常性党的建设问题。我在报告中说：要从抓基层建设入手，继续开展批林整风，以党支部建设为重点，加强对基层工作的领导；基层单位主要是彻底肃清林彪的流毒和影响，要严格区分和正确处理两类不同性质的矛盾；对犯错误的干部要贯彻“惩前毖后，治病救人”的方针；要搞好党课教育；贯彻积极慎重的方针，做好发展党的工作。在省委领导下，我们解放思想，使用和安排了一批老干部，按照组织原则和干部素质配备了各级党委和各部门班子。

但没过多久，中央在 1974 年 1 月 18 日转发北京大学、清华大学大批判组汇编的材料《林彪与孔孟之道》，“批林批孔”运动随即在全国展开，并再次引发动乱。黑龙江也不例外。帮派骨干分子聂士荣、牛成山、张永昌、刘雪峰等人因未能进入省委领导核心而耿耿于怀，这时乘势纠集人员，冲击省委，抢夺文件，闹得很厉害。他们先后给“四人帮”毛远新写了多封信，污蔑老干部是“复辟派”“回潮派”，攻击省委“复辟”“回潮”。一时间，反省委的大字报贴满了省委大楼。全省的党政机关被冲击，领导干部被围攻、揪斗，省委有 14 个月不能正常办公，省委常委会都不能在哈尔滨召开。我又成了“复辟的急先锋”。当时我已病倒，正在天津治疗，被造反派勒令回省参加运动。

省委某些人迎合帮派势力，调整了省委的分工，决定我分管统战、知识青年以及机关党委工作，不再分管党群工作。黑龙江是边疆省份，又是传统的农垦大省。“文化大革命”以来，有几十万本省和外省市知识青年上山下乡到黑龙江农村、农场插队落户，加上后来划到黑龙江的呼伦贝尔盟所接收的知识青年，将近百万人，排名全国前列，安置管理任务很重，积累的问题也最多。知青工作是牵涉千家万户的大事情，我在这方面花了不少精力。我和省知青办的同志到省内各地以及当时属于黑龙江辖区的呼伦贝尔盟调查研究，直接指导工作，总结经验。1974 年 7 月 28 日，我们召开全省知识青年工作会议，确定厂社挂钩，定点支援农业，定点安置知识青年。同时，我们还听取有关部门汇报，督促他们依法惩处一些伤害知识青年的犯罪分子。省委在 8 月 5 日召开全省上山下乡知识青年积极分子代表大会。会上我讲：一方面要鼓励知青们与工农相结合，参加基层实际工作；一方面要强调各地党委加强领导，重视知识青年安置工作，把他们的生产和生活问题切实解决好，让家长放心，青年高兴。当时，在黑龙江已有 2.2 万名知青入党，22 万人入团，有 1.8 万多人被选进各级（主要是基层）领导班子。知识青年在下放期间耽误了学业，给知青本人及其家庭造成许多困难，这是一代人的悲剧，要深刻接受这一教训。但他们在这个不平常的人生旅途中接受了锻炼，学到了平常学不到的许多东西，也在农村的两个文明建设中发挥了重要作用。

在“批林批孔”运动中，我们这些老同志又都得到新的锻炼。1974 年 6 月，省委在大庆召开各地市盟负责人会议，研究部署“批林批孔”以及当前各项工作。会前一天晚上，省委一位主要负责人来到我房间，让我在会上作检讨。我想我没有可检讨的问题。第二天开会，我主要讲了明确形势和任务问题，没有只字检讨。还有一些老同志和我一样，拒绝了上边要我们写检查的要求。

应该讲，刘光涛在“批林整风”期间的表现还是不错的，他解放了不少老干部，也能依靠这些老干部进行工作。1973 年，汪家道回哈尔滨后，发现刘光涛的威信比他高，两人产生了矛盾。半年后，汪家道又离开黑龙江，刘光涛继续主持工作。到 1974 年“批林批孔”开始后，汪家道想回黑龙江，中央不同意，并免去了他的党内外一切职务。

1975 年，由于周总理病重，小平同志在毛主席支持下，主持党中央和国务院的日常工作。他以铁路系统为突破口，批判派性，调整领导班子，恢复和健全规章制度，由此推进其他各领域的整顿。全面整顿进行之时，陈云同志于 1975 年 8 月视察过黑龙江。当时陈云的身份是全国人大常委会副委员长。他先到齐齐哈尔，看了富拉尔基第一重型机器厂、北满钢厂、第一和第二机床厂，然后到了哈尔滨。他在跟杨易辰谈话时说：小平同志出来，跟“四人帮”有一场严重的斗争咧！你们心里要有底。陈云同志还问杨易辰，刘光涛这个人怎么样。杨易辰说，去年“批林批孔”对老同志还不错。因此，陈云同志又向刘光涛交了底。这些情况是杨易辰后来告诉我的。在此前后，时任国务院副总理的王震同志也来过黑龙江，对交通战线的整顿表示了坚决支持。

卓有成效的整顿，不可避免地发展到对“文化大革命”许多“左”的错误政策和理论的系统纠正，既遭到“四人帮”的反对，也为毛主席所不满。1975 年冬，毛主席发动了“批邓、反击右倾翻案风”运动。11 月下旬，党中央在北京召开有 130 多名党政军领导干部参加的“打招呼会议”，宣读了毛主席审阅批准的文件《打招呼的讲话要点》。《要点》说：有些人总是对这次“文化大革命”不满意，总是要算“文化大革命”的账，总是要翻案。“要向一些同志打个招呼，以免这些同志犯新的错误”。会后，“批邓、反击右倾翻案风”运动从北京逐渐向全国扩展。

“批邓、反击右倾翻案风”开始后，刘光涛到北京参加中央的“打招呼会议”，他瞒着同去的任仲夷及其他两位省委书记，而和另一个省委常委写了小报告，报毛远新并转毛主席，揭发陈云、王震同志的言行，认为他们是在分裂中央。“打招呼会议”之前，刘光涛就非要我们批邓不可。杨易辰、任仲夷和我顶了他好几次，我们说：小平同志是主持中央工作的，现在没有中央文件，不能批。“打招呼会议”后，刘光涛回到哈尔滨，再次要求省委开展“批邓”，并说辽宁、吉林都批了，再不批黑龙江就很被动了。我政治不坚定，违心屈服，用笔名发表了批邓的文章，其他两位同志也被迫写了批邓的文章。20 世纪 80 年代，小平同志到黑龙江视察，我向他检讨，说我们在“批邓、反击右倾翻案风”时也批你，犯了错误。小平同志并没有放在心上，他说：那个时候你们能不批吗？

1976 年 10 月，中央政治局执行党和人民的意志，一举粉碎“四人帮”。随后，中央政治局于 10 月 7 日至 14 日在北京分批召开中央党、政、军机关，各省、自治区、直辖市，各大军区负责人参加的“打招呼会议”。我记得 10 月 12 日这一天，刘光涛、张林池回来向我们传达了会议情况，大家高兴极了。省委决定举行盛大的游行庆祝活动，几位负责同志还商议着把毛主席、周总理的画像抬出来，和群众一起上街庆祝。有个省委常委不同意举周总理的画像，任仲夷当场就和他争辩起来。自周总理、朱老总、毛主席在 1976 年相继去世后，我们既心情沉痛，又为党和国家的命运担忧。现在，“四人帮”被粉碎了，我们欢欣鼓舞。那种热烈的情绪，如饮甘醇，一点儿也不亚于 14 年抗战胜利时的心情。

第十一章
迎来新的时期

“揭批查”与省委改组

粉碎“四人帮”后，中央召开宣传会议，布置揭批与“四人帮”有关的事和人，我参加了这个会。黑龙江省委随后开展揭发批判江青反革命集团罪行和清查他们的反革命帮派体系的斗争。为加强对这场斗争的领导，1976 年 12 月 3 日，省委召开常委会议，决定成立省委大批判组和清查“四人帮”反革命罪行小组，任仲夷和我担任正副组长。

随着全省“揭批查”工作的深入，更多地牵涉当时省委的主要领导同志问题。前面说到，省委第一书记刘光涛曾给毛远新写过小报告，这件事情在“四人帮”粉碎后很快就查了出来。当时的中央组织部部长是郭玉峰，原来在沈阳军区工作，跟刘光涛相识，向他透露了内情。刘光涛得知后，没有告诉省委，只偷偷向华国锋写了个检讨。1977 年 4 月，中央召开有 7000 多人参加的全国工业学大庆会议。华国锋等中央领导人到大庆作了政治报告，返回哈尔滨后，省委要向他们作全面的工作汇报。华国锋和省委班子成员见了面，逐一握手。华国锋说：光涛同志，你写的检讨我看到了。当时，我们很纳闷，弄不清楚刘光涛的检讨是什么内容，是他个人的还是代表省委的？经过各方面的了解，我们才知道其原委。

对于“揭批查”的工作，我按照中央的部署抓得很紧。1977 年后半年，随着“揭批查”运动的展开，刘光涛感到形势对他不利。正好这年 10 月，中央党校复校。刘光涛非要我去中央党校受训不可。那时，任仲夷已于当年 2 月调任辽宁省委第二书记。杨易辰对刘光涛说：现在抓清理清查很紧急，李力安负责这个工作，他离开以后，谁来管？刘光涛说：李力安还年轻，受训以后可能还得给他压担子。其实我和刘光涛同岁，当时已经57岁了。杨易辰一再同他争辩，刘光涛就是不答应。我到党校后，当面向主持党校日常工作的胡耀邦同志汇报了黑龙江省揭批查的情况。以后，耀邦同志又把我找到他家里，专门谈了一次。省委的其他一些同志也通过不同渠道向中央反映了黑龙江的问题。

1977年12月初，杨易辰电话通知我，说中央要找省委一些同志集体谈话，班子可能会有变动。12月7日晚，中央办公厅接我到玉泉山。刘光涛、张林池、杨易辰、于洪亮、陈雷等省委负责人已在玉泉山，华国锋、邓小平、李先念、汪东兴等中央领导同志都在场。华国锋同志对黑龙江省工作和调整省委主要领导人问题作了重要指示。他说：刘光涛在黑龙江的工作，我们是一分为二地看，总的说是有成绩的，但在“四人帮”问题上，主要是毛远新插手，也受些影响，应该主动一点儿，早点儿讲就好了。中央考虑，对黑龙江领导班子调整一下，请6位同志来谈一下。刘光涛同志回部队工作，黑龙江省领导班子由杨易辰任第一书记、革委会主任；至于下边如何加强，由杨易辰同志与大家研究。黑龙江是大省，地处边防第一线，工农业潜力很大。在谈到黑龙江的生产问题时，他还说：几年来由于“四人帮”干扰，受些影响，农业上得不够很快。听杨易辰同志在计划会上的发言，粮食总产量和单位面积产量都有增加，但按人平均占有量减少了，由过去的1200斤降到700斤，商品率减少了，上交也减少了。近来我和先念同志批评黑龙江多一些，粮食亏损1976年比1975年增2亿6千万，亏损总数达6亿2千万。政策性亏损有些是可以的，有些是不合理的，粮食水分大、损失大。粉碎“四人帮”以后，我们应该想出办法解决，比如烘干，总要有进步嘛！中央对黑龙江寄予很大希望，刘光涛同志调走后，杨易辰同志任第一书记、革委会主任，希望把省委同志团结起来，抓革命，促生产，把工作搞上去。黑龙江既要解决问题，又要稳定大局。

小平同志在一旁补充说：刘光涛同志回去在适当范围做些自我批评，这是必要的，对自己也好，有些事总有一天得讲清楚的。在什么范围讲，杨易辰同志考虑一下，扩大一点儿是必要的，总比省委要大些，刘光涛同志调动总是有个根据，有个理由嘛，对刘光涛同志以后接受教训也好。主要是刘光涛同志得讲好，杨易辰同志你们帮他解脱一下，讲好了就不至于发生争过来争过去。至于黑龙江，实在是好地方，过去贡献很大，没有大庆前就有很大贡献，不仅是粮食，还有煤、木、油，黑大粗嘛！周总理老讲欧阳钦识大体，照顾全局的观点很好。现在，粮食占有量下降了，不适应工业发展。黑龙江的工业越发展，越要重视农业，还有1亿亩荒地可开，要恢复名誉。工业当然要抓，但首先要抓农业，抓农业机械化。小平同志对黑龙江省委班子还提出了要求。他说：你们的班子，恐怕要加些人，提一些年轻的、50岁左右的人。从地委找，县委搞一些到地委来，地委老同志多，你们大企业多，搞20多年了，干部总是要更新一下。

会上，汪东兴同志说：李力安在党校学习后就回去吧。杨易辰表示赞成。

12月8日，中共中央发出通知，杨易辰任黑龙江省委第一书记、省革委会主任。因我和杨易辰在“文化大革命”中思想行动一致，他向中央提出的5个省委副书记名单是：李力安、陈雷、李剑白、陈剑飞、王一伦。中央很快就批准了。杨易辰希望我能早点儿结束学习，回省工作。我长期患腰疼的毛病，严重时不能工作，希望调到关内暖和点儿的地方来，做什么都行，到地委去也可以。耀邦同志找我谈话，也表达过让我回中组部工作的想法，考虑到杨易辰同志希望我回黑龙江。耀邦同志说：现在黑龙江要你，以后再说吧。这个时候，中组部原部长郭玉峰因有错误被免去职务，耀邦同志被任命为中组部部长。这样，我就没等在党校学完，提前回到黑龙江，继续在省委新领导班子中抓“揭批查”、平反冤假错案等工作。

省委改组后，对原清查领导小组作了调整，由杨易辰亲任组长，我任副组长，加强了对这项工作的部署和领导。“揭批查”工作开始深入开展起来，扭转了前一段冷冷清清的局面。到1978年11月，对与“四人帮”有牵连的人和事，大部分已经查清，全省历时两年的“揭批查”工作基本结束。

据《中国共产党组织史资料》记载，当时黑龙江全省立案审查的655人中，党员495名。这些人中，被判处有期徒刑的4名，开除党籍的18名，受党内处分的44名。与此同时，对“文化大革命”中的“打砸抢”事件进行了认真清理。全省7188名清理对象中，定为“打砸抢”分子的167人（判刑102人），其中党员被开除党籍99人，一些人被调离领导岗位。

冤假错案的平反

“文化大革命”十年间，黑龙江全省共有大小冤案、假案、错案21423起，涉及52906人，其中被关押和判过刑的9184人。“三案”不平，民心不顺，就谈不上调动广大干部群众的积极性。因此，全面落实党的政策，彻底平反“三案”就成为省委的迫切任务。省委改组以前，一些被打倒的老干部，虽然分配了工作，但大都背着“犯错误”的组织结论。省委改组后，加大了对冤假错案进行平反昭雪的力度，对所谓犯“走资派错误”、犯“严重错误（路线性）”的一律平反，做到“有反必肃，有错必纠”。部分错了，部分平反；全部错了，全部平反，不留尾巴。同时，对“三种人”要坚决从领导岗位上拿下来，对能力太弱的干部也进行了调整。到1978年4月，省委为29名原省级和部委办局级干部撤销了“文化大革命”中强加的犯“走资派错误”的结论，对82名县委副书记以上干部的历史问题作了切合实际的结论；对63名过去工作安排不当的干部作了适当调整。1977年11月，根据中央的决定，参加省委常委工作的5位军队干部仍回部队工作。

1978年8月12日，省委召开平反冤案、处理“打砸抢”分子大会，为“一三一案件”和“洪建新案件”彻底平反，并批斗和依法逮捕了三名打砸抢首恶分子韩潮、刘佐文、丁树声，平了民愤，正了国法。所谓“一三一案件”，发生在1967年1月31日。当时哈尔滨工业大学一派群众组织对省委省政府被夺权后成立的“黑龙江省红色造反者革命委员会”的组成人员不满，在校内召开辩论会，会上有人提出要重新串联，重新夺权。这次辩论会被潘复生定为“反革命事件”。在这起重大冤案中，有19名无辜同志被拘留审查，很多同志受到牵连而遭到打击。所谓“洪建新案件”，发生在1968年11月。省委原第一书记欧阳钦的儿子欧阳湘在七机部任职，临时派到吉林光学研究所工作。他化名洪建新，写信揭发潘复生的问题，被打成“反革命”，后被迫害致死。这是潘复生一手制造的冤案。此案沉冤10年，终得昭雪。把被颠倒了的是非纠正过来，昭雪冤案，恢复名誉，伸张了正气，落实了党的政策。这是我省“揭批查”运动取得重大胜利的又一标志。省委在冤案、假案、错案的平反工作中，坚持实事求是的原则，重证据，重调查研究。各地普遍抓住典型案例，进行公开平反，追究那些制造案件的主谋策划者，严惩“打砸抢”的首恶分子，严明了社会主义法制。

1978年底十一届三中全会后，中共黑龙江省委第四次代表大会于1979年1月举行。会议选举杨易辰为第一书记，我和其他7位同志为书记。第四届省委期间，中央对黑龙江省委成员进行过调整。1981年10月，我被任命为省委第二书记兼哈尔滨市委第一书记，陈雷、陈俊生、王路明、王钊、侯捷为省委书记。在省委领导下，全省全面、大规模地复查处理各个历史时期形成的冤假错案，积极落实党的各项方针政策。

1978 年 12 月，省委宣布为参加 1976 年 4 月 5 日在北京人民英雄纪念碑前悼念周恩来总理的所谓天安门事件而受迫害的同志一律平反。1979 年 2 月，省委决定为“八八团”“赤卫队”“红旗军”“战备军”“荣复军”等在全省影响很大的“文化大革命”中的群众组织平反。接着，3 月 1 日，省委作出《关于为“以欧阳钦、李范五为首的里通苏修反党叛国集团”假案平反的决定》。“文化大革命”期间，潘复生在 1968 年底把欧阳钦、李范五等 7 名省委书记，谭云鹤、李瑞两名候补书记，以及省委统战部部长张瑞麟、副省长李延禄、省政协主席于天放等分别打成所谓叛国的“大头目、干将、谋士、骨干、黑高参和集团成员”。该案牵涉已经调到党中央和中直一些部门以及 10 个省、市、自治区工作的同志。省委为 180 多名受到迫害和牵连的同志平反昭雪。除此外，省委对强加给其他一些老干部的“叛徒”“特务”等罪名或被打成“阎王分店”“反革命叛乱”或“反革命暴乱”事件，也都彻底平反。

在这里，我想补记一件自己亲历的往事。1978 年底，原东北局组织部副部长、大连市委副书记陈伯村致信中组部部长胡耀邦，要求解决历史遗留问题。20 世纪 50 年代中期，陈伯村因受高饶事件牵连，被降职处分，下放到哈尔滨发电厂。陈伯村在信中提出两个问题：高岗、饶漱石到底有没有一条反党路线？有没有一个反党集团？

接到来信后，耀邦同志趁中央在北京召开会议的时机，把辽宁、吉林、黑龙江三省分管党群工作的省委书记叫来谈这个问题，我代表黑龙江省委参加了。耀邦同志说：是不是有一条反党路线，现在不回答这个问题；是不是有个反党集团，现在也不回答这个问题。但是，当时受到牵连的有哪些人，要实事求是地进行核查。不管有没有集团，如果他有错误，就应该受处分；没有错误，就撤销处分。耀邦同志在会上没有说明这是中央的决定还是他个人的意见，但他平反冤假错案的决心是很坚定的。

会后，东北三省很快进行这项工作。受高岗牵连而被错误处分的所谓“五虎上将”，即张秀山、张明远、赵德尊、马洪、郭峰 5 位同志当时都不在哈尔滨，因此，我们的工作相对简单些。由于陈伯村住在黑龙江，他的问题由我们甄别。查来查去，并没有发现他在组织工作方面的错误，所以给他平反了。陈伯村以后调离了黑龙江，于 1979 年 4 月至 1982 年 3 月任电力工业部副部长。我们在解决陈伯村问题的时候，又查出李常青的问题。

李常青是吉林延吉县人，1930 参加革命，1931 参加中国共产党，抗战前曾任过北平市委书记、河北省军委书记。1938 年以后的很长一段时间，从事党的宣传工作，抗战胜利以后曾任东北日报社社长，兼中共中央东北局宣传部秘书长，中共合江省委常委、宣传部长兼城工部长，50 年代初期任松江省委书记兼哈尔滨市委书记。他给东北局写过一封信，对刘少奇同志在工作上的问题提了些意见。“高饶事件”后，他受到降级使用的处分，调到教育部当了一名司长。1957 年反右派斗争中被打成右派，开除党籍，下放到内蒙古师范学院当了教员。1960 年 8 月，李常青遭遇车祸不幸去世，时年 56 岁。李常青的儿子是 50 年代的留苏学生，在长春汽车厂工作，看到父亲被打成右派分子，极为不服，向中央写信，为父亲申冤，结果被说成同情右派父亲，也成了右派。他一气之下，卧轨自杀。

1978 年底，省委对李常青父子的冤案进行复查，以后给他们平了反。教育部也为李常青恢复了名誉。1981 年 1 月 23 日，教育部由部长蒋南翔主持，在北京八宝山革命公墓礼堂为李常青举行了追悼会。在追悼会上，我代表黑龙江省委和教育部党组宣布：经 1978 年复查并于 1980 年报请党中央批准，撤销黑龙江省委 1955 年和教育部党组 1958 年对李常青同志所作的错误结论和处分决定，彻底平反，恢复党籍，恢复名誉。《人民日报》还对此作了报道。

至于陈伯村向耀邦同志提出的两个问题，我觉得下面两段材料可以作为说明。

1980 年 3 月 19 日，小平同志在同中央负责同志的谈话中指出："过去常说十次路线斗争，现在应该怎么看？彭德怀同志那一次不能算了。刘少奇同志这一次也不能算了。这就减去了两次。林彪、江青是反革命集团。陈独秀，还有瞿秋白同志、李立三同志这三个人，不是搞阴谋诡计的。罗章龙另立中央，分裂党。张国焘是搞阴谋诡计的。高岗是搞阴谋诡计的。林彪、江青就更不用说了。揭露高饶的问题没有错。至于是不是叫路线斗争，还可以研究。这个事情，我知道得很清楚。毛泽东同志在 1953 年底提出中央分一线、二线之后，高岗活动得非常积极”。“高岗想把少奇同志推倒，采取搞交易、搞阴谋诡计的办法，是很不正常的。所以反对高岗的斗争还要肯定”。“高饶问题不揭露、不处理是不行的。现在看，处理得也是正确的。但是，高岗究竟拿出了一条什么路线？我看，确实没有什么路线。所以，究竟叫不叫路线斗争，也难说”。此后，1981 年党的十一届六中全会通过的《关于建国以来党的若干历史问题的决议》，对高岗、饶漱石事件未再称“反党联盟”。《决议》指出：1955 年 3 月召开的党的全国代表会议，“总结了反对野心家高岗、饶漱石阴谋分裂党、篡夺党和国家最高权力的重大斗争，增强了党的团结”。

粉碎“四人帮”后，历史遗留问题逐步得到解决。张秀山、张明远、郭峰、马洪、赵德尊等同志工作重新得到安排，级别相继得到恢复。其中，赵德尊于 1979 年 2 月至 1983 年 2 月任黑龙江省委书记处书记。在此期间，省委曾决定由我兼任省人大常委会主任，我再三建议由赵德尊担任。我在省委常委会上提出让赵德尊同志做比较好，他在新中国成立初就是这个级别，现在刚平反，他做比较好。但杨易辰同志坚持，省委常委会决定仍由我来兼。我代表省委向中央汇报这一问题时，再次向时任中组部部长宋任穷同志谈了我的意见。中央最终采纳了我的意见，由赵德尊担任黑龙江省人大常委会主任。

经过几年的努力，到 1986 年，黑龙江全省复查“文化大革命”前历史遗留案件和“文化大革命”中立案的案件近 20 万件。“文化大革命”期间造成的冤假错案就达 8 万多起，涉及12万人。仅干部政策方面，就涉及10万人。如对在“文化大革命”中被迫害致死以及非正常死亡的干部全部平反昭雪；对定为敌我矛盾的2430名干部，平反纠正2422人；对定为“死不改悔走资派”、犯“走资派错误”、犯“严重（路线性）错误”的1172名全部平反；对定为“严重政治历史问题和严重政治错误”的840名作了实事求是的复查和纠正；对以各种罪名被批斗、蹲“牛棚”、进“反省室”的98686名干部全部平反并为其消除影响。此外，还全面清理干部档案，仅省管干部中即清除各种不实材料1万余份。

复查处理“文化大革命”前反右倾、“四清”等运动形成的案件24164件，平反纠正了15666件。其中，对反右倾运动中受纪律处分的党员纠正266名，平反昭雪2名；对“四清”运动中受纪律处分的党员纠正1480名，平反昭雪28名。对1957年错划为“右派分子”13584名进行复查纠正，其中，党员受纪律处分的纠正2470名，平反昭雪15名；原定为“中右分子”的10789名和定为“反社会主义分子”的1527名全部改正。

复查新中国成立以前处理的各类历史老案，平反纠正107件（党员恢复党籍67人，撤销纪律处分40人）。如1982年6月8日，省委作出恢复北满抗日联军总司令赵尚志党籍的决定。决定指出，撤销1940年1月中共北满省委常委会《关于开除赵尚志党籍的决定》，恢复赵尚志党籍，推倒强加给赵尚志的一切不实之词，恢复名誉。同时，对因赵尚志的问题而被牵连的同志予以平反，恢复名誉。还有在全国产生很大影响的故事片《徐秋影案件》主犯的原型邵玉魁，也被甄别平反。

在平反冤假错案、落实党的各项政策之后，根据中央有关精神，省委进行了给右派分子摘帽、平反的工作；落实对国民党起义、投诚人员政策；落实宗教政策；落实把原工商业者中劳动者区分出来的政策和落实中央对民族资产阶级的政策等。1979 年 2 月至 5 月，省委集中进行了对“四类分子”（地主分子、富农分子、反革命分子、坏分子）的摘帽工作。

平反冤假错案是一项政策性极强、耗时费力的工作。没有党中央和省委坚强有力的领导，没有组织部、纪检委、法院、公安厅、民政厅等部门同志们的互相配合，要完成这项艰巨的任务是难以想象的。我手头缺乏具体的材料，但根据组织部门的记载，可以看出当年这项工作的规模、力度，可以想见它对调动广大干部群众和各方面的积极性，对于提高党的威信，对于促进安定团结局面所发挥的重大作用。

支持真理标准问题讨论

1977 年 2 月 7 日，《人民日报》《解放军报》《红旗》杂志发表社论，提出：“凡是毛主席作出的决定，我们都坚决拥护，凡是毛主席的指示，我们都始终不渝地遵循。”这就是众所周知的“两个凡是”。

“两个凡是”提出时，省委正在开展揭批“四人帮”、落实干部政策的工作。如果按“两个凡是”，我们正在进行的工作将寸步难行。在这个重大问题上，省委敢于解放思想，实事求是地坚持了党的正确的路线、方针、政策。黑龙江是较早突破“两个凡是”的禁区、表态支持真理标准问题讨论的省份。

1978 年 5 月 11 日，《光明日报》发表题为《实践是检验真理的唯一标准》的特约评论员文章。此后，在小平同志的领导和支持下，关于真理标准问题的大讨论在全国展开。《光明日报》的文章发表后不久，省委在 6 月 3 日至 12 日召开各地市和省直局委办负责人会议，进一步讨论拨乱反正、解放思想。

我在发言中说，要讲落实干部政策，首先要对原黑龙江省委落实政策。我举了一个例子加以说明。1972 年我从“五七”干校回来后，任省革委会政治部主任，但还没有恢复省委委员、省委书记处书记的职务。有一次省委开常委会，讨论干部参加劳动问题。我列席了会议，发言谈到 60 年代我在东宁搞“四清”时，了解到这个县的生产搞得不错，干部参加劳动也是比较好的，原省委还发过文件予以表扬。没想到，在座的一个军代表、省委常委就听不下去了，拉下脸来，大声斥责说：“有些人就是不愿意讲黑省委、旧省委，就愿意讲原省委！”“原省委是红省委，不是黑省委”这句话憋了我一肚子气，憋了好几年了。现在我们讨论真理标准问题，要落实干部政策，首先就要给原省委平反。欧阳钦当了 11 年的省委书记，他领导的中共黑龙江省委是红的，不是黑的！

我提出这个问题后，大家进行了热烈讨论，都赞成我的意见，并由杨易辰代表省委对这一问题作了概括。为了进一步统一思想，7月4日，省委召开常委扩大会议，更加明确地表态支持真理标准问题的讨论，肯定“文化大革命”前的黑龙江省委是红省委，不是“黑省委”。此后，杨易辰在《人民日报》发表《拨乱反正必须解放思想》一文说：“过去我省只要谁说一句‘原省委’，就被认为是大逆不道，是‘复旧’、‘复辟’、‘翻文化大革命的案’，只能违心地说‘黑省委’、‘旧省委’。最近，我们根据党中央对欧阳钦同志的评价，明确地肯定了在欧阳钦同志主持下的原省委，是高举毛主席伟大旗帜的，是执行毛主席革命路线的，是红的，而不是黑的，虽然也有缺点错误，但这并不是主流而是支流。这样实事求是的评价，得到了群众的欢呼和拥护，它使多年来压在党员、干部和群众身上的石头搬掉了，思想解放了。这个问题解决了，文化大革命以来发生的一些重大事件和路线是非等问题，就会得出正确的结论。”黑龙江在全国最早提出为“文化大革命”前的省委平反，在全国引起了很大反响。

黑龙江省委作出这个结论时，党的十一届三中全会还没有召开，“两个凡是”在社会上还有一定的市场。有几位在中央工作的同志批评我们：你们怎么能这么讲呢？打倒旧省委是毛主席批准了的。毛主席说的话还算不算呢？你们这么讲，各省怎么办？我们对这些人的言论很不满意，也没有理会，坚持住了。因此，黑龙江省冤假错案的平反工作是做得比较彻底的。

省委常委扩大会议后，省委又于7月7日发出通知，布置全省各级党组织学习毛主席1962年《在扩大的中央工作会议上的讲话》以及中央报刊上发表的论述实践是检验真理的唯一标准的文章，积极参加全国关于真理标准问题的讨论。在讨论中允许发表不同意见，坚决执行不抓辫子、不戴帽子、不打棍子的“三不”主义，真正敞开思想，畅所欲言，解放思想，分清是非，团结同志。1978年7月27日、8月3日，新华社两次报道了黑龙江省委的做法。

1979年9月15日至29日，省委举办干部理论学习讨论会，着重讨论了真理标准、阶级斗争和主要矛盾问题，还讨论了党的建设、社会主义民主与法制、四化建设等问题。我在会上作了《关于我国现阶段阶级状况和主要矛盾问题》的长篇学习体会报告，并作了会议总结。我在总结讲话中说：经过学习，进一步开展真理标准问题的大讨论，是关系到党和国家前途命运的大事；我们一定要认清“两个凡是”的观点，是违反实事求是精神的，我们要从根本上坚持马列主义、毛泽东思想体系。为顺利实现工作重点转移，就要正确认识我国现阶段阶级状况和主要矛盾的变化，把我们的思想从唯心主义的阶级估量和“阶级斗争永远是纲”中彻底解放出来。

现在回想起来，在真理标准问题讨论的过程中，黑龙江省委之所以有这样的认识和胆量，也不是偶然的。首先，这是一个较长时间的实践得出的认识结果。对毛主席，我们是很信赖的。正是由于他长期的教导和提倡，“实事求是”“一切从实际出发”的思想在我们心里扎下了根。其次，离不开小平同志的及时、有力的指导。“两个凡是”出来后不久，小平同志在1977年4月致信党中央，提出我们必须世世代代地用准确的完整的毛泽东思想来指导我们全党。他在1977年7月党的十届三中全会上又说：对毛泽东思想体系要有一个正确的认识，不能够只从个别词句来理解毛泽东思想，而必须从毛泽东思想的整个体系去获得正确的理解。这些谈话，使我们从“句句是真理、一句顶一万句”的禁锢中逐渐解放出来。再次，“文化大革命”前黑龙江省委领导全省人民进行社会主义革命和建设的成绩不容否定地摆在那里。黑龙江省的工业化建设、北大荒和大庆油田的开发，取得的成就是有目共睹的。省里向国家贡献以百亿斤计的粮食，以千万立方米计的木材，建立了20多所大学，培养了以万计的人才。怎么能闭眼说瞎话，说原省委执行的是修正主义路线呢？到1978年真理标准问题讨论开始的时候，黑龙江省地级的大部分干部已经获得解放，虽然部分人还戴着“走资派”的帽子，职务放的低或很低，但干部队伍总体上是好的，他们在大讨论中发挥了积极作用。这场讨论，为后来全省的工作打下了较好的思想基础。从中我得出一条经验，实事求是是马克思主义者的党性表现，但要做到实事求是又是不容易的。只有坚定的共产主义信念，无私无畏，才能做到真正的实事求是。

重温小平同志北方谈话

1978年9月，小平同志在访问朝鲜后对东北三省及唐山、天津等地进行了一次不同寻常的视察。对这次北方之行，《邓小平文选》第二卷以《高举毛泽东思想旗帜，坚持实事求是的原则》和《用先进技术和管理方法改造企业》为题，收录了他于 9 月 16 日、9 月 18 日在吉林和辽宁鞍钢视察时的谈话。当时，小平同志在黑龙江也发表了重要的谈话。

小平同志是 1978 年 9 月 8 日开始出访朝鲜的。他在平壤参加了朝鲜民主主义人民共和国成立 30 周年庆典，并同金日成主席会谈后，于 13 日回国，到东北视察。在黑龙江，因省委第一书记杨易辰正率领中国农业代表团到美国访问，省委决定由我牵头接待小平同志。9 月 14 日凌晨，我和省委副秘书长曲绍文及大庆油田党委书记、大庆油田革委会主任陈烈民，在黑龙江与吉林搭界的陶赖昭车站，登上了小平同志的专列。我记得当时陪同小平同志来的，还有李德生、彭冲和卓琳同志。

大庆是小平同志此次视察黑龙江的第一站。他曾在 1961 年和 1964 年两度视察大庆，这是他第三次来。小平同志对大庆的工作十分关心，在火车上听取了陈烈民关于大庆加快实现现代化、确保油田高产稳产、加快找油找气和发展石油化工、搞好科研教育工作、发展农副业生产、改进企业管理体制和改善企业经营、在揭批“四人帮”斗争中加强队伍建设等方面的汇报，详细询问了油田的开发情况。他一是关心大庆地下的原油储量，当听说大庆可以高产到 5000 万吨，稳产到 1985 年，他非常高兴；二是关心大庆的外围勘探和深度勘探，他说要打 7000 米的深井。他对全国其他油区的勘探情况也很关心，对华北、四川、陕北、北部湾、新疆、柴达木等各个油田的情况都很熟悉。他说新疆的塔里木和青海的柴达木希望最大，并指示加快找油、加快找气，找到更多的油气田。他还说：我们能有 5 亿吨油就好了。

小平同志的行程安排得非常满。9 月 14 日早晨 8 时，专车一到大庆，他同前来迎接他的大庆党政领导同志见面后，接着就乘车到油田视察。上午他先后视察了大庆油田研究设计院地质陈列室、采油六部喇二联合站、大庆展览馆和采油一部中六排十七井，最后在大庆机关二号院接见了大庆党委的领导同志和劳动模范、工人代表。下午从 3 点开始，他又视察了供应指挥部萨尔图仓库、采油二部图强管理站的农田、大庆化肥厂和 30 万吨乙烯工程会战指挥部。在 30 万吨乙烯会战工程指挥部听取汇报时，针对油、气、化工污染严重的状况，他强调一定要把三废处理好。我们的化学工业三废问题都没有解决好，上海金山工程处理不好，很多废物排到海里，鱼都没有了，污染很大。傍晚，小平同志离开大庆，赶赴哈尔滨。临行前，他叮嘱大庆油田负责人：要把大庆建设成美丽的油田。

尽管一天的活动很紧张，但他始终精神饱满，每到一个地方，总是认真听，仔细看，并即席发表了许多重要谈话。据大庆的同志事后统计，小平同志在大庆短短的 10 个小时里，先后在 9 个地方逗留、视察，同 200 多人握过手，同 800 多人合过影，大庆的职工群众有六七万人见到了小平同志。特别感人的是，小平同志在接见大庆劳动英雄耿玉亭时，亲切问候了他的身体状况，为了弥补因耿玉亭失去双臂而无法握手的缺憾，他专门同耿的妻子握了手。

小平同志在哈尔滨下榻于花园村。这是当时黑龙江省委的招待所。9 月 15 日早饭后，小平同志就在花园村 1 栋会议室会见黑龙江省委党政军主要负责同志。我把陈雷、李剑白、王一伦等十几位负责同志向他一一作了介绍。他逐个问了年龄，还问了地、市、县级领导班子和厂矿企业领导班子干部的年龄情况。这不是一般的寒暄，选拔中青年干部是当时小平同志关注的一个重点。我准备向小平同志作系统的汇报，他说，简单说一说，随便吹一吹。他这一说，气氛顿时变得轻松起来。我说到哪里，他就问到哪里，讲到哪里，汇报的过程就成了无拘无束的交谈，涉及的方面非常广。时间过得很快，从 9 点开始，谈到快 11 点，才结束了汇报。我请小平同志作指示。他给我们作了重要讲话。讲到 11 点半，小平同志又步出会场，会见等候在那里的省直机关和省军区的干部，同大家合影留念。午饭后，稍事休息，小平同志就乘车离开黑龙江去吉林视察了。

小平同志这次在黑龙江的视察，时间虽然很短，但谈得很广泛，谈到的问题很多，而且非常具体，非常细致。1998 年，适逢改革开放 20 周年，我主持当代中国研究所举办学术纪念会，我请黑龙江省委的同志提供了当年小平同志在黑龙江视察的有关材料，结合回顾小平同志当年视察黑龙江的情况，带头写了一篇文章。回过头来看，小平同志当时已经在考虑如何推动党的工作重心实现历史性的转移和如何进行改革开放的问题了。他在十一届三中全会前中央工作会议上讲话的基本内容，正在他心中酝酿。在这里，我想把印象最深的一些问题分别记述下来。

（一）关于黑龙江省的“揭批查”工作。这项工作在粉碎“四人帮”后就开始了，但真正比较深入地开展起来，是在1977年底中央对省委的领导班子作了调整之后。到1978年5月，我们对与“四人帮”及其有牵连的人和事大部分已经查清。同年7月，在省委常委扩大会议上，杨易辰代表省委明确表态支持真理标准问题的讨论，肯定“文化大革命”前的黑龙江省委是红省委，而不是“黑省委”。这次会议的精神在《人民日报》公开报道之后，在全国引起强烈反响，也引起一些人对我们的不满和指责。就在这个时候，小平同志来到黑龙江。

小平同志对黑龙江省“揭批查”运动和真理标准问题讨论引起的反响等情况非常关心。他比较具体地询问了“文化大革命”以来，黑龙江省几位犯有严重错误的党政军领导干部的情况。我们逐一向他作了汇报，说明这几位领导干部的错误都已基本清楚，有的已经把处理意见上报中央。当我向他汇报到有少数人提出省委既然是红的，对“东北新曙光”问题、夺省委权的问题、造反的问题等，又怎么估计的情况时，小平同志明确指出：“革字号、保字号，干部、老工人、老劳模、共产党员，绝大部分都是‘保守’的！至少有90%以上都是好的。”当我汇报到，我们允许不同意见争论，但对个别造反派，他们坚持错误、进行干扰、破坏运动，一定要处理时，小平同志马上说：“反对那篇文章的也就是这些人吧！”我说：“就是这些人。一种是心有余悸的人，一种是造反派觉得‘我造反造错了？不是白造反了吗’，不服气。”

我们还向小平同志汇报，对“文化大革命”中搞“打砸抢”的造反派骨干分子的处理问题已提上日程，请他指示。小平同志说：中央发了文件，是两个问题。一方面是大部分人解放，有些参加打人的，那时主要责任不在本人；一方面是在这里边相当大部分人不能作为我们提升干部的对象。这些人原来提上来就是不适当的，无非是反潮流啊，造反啊，能力也不行。这些人政治上解放，组织使用上不能重用。个别确实改好的，可以保留。相当大一部分不能保持原来工作，要回到生产中去。这样的人全国涉及1000万。这是一个大政策，1000万人中大部分不追究了，但保持原岗位是另外一回事。对这些人不正确处理，还是保留原来的岗位，群众的积极性就调动不起来。这些人把位子占了，那些好的就选不上来。要把真正看准了的年轻人提上来。

小平同志阐述了这一重大政策以后，又问：你们处理省里那个领导干部以后，地县厂矿的主要干部调整得怎么样？我说：有问题的清查了，有些不好的拿下去了，不算处分。有些老干部落实了政策。目前主要是一些工矿企业问题较多。我举了佳木斯造纸厂的例子。这个厂有13个领导干部，老干部很少，多数是造反派。轻工业部派人来蹲点，揭开了盖子，作了调整，生产很快上去了。现在有些班子，还不是办事的班子。小平同志听后说：有的大工厂，一个老干部怎么行？再找一两个，但总的是要从好的中青年干部、技术干部中懂行的提一些。像佳木斯造纸厂这样的大厂，这几年生产搞得这么坏，他们有什么功！这样的班子不调整，生产肯定上不来。领导班子里12个造反派，表现好的，留一两个，体现政策。其余的在本厂降级，回到生产中去。在原单位不行的，还可调到别的地方去。老干部调回来几个，有经验嘛。这个问题不解决，放到那里一天，就损失一天。把老同志请回来，老同志的任务是培养新人。管理一个企业没有一股劲不行。年纪大的，稳重有余，冲劲不足，要找一些年富力强的。大庆的班子不错，比较年轻，中年多。现在所谓年轻，就是40岁出头一点儿。也有30多的，20多的。注意把刚才说的“打砸抢”分子，派性很严重没有改正的人，本领不大的人拿走，培养一批合格的管理人员。这方面如果我们现在不着手，将来来不及，就会后继无人。

小平同志在黑龙江拨乱反正和思想解放的关键时刻，为我们撑了腰，使我们更加坚定了立场，明确了方向。他不仅阐明了处理帮派体系和帮派分子的大政策，而且指示我们在彻底清除帮派体系和“打砸抢”分子的同时，要为老干部落实政策，还要特别注意培养和提拔中青年干部。根据他的指示，我们在实事求是、思想解放的过程中，把“揭批查”工作和新时期党的干部队伍建设结合起来，在平反冤假错案、解放老干部和落实知识分子政策的同时，按照干部队伍建设的“四化”标准，大力培养和选拔中青年干部。这样，就为黑龙江在党的三中全会后适时地把工作重心转移到经济建设上来，做了比较充分的思想准备和组织准备。

（二）关于黑龙江的农业发展问题。黑龙江是一个农业大省，有 1.3 亿亩地（统计在册的），还有大片荒原有待开发。全省人均耕地 4 亩多，如果单按农村人口计算，人均占有耕地 6 亩多。从单产看，1977 年平均亩产 212 斤，1978 年大丰收，每亩也只有 276 斤，比全国平均亩产低 60 斤。由于地处高寒地带，无霜期短，每年只能种一茬庄稼，霜降得早晚对粮食丰歉影响很大。如 1976 年和 1977 年，由于早霜，粮食总产量分别比 1975 年减产 57 亿斤和 53.9 亿斤。当时我们认为造成这种“单产不高、总产不稳、经营单一、调出减少”状况的原因，除了自然条件所限和投资少之外，主要是黑龙江的人口由抗战胜利时的 1000 万增加到当时的 3000 万，因而我们比较强调开荒，扩大耕地面积。这也是新中国成立以来中央比较重视的一件事情。1978 年 2 月，我们制定了个规划，打算到 1985 年将耕地面积增加到 2 亿亩。

小平同志对黑龙江的情况很熟悉。当我谈到黑龙江省的荒原面积时，他问：不是那个沼泽地吧？小平同志指的是黑龙江东北角那一大片。我立即回答：包括那个沼泽地。在小平同志来黑龙江之前，这年 8 月下旬，李先念和余秋里、陈永贵同志来黑龙江检查指导工作，先念同志指示我们不要过于依靠开荒扩大耕地面积去解决粮食增收问题。当时我代表省委提出，我们要“高产多收”和“多种多收”。先念同志肯定了我们“两条腿走路”的设想，并指示我们重点要把现在的耕地种好，开荒如果不搞林带，大风一来同样受灾。

我向小平同志汇报了先念同志的指示，小平同志完全同意先念同志的意见，并进一步就开垦荒地讲了很重要的意见。他说："大面积开荒要慎重。美国朋友韩丁举了世界十多个国家开荒的情况，认为大面积搞很危险。有的没有搞清楚，开了荒得不偿失，引起气候变化，发生黑风暴、风沙。我看很有道理。赫鲁晓夫在哈萨克开荒，不是引起黑风暴吗？这样还要影响别处的土壤。东北本来降雨量就少，这事要非常慎重。"小平同志介绍苏联的做法说，荒地可以开，开发的方法要研究。可以采取苏北一带建台田、条田的办法，一条田，一条水，像是建成岛子，一块一个岛子，把水分保存起来。他指示说，你们的开荒方针怎么样？影响后果如何？要搞一点儿调查研究，科学地处理。

对农业问题，小平同志还问了不少问题，作了很多指示。

他关切地问：农民收入多少？答：人均 80 多元。他指出，要腾出劳动力搞多种经营，农民才能增收。还说，工农业产品剪刀差的问题，必须解决。

他问：农村烧什么？答：大部分地区烧秸秆。他指出：秸秆可以大量造肥，光靠化肥不行。

他问：你们有没有磷矿？钾缺不缺？答：磷矿没有找到，钾肥也缺。他说，钢铁厂的炉渣是很好的造磷肥的原料。

听说我们在哈尔滨建了小乙烯厂，解决了塑料薄膜问题，小平同志很高兴，说用处太大了。

听说黑龙江1976年、1977年两年受灾，粮食挖了库存，他立即提醒我们说，农民口粮要保持。减口粮，伤元气，建国以来教训太多了。

小平同志强调要搞机械化。他说：全国搞机械化，我总是提倡一个地区一个地区打歼灭战，你们黑龙江应该是第一个。黑龙江土地面积多，土质好，尽管无霜期短，要搞机械化，包括打井喷灌。不要花那么大精力搞平整土地。

黑龙江国营农场多，小平同志赞成我们提过的“农场要工业化”的要求。他指出，农场不仅搞粮食，农场要变成工农联合企业。基本的是搞农产品加工、农业的技术改造。农场可以搞种子基地，建种子公司。国家收购农场的种子，供应其他地方，价格可以高一点儿。农场可以搞肥料工厂，养鸡、养猪，搞复合肥料。也可以搞工业品饲料，比如按鸡的大小配料，小鸡吃什么，半大鸡吃什么，大鸡吃什么，按科学配方。有了饲料工业，可以搞大养鸡场、大养猪场、大养牛场。然后再加工，蛋品的加工、肉食的加工、奶制品的加工，加工以后再卖出去。蔬菜基地也要工业化，可以搞脱水的工厂，就地脱水，保管起来，容易包装，容易运输，损耗低。搞工农联合企业，门路多得很，潜力非常大。不但国营农场要搞，各个大的城市周围都要选那么一些乡镇来搞……

小平同志的这些指示，具体、细致，又富于远见，解决了我们发展农业的指导思想问题。杨易辰同志回来后，我们结合贯彻中央的有关文件精神，落实小平同志和先念同志的指示。除了搞调查研究，掌握霜降规律，划了几条种植带外，我们根据黑龙江的实际，逐步实行了联产承包责任制，调动农民的生产积极性；发展畜牧业和农产品加工，提倡和鼓励多种经营。这些举措在实践中取得了良好的成效。

（三）关于全省工农业生产和经济发展问题。我们当时也看到一些制约黑龙江工业和经济发展的现象，如全省缺电 60 万千瓦，1/3 的企业每周只能开工三四天；再如重工业与轻工业比例严重失调，大量的原煤、原油和木材等原材料被调拨出省，而日用品主要靠从关内进货。当时全国的轻工业产值在整个工业产值中占 43.7%，而黑龙江只占 29.6%。这些情况，我在汇报中如实报告了。

小平同志高屋建瓴，他考虑了我们的困难，为解决黑龙江的电力问题，他同意把新造的两台 60 万千瓦发电机组，放在呼伦贝尔盟（当时归黑龙江省辖）的伊敏，搞坑口发电，以解决缺电问题。但他更多的则是从体制改革、加强管理和发展科技的角度，阐述了许多非常重要的思想。归纳起来主要是：

（1）按劳分配政策很值得研究。他指出，不能搞平均主义，平均主义害处太大了。经营得好的企业，对国家贡献大，应给予奖励，刺激技术水平、管理水平的提高。凡是经营得好的企业，工资水平要高一些，当前差别不能太大，但是集体福利要多一些。小平同志看得很深远，他把贯彻按劳分配原则，同培养技术工人、同以消费促进生产等联系起来。他说，提高工资水平，现在可以从改造好的企业做起，现在全国拿工资的职工1亿人，设想到1985年有2000万人平均工资到80元。起码四级工，六七十元一个月。更多的是五级、六级、七级、八级，这样平均可以到80元。现代化技术水平可不简单，没有一点儿科学知识、科学技术不行。如果平均工资达到80元，技术水平至少平均达到六级。工厂的工作就不会差。“文化大革命”前听到哪个工厂平均四级工，就知道哪个工厂的工作会不错的。很好的青年也可以提到八级。比如大庆那个仓库管理员（在大庆萨尔图仓库，小平同志观看了“活账本”齐莉莉及其徒弟、1977年才进厂的新工人曹新云等3名同志的摸料和查账表演），很好，现在恐怕只有40元钱一个月，她尽管年轻，应该定八级工，至少要定七级。这样鼓励人们学习、向上，这样按劳分配，他们的收入多，给国家的贡献更大。马克思主义讲供求关系。2000万人平均80元，他们的收入高一些，就要求吃得好一些，穿得好一些，住房也要宽一些，总之，生活条件要好一些。反过来就推动其他行业的发展，增加了工业商业的市场，刺激了经济的发展。到那时步子就能大一点儿。

（2）要解决上层建筑不适应新的要求的问题，首先是解决体制问题。他说，体制问题不解决不行。有好多体制问题要重新考虑。从总的状况来说，我们国家的体制，包括机构体制等等，基本是学习苏联的，现在是一种落后的东西了。人浮于事，机构重叠，官僚主义严重。一件事转圈子，行动非常慢。大庆要进口一件什么设备，本来经过党委就可以解决，就是上报、审批转圈子，定不下来，拖了一年。

小平同志说，现在要加强基层企业的权力。过去讲发挥两个积极性，无非是中央和省市。现在不够了，现在要扩大到基层厂矿。比如大庆，它引进的工厂，从头到尾应该由大庆自己负责。派人考察，同外国人来往，签订合同，每件技术怎么引进，怎么学会，都应该由大庆这个企业负责。引进的项目，要按人家定额办，就是要达到人家的定额标准。从德国引进一套 5000 万吨生产能力的煤矿设备，完全自动化，他们用 900 人。我说我们只加一个党委书记，901 人，他们说少了，我说加 3 个人。否则落后，人多了打架，而且搞得管理混乱。我们自己并不是没有好的经验。蒋南翔当高教部长兼清华校长时，从校党委、总支、支部，党委专职人员只有 7 个，剩下就是教学、科研人员，他们懂行，也是共产党员。清华办得很好，学生也多，一万两三千，出来的学生水平高，受欢迎。

小平同志语重心长地说，要加强党委的领导，党委要改进领导，党委领导搞不好就变成障碍，官僚主义发展了，这是一个很大的问题。总之，现在有一系列问题提到我们党委面前，首先是上层建筑同我们现在的基础不适应，水平太低。必须懂这一点，懂得这一点就有希望。凡是老企业都要逐步改造，逐步把上层建筑改造好。以那些改造好的作为样板，全国搞几百个样板，改造我们的企业。

（3）重视提高技术水平和管理水平。他说，我们决心下了，体制改革得比较适应，行动比较快，有效率了，剩下的就是技术水平、管理水平问题。一个企业管理得好不好大不一样。管理也是技术。我们不注意管理。我们搞了好多年工业的同志，并不等于会管理，这个还得学呀！实现四个现代化，现在中央下了决心，要大量吸收国外资金，引进新的技术，新的设备。恐怕要几百、上千个项目。问题是这些东西来了我们会不会管，我们能不能掌握，靠我们的本事。武钢 1.7 米轧机，是德国、日本的最新技术，现在搁在那儿不会管，逼迫我们要留一点儿外国技术人员，包括技术工人。现在日本工业要高中毕业生当工人，没有高中文化不行。我们技术落后，要从头学起，要大量培训年轻干部和技术工人。我相信，我们总会自己培养出合格的人才的。

对那些产品质次价高，不适合市场需要，大量积压而还在生产的工厂，小平同志毫不含糊地说，这种厂子要停，要坚决停产，不要造成更大的损失。干部、工人可以工资照发，组织学习，以提高技术水平和管理水平。

（4）“教育不注意不行了，科学研究不注意不行了”。9 月 14 日在大庆视察时，小平同志就问起大庆有没有计算机？每天开机几小时？听说每天只开 2 小时，他不满意，说那不同算盘差不多了，花那么多钱做什么。他指示要把计算机设备利用起来。9 月 15 日的汇报会上谈到这个话题时，小平同志又说：计算中心要统一规划。设想在东北可以先搞一个每秒 1 亿次级的，还要有千万次的、几百万次的，从大到小，大大小小配套起来，形成一个网，像电网一样。必须保证每天工作 24 小时，谁用谁出钱。小平同志的这些设想，现在都成为现实。但在几十年前，听来是很开窍很新鲜的。

小平同志的视察和谈话，当时就给我们很大的触动。结合贯彻国务院务虚会精神，省委常委于 10 月 20 日到 11 月 6 日也开了务虚会，讨论加速实现四个现代化的问题。会上，各部门负责人分别讲了自己的情况和意见，省委常委们也都在会上发了言。经过讨论，杨易辰在总结中，从学会按经济规律办事、管理体制、组织机构、干部配备、思想作风、善于学习和政治思想工作等方面，对如何才能更好地适应和促进工作重心的伟大转变作了部署。小平同志的这次视察和谈话，对黑龙江的工作在新的历史时期迈上一个新台阶，起到了直接的非常重要的指导作用。

实事求是评价大庆经验

在全面推进平反冤假错案和落实各项政策的过程中，一些人对大庆经验产生了怀疑。

大庆位于黑龙江省大同镇。1959 年 9 月，石油勘探人员在这里探得工业油流，并进而发现高台子油田。因国庆 10 周年临近，黑龙江省人民委员会决定将大同更名为大庆。1960 年，正值国民经济面临严重困难之时，党中央毅然决定在大庆地区开展石油勘探和开发大会战。在全国人民的支持下，石油战线的广大职工头顶青天，脚踏草原，艰苦创业，在三年多的时间里，建设起具有世界先进水平的大油田，为社会主义建设做出了巨大贡献。在会战中，涌现出一批敢打硬仗、勇创一流的英雄工人队伍，以及享誉全国的王进喜、马德仁、段兴枝、薛国邦、朱洪昌“五面红旗”。大庆人在艰苦创业的实践中，形成了一整套现代化管理企业的经验。1964年党中央和毛主席发出“全国工业学大庆”号召后，全国工交战线产生了一批学习大庆的先进单位和先进个人，产生了许多大庆式的企业。

但由于受“左”的思想影响，把大庆的一切经验都与阶级斗争、路线斗争联系起来，在学大庆过程中也出现了一些问题。特别是“渤二”事件发生后，就有人提出大庆经验还有没有意义，还要不要学大庆的疑问。“渤二”事件发生在1979年12月26日。这一天，石油工业部海洋石油勘探局渤海2号钻井船在渤海湾迁移井位的拖船作业途中翻沉，72名职工不幸遇难。事后，国务院对事故作出了严肃处理。石油工业部部长宋振明被撤职；主管石油工业的国务院副总理康世恩受到处分（后因康世恩同志在石油工业部的工作卓有成效，国务院在1982年6月撤销了对他的处分）；“渤二”平台上的负责同志被判了刑。这些同志过去都在大庆工作过，大庆人为此承受了很大压力。

1980年9月，我趁在北京参加五届全国人大三次会议的机会，给胡耀邦总书记写了封信。大意是说：在实现党的工作重心转移过程中，如何正确对待大庆经验和工业学大庆问题是一个很重要的问题。大庆的很多经验是好的，但并不是一切都是好的；学大庆运动基本上是好的，但也不是所有的地方都学得很好。我举了例子，比如说大庆还部分实行供给制，在大庆区内坐公共汽车不用花钱。过去曾有学大庆的口号：有条件要学，没有条件也要学。有条件要上，没有条件也要上。以后把最后一句改为：没有条件创造条件也要上。这些口号并不是大庆人提出的。大庆人自己也说：我们并不是最好的单位。发生“渤二”事件后，大庆感到压力很大。我在信中说：对工业学大庆问题，希望中央有个明确的意见，以便统一大家的认识。

耀邦同志看了信后，作了批示，批转给国家经委。1981 年 9 月 24 日，国家经委党组向中央书记处作了《关于工业学大庆问题的报告》。《报告》一开头就说：去年 9 月，耀邦同志对黑龙江省委李力安同志的一封信作了批示。信中提出对工业学大庆问题，要有一个明确的说法，以便统一大家的认识。我们认为，这样做很有必要。根据党的十一届三中全会的思想路线，实事求是地评价大庆经验，认真总结学大庆中的经验教训，正确对待工业学大庆运动，这对于调动工业交通战线广大企业和职工的积极性，坚持和发展我国自己的管理企业的好经验、好传统，继续正确地开展学先进的活动，有着积极的现实意义。《报告》认为：对大庆基本经验应该肯定；工业学大庆运动主流是好的，对其历史作用应该加以肯定。《报告》也指出，在工业学大庆、普及大庆式企业的运动中，在指导思想和具体组织工作上，也存在一些缺点和问题，如对大庆经验缺乏一分为二，说了一些过头的话；在普及大庆式企业中，存在着某些要求过急、降低标准的情况和一些形式主义的毛病；学习大庆经验，有些单位不从实际出发，生搬硬套，有的甚至提出“大庆怎么干，我们就怎么干”“大庆怎么迈步，我们就怎么走路”的口号。《报告》还对今后学习和宣传先进典型提出了一些意见。

12 月 18 日，中共中央以中发〔1981〕47 号文件转发了国家经委党组的报告。中央还写了一段很长的批语，对学大庆问题作了明确总结。批语说：

> 60 年代初，面对苏联霸权主义的封锁，大庆石油职工在极其困难的条件下，下定为祖国争光、为人民争气的决心，发愤图强，“两论”起家，建成了具有世界先进水平的大油田，结束了中国使用“洋油”的时代；70 年代初，在林彪、江青反革命集团严重破坏期间，他们坚强勇敢，排除干扰，大幅度提高原油产量，对国民经济在大动乱中仍能取得进展起了重要作用；粉碎“四人帮”以来，在老油区产量连年递减的情况下，他们千方百计，苦干巧干，实现了稳产高产，保持了年产原油 5000 万吨的水平，继续为国家做出了很大贡献。大庆石油职工自力更生、艰苦创业的实践，大庆油田不断前进和发展的历史，大庆广大干部和群众创造的一套我国自己建设和管理现代化企业的经验，表明大庆不愧为我国工交战线的先进典型，大庆职工不愧为我国工人阶级的先进部分。
>
> 应该指出，过去在长期“左”的思想影响下，把大庆的一切经验几乎都和阶级斗争、路线斗争联系起来，去总结，去拔高，总结一次，拔高一次，甚至把有些经验绝对化、模式化，在宣传和推广中出现了这样或那样的问题，这是在特定的历史条件下造成的，

主要责任在当时的党中央，在有关的上级领导。在指出这些问题的同时，必须肯定大庆的许多宝贵经验，仍然有着重要的现实意义。

大庆石油职工所以能够创造出那样的英雄业绩，为国家做出那样大的贡献，最重要的就在于他们继承和发扬了我国工人阶级的革命传统和优良品质，就在于他们有强烈的爱国主义精神和民族自豪感，有不怕困难、勇挑重担的革命英雄主义气概，有高度的国家主人翁责任感。他们的这种革命精神，充分体现了我国工人阶级的本色，在社会主义现代化建设的新时期，应该进一步发扬光大。

1981 年 12 月 26 日，《人民日报》发表新华社电，对中发第 47 号文件的主要内容作了报道。我认为，中央对学大庆问题的评价是及时的、准确的、科学的。1987 年，我已从黑龙江回到中央工作。当时，当代中国出版社出版了《康世恩传》，石油工业部请我去参加首发式。我在发言中说：《康世恩传》提到黑龙江省委第一书记李力安就学大庆问题致信耀邦同志一事。信是我写的，但当时我只是黑龙江省委常务书记，第一书记是杨易辰同志。我对此作了更正说明。

1990 年 2 月，江泽民同志视察大庆。他将几代大庆石油人创造并不断丰富的大庆精神概括为爱国、创业、求实、奉献，并将其基本内涵阐述为：“为国争光、为民族争气的爱国主义精神；独立自主、自力更生的艰苦创业精神；讲究科学、‘三老四严’的求实精神；胸怀宽广、为国分忧的奉献精神。”这个概括和此前中央对大庆的评价是一脉相承的。

在特殊的岁月里，大庆精神曾给中国人民战胜困难、奋发图强建设祖国提供了强大动力。在今后中华民族实现伟大复兴的征程中，我们仍然需要这种精神。我相信，大庆精神是永远不会过时的。

解决干部队伍“四化”问题

干部队伍革命化、年轻化、知识化和专业化，是新时期党的干部工作的一个大方针。粉碎“四人帮”后，最早提出要实现干部队伍年轻化的是小平同志。他也是实现干部队伍知识化和专业化的最积极的倡导者。

1979年6月26日，小平同志在五届全国人大二次会议四川代表团的讨论会上指出：现在要培养接班人，要在我们这些人还在的时候，就是这些受过苦难、经过革命战争、有经验的人还在的时候，找年轻的、合格的、不搞派性的人，尽早培养。这个问题不是一年两年就能解决的，可能要花三五年的时间。现在就要研究，要从调查研究着手，必须坚决解决。这是个根本问题，是关系到我们党和国家命运的大事。小平同志之所以把选拔中青年干部作为一项战略任务提出来，我想这与他深切认识到我们党在干部队伍上存在的问题是分不开的。

粉碎“四人帮”后，深受十年内乱之苦的大批老干部，通过落实政策和平反冤假错案，陆续回到原来的工作岗位或担负相当于原来职务的工作。大家心情舒畅，工作勤奋，一心一意想把被林彪、“四人帮”耽误的时间抢回来，这无疑是难能可贵的。但对各级领导班子如何适应现代化建设需要的问题却考虑不多，对选拔接班人的重要性和紧迫性还缺乏足够的认识，存在着“自然接班”的思想，选什么条件的干部接班，思想上也不够清楚。当时各省的领导班子中比较普遍地存在着年龄偏高、文化偏低、班子职数偏多的问题。拿黑龙江来说，1979 年 1 月选举产生的第四届委员会 17 名常务委员和 1979 年 12 月经省五届人大二次会议选举产生的 10 名省长、副省长，实际人数共 24 人，平均年龄 59.6 岁，具有大学文化程度的占 25%，高中文化程度的占 33.3%，初中以下文化程度的占 42%，其中 9 名书记平均年龄 60.7 岁，大学文化程度占 33%。

根据小平同志多次强调的选拔中青年干部、培养第三梯队的重要指示，中央组织部在 1979 年后半年着手进行部署，要求各省都要进行准备，提出相应的名单。

黑龙江省委接到通知后，很快对现有的地市委书记和厅局长进行考察，选中了六七个省委常委、省委副书记的培养对象，把具体名单上报给中央组织部。我估计当时各省的情况和我们大致差不多。中央组织部把各省市报来的材料集中后，向中央和小平同志作了汇报。小平同志说：现在提起来的培养对象看起来是好的，没有“三种人”，党性、实际工作经验是比较好的。但是，有两个问题。领导找干部的眼光太窄，主要是从党政机关的系统里去考虑，没有放开在大专院校、科研单位、工矿企业的知识分子中去物色人才；文化偏低，年龄也还偏大。应该解放思想，条件放宽一点儿。

小平同志的这些谆谆告诫，为我们选拔接班人指明了方向和重点，开阔了我们的思想，扩大了我们的视野，使我们从过去选干部只局限于自己周围和眼皮底下的狭小天地里走了出来。根据小平同志的指示精神，我们重新考虑省委、省政府的班子人选问题，在调整配备各级领导班子时，强调选拔优秀的中青年干部担任领导职务。从 1979 年到 1981 年底，全省有 509 名年富力强的中青年干部进入省、市（地）、县三级领导班子。其中，进入省委领导班子 55 岁左右的 3 名，担任市（地）党政一把手 50 岁左右的 6 名，担任县党政一把手 45 岁左右的 30 名。

比如说，陈俊生就是在 1981 年 10 月提拔为省委副书记的。这位同志 1927 年出生，1946 年参加革命工作，1947 年加入中国共产党。1957 年至 1967 年，他任省委第一书记欧阳钦秘书，在克山当了一年县委书记，后任省委宣传部副部长、省委常委、省委副秘书长。陈俊生长期在机关工作，非常重视学习，文字水平不错。“文化大革命”期间，他因拒绝揭发欧阳钦而被“靠边站”。1977 年后，陈俊生到齐齐哈尔市当了两年市委书记。1981 年底，省委决定提拔他为省委常务副书记。陈俊生表示有不少省委书记和省长过去曾是他的老首长，当常务副书记，排名在老同志前面，感到有不小的压力。杨易辰向中央组织部部长宋任穷反映了他这种顾虑。宋任穷说：那就让老首长首先表态嘛！在省委常委会上，老书记赵德尊、老省长陈雷等同志表示赞成。宋任穷同志当时是非常支持提拔年轻干部的。

到 1982 年，党中央进一步加大培养和选拔中青年干部的力度。这年 10 月 26 日，中央对省级领导班子的配备提出几点原则意见。一是人员配备要精干。二是坚决执行德才兼备的原则。领导班子每一个成员都要能够胜任所担任的职务。党委常委和政府领导班子中，要有熟悉工业、农业、文化、教育、科学技术等方面的人才；具有大专文化程度（或确实相当大专文化程度）的，要占 1/3 左右。要大胆选拔一批德才兼备、年富力强、能够开创新局面的干部进入省、市、自治区一级领导班子。选拔干部要扩大视野，从各方面不拘一格选拔人才，不要只限于从党政系统逐级选拔。三是按照中央规定掌握好干部任职年龄。进省、市、自治区一级领导班子的对象要着重从 55 岁以下的优秀干部中挑选，年满 60 岁的，一般不要作为选拔对象。中央成立了以宋任穷同志为首的指导小组，在中央政治局和书记处领导下，负责指导省、市、自治区一级机构改革和领导班子配备工作。与此同时，指导小组还抽调一部分同志作为工作人员，到省、市、自治区了解情况，调查研究，帮助工作。

为配合中央的部署，黑龙江省委组织了以我为组长的 15 人领导小组，责成省委组织部，开展调查研究，认真考察、筛选比较年轻的、思想政治素质好的高级知识分子到省级党政领导岗位上来。我们发出通知，发动地市厅局大胆推荐进省级党政领导班子的对象，年龄在 50 岁左右或 50

岁以下，大学文化程度，中共党员和非党干部都可以考虑。通过海选，全省共提了 600 人。经过几次筛选，选出 18 人。最后考核后，确定 6 人，选拔了李根深、靖伯文、朱典明、王耀臣为省委常委，王连铮、安振东为副省长。

在 6 名人选中，李根深毕业于上海交通大学，留苏副博士，当时是 703 研究所所长，汽轮机专家；靖伯文是哈尔滨工业大学副校长；王耀臣是哈尔滨工业大学教授，擅长俄文。他们 3 个人当时都是 52 岁。朱典明是船舶学院院长助理，47 岁；王连铮是省农业科学院院长，52 岁；安振东是哈尔滨第二轻工业局总工程师，非党人士，大专毕业。

当时，各省和黑龙江一样，都在大力进行中青年干部的提拔工作。中央组织部部长宋任穷将部里的日常工作交给陈野萍，自己带着办公厅主任杨法陶，住在京西宾馆，专门负责各省的班子调整和干部提拔。我记得，我和杨易辰在 1982 年、1983 年到北京向他汇报了两次。第一次汇报时，宋任穷跟我们讲：省委班子的调整、提拔要大胆一点儿。现在出现了一个四川模式。当时谭启龙任省委第一书记，68 岁；第二书记鲁大东兼省长，67 岁。他们主动报中央退下来，只当省委常委，推荐年富力强的原省委常委杨汝岱任省委书记，常委杨析综任省委副书记兼省长。中央批准了谭启龙、鲁大东的请求，下发了调整四川省领导班子的通知，并规定省委不设第一、第二书记。

迟一段时间，我们第二次向中央汇报工作时，宋任穷高兴地对我们说：现在又有一个湖北模式了。1982 年 9 月，湖北省委第一书记陈丕显调中央，任中央书记处书记。他调走后，当时 52 岁的中国人民银行湖北省分行行长关广富被提为省委书记。由此也可看出中央提拔中青年干部的力度。

大概在 1982 年冬，我们把黑龙江省委、省政府班子调整的名单报上后，中央批准了。一次提拔 6 名高级知识分子进省委、省政府领导层，这个举动很快在许多省、自治区引起震动。而对安振东的提拔，尤其引人关注。安振东是天津人，1951 年初在河北工程学院毕业后，分配到齐齐哈尔铁路局电务处工作，1954 年晋升为工程师。他在肃反运动中被错定为“历史反革命”，于 1958 年被判处 7 年徒刑，1964 年 4 月提前获释。安振东出狱后，参与了哈尔滨整流设备厂的筹建工作。在 70 年代，该厂党支部书记陈秀云顶着挨批斗的风险，大胆启用安振东，使一个濒临停产的工厂绝路逢生。十一届三中全会后，安振东的冤案得到平反，齐齐哈尔中级人民法院在 1979 年 5 月撤销原判，宣判他无罪，恢复原职原薪。安振东感慨万分，赋诗一首：“风雨飘摇日月流，肝胆相照十几秋。党恩群情深似海，为民为厂志未酬。”整流设备厂的老工人们也写了一副对联，夸赞厂党支部“有胆识骏马，无畏护良才”。安振东以后又担任整流设备厂的工程师、副厂长，后提升为哈尔滨市第二轻工业局的总工程师。

在选拔安振东的时候，我特意找了哈尔滨二轻局党委负责人谈话，听取意见，他们都表示大力支持。我还跟安振东本人谈了话。1983 年 4 月，安振东在黑龙江省第六届人民代表大会上当选为副省长，分管工交工作。他很激动，认为这是党组织对他的莫大信任，工作热情非常高。有一次，他花了几个月的时间，做了一个省政府关于工业发展的计划，但这个计划在省长会上被否了。他很不服气，找我诉苦。我肯定了他的工作积极性，跟他说：工业发展计划是一件大事，不能操之过急。在拿到省长会之前，应多跟各位会议成员沟通，征求他们的修改意见。他觉得我说得有道理。以后，这个计划在省长会上获得通过。但没想到，发到各地市后，下面还有一些意见。他又来找我，情绪有些低落，说还是回去当他的总工程师好了。我给他做思想工作，鼓励他坚持下去。因为这件事，我们彼此间建立起了信任和感情。

大概在 1982 年，中央在北京召开工业会议，安振东代表黑龙江参加。九三学社知道他是一名非党人士，特意找到他，希望他参加九三学社。安振东为此给我打电话，对我说：我不想参加九三学社，我要参加中国共产党。我说：当年你要是共产党员，还不一定能当得上副省长，因为我们就要选一位非党干部当副省长。参加九三学社，一样可以继续拥护共产党的方针政策。他接受了我的意见。1983 年 12 月，安振东当选为九三学社第七届中央委员、副主席。1984 年初，《人民日报》记者要采访他，他又来征求我的意见。我建议他谈谈个人的经历，从个人的经历来反映党对知识分子的重视。1984 年 1 月 4 日，《人民日报》在第一版以《主人翁的信念》为题，发表了对安振东的访问录。安振东讲述了个人的曲折经历，也满怀深情地回忆起陈秀云及各级党组织对他的培养和教育。访问录的最后一句话说："党需要知识分子，知识分子更需要党！"我想，这的确是安振东的肺腑之言。

对陈秀云大胆使用安振东，我很赞赏。我曾对她说：只有无私，才能无畏，只有无畏，才能把党的知识分子政策落到实处。我把陈秀云无畏护良才的事迹作为典型，号召各级领导和组织部门的同志向她学习，作新时代的"伯乐"。1984年初，我在接受《人民日报》、新华社记者采访时说：现在，与其说我们缺乏知识分子，缺乏新时代的千里马，还不如说更缺乏新时代的伯乐，更缺乏像陈秀云这样的党的干部。"十步之泽，必有芳草；十室之邑，必有忠士。""我们希望有更多的像安振东这样的新时代的好干部，也希望有更多的像陈秀云这样的新时代的伯乐。"陈秀云和安振东的事迹在全国引起积极反响。《光明日报》《人民日报》等报刊先后发表报道和评论，号召认真落实党的知识分子政策。3月25日，我邀请省城部分知识分子开了个座谈会。我提出："全国学习安振东、陈秀云，我省怎么办？安振东、陈秀云是在同群众一起战斗中成长起来的，是广大知识分子和优秀干部的代表。我们各级领导干部都要充分发挥他们的种子作用，让他们的思想和工作经验，在全省开花结果，让全省涌现出千万个安振东、陈秀云。"

应该讲，1982年底提拔的这6名干部，政治思想和工作能力都还是不错的。他们被提拔后，初步改变了原来省委、省政府领导班子的年龄结构、知识结构和专业结构，给新班子带来了朝气和生机。这在思想没有解放之前是不能想象的。这也是实现领导班子"四化"的一个可喜突破。

但事后回想，我感到自己的思想还是不够解放。

1983 年 2 月，黑龙江省委第一书记杨易辰调中央另行分配工作，7 月，我当选为省委书记，主持黑龙江省委全面工作，并担任省军区第一政委。这个时候，由于中央推行干部离休、退休制度，省长陈雷、省委副书记李剑白、王一伦、陈剑飞、赵德尊、王路明、王钊等大批老干部退出领导岗位，省委副书记陈俊生调任全国总工会副主席，省委准备提拔的尉健行（1981 年被选拔为哈尔滨市委副书记、市长）也调任全国总工会。省委只有我和省长侯捷是正副两个书记了。在这种情形下，必须再提拔一批德才兼备、有经验的中青年干部。经过前一段时间的实践，我们的思想也比原先更解放了，力度也更大了。我们从地市委有大专文化的年轻副书记中提拔了陈云林、刘成果、白景富三位同志进入省委班子。

陈云林，1941 年生，1966 年 5 月加入中国共产党，北京农业大学毕业后在齐齐哈尔工作，1983 年 4 月至 1985 年 3 月任齐齐哈尔市委副书记、市长。白景富，1945 年生，河北丰润人，1973 年 4 月加入中国共产党，吉林大学法律系毕业。1983 年 9 月至 1985 年 3 月任七台河市委副书记。刘成果，任绥化地委书记两年。省委常委会讨论他们的任职时，大家一致认为这三位同志思想政治作风及群众威信都不错。有的同志认为，他们担任地委副书记才两年，这么年轻，可先提到省委，任几年常委，锻炼观察一下再提。经再三讨论，多数同志认为，他们基本条件够格，看准了，就直接提任省委副书记吧。通过后正式报告中央，1985 年

3 月中央批准陈云林、刘成果任省委副书记，白景富为省委常委、政法委书记。这几位年轻同志工作很好，几年后，陈云林调任中共中央台湾工作办公室主任、国务院台湾事务办公室主任；刘成果调任中央农业部副部长、党组副书记；白景富调任中央公安部副部长、党组副书记。

1991 年我去上海，见到 80 年代任上海市委第一书记的陈国栋同志、第二书记胡立教同志。我对他们说，1982 年我们提的几位年轻知识分子干部，现在已经到退休年龄了。你们提的吴邦国同志已任市委书记，黄菊同志任了市长（他们二人以后又担任了中央领导职务）。我比你们的思想政治水平差了十丈。这一事情给我的教训是，对年轻干部必须早发现好苗子，早压重担子，才能早早成长起来，不早培养年轻干部，不只耽误了许多干部的成长，而且要耽误党的事业的发展。

80 年代初期，我们党在干部队伍进行的这场大规模的新老交替，把一大批优秀的中青年干部选拔进各级领导班子。当年小平同志从国家长治久安和社会主义现代化建设大业出发，提出干部队伍“四化”建设的问题，有步骤地实现新老干部的交替，的确是高瞻远瞩。当我回忆起这段历史的时候，就更能深刻地感受到小平同志的深谋远虑和这个战略措施的重大意义。

在改革开放的日子里

我是在 1983 年 7 月黑龙江省委五届一次全体会上当选

为省委书记、主持黑龙江省委全面工作的。我想谈谈 80 年代初期黑龙江的改革与开放。

黑龙江是祖国的边疆大省，也是农业大省，历届省委都很重视农村、农业、农民工作。1983 至 1984 年，是黑龙江省委解放思想，推行、稳定和完善农村家庭联产承包责任制，加快农村改革的两年。由于过去思想不解放，黑龙江省包干到户、包产到户的普遍推行比别的省份晚了，但它最终还是成为黑龙江省农业生产责任制的主要形式。老百姓把省委的这一举措形象地称为“开闸放水”。

记得在 1983 年 9 月省委工作会议安排今冬明春农村工

在中共黑龙江省第五次代表大会上作报告

作时，我特别提出要抓好总结和完善发展家庭联产承包责任制，这是一个新事物，以此为中心，研究解决农村工作中的新问题。它确实像一把钥匙，把调动农民积极性的大门打开了。黑龙江省普遍实行以来，各方面都发生了很大变化，农民群众的思想活跃起来了，生产上有许多新创造和新发展，同时也出现了许多新矛盾，提出了许多新课题。这就要求各级领导因势利导，深入农村第一线，认真开展调查研究，同群众一道总结经验，研究问题，使农村这场生产关系的伟大变革健康地向前发展。我提出全省要自下而上地开展以家庭联产承包责任制为主要内容的大讨论、大总结。例如：怎样把家庭联产承包责任制的长处同发挥农业机械化的优势紧密结合起来，不断探索和完善适应我省农业生产特点的联产承包的具体形式；怎样引导农民分工分业，积极推进专业户、重点户的发展；怎样推广各种形式的开发性承包，开辟新的生产领域；怎样组织好商品流通的各项服务工作；怎样处理土地承包和农村牧副渔业承包的关系；怎样认识和正确对待联产承包的发展趋势；等等。从而使干部群众坚定地相信党的农村根本政策的长期稳定性，把生产积极性进一步调动起来。在实际工作中，承包合同一定要兑现，承包期不宜过短，以利承包者作长远打算，还要认真总结、因地制宜推广能够提高产量和经济效益的各种有效措施、耕作制度，特别是旱作农业的增产经验。

1983 年 11 月，省委印发了《关于稳定完善家庭联产承包责任制若干问题试行办法》，对土地承包和经营管理、农机与耕畜的经营和管理、扶持专业户、土地开发性承包、社会化服务、集体留成和负担管理、农田基本建设和集体用工等10个问题作了明确规定，初步完善了家庭联产承包责任制。1984年，全省实行家庭联产承包责任制的生产队达98.7%，承包的农户占农户总数的92.7%。谈到实行家庭联产承包责任制，持质疑态度者大多会想当然地认为或指责：当时农业机械化水平最高的黑龙江因此流失农机和造成劳作方式落后的问题。事实上，当时的大农机主要集中在农垦系统的国营农场，他们的管理体制没有变化。与此同时，我们在推行家庭联产责任制时，注意了公社和大队的农机问题，采取了相应的措施。到1984年农机管理体制也由集体经营基本上改为个人承包或机组承包，农民自营的拖拉机达12.5万台，占总数的81.3%。经过40年的发展，2018年黑龙江省农村综合农业机械化水平达到96.8%，比40年前提高57.9个百分点，高出全国平均水平30个百分点；大型农机装备拥有量仍然是全国第一，农机利用率全国第一，成为全国农业机械化排头兵。

家庭联产承包责任制的推行，引起经济生活的显著变化，也酝酿着农村人民公社体制的变革。1983年10月中共中央、国务院发出实行政社分开、建立乡政府的通知后，省委、省政府随即召开工作会议，全面展开政社分开和建乡的工作。到1984年9月，全省共建1162个乡（镇）政府，作为基层政权；全省农村生产大队改为村民委员会，作为群众性自治组织。至此，政社合一的人民公社体制不复存在。

到农村考察农业生产

1985 年 5 月 6 日，在木兰县检查工作时走访专业户。

1985年，随着农村改革步伐的加快，全省农村经济充满生机，出现了欣欣向荣的形势。这年1月1日，中共中央、国务院发出了《关于进一步活跃农村经济的十项政策》，决定改革农产品统购统派制度，从1985年起实行合同订购和市场收购。这个一号文件确定了1985年农村改革的中心课题：改革统派统购制度、调整产业结构。我曾要求全省都来做搞活经济的大文章，自己也在琢磨如何打破城乡分割、封闭型的旧模式，走出一条城乡结合、共同繁荣的新路子来。新华社《国内动态清样》刊登的《李力安同志说贯彻中央一号文件搞活农村经济必须正确处理好六个关系》一文，算得上是我在多年实践工作中的一点儿经验和体会吧。这六个关系是：1. 各地各部门都要认真学习今年中央一号文件，正确处理好原则和变通的关系；2. 要紧紧围绕加速发展农村生产力这个中心，正确处理好当前和长远的关系；3. 对山区、林区要进一步放宽政策，同时要正确处理好放开与管理的关系；4. 在加快小城镇建设中，要正确处理好发展和建设的关系；5. 尊重和重视人才，正确处理好使用和引进的关系；6. 在发展商品经济中，要正确处理好速度和效益的关系。

农村改革也推动了城市经济改革迈出了重大步伐，其标志为1984年10月20日党的十二届三中全会的召开及其通过的《中共中央关于经济体制改革的决定》。11月15日，黑龙江省委召开五届四次全会（扩大）会议，传达贯彻中央精神，强调要继续解放思想，加快改革步伐，围绕搞活企业这个中心进行经济体制改革。会上，黑龙江许多大中型企业负责人对《决定》反响很热烈，提出了改革的迫切要求。哈尔滨、牡丹江市大厂的代表要求放宽政策，把职工收入同企业经济效益挂起钩来；要尽力减轻企业负担，给企业更多的自主权，原材料涨价要合理。他们反映：越是大企业、盈利企业，上边看得越紧，抓得越死，这些企业动弹不得，松动不得。包括盈利企业在内，特别是大厂，对职工的生活欠账很多。哈尔滨轴承厂是一个万人大厂，60年代以前的职工才有资格参加分房排队。这样的企业盈利了应该允许给职工还一还生活欠账。还有的说：现在上边规定了不少不合理的规章制度，对企业限制得很死。盈利的企业花自己的钱都做不了主。大厂普遍反映，他们在奖金上想拉开距离，或者搞点儿浮动工资，定个什么事情等，因为企业大，保不住密，事情很快就反映到上边，还有上边各监督部门的驻厂人员，所以企业越大，搞点儿创新或者实验也就越难。他们恳切希望上级对各大企业能多帮忙，多指导，少一些不合理的干预。

根据与会代表的呼声，我们决定加快厂长（经理）负责制的改革试点工作，1984 年底共有 88 户国营企业进行了这项改革。省委、省政府还提出给大中型企业技术改造和技术引进的权利，规定一定的引进项目由企业自行决定，有关部门在用汇、谈判、出国考察等方面简化审批程序，提供方便条件；有计划地提高固定资产折旧率，并将折旧基金大部分或全部留给企业用于技术改造；对技术改造任务重的企业适当减免调节税，并在财务、资金管理方面采取变通办法，促进企业提高经济效益；支持企业在保证完成国家计划的前提下，实行“一主多副”，发展多种经营；在一部分工业企业试行联销、联利、联质的“三联”计奖计酬办法，变控制工资总额的绝对数为控制工资总额的比例数，取得经验后逐步推广，等等。省委五届四次全委扩大会议后，黑龙江省的城市经济体制改革全面展开。1985年，省委、省政府下发了一系列放权文件，按照政企分开、所有权和经营权适当分离的原则，从理顺国家、企业和职工的关系入手，大力推行各种形式的承包经营责任制、厂长（经理）负责制和租赁制、股份制改革和企业劳动工资改革，积极探索搞活企业的路子，调动了企业和职工的生产积极性。

20世纪80年代初期，黑龙江省的对外开放工作较之沿海和内地先进省份还有一定差距，仍然是经济发展中的一条短腿。由于地处边远地区，经济相对封闭落后，没有大规模对外的综合口岸，在激烈的竞争中，显得很不利。我曾在1984年底省委五届四次全委（扩大）会议上呼吁：希望全省各级领导同志都要有一个清醒的认识，早做安排。各市和有条件的县要利用自己的资源、产品或其他优势，以打进国际市场为目标，尽快同14个沿海城市建立联系，设立“窗口”。通过各种渠道同外商、港商的经常性业务联系，采取一些优惠政策和富有吸引力的措施、办法，搞好技术、资金、人才、设备和管理经验的引进。

在我看来，开放，也包括省与省之间，地区与地区之间，县与县之间的开放。开放的实质就是要打破长期形成的封闭式的自然经济观念。我们要千方百计把黑龙江的产品打到外地去，占领一些市场，像海伦、肇东的豆腐那样在北京、上海、广州等地占有一席之地。外地的产品要允许人家进来，允许人家同我们竞争，使我们的企业、我们的干部在竞争中认识自己，在竞争中增长才干，在竞争中求生存求发展。

1985 年五六月间，我带队用了 20 天左右的时间，到江苏、浙江考察和学习发展乡镇企业的经验。在徐州，我看到一个木材加工厂，主要生产镜框。我问他们：木材从哪来？没见到你们这里有森林啊。他们说原料来自黑龙江。在萧山，听说那里在外地的采购员变成情报员、推销员，就有 1 万人。按规定，他们在 3 天内就得给家打一个电话，传递信息。一位乡镇企业负责人跟我们讲，1981 年电影《西安事变》公映后引起轰动，影片中东北军的深绿色军服，成了老百姓眼中的时髦服装。信息员传回来了这么个信息。厂家随即让信息员把那样的军服颜色、料子弄一块回来，据此进行加工生产。这位负责人说：就这一条信息，我们赚了 100 万元。在绍兴，当地用煤从山西进，问他们为什么不从较近的地方进。人家回答：山西是块煤，拉到家浪费小，较近的地方是面煤，耗损大。这次参观考察，让我打开了眼界，深受触动。我向省委常委们讲了自己的感受说：人家资源缺乏，就从外地进，我们的木材让人家拿去搞深加工，我们为什么不能搞深加工？人家那么注重信息，要求 3 天就得打回一个电话，而我们不让打长途，怕浪费。人家处处精打细算，用煤要算一个卡路里热量要少花多少钱。对比起来，我们的差距太大了。我们真得认真想一想我省的资源条件那么好，为什么多年来乡镇企业发展不够快？这确实需要我们进一步转变领导作风，多做些调查研究，少讲空话，多干实事，找出差距，迎头赶上。从江浙考察回来后，我们开了乡镇企业工作会议，克服保守思想，千方百计发展乡镇企业。

现在看来，黑龙江乡镇企业起步较晚，和我们缺乏市场意识有关。黑龙江是实行计划经济最早的省份之一，苏联援助我们创建的156项企业，黑龙江占了22项。人们找工作、当干部，都喜欢上国营，到大集体还不高兴。80年代，在黑龙江弹棉花的、修鞋匠和搓澡工，多是江浙人。养蜜蜂的随着气候变化从南方跟到北方，带着老婆孩子，就在野外支起帐篷。像这样的活儿，我们黑龙江人不干。我曾跟哈尔滨市委第二书记王钊说：别的不行，咱们钉个鞋总行吧？能不能买些钉鞋的机器，把咱们没有工作的青年组织起来。可谁也不干，觉得挣钱不多，还丢人。用通俗的话来说，大钱挣不来，小钱还不挣。和黑龙江不同，苏南地少人多，一向有个体经济的传统，政策一放开，他们的潜力就激发出来了。后来那些脑子灵、见识广的信息员、采购员都变成了企业家。

黑龙江省边区的开发与边境的开放也有一个过程。

1984年6月下旬到7月上旬，我到合江地区的5个县和三江平原的红兴隆、建三江等部分农场考察工作。三江平原耕地面积占全省的23%，每一农业人口占有耕地12.6亩，每一劳动力负担耕地49亩，农业机械化程度较高。这是我省重点开发的新农区。三江平原地势较低，常发生水涝，我们把湿地也当作荒地，每年都列有开荒计划，排水种麦。但涝了排，排了还涝。三江地区原来的主栽作物是大豆、小麦，均占总播种面积的30%以上，水稻种植并不多。在考察中我说：既然旱路不通，就走水路，要充分利用三江的水资源。这个想法在考察结束后写进了《关于合江边境地区的开发建设问题的调查报告》。我在报告中还提出：要彻底改变“以粮为纲”的单一经营思想，大力发展多种经营，走综合发展道路；调动千家万户发展林业生产的积极性；抓好交通建设；逐步建立起以加工本地资源为主的工业结构，形成拳头产品；千方百计增加财力，解决资金不足问题；搞好智力开发，大力培养和引进人才。以后经过努力，三江地区成了水稻的重要产区。1983年至1985年，黑龙江水田播种面积分别为369万亩、417万亩、585万亩，水稻产量分别为91.5万吨、124万吨、162.9万吨。现在，黑龙江已经成为全国最大的水稻种植区，农业生产获得了巨大的发展。

黑龙江和苏联有长期边境贸易和民间贸易的历史。根据十一届三中全会“对外开放、对内搞活”的方针，省委决定发挥黑龙江省毗邻苏联的地缘优势，以边境贸易为依托，积极开拓对苏经贸合作和国内横向经济联合，不断推进沿边对外开放。自1982年11月黑龙江省国外贸易总公司与苏联远东贸易公司签订贸易协定后，黑龙江全省边境贸易开始恢复和发展。1984年8月10日至16日，我陪同耀邦同志在黑龙江省的边境地区、三江平原地区视察。耀邦同志对边防工作的总方针作了阐述，概括起来是4句话、32个字。即力争长期睦邻友好，不怕任何侵略扩张，不要别国一寸土地，不给别国一寸土地。关于边境的建设，耀邦同志给合江题了“开发三江，兴边富民”8个字。

这年10月，全省边境工作会议召开，传达、贯彻耀邦同志在视察期间所作的重要指示。会议指出：边境地区资源丰富，发展潜力大，是有待进一步开发的宝地；开发黑龙江，很大程度上就是开发黑龙江省边境地区，这是90年代实现黑龙江省经济起飞的重要因素。我在会上作了《改革开放，兴边富民》的讲话，认为这8个字，不仅是合江地区，而且是黑龙江省整个边境地区，乃至全省经济发展的指导思想，边境市县担负着开发建设边疆的重任，在边疆地区工作的干部要当好开发建设边疆的带头人，力争在三五年时间里，使边境地区面貌有个明显的变化。会后不久，《黑龙江省人民政府对客商投资举办企业实行优惠政策办法的若干规定》在1985年1月出台。从1983年到1985年，全省对苏联进出口贸易额年均增长21.6%。边境口岸也由3个发展到9个。边境贸易的恢复和发展，推动了全省利用外资和对外经济技术合作的快速发展。

老搭档杨易辰

我是1964年到黑龙江工作后认识杨易辰的。我们共事多年，在1977年末我们曾共同搭建黑龙江省委班子，合作得很愉快。在这里，我想费点笔墨谈谈这位老搭档。

杨易辰是辽宁法库人，1914年3月生，1935年考入北平中国大学，1936 年 9 月加入中国共产党。他和任仲夷是同时入校的中国大学校友，都参加过“一二·九”运动，杨易辰是中国大学中华民族解放先锋队大队长。抗战爆发后，杨易辰组织了北平学生移动剧团，南下宣传抗日救亡。抗战胜利后，他从冀南率地方干部团赴东北工作。1948 年 11 月东北全境解放，他先后担任辽西省人民政府主席、辽西省委书记。1954 年“高饶事件”后，中央对全国行政区划做了一次大调整，撤销辽西、辽东两省建制，合并设置辽宁省；松江省与黑龙江省合并，撤销松江省建制。小省并大省后，杨易辰担任过黑龙江省副省长、省委书记处书记。

在黑龙江省副省长的任上，杨易辰长期分管财贸。因工作的关系，陈云、李先念同志对杨易辰很了解、十分信任和欣赏他。“文化大革命”开始后，黑龙江省委第一书记潘复生支持红卫兵造反，1967 年 1 月黑龙江省造反派夺了省的领导权不久，潘复生任革委会主任，我和杨易辰等省委书记处书记都“靠边站”了。周总理向潘复生提出：杨易辰是可以结合的干部。潘复生找杨易辰谈话，要他承认执行了反动路线，得有这么个检讨，才能实行“结合”。两人话不投机，争论得很厉害。杨易辰说：20 年后咱们看到底谁执行了反革命路线！然后拂袖而去。杨易辰不仅没有被“结合”，次日即被斗争，被下放到农村去劳动改造。先念同志曾这样评价：杨易辰这个人搞阳谋，不搞阴谋，他有什么问题都摆在桌面上。

1971 年潘复生被免职审查，汪家道任省委第一书记，刘光涛任省委第二书记。这时候，周总理、先念同志又提出：杨易辰能不能解放？这个老同志是好的，有能力，可以让他进省委常委。于是，汪家道让省委书记处书记张林池找杨易辰谈话，大意是要有个检讨，承认犯了“走资派错误”，就可以进常委。杨易辰说：我没有犯“走资派错误”。进长（常）委，短委我也不进！因为这个强硬的态度，杨易辰在 1971 年 8 月召开的中共黑龙江省第三次代表大会上只选为省委委员，算是解放了，没能进常委。他每天背着小背包，到哈尔滨汽轮机厂蹲点，待了一年的时间。

“九一三事件”后，一批老干部的工作得到恢复，当然，他们中的不少人仍戴着“犯走资派错误”的帽子。我从中组部“五七”干校受审查后回到黑龙江几个月后，省委任命我为省革委会政治部主任，杨易辰从 1972 年起担任省革委会生产指挥部副主任。刘光涛让张林池跟我们讲：中央有

与杨易辰在镜泊湖上

指示，老干部犯了错误，恢复工作后，职务安排要低一点儿，担子和责任要压重一点儿。这番话的意思是还要考验考验我们。杨易辰反驳道：职务放低一点儿，担子还能压重吗？杨易辰在政治上坚持原则，敢于公开斗争，我非常佩服他，我远不如他。

粉碎“四人帮”后，中央对黑龙江省委进行改组，于1977年12月初免去刘光涛省委第一书记职务，任命杨易辰为省委第一书记，要我提前结束在中央党校的学习，回省委工作。原中国科学院核心小组副组长王光伟和我是党校的同班同学，毕业后重新分配工作时，他表示自己过去曾在黑龙江干过，愿意再到黑龙江。杨易辰同意了。不久后，王光伟任黑龙江省人民政府秘书长，后任副省长。还有一位干部叫王路明，20世纪60年代是河北省委书记处候补书记。“文化大革命”期间，他受到批判。粉碎“四人帮”后，王路明提出要到黑龙江工作。杨易辰说：只要愿意来的，都欢迎。王路明在80年代初期任黑龙江省委书记处书记、副省长，分管农业。杨易辰能团结同志，大家相处不错。

20世纪60年代困难时期，中央对省部级干部定量地供应一点儿白糖、黄豆等食物补助。当时黑龙江省委招待所和平村也设有一个小卖部，对领导干部出售特供食品。杨易辰主持工作以后，他提出并经省委讨论，决定取消党政领导干部特供食品的待遇，只保留高级知识分子、老红军和非党干部的这些照顾。这件事在省内外产生了一定影响。当时哈尔滨医科大学有位党外人士的副校长对我说：省委保留我们的待遇，但是我们的党委书记是从延安来的老同志，把他的待遇取消了，我们还能吃得下吗？要取消干脆都取消了，要么也给他保留。我跟他做了解释。对共产党这种严于律己、照顾党外人士的风范，他很受感动。黑龙江省委的做法，对别的省也产生了触动。我记得某省委有个同志给我们写信，表示不满："黑龙江这么做，那我们怎么办呢？"在省委书记任上，杨易辰对自己要求严格，生活很朴素，是有目共睹的。他的三个孩子结婚，我们大家都不知道，更别说请客送礼、大操大办了。杨易辰在在这方面起了带头作用，省委别的同志也都以他为榜样。我的两个儿子结婚也都是骑自行车接新娘的。

70 年代末 80 年代初，中国农村改革起步的时候，中央对于包产到户的认识有一个发展过程，也允许各地按照本地不同情况作不同的选择，进行不同的探索。1979 年 9 月，十一届四中全会通过的《关于加快农业发展若干问题的决定》，还只肯定某些副业生产的特殊需要和边远山区、交通不便的单家独户可以实行包产到户，一般并不加以提倡。但是由于包产到户在实践中取得的明显增产效果，这个带有限制性的政策很快被突破了，中央发了《关于进一步加强和完善农业生产责任制几个问题的通知》（中发〔1980〕75 号）提出：推广责任制要因地制宜，分类指导；允许有多种经营形式、多种劳动组织、多种计酬办法同时存在，不可拘泥于一种模式，搞一刀切；包产到户是联系群众、发展生产、解决温饱问题的一种必要措施。75 号文件实际上使包产到户有了合法地位。1980 年 9 月，中央召集各省、区、市委第一书记会议，对包产到户问题进行专题座谈。在这次座谈会上，杨易辰提出，黑龙江人均耕地较多、农业机械化程度较高、合作化历史较长、集体经济比较巩固，对农业责任制的领导和宣传不要搞一刀切。贵州省委书记池必卿认为贵州山多地少，农业基础弱，力主包产到户。在休会时，池必卿以个别谈话的方式，同杨易辰约定：我们可否达成一个不成文的协议，你走你的阳关道，我们走我们的独木桥，互不干预？杨易辰表示同意。11 月中旬，《人民日报》发表了反映 75 号文件精神的长文《阳关道与独木桥》。该文以杨易辰和池必卿的对话为引子，阐述了包产到户出现的必然性和发展的必要性。文章发表后，在社会上引起很大的反响。

应该讲，当时黑龙江省委的意见和杨易辰是一致的。我们认为黑龙江地广人少，64%的农村人口，拥有 1.3 亿亩土地和全国 1/3 总数的拖拉机，农业机械化程度高，应坚持以集体为主。在那些“三靠队”（指生产靠贷款，吃粮靠返销、生活靠救济的生产队），可以实行包产到户或包干到户。到 1981 年，省委对包产到户放宽了。记得 1981 年 9 月，我受省委委托，到杜尔伯特蒙古族自治县的一个生产队调查，肯定了这里的联产到户生产责任制的做法。这一年，各地对联产计酬责任制落实得比较快，并且有了发展，既有农机联产责任制，机械作业同手工劳动联产承包责任制，统一经营，农业科技联产责任制等主要形式，在适宜的地方也搞了包干到户、包产到户、口粮田、责任田等多种形式的生产责任制。1982 年至 1986 年，中央连续 5 年发布指导农村工作的 1 号文件，推动农村改革取得突破性的进展。1982 年底，家庭联产承包责任制在黑龙江全省普遍推行，很快取得成效。

尽管和别的先进省份相比，我们对包产到户的试行和推广工作晚了两三年，但省委带领地县干部共同总结经验教训，转变思想，经过努力，很快赶上了。1983 年 1 月，耀邦同志在全国职工思想政治工作会议上有一个讲话，题为《四化建设和改革问题》。他对本位主义、部门利益、个人主义恶性膨胀等问题进行了严厉批评，并把这些现象形象地概括为："上面放，下面望，中间有个顶门杠"。当时有人议论，说耀邦同志是在批评黑龙江省委的工作。我特意给中组部的曹志打电话。曹志又问了耀邦同志。耀邦同志回答说，他只是泛指，并不是专门指黑龙江或别的地方。1983 年冬全面整党开始后，有的同志说杨易辰抵制包产到户。我不同意这个提法。我在会上讲了两点意见：第一，在包产到户问题上，省委的意见是一致的，并不存在杨易辰压制包产到户的问题。这也是有记录可查的。第二，当时我是第二书记，省委工作有缺点，一度认识落后于形势，我也要负责任，这事不能光推到杨易辰个人身上。尤其不能因为他离开黑龙江后，把责任完全推给他。这不是共产党员的做法。后来，我代表省委就此事作了检查。

杨易辰任省委第一书记的时候，对抓农业是非常上心的。1978 年夏，他率中国农业代表团赴美考察。在 40 多天的时间里，代表团参观访问了美国 13 个州，考察了美国农业现代化的情况和经验。这次美国之行，让杨易辰感触很深。当时，困扰黑龙江农业发展的一大问题是早霜。有时候八九月份的一场霜打下来，刚拔尖儿的豆子就给冻死了。黑龙江曾引进了吉林的一个优质玉米品种，产量很高，但生长期长，到 9 月份还收成不了，一下早霜就减产，我们多年来吃这个亏。为了防霜，农民们用沥青、硝氨、锯末子造成烟雾弹，一亩地放一个，来霜前半点钟燃放，但这个法子并非长久之计。杨易辰回国后对我们说：美国的自然条件很好，只有加州的水利工程多些，其他地方的水利工程并不多。但他们在选择种植哪种农作物的时候，非常重视农作物品种的生长期和种植带问题。这个经验值得我们参考。杨易辰提出黑龙江要专门研究玉米早霜减产的问题。以后，省农业部门借鉴美国的经验，通过调查研究，掌握了霜降的规律，划了几条种植带，分别规定什么地方要在什么时间以前播种、播种什么作物和什么品种，这样就有效地减少了早霜的危害。

黑龙江省是国家重要的粮食、大豆、甜菜、亚麻生产基地，种植业始终是全省农业的支柱产业。1978 年小平、先念同志先后视察黑龙江，对黑龙江的农业发展提出了战略设想，要求在不依靠扩大增加耕地面积的情况下，精耕细作，争取高产多收。为了尽快实现我们向小平同志和先念同志提出的粮食年产量突破 300 亿斤的目标，杨易辰同志和省委在 1980 年、1981 年和 1982 年向全省农村共产党员发出号召，要求紧急行动起来，努力实现粮食增产的任务，但一直没有实现破 300 亿斤，1981 年、1982 年黑龙江遭受 30 多年来没有过的特大灾害，粮食还减了产。1982 年底，中央决定由我接替杨易辰的工作。杨易辰于 1983 年 5 月到北京出任最高人民检察院检察长、党组书记。由于我们放开了包产到户的政策，1983 年秋，黑龙江的粮食总产量终于突破了 300 亿斤大关，达到 309 亿斤，1984 年更增至 350 亿斤。

1984 年，杨易辰回到黑龙江，看到农业大丰收，非常高兴。他和我们谈到这一变化时，归纳了三句话。他说："突破 300 亿斤，全靠政策好，人努力，天帮忙。" 1985 年我已 65 岁，组织免去了我的省委书记职务，离开黑龙江。到 1998 年，在耕地面积并没有增加多少的情况下，经过历届黑龙江省委正确领导和广大干部群众的多年努力，粮食产量已经达到 600 亿斤。这年我写文章总结了教训，作了自我检讨，在黑龙江的刊物上公开发表。

1988 年，杨易辰从高检领导岗位上退了下来。在 1992 年党的十三大上，他当选为中央顾问委员会委员，1997 年 6 月在北京逝世，享年 83 岁。

王钊其人

我常常跟身边的同志讲，这辈子我和中央领导同志的交往很少，更多交往的是在几十年革命工作中与我共事的同志们。他们勤勤恳恳，兢兢业业，给我留下了深刻印象。在黑龙江工作期间，我很佩服的有三个人：欧阳钦、杨易辰、王钊。

王钊是山东邹平人，1923 年出生，1939 年加入中国共产党，同年参加革命工作。1945 年抗战胜利后，他随部队到了黑龙江。1954 年秋，受省委之命，王钊担任伊春林区工委书记，一干就是8年半，为小兴安岭的开发建设贡献了自己的力量。1963年春他调任黑河地委书记，以后又任大兴安岭地委书记。王钊长期在边远、艰苦的地方工作，哪里有困难就调他到哪里去，到哪里他都能打开工作局面。他任劳任怨，从来不和组织讨价还价。他还有一个优点是推功揽过。

“文化大革命”开始后，黑龙江省委书记潘复生带头支持红卫兵造反。期间，潘复生到黑河地区转了一圈。黑河地区下辖6个县，5个县委书记被潘复生罢了官。造反派给他们扣上“里通苏修”的罪名，让他们蹲“牛棚”，不停地批斗。早已被罢官的王钊主动对县委书记们说：过去到苏联参观、学习，搞中苏联谊，你们把这些事情都推到我身上，就说是地委布置的，是我领着你们去的。王钊后来因此受到批判，眼睛也受了伤。从这一点可以看出王钊是非常有担当精神的。

大概在1975年，大兴安岭地委书记一职空缺。大兴安岭是一个欠开发的高寒地区。人们常说，它相当于一个省的面积，但只有一个县的人口，一个乡的产值。从大兴安岭到呼伦贝尔盟的山口，极限温度就达零下58度。1958年第一次开发大兴安岭时，由于缺乏经验，部队开进林区时没有先修建房子，到冬季，正是采伐木材的旺季，但抵挡不住严寒，只得撤了出来。后来他们吸取教训，先修房子，能取暖过冬，再进去开发。这个地方交通困难，山区坡度大，运输木材的机车爬坡时，需要补机。前面一个火车头拉，后面一个火车头推。冬天路滑，一个火车头拉，还得用两个火车头推。有时候火车吭哧半天，还使不上劲儿，上不了坡。当地老百姓常开玩笑说：只看到冒烟不出力。大兴安岭地委书记原来由铁道兵五〇五部队的政治委员兼任，铁路修好后部队撤走，地委书记一职定不下来。省委考虑过派两名省委的同志去，但他们嫌困难，谁也不愿去。

这个时候，王钊还在黑河受批判，没有解放，一家人被分得四零八乱，老婆在伊春，儿子、姑娘在嫩江。省委让我找王钊谈话，想让他出任大兴安岭地委书记。王钊说：组织对我的结论还未定。我说：省委的正式文件很快要发，你先去。他说：我原本想先请假去上海治眼睛。既然省委决定要我去，我可以先去。回头我把老婆孩子收拢到一块儿，眼睛以后再治吧。他很痛快地接受了任务。后来王钊对别的同志说，他知道大兴安岭派性斗争没有结束，之所以接受组织的安排，是因为过去长期在边区特别是在林区工作，觉得自己有这方面的一定经验和能力，有信心把这个地区的混乱局面扭转过来。

王钊到大兴安岭约一年的时间，“批邓、反击右倾翻案风”运动就开始了。王钊擅长诗文，在当时的政治形势下，他也写了批邓的文章。“四人帮”被粉碎后，有人把他在大兴安岭小报上批邓的文章送到中央，说王钊批邓有作品。中央把这个材料转回了黑龙江。当时省委正准备把王钊调回来担任省政府秘书长。我找他谈话，要他作个检讨，是不是写个书面检讨，送给地委；或调回上任后，迟两个月回去开地委会，作个口头检讨。他说：我现在就回去检讨，大家谅解后再回来上班。他回去开了几十个干部的会，作了检讨，获得了大家的谅解。

王钊回来后原定的职务又有变化。1979 年 1 月，哈尔滨市委第一书记李剑白到省委工作，第二书记文敏生接任。文敏生从河南调到黑龙江不久，不太熟悉情况，年纪又比较大，耳朵还有些背，省委决定由王钊任哈尔滨市委第二书记，协助文敏生工作。王钊没有任何意见。记得 1979 年的一天，我们正在开省委常委会，文敏生和王钊都参加会议。会开到半途，返城的知青们向哈尔滨市委提意见，要求得不到批准后包围了市委大楼。文敏生说：家里告急了，知青冲到一楼了，我回去解决一下。王钊说：你不了解情况，年纪大了，还是我回去吧。他亲自到现场调解，把知青们说服了。

王钊比我小 3 岁。我离开黑龙江后，他在 1985 年至 1993 年任黑龙江省第五、六届政协主席。

第十二章
告别黑土地

追忆黑龙江的整党工作

整党，是新时期党的建设中的一件大事。

1982 年 9 月 1 日至 11 日，党的十二大在北京召开。我作为中共黑龙江省代表团副团长参加了会议，当选为第十二届中央委员会委员。在这次大会上，党中央提出了建设有中国特色的社会主义的历史任务。在开幕词中，小平同志把整党列为到 20 世纪末全党要抓紧进行的四项工作之一。这四项工作是：进行机构改革和经济体制改革，实现干部队伍的“四化”；建设社会主义精神文明；打击经济领域和其他领域内破坏社会主义的犯罪活动；在认真学习新党章的基础上，整顿党的作风和组织。

根据十二大的部署，1983 年 10 月，党的十二届二中全会通过了《中共中央关于整党的决定》，决定用三年时间分期分批对党的作风和党的组织进行一次全面整顿，并选举产生了中央整党工作指导委员会。整党的基本任务有四项：一是统一思想，进一步实现全党思想上政治上的高度一致，纠正一切违背四项基本原则、违背十一届三中全会以来党的路线的“左”的和右的错误倾向；二是整顿作风，发扬全心全意为人民服务的革命精神，纠正各种利用职权谋取私利的行为，反对对党对人民不负责任的官僚主义；三是加强纪律，坚持民主集中制的组织原则，反对无组织无纪律的家长制、派性、无政府主义、自由主义，改变党组织的软弱涣散状况；四是纯洁组织，按照党章规定，把坚持反对党、危害党的分子清理出来，开除出党，关键是清理

“三种人”，即追随林彪、江青反革命集团造反起家的人，帮派思想严重的人，打砸抢分子。

《决定》规定，全面整党分三期进行。第一期从1983年11月到1985年初，主要在中央、国家各部委和省、自治区、市一级单位及解放军各大军区单位进行。第二期从1985年初到1985年底，主要在地、县两级以及相当于这两级的厂矿企业、大专院校、科研单位进行。第三期从1986年初到1987年上半年，主要在农村地区和区、乡、村进行。

黑龙江比较早地开始了整党试点工作。1983年3月，黑龙江省委召开了整党试点工作会议，作出了《关于在新形势下加强党的建设问题》的决定。我在会上讲话说：在新形势下，每个党员都要坚持共产主义的世界观，不忘远大理想、目标，要做靠政策、靠科学的带头人，做群众的知心朋友，做按劳取酬、劳动致富的带头人。对于抓党风，我主张打主动仗、进攻仗，要像抓社会治安一样，实行积极“治安”，不要消极“治安”。搞好党风要一级抓一级，一级带一级。首先要抓班子，把班子本身的风气搞正。会后，整党试点以党委为单位，按条块布点，以县以上领导机关为主，当时省直选择了五六个厅局作为整党的试点单位。

从1983年12月开始，全省整党工作在试点的基础上分期分批进行。12月3日，我在有5000多人参加的省直机关整党动员大会上讲话说：省直机关是全省的首脑机关，搞好省级党组织的整党是搞好全省整党的关键。首批参加整党的省直机关各单位党委、党组，都要把整党作为头等大事来抓，不许走过场，对搞不好的要追究责任。省委整党动员大会后，我主持省委常委认真学习整党文件，讨论问题，开始进行整党。

1984 年 5 月初，整党进入对照检查阶段。省委常委同志互相征求意见，在互相谈心的基础上，我带头做对照检查，开展批评与自我批评。在检查关于思想政治路线和业务工作的指导思想方面的问题时，我谈了 3 点：1. 农村种植业推行家庭联产承包责任制，由于我的认识迟、觉悟慢，在 1982 年以前没能做到同中央保持一致。2. 城市的经济工作，这几年度过了困难，取得一些成绩和进步，但存在不少问题。从我的工作检查，一方面自己长期当外行，提不出有创建性的意见，另一方面又固守由国家包揽一切的旧框框，思想不解放，对中央的路线、方针、认识不全面，不深刻，贯彻不力，未能扭转被动局面。3. 党的建设上几年来做了不少工作，取得一些成绩，整党试点抓得早，比较好，但还缺乏改革创新精神。

1984 年 6 月，省委五届三次全委（扩大）会议召开。我代表五届省委作了《省委常委集体对照检查》。《对照检查》肯定了党的十一届三中全会以来，省委在政治上同中央保持一致，紧跟中央，各方面工作都有明显的进步，取得了显著成绩。同时也指出，在一段时间里，在有的问题上，对有的方针政策贯彻执行得不够有力，工作上有失误，致使生产的发展、经济效益的提高和人民生活的改善上，都受到一定的影响。具体是：在农村推行家庭联产承包责任制问题上，按照中央〔1982〕1号文件检查，我们至少晚了一年；城市经济工作方面，贯彻执行“调整、改革、整顿、提高”方针抓得不力；对科技、教育在四化建设中的重要战略地位认识不足，抓得不力；在上层建筑领域，主要问题是把思想工作和政治工作的重点转移到服务于经济建设这个中心上来做得不够；在党性、作风、纪律方面存在问题。

《对照检查》中还谈到了省委常委领导思想和领导作风上的主要教训，主要有：对“左”的思想影响特别是经济工作中“左”的影响，没有进行认真的、系统的、深入的清理，这是影响全面贯彻中央路线方针政策和我省经济发展的一个主要障碍；思想保守，多年来形成的旧模式、老框框束缚着我们前进；盲目自满、故步自封；尊重科学、尊重实际不够，有些重大问题的决策缺乏系统调查和综合分

调中央整党办前夕在哈尔滨

析，因而出现了一些失误；领导上抓落实不够，使党的方针政策和党委的一些正确决定有的没有很好地执行；民主集中制的贯彻、批评与自我批评的开展不够，在重大问题上没有充分讨论研究，不同意见没有让人充分讲出来。

1985年底我离开黑龙江时，整党工作还在继续，直到1987年3月才全部结束。3年间，全省参加整党的共有5411个党委，5953个总支部，10.39万多个支部，141.6万多名党员。在整党中，全省列审的5963名核查对象中，定为“三种人”的116名，定为犯严重错误的1372名。整党后期，严肃认真地进行了组织处理和党员登记工作。全省处理党员29369名（受各种党纪处分的12281名，缓期登记的11207名，不予登记的7300名）。处理面为党员总数的2.12%，出党面为党员总数的0.54%。从1983年到1987年，全省党员中开除党籍3227名，留党察看4628名，撤销党内职务873名。在受到党内处分的党员中，厅局（含地、市）级干部101名，县处级干部1152名。同一时期，全省查处的32433起经济案件，依法惩处的18477名经济犯罪分子及其他违纪人员中，受到党纪处分的有5008人（县处级以上党员干部71名），占被处理人数的27.1%。

到中央整党办

还在1984年5月，中央政治局常委胡启立同志来黑龙江视察时，我向他表示，我已快到64周岁了，中央应该考虑让我退下来。不久，耀邦同志访问朝鲜，回到长春后召集东北三省的省委书记谈中国跟朝鲜的关系问题。会后，我向他表达不再担任省委书记的意愿。他说：你不能退，你还得准备超期服役。1985年春，耀邦同志来黑龙江，我再次向他提出这个问题。他说：要退，也轮不上你。现在还有17个省委书记超过65岁。我说：不对，只有11个。在专列上，我跟他掰着手指头一个一个地数。最后他说：你是对的，但你还不能退。8月中旬，我在带岭林业局主持召开全省山区开发建设会议，讨论省委关于开发建设山区的若干政策规定（讨论稿）和1986—2000年黑龙江山区经济社会发展纲要。会议期间，我得到了中央同意我退下来的消息。

从黑龙江省委书记岗位上退下来，时年65周岁。

1985年9月18日至23日，党的全国代表会议在北京召开。这次会议因中央领导层进行较大幅度的新老交替，引起国内外的高度关注。经中央批准，64位老同志不再担任中央委员和候补中央委员，91名经过一定考验、比较优秀的中青年干部被增选为中央委员和候补中央委员；30位同志不再担任中央纪律检查委员会委员，37位同志不再担任中央顾问委员会委员，增选了31名中纪委委员和56名中顾委委员。这些重大举措，使中央领导层在年轻化方面前进了一大步。

在党的全国代表会议期间，中央正式决定我不再担任黑龙江省委书记。中央书记处书记习仲勋同志代表中央在一个小型会议上宣布了这个决定。他在讲话中肯定了我在黑龙江20多年的工作，认为我在党的建设方面是有贡献的。10月25日，中央发出文件，调辽宁省委副书记孙维本同志任黑龙江省委委员、常务委员、书记职务；免去我在黑龙江省的一切职务，调中央分配工作。对中央的这个决定，我举双手拥护。11月中旬，我向孙维本认真交代了工作。在此后的10多年间，我自觉地约束自己，不再干预省里的事情，也再没有去过黑龙江省委机关。可能因为黑龙江的整党工作搞得不错，加上我长期从事党建工作，1986年3月，中央调我任中央整党工作指导委员会办公室主任。我告别了工作、生活、奋斗22年的黑土地，回到北京。

前面讲到，十二届二中全会通过了《中共中央关于整党的决定》。为保证整党工作的日常领导，全会经过充分酝酿，选举产生了中央整党工作指导委员会。主任是胡耀邦，副主任有万里、余秋里、薄一波、胡启立、王鹤寿，薄一波为常务副主任。委员有邓力群、陈野萍、王从吾、韩光、康克清等21人。委员会在中央领导下工作，主要任务是：了解情况，掌握政策，督促检查，指导宣传。在整党过程中，委员会要陆续发布各种补充规定，并及时通报整党中的重要情况、问题和经验，以保证中央整党决定的正确贯彻执行。

中央整党工作指导委员会下设办公室，这个班子有二三十个人，集中在万寿路办公。办公室主任为雍文涛（原林业部部长、中央整党指导委员会委员），第一副主任是余建亭（原轻工业部副部长），其他副主任还有吕枫（原中组部副部长）、郝盛奇（原中央办公厅信访室主任）等。

雍文涛在整党办工作 4 个月后病倒了。这样，整党办从 1984 年到 1986 年初一直没有主任，由副主任主持工作。我从黑龙江退下来后，陈野萍建议由我来接替雍文涛的工作。中央组织部部长尉健行来征求我的意见时，我表示自己长期在地方，对全国的工作不熟悉，想一退到底，没有答应。大概在 1986 年 3 月，尉健行给我打电话说：还是由你来当整党办公室主任，中央定了。尉健行通知黑龙江省委后，我正式办了组织手续调到整党办，向薄一波同志报到。薄老嘱咐我说：你原来在黑龙江当过一把手，现在你已经退下来了，再不要干预黑龙江的工作。许多干部都是你提拔起来的，老同志说话有一定分量，你说什么，人家不好不听，你说的又不一定那么正确。省里的工作大的方面有中央领导，要相信新的领导班子。我遵照他的教导，对省里的工作，没有讲过任何话。因此我离开黑龙江已 20 多年，同黑龙江的各级同志仍然保持了良好的同志间友谊。

据我所知，薄老曾向多位刚退下来的老同志作过同样的告诫。这不是无的放矢，那时确实有的老同志对中央关于新老交替中要搞好传、帮、带的“度”把握不准，想对新干部“扶上马送一程”，反而影响了工作和彼此关系。薄老做过不少这方面的工作，促进了新老同志之间的团结和谐。

向薄老报到后，我就算到任了。刚到整党办的时候，第一、二期整党已经结束，第三期整党正在进行，面临诸多工作。如第一、二期整党中遗留问题的处理和少数单位的验收，对一些不好定性的“三种人”的定性与处理问题，第三期基层整党工作如何具体指导，本次整党的全面总结和整党成绩如何巩固的问题，整党中所发现问题的整改和党风建设制度化的问题，等等。整党办下设秘书组（组长李润民）、干部组（组长吕枫）、审干组（组长伍修权）、行政组（组长赵钰）、宣传组（组长滕文生），大家在工作中互相配合。

在耀邦同志、薄老的领导下，整党办深入基层进行调查研究，协调各方面的关系，对处理重要干部问题提供了可行的方案、意见。1986 年五六月间，中央整党委还先后到郑州、南京、长沙和兰州等地，分别召集北方省份、沿海省份、南方省份和边远省份的省、区、市党委书记整党工作座谈会，进一步明确了农村整党的根本指导思想，要求把解决区、乡、村党员干部中存在的严重以权谋私和严重违法乱纪问题，作为突出的重点认真抓好，并切实加强农村领导班子的建设。这些会议对推进农村整党工作，起了很好的指导作用。

在整党过程中，地方对一些有问题干部的处理拿不定主意，常常上报给整党办。我给薄老提意见说：对这些有问题的干部，最好分成几类处理。副部级以上的干部，我们提出处理意见，由他同意后报中央决定；司局长一级的干部，我们提出处理意见经他同意批复后通知地方；县处级以下干部，就不要报他了，整党办拿出意见供省里参考。薄老对这一点很欣赏，认为我工作还能动脑子，敢于提出自己的意见和看法。

在我的印象中，整党办经手办理了不少干部问题。上海有一位干部，“文化大革命”期间跟姚文元走得很近。这个人有能力，文字功夫也挺强。后来他调到别处工作，有不少同志对他有意见。当地党委打算提拔这个人的报告送到薄老那里。我给薄老写了一封信，大意是说这个人在“文化大革命”中很听姚文元的话，没有看到他检讨过；谁在台上跟谁，没有原则。建议这个同志的职务到此为止。薄老在我的信上画了圈，交给了组织部。

还有一位年轻干部，“文化大革命”期间到吉林插队，表现不错，村党支部发展他入了党，推荐他上了大学。1974年“批林批孔”运动开始后，他决定不当大学生，要当农民，回到原来的村里，把原来的老支部书记推翻了，还牵扯到一些“打砸抢”的事情，以后他到了农业政策研究室工作。大概在1980年的时候，研究室坚持要提他当副主任。中组部尽管不同意，但还是办了手续，不久后又把意见反映到小平同志那里。小平同志批示：到地方去。这个人被降级使用，先后任安徽凤阳县委副书记、嘉山县委副书记。但他没有好好工作，整天忙着在外经商。问题反映到省委，因为北京有人干涉，省委也处理不了，反映到整党办，整党办审干组组长伍修权和副组长王云建议对这位同志进行调查。整党办提出此人到安徽以前的情况由整党办调查，到安徽以后的情况由省委调查。薄老同意了。整党办派出两位同志进行这项工作。调查的结果，大家认为他还不能算作“三种人”，但不够党员资格，应该取消党籍，安徽省委完全同意。这个人因个人经商四处跑，好不容易在北京找到他。整党办的同志向他告知了组织对他的处理意见，最后他被取消了党籍。

全面整党是一项复杂、艰巨的工作，要彻底解决“文化大革命”造成的思想上、组织上的混乱，并非易事。我举一个例子。广西在“文化大革命”期间出现了严重的大量的流血事件，一批造反起家的人，“打砸抢”分子，帮派思想严重的人和严重违法乱纪分子钻入党内，造成组织上的严重不纯。粉碎“四人帮”后，仍有“三种人”被提拔到各级领导班子中。1977 年底广西壮族自治区第四次代表大会选举的 112 名委员、候补委员中，就有“文化大革命”中的严重违法乱纪分子 6 名、“三种人”6 名（内有自治区常务委员 3 名）、犯严重错误的人 9 名和经济、作风上违法乱纪的 2 名。1977 年底我到中央党校学习，我所在支部有 20 多人，其中一位支部委员是广西壮族自治区党委组织部副部长。他在“文化大革命”期间是一名造反派，学习结束后被开除了党籍。为了处理广西“文化大革命”中的遗留问题，中央花费了好几年的时间，并数次调整广西壮族区党委的领导班子。全面整党开始后，中央整党工作指导委员会在 1984 年初向广西派出 11 人组成的整党联络小组，自治区党委专门用了一段时间进行“处理‘文革’遗留问题”的工作，共清理出严重违法乱纪分子 27919 名（其中干部 6042 名），犯有严重违法乱纪错误的人 13154 名。广西遗留 10 多年的历史问题终于得到彻底解决。

在整党的扫尾阶段，常涉及一些省部级领导干部的定性问题，还有“文化大革命”中“三种人”的问题，以及近几年一些干部的经济问题和对子女亲属管理中的问题。年近八旬的薄老，积极配合耀邦同志，做了大量工作。他按照中央的部署，讲究政策、注意方法、排除干扰，进行了深入细致的调查研究和耐心的说服教育，特别是组织中顾委的一些老同志帮助做工作。他们区别不同情况，分别向中央提出恰当的处理方案。最后，除了把少数来不及研究处理的问题移交给中纪委继续查处外，这次整党中发现的问题，基本上都在整党过程中得到处理，既严肃了党纪，也教育了同志，使整党工作圆满完成。

1987 年 5 月 26 日，薄老代表中央整党工作委员会作了《关于整党的基本总结和进一步加强党的建设》的报告。报告认为，整党对加强纪律、纯洁组织方面，取得了很大的成效。（1）清理“文革”中的“三种人”和犯有严重错误的人，各级党组织花了很大的精力，参加整党特别是核查工作的同志，克服种种困难和阻力，做了许多艰苦的调查取证工作。整党前，已进行的几次清查共处理 40 万人的基础上，全国（不包括广西）又清理出“三种人”5449 名，犯有严重错误的人 43074 名。（2）开展批评自我批评和严格党内组织生活的传统得到恢复和发扬，党员的组织纪律观念较以前有所加强，原来处于瘫痪半瘫痪状态的一些党组织经过整顿有了明显好转。（3）通过党员登记和组织处理，对一批有严重问题和不合格的党员进行了处理。开除党籍的共有 33896 人，不予登记的共有 90069 人，缓期登记的共有 145456 人，受留党察看、撤销党内职务和向党外组织建议撤销党外职务、严重警告、警告等党纪处分的共有 184071 人。（4）对一批有问题和软弱涣散的领导班子进行了调整；

县级以上领导班子有一半左右进行了不同程度的充实。一批党性强、作风正派、能带领群众坚决执行党的现行政策的优秀中青年党员干部走上了各级领导岗位。

对于1983年至1987年的整党，有人说是“认认真真地走了过场”。我认为不能这么看。这次整党尽管还有这样或那样的问题，但成绩还是巨大的，至少表现在三个方面：一是根据中央《关于建国以来党的若干历史问题的决议》的精神，教育干部彻底否定“文化大革命”和所谓无产阶级专政下继续革命的理论，从而进一步统一了全党的思想。二是基本解决了“文化大革命”10年造成的严重派性问题，促进了全党的团结。三是从党内特别是从党和政府的各级领导班子里比较彻底地清理了“三种人”，纯洁了党的组织，加强了党的领导。至于说还存在这样或那样的问题，一是一次整党不可能解决一切问题；二是解决旧的矛盾后还会产生新的问题，如大量经济犯罪问题的涌现，就是新出现的问题。

这次整党所以能取得圆满成功，主要是党中央坚强有力的领导，同时也是与耀邦同志为主任、一波同志为常务副主任的整党工作指导委员会具体组织指导下全国广大干部的艰辛努力分不开的。

中顾委的诞生

1987年整党工作结束前夕，在酝酿召开十三大的时候，薄老让秘书征求我的意见，可否到中顾委来任秘书长。

我自觉能力有限，推辞了。后来，他直接找我说：中顾委现任的秘书长荣高棠年纪比较大了（他当时 75 岁，我 67 岁），另外他手头还有很多重要工作。秘书长主要是做具体工作的，你来干吧！

这样，整党办的工作刚结束，1987 年 10 月 6 日，中央任命我为中顾委秘书长，接替荣高棠同志的职务。在 11 月 1 日举行的中国共产党第十三次全国代表大会的全体会议上，我当选为中顾委委员。这对我来说，是一次新的挑战。作为委员，我是返到二线的老同志的一员。但作为秘书长，我仍处在第一线，要负责处理好中顾委的日常事务，为中顾委的全体委员服务好，并在发挥中顾委应有作用中，搞好协调工作。亲友们关心地劝我：你也是年近古稀的老人了，不要只忙着工作，也要注意自己的身体。我跟他们讲：在十三大选出的 200 名中顾委委员中，我的年龄倒数第 8，是“我们村里的年轻人”，还得多干点儿。

中国共产党中央顾问委员会 1982 年成立，前后两届，历时 10 年，协助党中央为维护党的团结和社会稳定，推进改革开放和现代化建设，做了大量卓有成效的工作，为干部队伍的年轻化、退休制度的建立和领导干部职务终身制的废除创造了条件。

设立顾问委员会是我们党的一项创举，在那个特定的历史时期，既切合我们的国情党情，也切合干部体制改革的要求和干部队伍的实际。以前我们从没想过要退休。在新中国成立前武装革命斗争时期，党的干部都是职业革命家，除了搞地下工作的同志需要职业掩护外，大家几乎都脱离了生产，专门从事革命斗争，是将这一生投入这个事业上的。新中国成立初期，也不存在新老交替的问题。当时，大部分的省部级干部才40岁左右，大家都还年轻。然而，“文化大革命”期间，这些年富力强的干部相继被打倒了，整整10年时间，脱离了工作岗位。“文化大革命”结束后，老干部们先后解放出来，刚刚恢复工作，然而年纪已经大了。“文革”中提拔了一些年轻人，但优秀的年轻化的干部队伍却不够成熟，领导班子普遍出现老化、青黄不接的问题，需要建立一个过渡组织，尽快实现干部队伍年轻化。

在酝酿成立中顾委的过程中，小平同志起到了关键作用，可以说中顾委是在小平同志倡议下建立的。早在党的十二大召开前，小平同志就先后两次在政治局会议上提出，我们的党是一个老党，有着长期斗争的历史，在半个多世纪的革命和建设中，形成了一支人数众多的坚强的干部队伍，有一大批久经考验的同志。当前，各级班子要实现年轻化，老干部要逐渐下来，但要通过适当的方式，不能太急，要使那些贡献较大、经验比较丰富的老干部既能适时退出第一线，以利于优秀中青年干部进入领导班子，又能在第二线过渡一段，继续在党、国家和社会的政治生活中发挥作用。后来经过多次讨论，决定成立中顾委这样一个组织。

1982年9月6日，党的十二大通过的新党章规定：中央顾问委员会是中央委员会的政治上的助手和参谋。中顾委在中央委员会领导下进行工作，对党的方针、政策的制定和执行提出建议，接受咨询；协助中央委员会调查处理某些重要问题；在党内外宣传党的重大方针、政策；承担中央委员会委托的其他任务。

当时进入中顾委的条件很严格，必须具有 40 年以上的党龄，担任过省部级、大军区主要领导职务，对党有过较大贡献，有较丰富的领导工作经验，在党内外有较高声望的人，才能当中顾委委员。这样，一共选出了 172 名委员，小平同志任主任，日常工作由薄一波副主任主持。中顾委在历史上所起的作用，最主要的是使老同志从第一线顺利过渡到能够完全退出工作岗位，从而实现新老干部的合作和交替。从十二大选出的新的中央委员会的组成人员中，可以看出新老交替的趋势。在中央委员会的 348 名成员中，有 211 人，即 60% 以上，是第一次选进中央委员会；在这 211 人中，又有 140 多人，即 2/3 以上，年龄在 60 岁以下，最小的才 38 岁。这样，一批老干部从中央和省级领导岗位上比较顺利、稳妥地退了下来，直接推进了这两级领导班子的年轻化。同时，这部分老同志从党和人民利益出发的模范行动，也带动了全国几百万超龄的在职干部从工作岗位上陆续退下来，从而推进了各级领导班子的年轻化和干部队伍的年轻化。事实证明，这不仅有利于增强党和国家机制的活力，保持党和国家政策的连续性、稳定性，也有利于使逐步废除领导职务终身制、建立退休制度的规定，在我们这一辈身上就得到实现。

中顾委在成立后始终注意摆正自己的位置，主动争取中央的领导，紧密围绕中央的统一部署来安排工作。小平同志曾经对中顾委老同志的工作方式提出过三点意见：量力而行，宜虚不宜实，宜少不宜多。在中央统一领导下工作，做党中央的参谋和助手，支持党委的工作，而不是干涉党委的工作，不指手画脚。一直主持日常工作的副主任薄一波同志也说，对中央的工作有意见先内部谈，是否提交上去，提交什么，统一由我把关，提交上去了，谁也不要催。这体现了一种定位，我们已经退到二线了，除非是中央指派的，具体工作不应插手。

正是本着这样一些原则，10年间，中顾委参与了一些重要问题的讨论，并提出了一些建议；遵照中央的指示精神，本着实事求是的原则，积极而谨慎地完成了中央交办的任务；深入实际进行调查研究，写下了400多篇、200万字的调查报告；走访了革命老区，组织专题报告；在1989年春夏之交的政治风波等关键时刻，坚决支持党中央为维护社会政治稳定所采取的正确决策。

到1992年党的十四大之前，老干部们几乎都已经离开了第一线。中顾委历时两届，委员们的年事都很高了，党的干部离休、退休制度已全面建立并正在顺利执行。中顾委已基本上完成了它作为一种过渡性组织的历史任务，所以写报告经中央同意，十四大不再设中顾委。当年，小平同志就讲，中顾委是个过渡机构，因此最多三届，最好两届就结束。可见当时他的这个决策是十分高明的。老一辈革命家们在经历了戎马倥偬的战争岁月后，为了顾全大局，又主动退下来，又为党、国家和人民建立了新的历史功绩。正如他们在誓言中所说的那样，为实现共产主义奉献了一生。

1987 年 12 月，和黎虹同志向萧劲光同志祝贺 85 岁生日。

我个人在中顾委的工作乏善可陈。我在十三大产生的这届顾问委员会中，年龄倒数第 8，主要是做日常的协调行政工作和薄老、宋任穷同志交办的事情，以及一些嘘寒问暖的事情。比如宋时轮同志在上海华东医院住院，我代表中顾委去探望；何长工同志去世，我护送他的骨灰到井冈山安葬等。5 年间，我没有单独向陈云同志汇报过工作，只有例行的探望。他曾给我题词："不唯上、不唯书、只唯实，交换、比较、反复"。据我所知，他给多位同志都写过同样内容的题词。除薄老、宋老外，其他的中顾委常委那里，我一般不主动去请示，不叫不到。我记得除去安康进行过半个多月的扶贫调研和中央安排的几次考察一些省市部委班子，以及恰好在 1989 年 6 月率领党的代表团在外出访外，没有什么个人的活动。当然也不只是完全机械地保持中顾委机关的运转，尽管中顾委的办事机构要短小精干，但中顾委的文字工作（各种研究报告）还是很繁重的，我们报经薄老和中组部批准，先后安排滕文生、许永跃、陈威等同志为中顾委副秘书长。同时我也思考一些问题。1989年8月，我就“民主、自由、人权”问题给江泽民同志写过一封信，他作了长篇批示；1990年春，我就干部配备和年轻干部培养问题又给中央主要领导同志提出原则性的建议，也引起中央的重视并采纳。关于这些情况在本回忆录的附录《李力安传略》中有简单的介绍，我就不再赘述。这里我着重谈谈薄老主持中顾委工作的情形，也可反映中顾委工作情况之一斑。

薄一波与中顾委

薄一波同志和我可以说是同乡。我们的家乡虽然分属于定襄和五台县，他的村子离我家只有30多里路，叫作蒋村。一波同志1925年加入中国共产党，是老一代的革命家。我比他小12岁，在他面前是小字号的。抗日战争爆发前后，我才开始听说他的名字。

1936年底，薄一波同志经党组织营救，结束在北平草岚子监狱5年的铁窗生活后，受北方局派遣，到山西开展抗日统一战线工作。他与阎锡山协商，对“山西牺牲救国同盟会”进行改造，使之实际上成为由中国共产党领导的抗日团体，极大地推动了山西的群众抗日救亡运动。“牺盟会”在各县都派了特派员，这些人有的是共产党员，有的后

向薄一波同志汇报工作

来入了党，大都成为各地抗日工作的核心骨干。我参加工作之初，就在五台县第四区任过牺盟会秘书。1937 年 9 月，薄一波同志率“山西抗敌决死队”一部进驻我的家乡五台县东冶镇。我在一个各界人士小型座谈会上听过他关于当前形势与任务的讲话，这是我第一次看到他和听到他讲话。那时我只是一个 17 岁的小青年，他不会知道我。

我和薄老虽然是同乡，但是新中国成立前后的几十年间接触很少，他甚至可能对我的名字都没有印象。我在他直接领导下工作，是在 1986 年以后的 15 年中。他是中央整党工作指导委员会常务副主任，我在整党后期任这个委员会的办公室主任。后来经薄老提名，我被中央任命为中顾委秘书长，他是中顾委常务副主任。

中顾委在1982年十二大正式成立，到1992年十四大结束，一共两届十年。第一、二届中顾委的主任分别是小平同志和陈云同志，薄老则始终是中顾委的常务副主任。中顾委的两任主任小平同志和陈云同志对薄老都非常信任，工作上完全放手。

小平同志是顾问委员会制度的创始人，但他除了在中顾委第一次全体会议和第三次全体会议上发表过重要讲话外，很少过问中顾委的具体工作。薄老曾经和我谈，中顾委刚成立时，他向小平同志请示工作，小平同志明确指出：中顾委的日常工作我不管，由你全权负责。薄老说，比较重要的事情我们给你写请示报告。小平同志说，报告来了我也不看。

陈云同志任第二届中顾委主任的5年间，只是在1989年发生政治风波期间，由他于5月26日主持召开过一次中顾委常委会议。在那次会议上，陈云同志讲了两点意见：一是现在是关键时刻，不能后退。如果后退，2000万革命先烈用人头换来的社会主义的中华人民共和国，就会变成资本主义的共和国。二是坚决拥护以邓小平同志为核心的党中央。那次会议对稳定当时的局势起了很重要的作用。这是陈云同志唯一一次出席并主持中顾委的会议。他对中顾委工作的指导都是非常原则性的。

两届中顾委先后担任副主任的共有6人，其中宋任穷同志担任副主任7年，同薄老一道做了大量工作，特别是在薄老到外地或是因病休息时。宋老还要我们把他主持研究的工作和问题及时向薄老请示汇报。因此，薄老实际上一天都没有离开过中顾委的工作。

薄老在担任中顾委常务副主任期间，认真履行和担负起党章赋予中顾委的职责和任务。党章规定，中顾委是中央委员会的政治上的助手和参谋，在中央委员会领导下进行工作，对党的方针、政策的制定和执行提出建议，接受咨询；协助中央委员会调查处理某些重要问题；在党内外宣传党的重大方针、政策；承担中央委员会委托的其他任务。薄老曾多次主持会议，就上述问题进行讨论、部署、落实，并制定出《关于中央顾问委员会工作任务和工作方法的暂行规定》，上报中央批准后执行。

中顾委的具体工作，在我的印象中除了参与整党的筹划指导、革命传统教育和社会公益活动外，主要是调研和协助中央考查一些省部级的领导干部。对于调研工作，第一届中顾委搞得比较多，第二届中顾委在这方面的工作相对来说就要少得多了。中顾委有份内部资料性的《通讯》，10 年间共刊登了 400 多篇调研报告和建议，有 200 多万字。这些调研报告多数都经薄老审阅，特别是转报给中央的，几乎无一例外都是经薄老审定的。

1989 年 11 月 26 日至 12 月 18 日，我去陕西，同陕西省委、省政府、省顾委的同志们一道，用 22 天的时间，对陕西秦巴山区的扶贫问题进行了一些调查。我们去了安康、汉中、商洛 3 个地区的岚皋、宁强、略阳、商州 4 县的 6 个区 8 个乡 11 个村。这些多是海拔 1000 米以上的特困乡村。我们走访了 50 多户贫困户，最后向薄老提交了《关于陕南山区扶贫情况的调查报告》。

在陕南贫困地区进行调研

去陕西商洛地区贫困村作调研

我在报告中主要谈了 5 个问题：（1）要正确估计扶贫形势，不能急于结束。按照国务院的要求，1990 年要基本解决贫困地区的温饱问题，但从调查和各地反映的情况看是难以实现的。我们要把扶贫工作作为一个系统工程来看，脱贫标准应从具体的钱粮要求转到以改变生产条件为重点上，可提倡适当搞些集体经济，贫困地区尤其要发扬艰苦奋斗的精神，移风易俗。（2）从实际出发，确定开发重点，制订长远规划。陕南地上地下资源丰富，要扬长避短，积极开发各种资源。宁强县的天麻研究所，岚皋县的魔芋精粉厂，安康中药厂的绞股蓝系列，略阳县户办、村办采矿业，都带动了千家万户解决温饱问题，脱贫致富。报告还提到，要重视积累农家肥。一些地方的干部、农民只要求国家提供平价化肥，却不重视农家肥，人畜粪尿遍地，不仅污染环境，也造成浪费。（3）治穷先治愚，重视智力开发，走依靠科技兴农扶贫的路子。把山区建设和山区教育结合起来进行大胆改革，改变升学型的课程设置、教学方法，加强学生的农技知识学习，办好职业学校，培养有文化技能的劳动骨干；普及教育要实事求是，不能急于求成，建议拿出一部分扶贫款，解决贫困地区必要的办学条件及贫困户适龄儿童的学费；大力推广各类适用技术。（4）对陕南未脱贫的地方应继续执行休养生息的方针，有更切合实际的优惠政策，给予必要的资金扶持。报告建议把陕南公路建设列入国家“以工代赈”项目；国家对小水电给予适当补助；真正落实扶贫资金和贷款的发放；继续免征一些特困地区的农业税，有的可按户减免；安排适当数量的平价化肥、优惠价地膜。（5）增强群众观点，改进领导作风，为农民群众脱贫致富搞好服务。报告特别提到，有些特困地区的小县，机构设置却和大县一样，机构臃肿，人浮于事，机构设置应适应贫困山区的实际；解决好区乡半脱产干部的问题，等等。

报告于 1990 年 1 月 17 日送给薄老，他在 1 月 22 日圈阅并批示说：“不虚此行，调查研究有结果。唯一个问题——国家补贴，一是不可能，二补得大都全花掉了，于脱贫关系不大。”薄老对这份报告看得很仔细，很认真，还批注了不少重要意见。我在报告中提到，这几年的扶贫工作是有成绩的，但不能估计过高，这仍是一项长期的艰巨任务。按1985年核定的贫困户，尚有20%贫困户未解决温饱总理。已解决温饱问题的贫困户，也是标准低，不稳定，易于返贫。汉中地区仅1988年就有7400户、3.7万多人返贫，地委估计今年还将超过去年。薄老在这些地方划了下划线，批注道："就是说80%已解决，很大成绩。""只靠国家救济来解决，显然是不行的。这是历史的经验。不能找到生产门路，长期也很难解决。"最近我又查看了这篇调研报告，薄老在上面共有12处批示，还有多处密密麻麻的圈画。这就看出薄老工作之辛劳，这只是一位年逾八旬的老人诸多工作中的一个例子。

关于中顾委参与协助中央考查省部级领导班子的全面情况，我不是十分了解。就我个人所经历的，党的十四大以前的一年多时间里，中央抽调我带一个工作组先后对江西、上海、四川三个省市和中纪委、监察部、中组部、中宣部和新华社等部委领导班子进行考察。我记得在考察完第一个省之后，我向薄老汇报情况和个人体会。他说，古人云："知人不易，人故不易知也。"了解干部不能光看一个时候的表现，只听他说的和看他写的；要看干部的本质，包括政治觉悟、责任感，实际工作中表现出的工作能力。要历史地观察，既要看现在的进步，更要看在关键时刻、关键问题上他的立场、观点、实际行动。犯过错误不要紧，只要他认识了、改正了就好；过去表现好的，也要看他在新的情况下有没有变化。总之，要历史地看，发展地看。他的这番话讲得很精辟，对我教育很深。

在中顾委工作期间，薄老给我的印象是：有坚定的原则性和很强的组织纪律观念，有主见，敢负责任，办起事情来抓大放小。我到中顾委后，他就告诉我：中顾委机关的日常工作由你负责，我不管也不负责；向中央反映中顾委的情况和意见，我把关，你把不了。当时规定，中顾委和中顾委委员给中央的报告和建议，一种是以中顾委和中顾委常委的名义报送，究竟哪些内容的要上报、如何报、报给谁，这由薄老定；第二种是中顾委委员也可以个人名义或联名向中央提出报告和建议。薄老还吩咐向中央呈送的报告，报告上去就行了，不要催问批示情况，否则就是干扰中央的工作。我们一直是按照这些规定执行的。但有一次，在中顾委全体委员列席党的第十四次代表大会时，某天的快报，因大会秘书组催要得很紧，就直接交上去了。薄老知道后严厉批评了我们。事后他说，我看了内容没有问题，但程序是个制度，不能马虎，该送我审的一定要送我；如不经我审查就送，形成习惯，有可能出大问题。以后我们严格按制度执行，再没有发生类似情况和问题。中央决定薄老列席政治局常委会，每次列席会议回来，他都缄口不言。有些顾委委员希望薄老能把会议的精神给大家传达一下。我把这些意见向他反映后，他很明确地回答：我不是以中顾委常务副主任的身份列席中央政治局常委会的，因为我是个老党员，是个老干部，中央才让我列席的。中央没有给我传达的任务，我什么也不能说。我在他身边工作有 6 年多的时间，从来没有听他讲过任何涉及中央政治局常委会的事情，这表现了他极强的原则性和纪律性。

中顾委的设立，是由小平同志提议的，这是解决干部新老交替的一个重要举措，其实质是在废除领导干部职务终身制过程中的一种过渡形式，也是我们党历史上的一个创举。这个创举把当时客观现实和中国历史发展的必然趋势有机地结合起来。大规模的平反冤假错案后，大批老干部刚刚恢复工作，这时他们大多已年近或年逾花甲，而他们所面临的是领导经济建设的繁忙工作。老干部具有高度的政治觉悟和丰富的阅历，以及强烈的报国之心，但是他们的精力和知识结构使他们当中的不少人力不从心。小平同志于是创造性地提出用顾问委员会作为“干部领导职务从终身制走向退休制的一种过渡”。1982 年 9 月，小平同志在中顾委第一次全体会议上指出：“如果花两个五年的时间，通过这种过渡的形式，稳妥地顺当地解决好这个问题，把退休制度逐步建立起来，是办了一件很好的事情。所以，可以设想，再经过十年，最多不要超过十五年，取消这个顾问委员会。十年两届还是需要的，一届恐怕不好，太急促了。顾问委员会今天刚成立，就宣布准备将来取消，这就明确了这个组织的过渡性。我们尊重生活和历史的辩证法”。

薄老很好地领会和把握了小平同志的上述指示精神，采取了一系列的步骤进行落实。就第二届中顾委而言，无论是工作量，还是工作范围，都比上一届少得多。十三大刚闭幕，1987 年 11 月，薄老就主持召开中顾委常委会议，对中顾委的工作进行讨论，明确提出中顾委开展工作要“本着量力而行、尽力而为，宜少不宜多、宜虚不宜实”的方针。今后调查研究，除了中央交代的专项调研任务以外，中顾委本身不出题目、不组织专题调查，委员可以自己选题，单独或自由结合搞些调查研究。这既是从中顾委委员们的年龄越来越大，身体越来越弱，无力承担更繁重工作的现实出发，也充分考虑到中顾委的工作不能搞得太多，而要逐步收缩。

对于中顾委的机构设置，在中顾委刚成立时，薄老就和耿飚、程子华、王首道、刘澜涛、萧克等几位中顾委常委商定，所有秘书、行政和后勤工作都请中央办公厅承担，调入中顾委的辅助人员要少而精。鉴于中顾委的过渡性质，当时特别决定，中顾委委员们党的生活、组织和工资关系、学习和阅读文件等一律由其原工作单位负责。1983 年整党开始后，在大家的要求下，中顾委建立了临时机关党委和 8 个支部，在京的中顾委委员集中进行整党，各支部两周开一次会，进行学习和开展批评自我批评，解决了思想认识和“文化大革命”遗留问题，增强了团结。1987 年整党结束后，在中顾委第二届第一次常委会上，薄老提出：为整党而建立的临时机关党委和所属各支部，已经完成任务，应该结束了，各委员回原单位过组织生活和学习。常委会作出了撤销临时党委的决定。后来许多委员认为在中顾委过组织生活很好，不同意结束临时党委。薄老坚持结束临时党委，为了照顾大家的要求，只保留党小组进行学习，一直到中顾委结束。

中顾委委员大部分在北京，但分散在各地的也为数不少。十三大以前，散处各省、市、自治区的中顾委委员分几个片进行学习和活动。十三大以后，各地委员就只在本省市区活动了。集中在北京的中顾委委员也逐渐减少了活动。1990 年夏，一些中顾委委员希望参观亚运村，我向薄老转报了这个意见。薄老态度很明确：不要以中顾委的名义参观，以淡化中顾委的活动和作用。根据十二大决定，各省市区也分别成立了顾问委员会。各省市区顾委的同志们希望中顾委指导他们的工作。薄老一再强调，中顾委和他们不是领导隶属关系。只是在 1986 年 3 月，经中央批准召开过一次各省、市、自治区顾委主任经验交流会。

最早明确提出自十四大以后不再设置中顾委的是小平同志。1989 年政治风波后，小平同志在决定他本人彻底退休的同时，9 月 4 日，他在同几位中央负责同志谈话中明确指出：下次党代表大会不搞顾问委员会了，还是搞退休制度。此后，在上海休息的陈云同志也对前去探望他的中顾委常委陈丕显同志讲，下一届党代大会后他不再担任中顾委主任了，一波和任穷要是愿意搞就让他们去搞，反正我是不搞了。陈丕显同志回京向薄老和宋老传达后，他们两位也当即表示，陈云同志不再担任中顾委主任，我们就更不能搞了。这样，中顾委的主要领导对十四大后不再设置中顾委问题已经统一了思想。薄老要我们不再组织中顾委进行调研活动。

按照 1982 年成立中顾委时的规定，中顾委委员必须是 1942 年以前入党、有 40 年以上党龄，担任过正省部级职务或大军区正职以上职务的同志。据了解，当时（十四大召开前）新从一线退下来的同志中符合条件的只有一位同志。现任的中顾委委员，已经分别在中顾委有过 10 年、7 年

（1985年全国党代会增补的）和5年的过渡，多数同志的年龄都在80岁上下。上述情况表明，已具备不再设置中顾委的客观条件。中顾委的老同志们是有高度政治觉悟的，但刚刚经历的政治风波和苏东剧变给人们以巨大的震撼，包括党外人士在内的许多同志对共产主义运动和中国的前景不无忧虑。因此，不少同志希望中顾委能再保留一届。在这种情况下，薄老正确分析了国内外形势，并做了大量说服工作。他从中顾委的过渡性质，到彻底废除领导干部职务终身制以及对党中央领导集体的信任的高度，阐述不再设置中顾委的必要性，他甚至对几位仍坚持要在保留一届意见的老同志说：你们是等着中央解散，还是主动提出申请解散？这样，最终统一了大家的思想。十四大期间，中央顾问委员会向中共中央写了报告，主动提出不再设置顾问委员会的建议。

1992年党的十四大决定不再设置中央顾问委员会。中顾委的结束，标志着从1979年开始酝酿的废除领导干部职务终身制终于实现。这是当代中国政治体制改革中的一件意义深远的大事。中顾委的适时结束，为中顾委存在10年的历史画上圆满的句号。对于中顾委的工作，党的十四大曾给予高度评价。大会认为：中顾委成立10年来，“协助党中央为维护党的团结和社会稳定，推进改革开放和现代化建设，做了大量卓有成效的工作，在新的历史时期为党、国家和人民建立了历史性功绩”。江泽民同志还专门设宴招待中顾委的全体委员。我认为，在10年间主持两届中顾委日常工作的薄老也是功不可没。

薄老历经坎坷风险，坚定勤劳地奋斗了一辈子。陈云同志给他写过一个条幅，他没有装裱，把条幅用夹子夹起来，挂在他写字台旁边的洗脸盆架子上。陈云同志写的是："多做就是少做，少做才能多做。"很多时候，薄老上下午办公，晚上还要谈工作。有一次我对他讲：你已80多岁高龄，还日夜三班地工作。陈云同志给你写的条幅就挂在你的面前，你应该实现陈云同志对你的希望。他说："我做不到，陈云同志自己也做不到，能做到的只有小平同志。我的时间不多了，我要争分夺秒地完成自己应负的责任。"

给我留下深刻印象的是，薄老在耄耋之年还亲自组织撰写《若干重大决策与事件的回顾》《七十年奋斗与思考》《领袖元帅与战友》等著作，得到了中央领导同志和学术界、理论界的高度评价。他在晚年为指导研究和科学总结党和国家的历史经验做出了新的贡献。

回忆与宋任穷的交往

宋任穷同志1909年出生于湖南浏阳，1926年参加革命工作，同年6月加入中国共产主义青年团，12月转为中国共产党党员。抗战期间，他在晋冀鲁豫的冀南地区，任区党委书记、军区司令员、政治委员兼行署主任，经历过平原抗日游击战争的艰苦考验。大家说"陈再道的勇，宋任穷的德"，德高望重。那个时候我听说过他的名字，但没有见过他。

20世纪五六十年代，我在中央组织部工作，听到当时的部长安子文讲过任穷同志严格要求自己的事情。1956年11月，任穷同志从解放军的总干部部第一副部长（上将军衔）调任国务院第三机械工业部（1958年2月改为第二机械工业部）部长。因为军队干部比地方干部待遇高一点儿，很多同志转业到地方工作，关系和待遇可以不动。但任穷同志到地方后，自己提出把关系转出来，按地方干部待遇。宋任穷的孩子多，一下子待遇降低了很多，但是他不考虑，他想的是做什么工作就应该按什么待遇。任穷同志为我国原子能事业的创建和发展辛勤操劳，付出了很多心血。我们曾根据他的指示，给青海的核工业基地调去100多名生活服务人员，诸如修鞋匠、厨师、理发匠等，到那里建立起生活点。这是我们见面前在工作上的接触。

我真正见到任穷同志，是在1960年11月。那时，各大区刚形成了中央局，任穷同志由二机部部长调任东北局第一书记。我在中央财政贸易工作部工作，这时中央撤销了党的工业、财贸、交通三个部，财贸部部长马明方同志调到东北局任第三书记，还有二十来个干部也同他一起调去东北局。当年年底，我分配到中央组织部工作。1964年春天，我跟着中组部副部长李楚离同志到东北考察干部，先到东北局，任穷同志接待我们，见了一次面。接下来我们到黑龙江考察了一个多月，以后又到辽宁考察。随后我们给东北局汇报考察这两个省干部的情况，任穷同志去听了。我汇报工作时，他也就认识了我。根据当时中央提出的大力培养无产阶级革命事业接班人的精神，结合考察情况，我们一起研究提拔后备干部的问题。当时辽宁锦州的市委书记，40 岁，现在记不得名字了，这个同志很优秀，我们提出年轻人里面可以考虑提拔他。经过研究以后，和辽宁省委商量，想在辽宁省提拔这个同志任省委书记处书记。但当时辽宁几个大市如沈阳、鞍山、本溪，比他资格老的人很多，提拔他有困难，就调出来，到陕西任了省委书记处书记。这是和任穷同志一起研究的。我认为他很注意提拔年轻干部。

1964 年 8 月，我被任命为中央组织部的副部长，两个月后就调到黑龙江任省委书记处书记，有些出乎意外。安子文同志告诉我，是宋任穷同志点名要的，不好不支持。到 1966 年 1 月，经任穷同志主持的东北局批准，黑龙江提拔了 8 名省委常委以上干部，其中两名是由书记处候补书记提为书记，两名是由常委提为书记处候补书记，提拔了 4 名常委。8 名干部都比较年轻，其中一位当时只有 39 岁，最大的也没到 50 岁。我从这里看到任穷同志贯彻中央精神、注意培养年轻干部的眼光和魄力。这些年轻同志以后在工作上都起了很大的作用。那个时候不提拔，到“文化大革命”开始就提不了了。

我从中央组织部到黑龙江工作后，任穷同志成了我的直接上司，这就接触多了。那个时候全国正在搞“四清”，任穷同志亲自在辽宁金县三十里铺蹲点。他这个点儿总结经验的时候，要三个省的领导同志来听听。那次会议我参加了。参加以后我感到，我蹲点蹲了 8 个月，任穷同志蹲了 6 个月，都是跟群众同吃同住同劳动，住在老百姓家里，派饭吃，但是真正总结经验，我差多了。他很注意抓典型，用点儿推动面上的工作，他一向都是这样的。那次，我找了任穷同志，想要他安排一个时间，向他反映一下黑龙江的情况。但他实在忙得不行，安排了另外一个东北局的书记听我的反映。我在黑龙江省委书记处书记里面排第七位，是小萝卜头，年纪轻。但我反映的意见，任穷同志很重视。

当年，在黑龙江的甘南县，有一个共产党员、全国劳动模范吕和，是一个老农民，文化程度不高，种地很有经验，老百姓说他种地“三看三定”。黑龙江天气冷，不能种冬小麦，每年 3 月下旬才开始种春小麦。在这个时候，吕和看天气，根据多年的经验，决定当年种什么样的作物、什么样的品种。他看的一般有百分之七八十的准头，他种的农作物歉收的时候很少。任穷同志听说以后亲自到甘南，找这位劳动模范谈他的经验，表扬了他，也叫我们注意群众里面真正懂得生产的能人，实践出经验，实践出真知，不要瞎指挥，要听取群众的意见。这给我很深的印象。

“文化大革命”爆发后，1966 年 8 月黑龙江的造反派把省委第二书记、省长李范五和省委常务副书记王一伦打倒了，后来把书记处书记、副省长陈雷也打倒了，抓起来关到一个地方，这就全乱了。各个地方，地市委书记、县委书记也被打倒了不少。省委实际上已经不能正常进行工作。任穷同志来到黑龙江，同当时的省委第一书记潘复生研究，想保留或建一个新的领导集体，最后也没有建成。到 11 月，各大学造反团把我斗了个遍。以后任穷同志也被打倒了。任穷同志是能保的干部他都保，我是深为感动的。但是后来他自己都保不住，更保不了别人了。

1985 年 9 月党的全国代表会议以后，任穷同志担任中央顾问委员会副主任。我是 1987 年调到中顾委，在任穷同志直接领导下工作的。薄一波同志是中顾委常务副主任，有时候一波同志病了，就由任穷同志主持会议，处理日常工作，每星期找我们开会。任穷同志主持开会非常慎重，散会的时候，他常常吩咐几项重要问题，你们要向一波同志汇报，看他有什么意见。

我认为任穷同志组织观念非常强，一切按原则办事情，对中央领导同志，对一波同志非常尊重，绝不越权，这点给我教育很深。中顾委的老同志，开会什么意见都敢讲，有的问题要向中央反映。任穷同志和一波同志一样，用中顾委的名义反映情况，向中央报告，必须经过他审查把关。我认为一波同志、任穷同志这些老一辈革命家的坚强党性是我们年轻同志们学习的典范。

第十三章
老兵新传——从事国史党史党建研究

担任全国中共党史人物研究会会长

好像注定要在晚年要转行从事历史研究似的，在出任当代中国研究所所长前，我先是兼任了全国中共党史人物研究会的会长。中共党史人物研究会是由从事中共党史、国史、军史、革命史和中国近现代史研究的团体或人员自愿结成的全国性、群众性学术团体。它的成立有着特殊的历史背景。粉碎“四人帮”后，全国高等学校陆续招生，重新恢复了“文化大革命”前的四门马列主义政治理论课程（即马克思主义哲学、政治经济学、科学社会主义、中共党史）。十一届三中全会召开后，社会科学界面临着拨乱反正、正本清源的艰巨任务。就中共党史课程而言，由于一大批重要党史人物在“文化大革命”中遭到污蔑、批判和迫害，党的历史受到伪造和歪曲，中共党史教材的编写面临很大困难。1979 年 3 月，全国 18 所高等院校的党史工作者集中到郑州开会，决定成立中共党史人物研究会，以十一届三中全会精神为指导，为杰出的革命烈士、革命活动家和英雄模范树碑立传，把被颠倒的历史重新颠倒过来。5 月，经报请中央组织部批准，中共党史人物研究会成立。12 月，在广州召开的第一次会员代表大会选举全国政协副主席何长工为会长，著名党史专家李新、胡华为副会长，陈志凌为秘书长。经过 12 年的努力，在 1991 年建党 70 周年之际，研究会在没有专门机构、专职干部和专项经费的情况下，完成了为 500 位著名党史人物立传、编辑出版 50 卷《中共党史人物传》的编撰计划。研究会理事会、编委会、广大作者和陕西人民出版社为此付出了巨大的努力和心血。1987 年，何长工、胡华相继去世。1991 年 9 月 24 日，中共党史人物研究会在西安召开第二次会员代表大会，决定聘请中央党史工作领导小组副组长邓力群为名誉会长，我被选举为会长，中共中央党史研究室教授王淇、中国人民警官大学教授陈志凌，以及一些部门和党史资源大省的负责同志兼任副会长。一批老同志如杨尚昆、习仲勋、王首道、刘澜涛、陆定一、陈丕显、萧克、马文瑞、乔明甫、莫文骅、李新被聘请担任顾问。

邓力群同志大力推荐我担任会长，但我此前没有做过这方面的工作，自觉不能胜任。我找到薄老，告知自己的顾虑。薄老对我说：你当会长，只是挂个名，具体的实际工作由他们去干就行了。当我建议找一位德高望重的老同志任会长为好时，他说：他们都老了，现在轮到你们这一代人了。这么一来，我就不能推辞了。

中共党史人物研究会在西安召开第二次会员代表大会时，我正受中央委托在四川省考察省委班子，匆匆忙忙请了一天假，赶到西安，开了一天会，然后返回成都。我记得我在会上讲了一番话。我说，作为一个关心党的建设、珍惜党的光荣历史的老党员，能够参加大会，同来自全国各省、市、自治区的党史工作者见面，并一道研究编写《中共党史人物传》的问题，感到非常高兴。对于编书，我是个外行，出于对党的这一事业的热爱，我提几点希望，供大家参考。我讲了四点意见。

第一点，中共党史人物传的编写、审定和出版，一定要牢固地树立正确的政治方向。我们的书，一定要把共产党、共产党员的高大形象树立起来，一定要给读者引导正确的方向，使读者坚定信念。我们的党史人物传写的许多先烈，他们突出的功绩就是在非常艰苦、太阳还没有出来的时候建立的，他们就具有坚定的信念，不惜牺牲自己的生命，为崇高的理想而斗争。这种精神，是特别值得我们学习的。

第二点，研究、编写、出版中共党史人物传记，应以马列主义、毛泽东思想为指针，坚持辩证唯物主义、历史唯物主义的观点和实事求是的原则。每一篇传记，都应当在充分调查研究的基础上写成，不能依靠道听途说作根据，更不能面壁虚构。对人物的功过是非的评价，应有事实作根据，应以中央两个历史决议和有关文件为指导，不能以个人的好恶去评说。只有这样，我们编写的传记，才能经得起历史的考验。

第三点，中共党史人物研究会和中共党史人物传记的编写、审定和出版，要紧紧依靠党的领导，依靠各方面的支持。党史人物传记的编写，是一项浩大的工程，要完成这个任务，脱离了党的领导，不依靠地方党委的支持，是不行的。中共党史人物研究会虽然和中央文献研究室、中央党史研究室等党的工作部门不同，但也是在党的领导下，以推进党的建设，宣传党的优良传统为宗旨，以研究党史人物、编写党史人物传记为任务的社会学术团体。我们应当主动接受中央党史工作领导小组和中央有关部门的领导，向他们汇报工作，接受并贯彻他们的指示。邓力群同志不久前同我说过，中共党史人物传今后的编纂规划，最好先将军队和地方任务分开，地方任务再按省、市分开，这样发动和组织作者，写成的稿子，军队的人物传记请总政把关，地方人物的传记分别请省、市党委审查把关。但这并不是让领导亲自审稿，而是请他们指定部门审查。出书时，军队人物编成若干卷，请军队组织发行；地方人物按省、市分卷，可以一省编几卷，也可以几省合编一卷。这样，就可以把我们的工作更紧密地置于党的领导下，也可以更多地得到党组织的支持。我认为，力群同志的意见，是个很好的意见。请总政和各省、市党委审查书稿，并不是减轻我们编委会的责任，是为了更好地把好各卷书的政治关，也是紧紧依靠地方和军队党委领导的体现和争取各方面积极支持的具体办法，可以使我们书的发行有保证，提高书的社会效益。因为现在编在一卷中的各方面的人物都有，没有哪个省、哪一卷订的特别多的。除了专门研究的专家，一般读者买不全这么多的书。如果以军队、地方分卷，以省分卷的话，我们的书的印数就可以增加，社会效益会更好一些，使出版的书少亏损甚至不亏损。希望大家认真考虑力群同志的这个意见，回去向总政和各省、市、区党委汇报这个意见，请他们予以大力支持。各省、市、区和总政如果同意这么办，就是对我们的大力支持，我们在编前50卷中遇到的困难，就可以迎刃而解了。比如查档案、开座谈会，核实史实，有些问题吃不准的，请党委研究后，定一个框框、方向。至于有不同意见，我们有编委会，可以提到编委会上定一下。

第四点，加强自身的学习。党史人物研究和党史人物传记的编写、审定，是一项政治性很强的工作。我们正处在国际风云变幻，国际共运遭受严重挫折，各种反社会主义思潮利用各种渠道向我们侵袭的形势下。这个形势要求我们必须不断加强自身的思想建设，最重要的是努力学习马列主义、毛泽东思想，使我们能够站稳立场，明辨是非，自觉地坚持四项基本原则，在政治上同党中央保持一致，旗帜鲜明地反对资产阶级自由化，自觉抵制各种资产阶级思潮侵袭。这个立场和原则，必须体现到编审工作中去。不论国际、国内形势发生怎样的变化，这个大方向绝不能动摇。只有这样，才能真正达到陈云同志要求的“出书，出人，走正路”的目的。

总之，我热切期望我们大家高举马列主义、毛泽东思想的旗帜，牢固树立坚定正确的政治方向，紧紧依靠各级党组织，争取各方面的支持，更深入地开展中共党史人物的研究工作，使我们编写的每一篇传记，都能体现中国共产党人对共产主义的崇高理想和坚定信念，体现共产党人的坚强党性和优良品德，体现出社会主义制度的光明前途，以激励人民及我们的后辈为建设有中国特色的社会主义强国而英勇奋斗。

我最近翻看了20多年前的这篇讲话。对讲话的论点，我到现在还一直坚持。

在研究会的工作会议和常务理事会议上，我常对传记作者和编委们讲，编写《中共党史人物传》，一定要强调传记的政治性、史料的真实性和文字的精练朴实性，编写者要有严肃认真的态度，一丝不苟，争取做到尽善尽美，只有这样才能保证传稿质量，充分发挥党史人物传记的资政育人作用。为党史人物立传，从初创时期的党史人物研究会来说，最难的是要冲破“左”倾思想的禁锢，以历史事实为依据，判明当年的是非。

第二届党史人物研究会也遇到了新问题：一是什么标准入传。革命烈士和革命前辈千千万万，他们的事迹和精神都值得弘扬和光大，究竟选谁先入传？选谁进“全国党史人物传”（一些省市县也分别搞当地的），是个颇费心思的问题。以职级、资历为标准是最简单的办法。但是有一些著名的烈士和英模人物，职级不高，入党时间不早，甚至没有参加共产党但一直献身革命事业事迹十分突出，怎么办？比如恽代英烈士，他最高的职务是中宣部秘书长，而他的影响之大是众所周知的。我们曾经请示上级组织部门，并请示中央党史研究室、民政部、总政等，都没有明确的回复；那时中宣部还没有推出“双百人物”，军委还未确定 36 个军事家。我们只能参照历年宣传的惯例和实行废除领导干部职务终身制时中央对不同时期离休干部待遇方面的一些规定，并尽可能吸收学术界最新的研究成果，把党史分作若干时期、若干根据地、若干方面军、若干条线，就军事工作、青年工作、妇女工作、理论宣传、隐蔽战线等方面的人物分别进行排列、比较，然后征求妇联、工会、安全部、外交部、军科等部门研究室（所）的意见，确定哪些人物立即列入计划组织编写，哪些从缓，哪些建议列入地方党史人物传。好在编写党史人物传是个长期的工作，不是一朝一夕就可以完成的，这方面的失误或不当随时可以纠正。二是如何排除干扰，秉笔直书，客观地评价历史人物。进入新时期后，退下来的老同志成了党史工作的生力军和最重要的党史资料征集对象，但与此同时也出现了借机申诉翻历史旧账的问题。有些回忆突出自己、贬低别人；有的子女出钱为自己的父辈写传，有意混淆一些已经十分清楚的历史结论。有位陕北籍的老同志，也是中顾委的委员，他对涉及陕北肃反问题的好几篇传记的写法不满意。他直接找我谈了多次，又动员几位当年和他一起闹革命的老同志，以及一位在中央党史部门工作的同志（其父亲当年也是此事的参与者），找我谈陕北肃反错误中的是与非。他们可能以为我完全是个门外汉呢，但恰好在这个问题上我早就听过去一起工作或熟识的马文瑞、吴岱峰、白栋材、杨和亭等同志介绍过，20世纪60年代初在中组部甄别平反工作中我也接触过一些相关档案。我让从中央文献研究室调来的秘书蒋建农找来中央关于这个问题的五个历史文件看，并上门请教两次受中央委托参与解决这一历史问题的王首道同志。结果证明那位老同志在这个问题上的一些意见是不确切的。于是，我要求负责审稿的同志严格按照中央的结论把握审稿标准。类似这样的问题，我和其他同志都遇到过一些。三是因为党史人物会毕竟是群众性的学术团体，每个传记的作者多数不是被其单位指定的或承担的是其单位本职工作以外的任务，他们在经费、时间、查阅档案、调研采访中有各种各样的困难；我们确定的编写计划涉及某些省某些部门，需要他们的大力支持；人物会日常的挂靠单位、社团管理、办公地点、出版物的印刷、审稿等等许多问题需要协调。对于我来讲，已经有好多年不大接触这些具体事情了，但我深受人物会那些高校老师和其他学者的艰苦奉献精神所感动，所以我不畏烦琐，尽可能地为他们做好后勤服务工作。那个时候，研究会面临的最大困难是经费不足。中国社会科学院每年只拨给研究会2000元的经费，杯水车薪，难以为继。我记得1992年二三月间，党史人物研究会借用一所学校的教室开了第二次理事会。会后，大家在学校食堂吃了顿很简单朴素的大锅饭。张罗会议的同志对我说：在这么艰苦的地方开会，委屈您了。我说：我们缺乏经费，委屈的是学者们。为了维持编审出版和日常活动的经费开支，我找了武汉的邓斌、周垂远同志捐助了一部分基金，想尽办法，基本维持了《中共党史人物传》的编辑、出版费用。

党史人物研究会的工作充分发挥群众性社团的特点，很多工作不是上级党组织直接布置的，也没有下拨经费，但做这些工作又是组织有序并严格遵守符合党的方针路线的。除编写出版《中共党史人物传》这一主要任务外，还组织和参加了许多与研究宣传革命英烈即著名党史人物相关的社会活动。例如我们自1992年7月开始历时一年多时间组织发起了全国性的“毛泽东与我”大型征文活动。这次征文活动是为纪念毛泽东100周年诞辰而举办的，又是在进一步扩大开放和深化改革的形势下举行的。最初的发起者蒋建农当时是一个在中央文献研究室工作的年轻人，我听他的介绍后觉得很有意义，因为在毛泽东思想哺育下成长起来的老中青干部、群众，都深深地爱戴和怀念着毛泽东同志，我们的征文活动，可以给他们提供抒发感情的机会，同时又可以广泛征集民间关于毛泽东生平思想的口述史料。就同意以全国党史人物研究会作为正式发起单位，并要求以中共中央关于“继承和发展毛泽东思想，努力推进我们当前的各项事业”的1993年2号文件作为开展这次活动的指导方针。我应邀担任这项活动组织委员会的主任，在1992年12月15日在征文组委会第一次全体会议上我就强调了征文的活动宗旨：“就是要继承毛泽东、邓小平等老一辈革命家开创的革命事业，坚持和发展毛泽东思想，努力推进我们当前的改革开放事业”。组委会在活动全过程中，始终注意按照《关于党的若干历史问题的决议》和《关于建国以来党的若干历史问题的决议》及十一届三中全会以来中央有关文件的精神，严格把关，注意防止神化毛泽东的倾向和曲解、歪曲以至否定毛泽东思想的东西。我们对征文工作，大到文章的客观性和思想性，小到奖品的选择要突出纪念意义，都一抓到底，使征文活动在国家有关社团活动规定的范围内，得以健康顺利开展。尤其是老一辈革命家刘澜涛、杨得志、叶飞、孙毅等同志欣然出任征文活动顾问，张爱萍同志除赐稿并参加活动外，还亲笔为征文组委会与北京电视台联合录制的电视系列片题写片名“情系毛泽东”。他们的关怀和勉励是这次征文活动能够克服困难，获得圆满成功的重要条件。这次征文活动共收到1500多篇应征稿，应征稿件有相当的广泛性和代表性，分别来自全国29个省、市、自治区，国际友人和海外华侨也有稿件应征。投稿者中，年龄最大的是当时 98 岁的农业科学家金善宝。投稿者的经历和职业各不相同，有的深切怀念毛泽东同志在中国革命和建设的各个历史时期的丰功伟绩；有的真实记述毛泽东的一言一行对自己、对某一家庭、对社会的巨大影响；有的则用诗的语言热情讴歌毛泽东和以他为代表的中国共产党人为民族独立富强而牺牲一切的革命精神和高尚情操。特别是张爱萍、李德生、赛福鼎、陈士榘、韩光、方志纯、贺晋年、刘道生、孙毅、戴镜元、欧阳平、钱江、袁血卒、张承先、周里、李立、廖志高、袁宝华、曾志、铁瑛、金善宝、冰心、臧克家、侯宝林、华君武等一大批长期追随毛泽东投身革命和建设事业的老同志、老前辈，他们不顾年迈、体弱和工作繁忙，寄来了感人至深的稿件，为我们提供了许多学习和研究毛泽东及毛泽东思想的珍贵材料。根据征文活动组委会的要求，征文办公室对这些稿件进行了分类编辑，陆续向《人物》《博览群书》《中华老年报》《发展导报》等报刊提供，择优发表。《作家文摘》《北京青年报》《中华英才画报》《北京广播电视报》《农民日报》等报刊也向征文办公室索稿或转载有关文章。截至 1993 年 12 月底，各类报刊共发表“毛泽东与我”征文 94 篇次。在此基础上，征文办公室按照征文组委会制定的标准与要求，编辑成《毛泽东与我》丛书一套，共 6 册，140 万字，由山西人民出版社出版。这套丛书第一版印刷 5000 套，不到两个月即被订购一空。征文组委会还和北京电视台联合摄制 9 集电视系列片《情系毛泽东》，该片除在北京电视台黄金时间两次播映外，全国有 21 家省级电视台购置了播映权，中央电化教育馆音像出版社还向全国出版发行该片的录像带。此外，中央人民广播电台“今晚八点半”节目分10次选播优秀征文，北京人民广播电台则邀请征文办公室同志参加“我们向毛泽东学什么百人热线大讨论”。

参加党史人物研究会的工作使我结识了许多高校、社科院、军队等系统的党史专家如王琪、彭明、肖超然、姜思毅等，向他们学习了许多过去不知道的党史知识；同时还认识了一些热爱党和人民奋斗历史的青年同志，经常和他们交流思想，了解他们和他们所代表的青年人的思想动态，支持和引导他们健康成长。1991年我受中央委托考察江西省委班子时收到中央党史研究室的一个年轻人张占斌写给我的信，请我为他们主编的《新版〈毛泽东选集〉大辞典》作序。当时有同志对我说他不过是个助理研究员，年轻人搞这么重要的书是否把握得了。回京后我把他和该书的另一主编蒋建农找来听取他们详细的汇报，又认真审阅了他们的编写计划和提纲以及部分样稿，我认为他们是认真严肃，并具备这样能力的。于是就欣然作序。后来这本书有很好的社会反响，李先念、王震、聂荣臻、薄一波、宋任穷同志曾为该书题词，1993年该书再版时，山西省委书记胡富国亲自主持座谈会推介此书。此后我同他们一直保持来往，先后为他们编写的《党和国家重大决策历程》《中共党史镜鉴》《长征画典》《解放军将帅图集》《邓小平著作学习大辞典》等书籍作序。现在张占斌是全国政协委员、中央党校马克思主义学院院长，蒋建农现在华南师范大学教书。在这一时期和以后一段时间里，我一直注意与青年朋友特别是学术界的青年同志谈心、交朋友，不谦虚地讲，一方面我有对他们思想引导帮助的想法，同时我也是鉴于我以往接触的大多是工农群众和党政干部，补交往圈比较窄的不足。至今与我还有较多联系的这些“忘年交”不下10人。

自1991年以来，党史人物研究会制定了《中共党史人物传》50至100卷的编撰规划，在前一届理事会完成了50卷的基础上，又编写了33卷，在2001年建党80周年之际，还编辑出版了10卷《中共党史人物传》(精选本)。这样，为约1200多位党的第一、第二代领导集体的主要领导人和著名烈士立了传。同时，经过向中央军委请示和与总政治部、军事科学院、国防大学等部门协调，同军队方面合作，为1955年授予中将以上军衔的解放军将领立传。党史人物研究会的工作得到了陈云、李先念、杨尚昆等老同志的关怀和肯定。李鹏等中央领导同志曾为这项工作致信或题词。2002年4月17日，曾庆红同志在《中共党史人物传研编情况的汇报》上再次肯定这项工作是“有重要意义的事情”，他认为：“中共党史人物研究会自成立以来，在中共党史人物的资料征集、人物研究、精神风范的宣传等方面做了大量工作，取得了显著的成绩。”

在主持研究会工作的后期，考虑到自己年事已高，我就向中央组织部写了报告，提议将党史人物研究会的业务由中央党史研究室主管。中组部同意了。2002年5月，中组部下文免去我的会长一职，由中共中央党史研究室主任孙英同志兼任。在我一生中，新中国成立前的任职不算，新中国成立后的任职只有两个是任职时没有上级的任命文件，而卸任时却有正式文件下达免职通知的，一是当代中国研究所所长，另一个就是全国中共党史人物研究会会长。非常感谢在我担任党史人物研究会会长的11年间先后出任或兼任该会副会长的一些同志，尽管当时他们已经肩负着重要的职责，但仍热心支持这项工作。他们是李铁林（中组部副部长）、刘云山（中宣部副部长）、桂晓风（新闻出版署副署长）、舒惠国（江西省委书记）、林开钦（福建省委副书记）、赵培义（湖南省人大副主任）、王淇（中央党史研究室室务委员）、陈志凌（中国人民警官大学教授）等，以及诸位常务理事、理事同志们的鼎力支持与帮助。和他们在这项工作中的共事，使我深受其惠，是他们支持并陪伴我在最后一个工作岗位的工作，感谢他们。至此，我才算是真正地进入了离休生活。

国史研究战线上的一名新兵

中顾委结束它的历史使命后，根据薄老关于在1992年底前必须做完中顾委善后工作的指示，我带领中顾委办公厅的工作人员，在十四大后加紧进行中顾委办公厅人员的安置、文件归档等善后事宜。经过一段时间，我们完成了工作。1992年12月31日，我离开工作了5年的设在中南海的中顾委办公室。

自1992年底以来，中央党史领导小组副组长邓力群同志几次邀请我出任刚成立两年的当代中国研究所（简称当代所）所长。我考虑到自己长年从事党的具体工作，从来没有在学术研究领域工作过，而且已年逾古稀，婉拒了他的好意。后来，邓力群就商请主持中央党史领导小组工作的副组长薄老，向中央报告任命我担任当代所所长、有林同志（当时任《求是》总编辑）任副所长。薄老同我谈话说："你到当代所工作不是你的所长，你去也不是理想的所长，但暂时还没有找到更合适的人，当面请示了江泽民同志，他点头了。"这样，我就必须服从了。1993 年 5 月，我开始到当代中国研究所上班。薄老曾嘱咐我：研究工作你不懂，你去做政治思想工作，掌握一下大的方向，把干部管好。这样，我就在薄老、邓力群同志领导下，担任当代中国研究所所长，直到 2001 年 1 月我已过 80 岁时才离开这个岗位。

当代中国研究所成立于 1990 年。这年 4 月，中央党史领导小组副组长胡乔木、薄一波同组长杨尚昆商议：新中国成立已 40 年，新中国的历史需要开始研究、编写了，拟建立国史馆，委托邓力群筹办此事。邓力群提出先搞个筹备机构，做好必要的准备工作后，再正式成立国史馆。后经邓力群与中国社会科学院方面商议，以《当代中国》丛书编辑部为基础，成立当代中国研究所，作为国史馆的筹备机构。6 月 14 日，尚昆、乔木和薄老报告中央政治局常委，建议成立当代中国研究所，并任命邓力群为中央党史领导小组副组长，负责组建当代中国研究所和在政治、科学研究上指导该所的工作。至于在行政事务工作方面，则由中国社会科学院代管。中央审查同意了这个报告，中办于1990年8月2日正式发出了上述内容的通知。

我刚到任时，当代中国研究所的机构设置和人员调配已经初具规模，《中华人民共和国史稿》的编写也已经由选题论证进入撰稿阶段。但毕竟是个新建单位，亟待解决的问题还很多。我认为首先要解决的问题是明确领导体制。经请示领导同意，当代所实行所长负责制，创立时设立的所务委员会发挥学术咨询指导作用，因为当时是由中央党史领导小组领导的单位，所以暂未建立党组，决定重大问题的是所长办公会（正副所长和秘书长为办公会成员）实行集体领导。其次是抓队伍的思想建设，要教育干部充分认识国史研究事业在推进建设有中国特色社会主义事业中的重要意义，增强爱岗敬业精神。我在很多场合都讲：一、

宋平同志到当代中国研究所视察工作

当代所的研究人员在研究工作中必须加强对科学社会主义基本理论的学习，自觉地执行和宣传党的十一届三中全会以来的方针路线，坚决同党中央保持一致；二、切实地树立起无产阶级的世界观，用马克思主义的立场、观点和方法研究国史和现实问题；三、加强制度建设。参照中央和国务院的有关规定，借鉴学习相关单位的经验，摸索建立起当代所行政、人事、科研和后勤管理等一套规章办法。

在党中央、国务院和有关部委的支持、关怀下，在中央党史领导小组的具体领导下，经过全所同志的共同努力，当代所从无到有，逐步发展起来。1994 年 5 月，在厂桥旌勇里 8 号原风机二厂的地址上建立起业务楼，结束了过去在西直门总政招待所、求是杂志社、中国社会科学院租地办公的历史，部分无房职工分得了住房；围绕国史研究这一中心工作，设置和充实了科研、编辑、档案资料、行政、后勤等机构；在乔木同志家属捐赠图书的基础上，建立起了专业的小型图书馆；加强了专业学术刊物和专业出版社的建设；经领导同意，建立了专业职务评审领导小组，职称评定成为定制，培养起一批专业人才；初步理顺了与上级各对口部门的关系，建立起一支科研和行政管理的干部队伍。为了设立国史学科的专业点，当代所与河北师范大学联合申报建立起国史专业博士点和硕士点。2000 年 9 月，全国第一批中华人民共和国国史专业硕士生开始入学。

在全体同志的努力下，当代所形成了比较浓厚的科研氛围，研究工作取得了初步成果，在学术界立稳了脚跟。我们一直鼓励研究人员关注社会的热点、难点问题，努力把国史研究和改革开放的现实紧密联系起来。1996 年当代所多次召开双周学术座谈会，对我国的多种经济成分问题展开了讨论；1998 年仅就新时期历史研究座谈会就举办了 17 次。当代所主办的《当代中国史研究》杂志至今仍在不断推出有分量有影响的学术成果。《当代中国》《当代中国人物传记》《中华人民共和国地方简史》等丛书和《中华人民共和国国史百科全书》相继出版。《中华人民共和国史稿》的序卷和一、二、三、四卷（从 1949 年已写到 1984 年），经中央 30 个部委审读两遍（其中 18 个部委审读了三遍），最后中央批准于 2012 年正式出版，在社会上产生了良好反响。

在我任当代所所长期间，《中华人民共和国史稿》各卷的修编工作是我们的重心工作。我对当代所的同志们说过，自己在国史研究战线上是一个年老的新兵，直到离职前还没有完全进入所长这个角色。但既然在这个岗位上，就得倾尽全力，积极参加编研工作。我离开当代所后，凝聚众多学者多年心血的《中华人民共和国史稿》正式出版。这真是一件可喜可贺的事情。在《中华人民共和国史稿》出版座谈会上，我对这部书稿编写的立场、观点、方法讲了一番话。我说：

“中国有治史的优良传统，我们要继承这个传统。但中华人民共和国史稿不是传统的二十四史、清史、中华民国史后的第二十七史，它是中国共产党代表中国工人阶级执政的、中国特色社会主义新中国的第一史。国史稿的意义和作用不仅是存史、资政、育人，而且要护国。我们的

在《中华人民共和国史稿》讨论稿座谈会上

新中国，是中国共产党继承鸦片战争以来救亡图存、振兴中华的仁人志士的理想，数以千万计的英烈洒下热血，经过 28 年的英勇奋斗才建立起来的。我们一定要守护好这个国本。”

“写国史稿，必须有坚定的马克思主义共产主义信仰、中国特色社会主义的必胜信念，要站在工人阶级立场上，代表全国人民的根本利益，才能写好新中国的历史。否则，就会歪曲甚至否定新中国历史。”

“昨天的事就是历史。我们是当代人治当代史。在历史的进程中，许多工程、任务正在进行尚未完成；许多重大事件，还要经过实践的检验和时间的沉淀，才能认识得更加清楚。不能把昨天发生的事都立即撰写下来，只能写那些已经成熟的历史和认识。我们党的历史也是这么写的：30 年、70 年、90 年，到现在出版了《中国共产党历史》第一卷、

第二卷。中国共产党万岁！中华人民共和国万岁！我们要一卷一卷地写下去。”

“我们研究编撰国史，要坚持历史唯物主义，要坚持客观的、实事求是的原则。一切事情、事件的述论都要有可靠的材料，论从史出。不夸大成绩，不隐晦缺点和错误。国史不是堆砌史料，更不是“豆腐账”，宜粗则粗，宜细则细。写成绩，是为了让读者领会我们所取得成就的经验，使他们能在继承前人经验的基础上努力前进；写缺点错误，是为了让后人了解这些缺点错误及其产生的根源，以及给国家和人民造成的损失并引以为戒，今后不再重犯。这就是常说的资政育人。这是科学的历史观。”

“20 年来，国史稿的编撰工作得到了中央领导的关怀支持。这套著作由原党史领导小组副组长邓力群同志主持，当代所的全体同志（包括正式出版前调入的新同志和调出的老同志）参与其中。所外的几十位专家、学者应邀参加了书稿的讨论会并提出宝贵意见，北京大学的梁柱同志、中国人民大学的周新城同志还参加了统稿工作。特别要提到的是，中央对书稿组织了两次大规模的审读，涉及中央及国务院的几十个部委，数以百计的同志付出了辛勤劳动。最后经中央批准，这部书稿由人民出版社和当代中国出版社出版。这是一部权威的中华人民共和国史稿。既然是史稿，我们应该欢迎读者提出批评和建议，以资再版时修改。”

“我们坚持集思广益开放的思想和方法编撰国史稿，是非常正确的，但我个人觉得还有不足处。看中央机关的历史资料是对的，但收集研究地方的资料少了一些；充分用档案材料是好的，但同各地方、各方面做实际工作的同志座谈少了一些；写中央的会议决定、指导思想比较充分，但写地方、部门贯彻执行情况及效果少了一些。看来，还是群众观点、深入基层、从实际出发的思想作风不够牢固。我担任了 7 年多所长，是组织者，首先应该负责。希望今后加强这方面的工作。我们要注意在工作中锻炼、培养干部，鼓励他们到基层调查，独立思考问题，大胆提意见、建议，不要怕说错话，领导上要有耐心善意的指导。”

除了《中华人民共和国史稿》外，我再简要介绍一下《当代中国》丛书。这部丛书是我国第一部全面记录中华人民共和国国史的大型丛书。这项国史出版工程是乔木同志在 1982 年 5 月全国青年社会科学工作者座谈会上倡议的，同年 11 月经中央书记处批准后，丛书编撰工作在 1983 年正式启动，由邓力群、马洪、武衡同志担任丛书编委会的主编。根据中央书记处的批复精神，丛书各卷的编写工作由各省、自治区、直辖市党委和各部委党组及军委各总部党委领导，中宣部、中国社会科学院、新闻出版署具体操作落实。1990 年当代中国研究所成立后，丛书的各项工作即转由当代所负责，丛书的编辑、出版工作也同时交由当代中国研究所所辖的当代中国出版社承担。15 年来，经过广大国史研究者和出版工作者 10 万多人的共同努力，《当代中国》丛书于 1998 年基本完成，计 152 卷、210 册，约 1 亿字、3 万幅图片，并在 1999 年 6 月出版了电子光盘版。它的出版，从一个特定的层面反映了我国文化出版事业和国史研究工作的水平，为总结新中国50年的历史经验、探索有中国特色社会主义事业的发展规律、深入开展爱国主义教育提供了鲜活的史料和生动的教材。

1999年6月30日上午，《当代中国》丛书暨电子版完成总结大会在北京人民大会堂召开。这次大会由我主持，江泽民、朱镕基等党和国家领导人接见了大会代表。江泽民同志在即席讲话中说："非常高兴，《当代中国》丛书全部问世了。刚才李力安同志跟我讲，第一本书从1984年开始到现在已经15年了，1984年出版的第一本《当代中国的经济体制改革》已经绝版了，将来如果有人要买全套的书怎么办？"听到这里，大家都笑了起来。江泽民同志接着说："现在的电子工业的发达，丛书内容都集中在20张光盘上，刚才我看到摆放书的场面非常宏伟。我一直都是非常关心这件事，应该说这总结了我们建国以后这50年来我们各行各业各个方面的情况，是总结历史，说明现在，探索规律，展示我们的未来。你们这部丛书是一个集体创作，通过出版部门这个教育基地，对发扬爱国主义精神、集体主义精神、社会主义精神，对社会主义事业是一个很大的促进作用。我衷心地祝贺这部书的出版。"

就我个人来说，到当代中国研究所工作，也是对一些工作经历的总结。一方面我从史学工作者那里学习了研究历史的方法，另一方面我有机会对我亲历的事件用历史研究的方法进行总结和升华。在主持研究所工作期间，我先后撰写了20多篇文章，就新中国成立后的一些重要历史事件和一些理论观点，阐述了自己的心得，明白了许多自己过去还认识不清的问题。同志们给我以积极的鼓励，也产生了一定的社会反响。当时，当代所科研办为了推进科研工作，对全所同志发表的文章被《新华文摘》和人民大学报刊复印材料全文转载的情况进行统计。结果，最多的是程中原同志11篇。第二是我，有8篇被人民大学报刊复印资料全文转载，还有几篇被《人民日报》《解放军日报》的内参全文引用。这算是我所发挥的一点儿余热吧。

从事中华人民共和国历史研究，目的不只是藏之名山、传之后世，重点在资政育人。从1997年开始，我和山西省史志研究院的同志商量开展一项国史教育现状的调查工作。这项工作得到山西省委、省政府的大力支持，当代中国研究所还申报了国家社科基金重点项目《大中小学国史教育现状研究》。我被推为课题组的组长。此项目以中等发展水平的山西省为依托，通过问卷调查、测验、座谈、统计、分析等多种方式，对各层次教材和教学大纲中涉及中华人民共和国国史的知识点、对各级任课教师的学历和专业、对各类学校关于国史知识教育的课时量（包括时事报告）、对各种考试试卷中中华人民共和国国史知识所占的比例，以及各级学生掌握国史知识的情况，进行了全面调查。在此基础上分析国史教育在对学生进行爱党、爱国、爱社会主义教育和在提高各级学生综合素质等方面的作用，以及目前的成绩与存在的不足，并提出改进措施和建议。该课题得到党和国家领导人以及中央国家有关部委的高度重视和肯定。该项目于2004年6月结项，课题报告以《大中小学国史教育现状研究》为题，由当代中国出版社出版。

由于我过去几十年间长期从事党的组织工作，在村委、区委、县委、地委和省委的每一个岗位上，以及中组部、中央整党指导委员会办公室、中央顾问委员会等党的工作部门工作过，对党建课题抱有浓厚兴趣。在当代所期间，我利用出差机会搞了一些社会调查。比如说，1993 年到云南对工业企业中党的工作做调查；1994 年在深圳进行农村支部工作的调查；1995 年 12 月到锦州农业试验区调研；1996 年 11 月到温州进行股份合作制和新建经济组织党建调研；1997 年 5 月到苏南等地进行乡镇企业改制调研；1998 年到闽西、赣南进行老区建设和党史工作调研；1999 年 3 月到山西晋城、晋中等地进行基层党组织建设情况调研；2000 年到山西与山西史志研究院、山西省教育厅等单位合作开展以山西为依托的“大中小学国史教育情况调查”等。每次调研回来，我都要整理资料，撰写调研报告，报送中央领导和有关部门参阅。这期间，我还两次受中央组织部的委托，率工作组分别对福建省和国家科委的领导班子各进行了为时一个多月的届中考察。2002 年党的十六大召开前夕，曾经担任我秘书工作的一些同志，从我在改革开放以来关于党建方面的文章和调研报告中挑选出一部分，编辑出版了《李力安新时期党建论稿》，承蒙宋平同志亲自为之作序推介，算是对我这方面工作的一个总结。

从 1997 年夏开始，鉴于自己年迈体弱，我用口头或书面形式多次正式向组织和中央领导报告，请求批准我不再担任当代中国研究所所长职务。但由于各种原因，一连三年没有批复。直到 2000 年 12 月 28 日，中央才正式批准我的请求。2001年1月2日，中央政治局委员、中国社会科学院院长李铁映同志在当代所新老所长交替干部大会上，宣布我不再担任当代所所长了。这可以说为我在当代所的工作画上了一个句号。我回家告诉了老伴傅义仙，她风趣地说：新世纪我家的大事是老头下岗了！

2001年初，我正式从当代中国研究所所长的岗位上退下来，时年80周岁。

从当代中国研究所退下来后，《太原日报》记者采访过我，问及以后有何打算。我说：职务有进退，但共产党员的身份不存在进退的问题。做群众工作、对青少年进行宣传教育、搞一些力所能及的调查研究、写一些宣传爱国主义和共产主义思想的文章，总之，想做的事情还很多。只要我脑子能运转、嘴巴能说话、腿能走路，我就会发挥一个党员应起的作用。

忆国史研究事业的开创者——邓力群同志

邓力群同志年长我5岁，过去我和他虽然一直没有直接的交往，但对他我是闻名已久。1987年在党的十三大前后，我担任新一届中央顾问委员会的秘书长。当时按照会前的中央人事安排，作为上一届中央书记处书记，邓力群同志是十三届中央委员会政治局委员的人选。但是，由于他自身以外的原因，力群同志出人意料地连续在中央委员选举和稍后进行的中央顾问委员会常委的选举中落选，最后只担任了中顾委委员职务。出于对老同志的关爱，党中央规定中顾委老同志可以只参加一些力所能及的工作，中顾委的活动不必事事都出席。因此，在中顾委开会或开展工作时，请假者为数不少，甚至有个别同志一次活动也不参加。邓力群同志却不以他不得已只出任中顾委委员的特殊境遇为怀，几乎是逢会必到，恪尽一名中顾委委员的职责，表现出坚定的党性和高度的政治责任心。这给我留下深刻的印象。

1992 年在党的十四大上，中顾委结束了它的历史使命。中顾委常务副主任薄一波同志要求我加紧组织处理中顾委剩余的工作和人员安排，以及文件交接等事物，务必于 12 月 31 日前结束全部工作，保证所有人员撤离中南海。这时，已经担任中央党史工作领导小组副组长的邓力群同志几次邀请我担任 1990 年新成立的当代中国研究所所长。对此，我有些顾虑，主要是因为我没有什么学历，文化程度不高，对历史问题没什么系统研究，怎么能当好这个研究国史的单位的领导呢？更何况我又已年逾古稀。我几次婉拒，但力群同志仍坚持他的建议。不得已我向主持中央党史工作领导小组日常工作的副组长薄一波同志谈了自己的想法。薄老劝我说，你去当代所就是把握总体工作方向，把干部工作搞好，其他的业务工作有邓力群在，你有意见就提点儿意见即可。后来，薄老还专门就此事当面请示江泽民同志。在得到江泽民同志的认可后，1993 年 6 月，力群同志在中南海西楼会议室召开当代所办公会议，宣布我到当代所工作，并让我用一段时间多了解些情况。当年 9 月 21 日，力群同志在所办公会议上正式宣布我为当代中国研究所所长。

那时，在党中央的领导和关怀下，当代所的基本工作架构已经搭建起来了。首先是建了一个所务委员会，作为所领导机构，讨论和决定工作中的重大问题。所务委员最早包括邓力群、马洪、武衡、安平生、郑惠、徐达深、马仲扬、詹武、丁伟志、李智盛、刘中海、吴家珣、段若非等人。这些同志中，有的是长期工作在理论工作一线的理论家，有的还正在担任一定的领导职务，有的刚刚从领导工作一线上退下来。他们或者是兼职，或者是专职，但都义无反顾地全身心投入到当代所的建设和国史研究事业之中，为当代所初期的创建和各方面工作做出重要贡献。我到当代所后，在力群同志的大力支持下，将当代所的领导体制明确为所长负责制，决定重大问题的是所长办公会，实行集体领导。当时安排《求是》杂志的原总编辑有林同志为副所长，后来又选拔张启华和程中原同志为副所长。所务委员会继续存在，但主要发挥学术咨询指导作用。在学术组织方面，先前已经组建了所学术委员会、高级职称评定委员会和中级职称评定委员会，制定了《当代中国研究所工作制度》等一批规章制度。另外，还报经有关部门批准，成立了研究、宣传国史的社团组织中华人民共和国国史学会和负责编辑、出版国史著作的当代中国出版社，创办了学术刊物《当代中国史研究》。所内设置了各研究室和负责行政后勤、科研管理的部门，并陆续给相关岗位选调、配备了比较强的干部。在力群同志的领导下，各项工作齐头并进，很有声势，同志们干工作也都很有朝气，有力争朝夕的感觉，为全所工作的开展打下了很好的基础。

我 1993 年 6 月份到当代所时，当代所还没有自己的办公地点，临时借西直门总政招待所办公。为解决办公用房问题，力群同志从建所开始就亲自多方协调。到 1991 年初，几经周折，经过多次考察，最终选定在西城区厂桥北京市风机厂旧址（现当代所地址）建所业务楼。我到所的时候，正赶上业务楼开始施工，当年 7 月中旬，我陪同力群同志去施工现场考察。力群同志非常细致地向负责施工的同志询问情况，对建设工期、施工质量等问题都提出了很具体的要求。从业务楼的选址、方案选定、施工以及到最后的落成，力群同志都亲力亲为地全程参与，倾注了大量心血。

力群同志投入精力最多的，还是当代所的科研工作，也就是国史研究工作。在他亲自拟定的 1991 年工作计划中，制定了“边建所，边开展研究工作”的指导方针。在这一精神的指引下，他一边领导建立健全所内业务机构和制度建设工作，一边有计划地开展国史研究工作。他非常重视研究人员的马克思主义理论修养和科研工作的指导思想问题，组织大家从学习马克思主义经典著作、认真阅读有代表性的国史著作开始，清理资产阶级自由化思想在国史研究中的影响；他根据当年跟随毛泽东同志研读苏联政治经济学教科书的笔记，亲自编辑了《毛泽东读苏联〈政治经济学教科书〉批注集》，组织所内业务人员认真学习；党的十五大召开后，配合全党学习邓小平理论，他组织专人分类编辑邓小平同志的论述，用于指导国史研究。邓力群同志十分注重发挥同志们的集体智慧，积极倡导自由研讨的会风和实事求是的学风。在他的领导下，当代所定期举办国史研究讨论会，组织中青年科研人员座谈会。经他倡议，当代所自 1996 年开始举办双周学术座谈会，一直到 2000 年他都坚持参加研讨。他凡参会必作发言，凡发言必做准备，记得 1998 年单是研究新时期历史的座谈会就开了 17 次，他在双周座谈会上的讲话，比较全面、系统和深入地研讨了新中国各个时期和各个方面的历史问题，他的历次发言实际成为编写《中华人民共和国史稿》的基本指导意见；为了广泛了解社会上的研究状况和推动全国的国史研究，在他的领导下，当代所先后召开纪念毛泽东 100 周年诞辰、纪念社会主义改造暨《论十大关系》发表 40 周年、纪念《关于正确处理人民内部矛盾》发表 40 周年、纪念三中全会召开 20 周年、纪念新中国成立 50 周年、纪念抗美援朝 50 周年等学术研讨会和中苏关系国际学术研讨会，以及地方国史研究工作会议等。力群同志非常看重调查研究对科研工作的重要意义，组织开展全国百家大中型企业调查（后来陆续出版了《大中型企业调查》丛书），定期邀请相关实际部门的领导同志为所内同志作报告、开讲座，以此让研究工作尽量紧密联系实际，尽量不脱离实际；他很重视图书资料工作，强调全面收集国史研究资料，努力建设国史专业图书馆，组织接受胡乔木同志历年积累的社科类四万余册赠书，建立“胡乔木书库”；与此相关，邓力群同志把他本人保存的整套中央文件和与党史、国史有关的档案文献，全部移交当代所档案处，极大地改变了当代所在旧版图书和档案资料方面的困窘状况；他以继续编辑出版《当代中国》丛书为基础，陆续开始组织《中华人民共和国地方简史》的编写工作（已经公开出版 18 种），推动由当代中国出版社出版包括朱德同志传记以外的《彭德怀传》等 8 位元帅传、10 位大将传在内的《当代中国人物传记》丛书 29 种，还适时组织了其他一些国史著作的编撰工作。到 1999 年新中国成立 50 周年之际，当代所组织编写出版了《中华人民共和国国史百科全书》《中华人民共和国年鉴》《中华人民共和国国史读本》（干部读本、学生读本、战士读本），以及《祖国宝岛台湾》（彩图本、中学生本、小学生本）和一些专题论文集、资料集、大事记，以及张闻天、胡乔木等人物的文集年谱研究系列书籍，并和中央电视台等联合摄制了 12 集电视文献片《新中国》。其中最重要的成果是在原来的基础上完成 152 卷、210 册《当代中国》丛书编写及其电子版的出版。为此，江泽民和朱镕基等中央领导同志亲切接见了当代中国研究所和《当代中国》丛书编辑部的同志，对当代所成立后在力群同志领导下所取得的成就表示充分肯定。现在回想起来，力群同志具有深厚的理论研究基础，而且熟知新中国成立以来中央很多重大决策的始末。因此，自从他担任中央党史工作领导小组副组长并领导当代所工作后，他对国史的研究是系统的，资料工作也很扎实。他真正是在当作一门学问在研究。他抓国史研究工作也很有章法，很科学，成效也非常显著。

力群同志开展上述工作的目的，还是为中华人民共和国史的研究工作奠定基础。1991 年 7 月，力群同志向中央上报了《关于当代中国研究所筹建情况的报告》，汇报了当代所一年多筹建情况和面临的“写出一部质量较高的《中华人民共和国史》”等 9 项任务。8 月 3 日，胡乔木同志批示：“拟同意，请尚昆、一波同志批示。”8 月 15 日，薄一波同志批示：

“恐以集中力量把《国史》写好为宜，行有余力再兼及其他。是否有当？请酌。”8 月 21 日，杨尚昆同志批示：“这个意见我同意。请李瑞环同志审阅一下。”此后，报告又先后经李瑞环、李鹏、江泽民同志圈阅，当代所以国史研究为核心任务的定位进一步明确。

1996 年 6 月《中华人民共和国史稿》序卷由当代中国出版社出版。设立序卷是力群同志和安平生等同志对国史的本质、任务、宗旨进行深入思考，并和参加编写的同志反复讨论后所作的决定。由具有深厚史学素养的田居俭同志执笔完成。目的是依照逻辑与历史相结合的方法，勾勒出中华人民共和国的“来龙”，使读者可以领会中华人民共和国来之不易，领会社会主义制度在中国的确立是中国历史的选择和必然。《中华人民共和国史稿》序卷出版后社会反响热烈，杨尚昆、薄一波等中央领导同志也给予充分肯定和高度评价。这一成果对当代所及全体同志无疑是一个巨大的鼓舞。

《中华人民共和国史稿》

8 月 22 日晚，薄老的秘书从北戴河打电话给我的秘书蒋建农传达中央指示："在北戴河中央工作会议期间，谈到出版《国史》问题。大家都很关心此事。认为出版《国史》是件重大的事情，为使这部书更具有权威性，最好由中央党史领导小组审查一下。也就是说，将书稿于出版前三个月分送党史领导小组四同志（尚昆、一波、力群、胡绳）看。一波同志同意此意见。"我第二天就召集所长办公会传达，并向力群同志报告。他完全同意中央和薄老的指示。当年 12 月 30 日，在力群同志主持下，当代所向中央党史工作领导小组报送了《当代中国研究所关于国史多卷本编纂工作的报告》，提出了《中华人民共和国史稿》一至四卷征求意见与修订、送审和出版的具体计划，以及做好其他相关工作的设想。这为后来正式出版的多卷本《中华人民共和国史稿》搭建了基本框架。在邓力群同志的直接领导下，经过全所同志 10 年的共同努力，1949 年到 1984 年的四册《中华人民共和国史稿》，几易其稿，基本定型。

2001 年初，当代中国研究所的体制有所变化，由初建时期直接隶属中央党史领导小组领导、行政事务由中国社会科学院代管，转而主要由中国社会科学院领导。我也终于卸下当代所所长的担子。此后，对于力群同志是如何继续为国史研究事业倾注心血的详细情况，我了解得不多，但是知道他始终关注《中华人民共和国史稿》的修改和出版工作。鉴于在相当长的一个时期里《中华人民共和国史稿》的修订和出版工作基本处于停滞状况，为了不影响当代中国研究所履行新的工作任务，力群同志要我牵头组织原来参与国史稿编写的骨干，主要是一些已经从工作岗位上退下来的老同志（基本上都已年过古稀），反复研讨和修改《中华人民共和国史稿》。2012 年初，当代所领导主要领导更迭。在中央领导同志的关怀下，并得到当代所新一届领导班子的大力支持，《中华人民共和国史稿》的修订、送审和出版工作重新启动。我们也加大了修订的力度。说起来是件很有趣味的事情，那时原来的撰稿人均已退休，而负责审稿的副主编、顾问等的年龄更大。记得有一次在白沟开审稿会，大家掰指一算，与会者的平均年龄竟超过 80 岁，大家轰然而笑。但是最使我们感动的是，力群同志多次认真听取汇报，他在双目失明的情况下，借助微弱的听力，吃力地听取身边工作人员贴在他耳边朗读《中华人民共和国史稿》的一些重要章节，并凭着他超人的记忆力，又阐述了许多真知灼见。就这样，2012 年国庆前夕，凝聚了几代国史工作者心血和智慧的多卷本《中华人民共和国史稿》，经中共中央批准，由人民出版社、当代中国出版社正式出版。书稿出版后我应邀在《光明日报》上以《20 年风雨写春秋》为题写了一篇文章。在文章中我特别强调，“力群同志以耄耋之年，主持了这项事业”。我听他的秘书刘志男介绍,《中华人民共和国史稿》出版后，他们将样书送给病榻上的力群同志。他将样书贴在脸上，反复抚摸，一再深情地体味着样书的墨香。其情其景，令人感叹不已。《中华人民共和国史稿》凝结着力群同志最后的心血。《中华人民共和国史稿》历时20年的编撰、送审、修订和最终付梓的历程，生动说明了以力群同志为代表的国史工作者，从事这项事业时始终怀揣着的神圣的使命感和责任感，及对党和人民高度负责的态度。2014年冬天，我去北京医院看望力群同志。他拉着我的手说:“力安啊，小平、陈云、尚昆、乔木、薄老交给我们的任务，我们没有完成呀。我们只能勉强说完成了一半。”我说,“我们把《中华人民共和国史稿》写出来了，出版了。”力群说:“当年，他们是让我筹建国史馆，这件事，我完不成了，你要接着干下去。”当时，我握着力群的手，情绪也很激动。力群同志所说的筹建国史馆，是指1990年中央安排他出任中央党史工作领导小组副组长时，给他的主要任务就是筹建专门编写中华人民共和国史的国史馆。当时他和胡乔木同志商量，应先把工作开展起来，而不要一下子搞那么大的声势，就建议中央批准设置当代中国研究所作为过渡。中央党史领导小组组长杨尚昆同志批准了他们的建议。力群同志让我接着干下去，意思是筹建国史馆这项工作要继续，并不是真的要由我去干，因为那时我也已经94岁了。但是，他的话反映了他对国史研究事业的深深惦念。总之，邓力群同志对于国史研究事业居功至伟，称其为中华人民共和国史研究学科的开创者，是不为过的。2015年11月26日，中央举行邓力群同志100周年诞辰纪念座谈会，我坐轮椅与会，这可能是我最后一次参加老同志诞辰纪念会了。

我后来想，《中华人民共和国史稿》的出版，对于践行老一代党和国家领导人对于党和人民的事业的深谋远虑，对于完成他们成立当代所的初衷和设想，实际只是迈出了一小步。“雄关漫道真如铁，而今迈步从头越”，伟大的中国共产党正带领全国各族人民不断创造着新的辉煌历史。习近平同志多次阐明党史、国史的重要性，认为党史、国史是最好的教科书和清醒剂。我们国史工作者“修史、资政、育人、护国”的使命未有穷期，任重而道远！

敢吝余生息征蹄

完全从工作岗位上退下来后，蒋建农对我说：“你 15 岁入党，相当于比别人早干了 5 年工作，年过 80 才离休，又等于比别人多干了 20 年，该好好歇歇了。”我理解同志们对我的关心。但我的信念是，无论何时、何地，无论有无职务，我都要尽一名共产党员的义务。我要以周总理“活到老、干到老、学到老”的精神自勉。

20 年来，我作为一名离休干部，一名共产党员主要做了以下一些事情：

第一是积极参加所在党支部及其上级党组织安排的学习和活动，参加组织生活，按时到机关交纳党费。中办老干部局老干部第一党支部的活动我基本上没有缺席。由此延伸出来的一些工作，如每当中央有重要文件出台前，像每届全国代表大会的政治报告等，总要征求部分老同志的意见，我作为为数不多健在的原中顾委委员（目前只剩 4 人）一般都是征求意见的对象。虽然这在很大程度上是作为政治待遇或荣誉，但我觉得这是一种严肃的责任。每次文件草稿下来都要到指定的地点和限定的时间阅读，我总是克服伏案腰痛的困难，按要求仔细研读，并认真撰写修改建议。今年我已经 99 岁了，除去阅读发给我的文件外，每周我都会去阅文室看最新的文件。在别人看来这似乎已经没有什么意义了，但我认为要想始终与党中央保持一致，认真学习领会中央的文件精神，这是起码的条件，也是基本的政治态度问题。与此相关，我在工作岗位期间作为正式代表参加了党的十一大、十二大、十三大、十四大，退到二线和完全退下来后，又作为特邀代表参加了十五大、十六大、十七大、十八大、十九大。每次与会前我都预做准备，认真在分组讨论时发言，尽一份老党员应尽的义务。此外，党中央给予我很多荣誉，安排参加一些重要的庆典活动，如新中国成立 60 周年纪念活动、建党 90 周年前夕的基层党员代表座谈会、建党 95 周年大会、抗战胜利 70 周年庆典、长征胜利 80 周年大会，以及每年的新春茶话会等。特别是纪念抗日战争胜利 70 周年的纪念活动，参加阅兵、宴会和习近平同志亲自颁发纪念勋章仪式，以及接受中央电视台新闻联播的采访等，安排得很满，对于我这个当时已 95 岁的老人讲确实很吃力，但我坚持参加了每一项活动。因为我知道这不仅是给我个人的荣誉，我是作为那些已经牺牲或去世的战友们的代表之一参加的，接受的是党和人民对老战士、老同志的关怀和勉励。光荣属于党，属于全体老同志。

第二是参加多个学会的公益活动。我在社会团体中的兼职主要有：中国扶贫基金会、中国关心下一代工作委员会、中国延安精神研究会、中国炎黄文化研究会、中国历史唯物主义学会和全国党建研究会的顾问，全国中共党史人物研究会会长（退下来后任名誉会长至今），中国中外名人文化研究会理事长，陕西省扶贫顾问和中国儿童少年基金会副会长等（后来根据民政部社团管理办法对年龄的规定和中组部的要求，这些学会的挂职，我也都陆续全部辞退了）。

其中关心下一代工作委员会和中国儿童少年基金会的事情，是从中顾委的工作关系延续下来的。对这项工作我很热心，参加其活动也很频繁，但多是一般性的站台支持。我也曾设法为基金会筹措基金。

炎黄文化研究会好像是李宝光同志拉我去的，只参加过前期的几次座谈会。

我参加历史唯物主义学会的活动比较少，因为我对哲学理论缺乏深入研究，只记得在他们召开的理论研讨会上作过几次报告，一次是作过《必须坚持和加强民主集中制》的主题报告，另一次作过《全面准确地理解和贯彻“以公有制为主体、多种经济成分共同发展”的战略方针》的讲话（这次发言的社会反响比较大，在《当代思潮》发表后,《解放军报》内参和人民大学报刊复印资料都全文转载），还有一次是他们组织的纪念《共产党宣言》诞生130周年的学术讨论会，我专门通读了一遍这部经典，然后在会上作了一次发言。

我参加中外名人文化研究会的活动比较多，因为我是挂名的理事长，但我主要是从政治方向上提些要求，对他们依托中外名人广告公司活动，对他们的经营性活动，我一概不参加。而且我多次要求他们必须守法经营，所搞的文化活动务必健康、向上，力求弘扬主旋律。

党建研究会和延安精神研究会的活动我参加的很多，仅次于全国党史人物会，下面我再专门讲。

此外，对于扶贫协会和陕西的扶贫工作，我参与得比较深入。我曾经不下20次到贫困地区考察，并向有关部门提交了有针对性的扶贫调研材料。因为我一度在安康工作的缘故，有十几年间，我几乎每年都参加陕西省政府在京召集的扶贫工作座谈会，为他们的扶贫工作出谋划策。其中印象比较深的是2001年到榆林考察沙漠治理，我向他们推荐了比较先进的防风治沙模式。中组部原秘书长何载等同志倡议的“东西部互助和干部交流”的扶贫方式，我是积极的支持者。他们组织东南沿海等发达地区的13个省市与中西部10个省区形成互动的扶贫态势，实行干部、技术交流和经济协作，有效地促进了中西部地区的经济开发。特别从1996年开始，何载又和一些老同志发起组织东部劳模和先进党支部帮助中西部开办干部培训班，先后确定了35处以扶贫为内容的培训点。这种由劳模或先进党组织出资办学，自任教师、自选教材、自行管理的办学形式，让贫困地区的学员（干部）听到和看到了先富地区发展的真实情景，也感受到了他们开拓创新的艰辛，既学到了知识，又开阔了眼界。此举受到西部地区干部的称赞和好评。我曾亲自去上海闵行的景中村、江苏江阴的华西村和河南临颍的南街村等地考察，并通过多种渠道，为推进这一工作尽自己的力量。据何载同志介绍，到2000

年，35处培训点累计培训4万多人。

第三，积极参加党建研究，致力于党的先进性建设。可能是我长期在组织人事系统工作的缘故（在黑龙江无论是做书记处党群书记，还是做分管党群工作的常务书记、第二书记，也主要是抓党建），党的建设工作一直是我关注和研究的重点问题。1986年我回北京担任整党指导委员会办公室主任后，就开始参加由中组部主管的全国党建研究会的活动，他们先是让我做副会长，年龄超过70后让我改任顾问，再后来说做顾问也严重超龄了，就什么名义也不再担任，但我仍然热心参与他们的活动。在很大程度上说，党建研究会是给我一个平台，督促我进行一些党建研究（在没有完全退下来之前尤其如此），同时也是我和中组部的同行保持业务联系的渠道。我回北京后组织关系隶属于中央办公厅，但有两任秘书都是中组部给我选派的（韩元秀和李恒波）。有一个阶段党建研究会每年以一个主题召开一次年会，我只要有时间，几乎都撰文参加，有几篇文章除当时在报刊发表并收入他们编的专题论文集外，后来又收入《李力安新时期党建论稿》了。当然，也不只是党建研究会组织的活动，我有时是应有关单位或报刊之邀，有时是自己对党建领域的某一问题有感，撰写并发表了一些相关文章，往往是先在某次会议或为某一单位讲党课时先讲，然后再进行文字推敲后正式发表。比如刚刚退下来的2001年，我围绕纪念建党80周年纪念在《求是》发表《作始也简，将毕也钜》，在《紫光阁》发表《正确把握机关党组织的特点与任务》，在《中华魂》发表《做一名新形势下合格的共产党员》，在《奋斗》发表《让党的光辉照耀新世纪的征程》。2001 年的 7 月 13 日，我在延安精神研究会召集的座谈会上发言，谈学习江泽民“七一”讲话的体会。翌年 2 月，我以这次发言为基础扩展撰写了《在非公有制企业的工人群众中开展党建工作之我见》，提交全国党建研究会召开的年会（后发表在《党建研究参考》上）。

延安精神研究会是我进行党建研究的另一个重要平台。起初马文瑞同志任会长时就邀我做副会长。我考虑当时曾经在延安工作和学习过的老同志大有人在，而我却从未与延安有过直接的交际，就推辞。马文瑞说那你就当顾问吧。我说这更不合适了，你的革命资历比我老得多，我给你这样的会长当顾问不够格。他说哪有那些穷讲究。这样我就开始参与该会的活动。随着老同志的逐渐逝去，我和于明涛同志成了参与该会活动同志中最年长的了（他长我 3 岁，前年也逝世了，享年 100 岁）。虽然我在新中国成立前没有到过延安，但我们确实是延安精神培养起来的，弘扬延安精神，光大革命传统是我们义不容辞的责任。2002 年在延安整风开展 60 周年之际，我特意写了《永远铭记延安整风的历史经验》，我回顾 1944 年在晋察冀边区第二军分区担任盂平县委副书记时，参加县委及地委整风的过程，概括了我对延安整风历史经验的体会，并阐述了我对其重要现实意义和深远历史意义的认识，后来这篇文章在《中华魂》杂志发表。2009 年 8 月黑龙江省延安精神研究会分会会长杨光洪同志邀我参加他们的成立大会，其间有记者采访我，我说：“延安精神不是教条的，而是开放的，不断发展的。马克思主义在中国的传播，十月革命对中国的影响，井冈山革命精神、红军精神、瑞金精神、长征精神等，都是延安精神形成的源头。党中央在陕甘宁边区包括在各抗日根据地形成的理论联系实际、密切联系群众、批评与自我批评等优良思想作风都是延安精神的体现。新中国成立后，延安精神也有了新的发展，在黑龙江，大庆精神、铁人精神、大兴安岭精神、北大荒精神、闯关东精神，都是延安精神地方化和与时俱进的新创造、新发展的体现。今后，随着改革的不断深入和社会的不断进步，延安精神还会继续向前发展。”在马文瑞和李铁映两任会长的主持下，延安精神研究会的政治立场鲜明，活动开展有序。除日常的革命传统教育、老区扶贫和党史、党建理论研究外，每逢重要纪念日和中央有重要活动或重大决策出台，该会总要举行座谈会或组织撰写文章参与宣传讨论。我只要在京或身体状况允许，一定会去参加。例如十六大召开后不久，我就应邀参加该会组织的学习报告会，我作了《为中国特色社会主义事业竭尽全力》的发言，着重谈了举什么旗帜的问题，这个发言后来在2003年第1期《中华魂》发表。我每次参加活动前，因为要准备发言，一连多日忙碌。家人劝我说你已经不只是高龄问题了，而是年过九旬的老人了，不要太辛苦了。我想像我这样有过土地革命、抗日战争和解放战争经历的老人越来越少了，自己不一定有什么高深的见解，但自己对一些问题的认识是积累多年的切身感受，由我们这样的老人谈某些问题，与青年理论工作者相比，可能没有他们讲得条理清晰，但深度和反响是不同的。这大概是我最后的余热了吧！

最近，我让在当代中国研究所工作的秘书张新和现在的秘书卢诗伟在网上查了一下，我进入 90 岁以来撰写发表的关于党建方面的文章有:《关于充分发挥党员作用的思考》(《党建研究》2009 年第 9 期);《坚定信仰高举旗帜正视历史依靠群众》(2011 年 4 月 1 日《光明日报》);《党是怎样取得伟大胜利的》(2011 年 7 月 3 日《人民日报》);《“资本主义永恒”神话失色社会主义前途光亮显现》(《红旗文稿》2013 年底 2 期);《毛泽东关于党员干部学习的论述及其现实意义》(中共中央文献研究室，中国中共文献研究会，毛泽东思想生平研究分会编《毛泽东与中华民族伟大复兴：纪念毛泽东同志 120 周年诞辰学术研讨会论文集（上）》，中央文献出版社 2014 年版);《把系统掌握马克思主义基本原理作为党员干部的看家本领》(《红旗文稿》2014 年第 13 期)。永远保持党的先进性，充分发挥党在各项事业中的领导核心作用是我时刻思考的问题。我已经垂垂老矣，希望寄托在年轻一代身上。我 2013 年 5 月在关心下一代工作委员会顾秀莲同志召集的“老少共议中国梦”的座谈会上发言，畅谈《我对中国梦和如何去实现的认识》，表达了我对后来者的殷切期望。

第四，继续从事党史和新中国历史研究。在我 73 岁和 71 岁时，党中央破例安排我做当代中国研究所所长和全国党史人物研究会会长。这使我有机会向包括邓力群同志在内的一批专家学者学习研究历史的方法，并培养了我研究历史问题的浓厚兴趣，大大丰富了我的人生阅历，成为我晚年的一项重要工作。在 2001 到 2012 年间，当代中国研究所可能是主要忙于其他科研工作的缘故，邓力群同志主持搞的《中华人民共和国史稿》没有在职的所领导继续抓。但这毕竟是中央批准立项的工作，只好由退下来的“黄忠部队”继续搞。力群同志依然是这项工作的总领队，编写修改思路也主要是由他拿，但由于他双目失明，就委托我牵头做具体的协调组织工作，作挂名的副主编。关于这方面的情况，前文已经述及，就不再赘述。退休后，对于当代中国研究所、国史学会和党史人物研究会的日常工作和人事安排，我从来不插手、插嘴，但他们每年组织的学术活动（座谈会、研讨会、审稿会），只要通知我，我都尽可能参加和发言，因此我又撰写发表了一些相关的学术文章。

这个时期我从事党史国史研究最主要的一项工作，就是口述和修改我个人的回忆录。关于这件事情，很早就有同志动员我搞，我一直没有同意。主要是三个原因。一是我参加革命的时间比那些建党、大革命和土地革命早期参加革命的老同志要晚，又主要是搞地方工作，职务也不高，没有什么传奇出彩的事情可讲；二是我长期从事组织人事和党群工作，一些人事任免的过程和历史问题甄别处理的经过，虽然我记得很清楚，但比较敏感，不便说；三是我1986年后在中央整党指导委员会和中顾委工作时，列席或参加了一些中央的会议，接触一些高层的事物，并受中央的委托率工作组考察过一些部委和省委的领导班子，但中央没有给我传播、记录这些事情的职责，我不能说。后来在搞“三讲”学习教育活动时，当代中国研究所的同志们给我提意见，说你身为所长，一再要求我们加强口述史料的征集工作，并组织我们系统地采访宋任穷、汪东兴、吴德等同志，而你却把自己“捂”起来，这很不应该啊。这样，我才松了口。但是，我给自己也向帮助我整理回忆录的同志定了几条原则。一是新中国成立前的内容可以详写，新中国成立后的斟酌着写，新时期的简写；二是关于集体和他人的内容多写，自己的少写；三是中央和组织上有明确结论的写，两可的不写；四是亲身经历的写，道听途说的不写；五是着重写革命发展历程的见闻和自己在各个阶段的不足与缺点，以及如何在党组织和同志们的帮助下成长进步的。这样，在我完全退下来后就开始进行这项工作。

具体帮我张罗组织这件事的是我原来的秘书蒋建农。他在当代中国研究所工作时，就和刘志男、田波、白晓明、张新等同志结合所里的工作，采访整理了若干片段；2002 年全国党史人物研究会为我写小传时，他又和山西史志研究院、黑龙江省党史研究室的同志对我进行有针对性的采访；后来他自己的工作太忙，就报请中央党史研究室主任欧阳淞同志和副主任张树军同志批准，委托他们单位的傅颐同志利用业余时间对我进行系统的采访，并整理稿子。傅颐同志是位才女，研究员职称。她史学功底扎实。尽管本职工作很忙，身体也不太好，但她仍然连续近 10 年抽出业余时间帮我做这件事情，补充了许多背景材料，考订了许多史实，非常感谢她。黑龙江省的杨光洪和姜亦栋等同志和其他担任过我的秘书以及在不同时期与我共过事的一些同志，都热心地提供线索、回忆既往，为提高回忆录的水平而尽心尽力。我本人在每次采访前，也事先查看当年的笔记（主要是新中国成立后的）并在脑子里先过一遍。每段的整理稿出来后，我再进行修改，主要是去掉一些有讲“过五关斩六将”之嫌的内容。在这个过程中，大大增强了我对党史国史的系统性认识，加深了我对许多历史事件和历史现象及历史人物的认识。这些认识反映在我在这个时期撰写的一些学术文章和审改《中华人民共和国史稿》修改意见之中。整部回忆录完成后，我把各部分拿出来分别征求在不同时期与我交往比较多的一些同志的意见，然后进一步完善。回忆录的下限截止到 2015 年（这次校清样又顺延至 2019 年），记述了我 1935 年入党以来整整 80 年的情况。蒋建农同志建议用《党旗下 80 年——李力安回忆录》为书名，我非常赞同。为了稳妥起见，2016 年我又从回忆录中抽出部分章节，以《西柏坡全国土地会议前后》《我在山西的革命岁月（一）——早年生活》《我在山西的革命岁月（二）——抗日烽火连天》《我在山西的革命岁月（三）——敌后抗战中坚持反“扫荡”、反“蚕食”》《为“潘、杨、王”事件甄别平反及其他》为题，分别在一些刊物上发表，在更大的范围听取读者的意见。回忆录正式出版我不打算写后记了，这里再多说一句：感谢当代中国出版社的同志为它的出版所付出的辛劳。也感谢中央文献出版社的同志。2002 年《李力安新时期党建论稿》是中央文献出版社编辑出版的。这次，这本书辛苦当代中国出版社的同志编辑加工、审核修改、校对把关。谢谢同志们。

此外，到外地和基层调研也是我退下来之后的一项重要活动。毛主席在 20 世纪 60 年代初就在“中央通信”中告诫各级干部“北京没有思想，思想出自地方”（大意），号召全党大兴调查研究之风。我 1986 年回到北京后的在职期间，每年利用出差开会考察干部的机会，有数次不等的调研。退下来之后时间更充足了。比如 2001 退下来的当年，我就 5 次到外地参加活动和进行调研，以后每年都是如此。每次调研我都会写下日记、心得，有些我认为比较重要的经验或问题，我都以调研报告的形式报给相关部门和中央领导同志供他们参考。调研活动开阔了我的视野，丰富了我对一些问题的认识，也引发我对经济社会发展，特别是基层党建工作的认识。现在回想自己之所以在高龄仍能保持比较清醒的头脑，一是得益于一直致力于党史国史和党建研究，笔耕不辍；二是经常外出调研，不断获取新鲜经验。这样才能防止思想的僵化和固化。可惜的是，随着我年事增高和身体的衰老，调研活动也逐年减少了，我在 2014 年以来不得不主要以轮椅代步的情况下，只好不再到外地调研，以免增加接待方的麻烦。不能出京调研，我就到大兴的留民营调研，那里是 1986 年我参加整党时的联系点，我与他们保持了 30 多年的联系；还有就通过来家里探望的亲友了解情况；看到驻地的服务员和食堂员工的状况，我就向中办老干部局建议，应该在他们当中建立团组织，除了搞好服务工作之外，要组织他们学习，提高思想觉悟和工作技能。我在多个场合多次讲（还曾在《党建研究》发文）：如果每一个共产党员都能交上四五名群众朋友并给予帮助，包括产业工人、农民工、大学生、知识分子各一人，算起来我们 8900 多万党员就会联系帮助几亿各界群众，那对党的路线方针政策的贯彻、各项任务的完成会起多大的作用啊！党的执政地位就会稳如泰山。

在新的历史环境下，管好自己身边人是每一个党员领导干部的职责。

我要求我身边的工作人员包括我的子女必须努力做好自己的本职工作，不能搞任何特殊化。我大女儿“文革”前留学法国，70 年代初毛主席、周总理打开外交工作新局面时被调到外交部，长期在驻非洲国家的使馆工作，没有时间照顾家庭和孩子。虽然我认识外交部的一些领导，并在那里开过会讲过党课，但从未提及她的工作问题。我的大儿子下过乡、当过兵，恢复高考后上了大学，就职于国家科委。1996 年我曾经受中组部委托带队在那里考察领导班子，但我只字未露我们的父子关系。现在我的子女已全部退休，他们没有一个因为我担任过一定的领导职务而当大官、发大财的，但我对他们很满意。

回忆我离休后这 20 年，作为一名共产党员，我未忘初心，尽自己所能为党的事业不懈奋斗，做到了问心无愧。如今我已近百岁，对于参加各种社会活动已心有余而力不足。如果说我还有什么愿望的话，那就是希望亲眼看到，在建党 100 年时，全面建成小康社会目标的实现。

打油诗三首

1990 年 7 月 19 日，我过 70 周岁生日时，想了想我的一生，诌了三首打油诗。近 30 年过去了，我觉得这三首小诗仍然能反映我今天的心境，故不揣简陋，抄录如下：

《自问》

人生自有价，
扪心值几多。
名利乃草芥，
奉献究若何？

《自励》

以身许党年少时，
事业方兴已古稀。
外压内困今犹在，
敢吝余生息征蹄！

《自信》

故国积弱百年多，
黎庶茹苦泪成河，
求索真理多志士，
马列主义起沉疴。
数有妖雾扰航向，
驶过惊涛履平波，
前途纵有千般险，
人民终将奏凯歌。

结束语

自抗战开始离开家乡后，我就很少有机会回去探望。走南闯北几十载，对家乡的眷恋和怀念始终缠绵不断。无论在什么地方、什么时候，只要遇到家乡人，或是听到有关家乡的信息，看到有关五台县、忻州地区乃至山西省的报道，我的注意力就会情不自禁地被吸引过去。十一届三中全会后，我利用外出机会，数次顺路回家乡探望，对家乡改革开放以来的巨大变化由衷地感到欣慰。2009 年 5 月，我带着孩子们再次回到了家乡——山西省五台县东冶镇槐荫村。1920 年 7 月，我出生在这里。时光荏苒，九十载岁月悠悠。少小离家老大归，我深切体会到乡情的纯朴和可贵，对父母亲刻骨铭心的思念更是让我不能自已。初夏时节，槐荫村后的油篓山已经绿意盎然。我漫步到半山腰，来到二老的墓前，对他们说：

父亲、母亲：

今天我带着孩子们给您们上坟扫墓来了。

母亲去世已 60 多年了，父亲在 1969 年 2 月去世，也已 40 年了。当时正是“文革”时期，我被隔离审查，外边的事一概不知，父亲去世，一年以后才知道的。父亲临终前想要我和孙子回家见见，也未能如愿。我是父母的独生子，连这点儿孝道都未尽到，十分对不起老人家，我很难过。

父母亲文化都很低，又不懂政治，但是我参加革命，您们从未阻碍过。您们做人做事是正派的、受人称赞的。我这几十年来没有犯过大的错误，是党多年的思想纪律教育、监督，也是您们的言行教育影响了我。生活勤俭，不同别人争吵，从不占别人便宜，邻居亲朋有病有困难都主动尽力帮助，答应别人的事，再困难也一定做到。您们的这些影响和教导，我至今都记得并遵行着，而且把这些当作家风，传给孩子们……

故乡、父老、乡亲，我永远不能忘怀。

附录

附录一

李力安传略

《李力安传略》编写组[1]

家世与学生时代

李力安，原名赵子斌，1939年因革命工作需要，改名李力安，沿用至今。1920年7月19日（农历庚申年六月初四）出生于山西省五台县东冶镇槐荫村的一个贫苦店员家庭。他家的祖上是村里的大户，赵姓约占村里的80%，明朝洪武年间（1380年左右）他的始祖赵伯英从山西朔州迁居到此地，以后就在这里生活、繁衍。东冶一带属山区，产粮少，但地处交通枢纽，贸易比较发达。当地许多人靠做小买卖、当店员谋生。赵家先辈在第15代赵正魁的时候，靠在河北省阜平县做小买卖、经商逐渐富裕起来，到李力安祖父第18代，兄弟7人分家时，每人分得1座院子，1辆马拉车。分家后。穷富逐渐分化，到李力安父亲成年时，已成贫穷家庭了。

① 这是2001年李立安同志从工作岗位上完全退下来后，由全国党史人物研究会为他撰写的小传。小传编写组由山西省史志研究院的杨松、马正英，黑龙江省党史研究室的赵俊清、李云桥，中共党史人物研究会的蒋建农等组成。山西的同志撰写李力安1920—1952年的传稿，黑龙江的同志撰写1964—1985年的传稿；党史人物研究会的同志撰写了其余部分的传稿。整个传稿最后由杨光洪、梁志祥、赵培兴、张启华、陈志凌等同志审定。

李力安的父亲赵秀林，一生勤奋，忠厚老实。曾念过三年私塾，十三四岁出门到五台城杂货铺里当店员、小伙计。以后又当了所谓的“三掌柜”“四掌柜”。1927年，赵秀林50岁时回到槐荫村，在农工钱庄当职员，靠每月7块钱养活一家5口人。家里没有房子，没有地，曾10多年租住在本族的祠堂里。当地土改时被定为贫农。李力安的母亲张季莲是附近郭家庄的一个农家女，没上过学，勤劳俭朴，心地善良，在贫苦生活中操持家务一生。李力安兄妹3人，姐姐、妹妹都不幸少年夭折。他成了父母亲生活中唯一的精神寄托和希望。

李力安8岁入槐荫村两级小学，学习很用功，从1年级到6年级，12个学期考试得了9个第一名，是大家公认的好学生。赵秀林对李力安管教比较严，从小教育他要好好读书，待人接物要有礼貌，不要打架惹事。家庭教育对李力安少年时期起了很好作用，他在学校是好学生，在家里是乖孩子，小时候从没跟人打过架，不会说脏话、骂人，参加革命以后，无论走到哪里，他和同志们的团结都很好。可以说这些勤勉谨慎、宽以待人的品行贯穿了李力安的一生。

1934年秋，李力安高小毕业后考入附近的河边村川至中学[①]。这所学校在五四运动时就发生过学潮。1934年冬，学校开始建立了中共地下党支部[②]，有了党组织秘密活动。

① 川至中学，1915年阎锡山在其家乡河边村，征地八十余亩兴建而成，有校舍300余间。学校经费由阎每年拨款。1937年抗战不久，该村被日本侵略军占领，学校被迫停办。

② 《五台县志》，山西人民出版社1988年版，第280页。

李力安入校后，逐渐受到进步师生及本村早期共产党员赵之云、朱效成、赵鹏飞等人的革命影响，思想觉悟提高很快。他开始悄悄借阅进步书刊，关心国家大事。随后参加了学校中进步师生组织的秘密读书会[①]，一同传看进步书刊，读报、谈话。他记得他看的第一本小说是茅盾的《子夜》。还看过邹韬奋主编的《大众生活》杂志，以及田汉的一些剧本和孙中山、梁启超、鲁迅等人著的书；后来还逐渐涉猎了一些唯物史观一类的哲学历史理论书籍。通过阅读进步书报刊物，加上读书会的宣传教育，李力安知道了一些国内国际大事。如：中国共产党、红军的英雄事迹、“九一八”事变后的国内抗日活动和国际上意大利侵略埃塞俄比亚等事件。他开始有了阶级意识，对现实社会的黑暗有了进一步认识。勤于思考的他，深切地体会到多年来国弱民穷、战乱不断的根源是反动军阀与地主阶级相勾结，欺压百姓，巧取豪夺，致使劳动大众处在水深火热之中。李力安从自己家族贫富分化的演变中看到，有钱有地位的买房置地，锦衣美食，颐指气使，而他的亲叔叔是个残疾人，整日沿街乞讨，这些活生生的现实，使李力安陷入深深的痛苦和不平之中。就是在这种思想基础上，他开始接受资产阶级平等自由民主的进步思想，直至最后接受了共产主义思想的启蒙。

读书会是学校地下党组织的外围组织，是党支部开展

① 读书会在学校地下党的领导下进行活动，这个组织没有入会手续，只要思想进步，愿意读一些进步书籍，由已入会的人介绍，经主要负责人同意，就可以参加。李力安于 1935 年上半年参加该会。

工作的重要阵地。在读书会表现突出的李力安很快受到学校地下党组织的注意。经过党组织一段时间的接触考察后，1935年秋天，读书会负责人李哲夫（中共党员、党支部书记）[①]试探着对李力安说："上个星期天，我到东冶镇。见到我的表兄，他可是个共产党。他要介绍我入党，我说我考虑考虑，我还有个很好的朋友，我们俩商量商量，要入我们俩一起入，他要不入，我也不入。你看怎么样。"李力安因为已经有了思想基础，加上又很信服李哲夫，所以当即坚决地表示："你死我也跟你死。"这样，经李哲夫介绍，年仅15岁的李力安于1935年10月在川至中学秘密加入了中国共产党[②]，当时既没有宣誓仪式，也没有预备期，正式谈话后就实行单线联系。

1936年2月，中央红军渡河东征，突破晋绥军防线，以凌厉的攻势、灵活的战术横驰于山西境内，历时70多天，先后转战50余县，所向披靡。山西地方实力派阎锡山深感震惊，认为"陕北红军之活跃，实威胁山西之安全"。因此，特别加强了反共防共的部署，采取了军事、政治、经济思想、民众等一系列反动措施。在全省大搞白色恐怖，抓捕共产党员。五台县的形势也骤然紧张。阎锡山的宪兵查到川至中学，全校五名中共地下党员，被抓走了两名，支部书记李哲夫也被迫离校转移。刚入党几个月的李力安也引起学校怀疑。一天，学校训育主任把李力安叫到办公

① 李哲夫（原名刘振国），1934年入党，新中国成立后曾任军政治部主任，广播事业总局副局长，中纪委委员，2000年病逝于北京。

② 《忻州地区革命史实》，中共忻州地委1987年编，第20页。

室问话："你们为什么老去阅报室看报，你是不是参加了读书会？"李力安思想有所准备，立刻回答说："没有。"训育主任紧接着又问："听说你们一个月还交5分钱的会费？"李力安说："没有，我没有，我要知道什么事，我一定会告诉老师的。"这样，他机智地应对审查，没有暴露政治身份，同另一名党员隐蔽坚持下来①。刚刚入党的李力安经受了白色恐怖的考验。以后，学校里经常检查点名，学生们都很紧张，学校的党组织暂停了活动。

1936年"西安事变"发生后，山西的形势有了很大变化，可以公开宣传抗日了。太原的学生可以举行抗日游行示威，公开地在街上喊打倒日本帝国主义的口号，这在北平（北京）、上海、南京等地都还不行。阎锡山这时也感到用旧的一套难以维持自己的统治，愿意同共产党谈判，改善关系，并请回中共党员薄一波帮助他做抗日的工作。薄一波受党的派遣回到山西后，利用这个合法身份以接办、改组牺盟会为起始，坚持党中央和毛泽东制定的路线、方针和政策，广泛发动群众，开展抗日救亡运动，使山西的抗日形势发展很快。这一时期，李力安还没有同党组织正式接上关系，就主动地利用这种形势，组织同学积极进行抗日宣传活动。联系一些青年上街为绥东抗战募捐，寒假回到村里积极联系回家度假的北平、太原的学生和知识分子自编自演反映"西安事变"和抗日反封建的文明戏，出黑板报，组织读书会，向小学生传播进步书刊等。

① 《忻州地区革命史实》，中共忻州地委1987年编，第21页。

1937 年夏，李力安由川至中学毕业，到太原考高中，他被太原进山中学和太原第一中学同时录取，他选择了太原一中注册。还没有等到开学，日军制造了震惊中外的"七七事变"，发动了全面侵华战争。日军进攻华北各战略要点，山西形势紧张，太原疏散人口。李力安被迫辍学回到家中。从此，他全身心地投入抗日洪流中，开始了职业革命者的生涯。

战斗在晋察冀抗日第一线

抗日战争爆发后，李力安在槐荫村协同几个进步青年，找了一些材料，经常到小学校里宣传抗日。村里消息闭塞，没有报纸，他就和另一名进步分子，也是他的叔伯哥哥赵子泽一起，每天晚上到同村赵承绶[①]家里听收音机，从国民党的电台里收听全国抗日的消息，第二天早上就出墙报，亲手抄写两张。在村子的东、西头各贴一张，每天一期，向群众进行宣传。

1937 年 9 月中旬，八路军一一五师从陕西东渡黄河开到晋东北抗日前线。9 月下旬，朱德总司令率八路军总部进

① 赵承绶（1891—1968），山西五台人，保定陆军军官学校毕业，在阎锡山军中先后任连长、团长、师长、骑兵司令等职。抗战爆发后，任晋绥军骑兵第一军军长。国共合作后，赵赞同中共抗日救国十大纲领，曾赠送八路军一二〇师部分经费和枪支弹药。后又积极反共，阎锡山曾派他去汾阳与日本人谈判投降条件。1946 年，阎委任赵为山西省保安司令部副司令，后任野战军总司令。1948 年夏，在晋中战役中被解放军俘获，曾帮我做过劝降敌军将领的工作。新中国成立后。赵任山西省政协委员、国家水利部参事。

驻五台县南茹村[①]。由于阎锡山在山西多年的反共宣传，群众对八路军不了解、不认识，凡是见军队都躲起来。从县到村的政权都还是旧政权，村长都是老财大户，也不支应。这时，李力安就和其他进步青年组织起来，向群众宣传八路军是抗日的，八路军纪律严明。此时，日军正侵占山西雁北，大同、广灵等地已失守。国民党军队从晋北往南溃退。军纪混乱，乱抢东西。有的逼老百姓用牲口给他们驮行李、送病号。李力安的一个亲戚用家里小毛驴给他们送行李时，走到半路让国民党兵用刺刀捅死了。而八路军却是反方向往前线开，他们虽然穿的草鞋，背着行李，携带的枪支也很不一致，但队伍走得很精神，纪律很严。途经东冶镇时，李力安就和赵子泽、赵拓等人组织群众慰问八路军，在路边上烧开水，给战士送水喝。他们还背着篓子，到全村募捐，收一些苹果、梨、西瓜、香瓜、月饼等追着往战士手里送。战士们一个都不要，只是有时边走边喝上几口开水。

9月下旬，一二九师副师长徐向前随八路军总部到五台后，回到离别十多年的家乡五台县永安村看望家人和乡亲。槐荫村离永安只有3里路，李力安知道后，就同本村赵鹏飞、赵子泽一同到徐向前家里看望他[②]。聆听了徐向前讲解抗战形势、统一战线、抗日救国十大纲领等重要精神。

1937年9月底，日军攻入山西雁门关，主力逼近忻口。

---

① 《晋察冀革命根据地晋东北大事记》，山西人民出版社1991年版，第9页。

② 《槐荫村志》，山西古籍出版社1993年版，第210页。

阎锡山为保太原。正部署忻口战役。在槐荫村里枪炮声听得很清楚，老百姓人心惶惶，赵承绶的全家早都跑了，有点办法的人也都纷纷向大后方逃难。薄一波接到党的指示，率抗日决死队离开五台向晋东南转移。李力安找赵鹏飞商量准备追赶薄一波的队伍。这时，村里有老人讲，你们年轻人都走了，剩下妇女、老人、小孩怎么办？赵承绶家里有枪，你们把枪取出来，组织起来，组成个队伍，掩护全村人。他们听后决定先把枪取出来。于是赵鹏飞、李力安和进步青年赵唐、赵元红、赵二虎等人在群众支持下，到赵承绶家里取出了武器弹药，计有108支步枪、18支冲锋枪、13支驳壳枪，还有一部分弹药。他们取出枪后全搬到了学校，接着动员群众，于9月30日成立了槐荫村自卫队，保卫家乡①。最多时有200多人参加，每天上操训练。村里支大锅，中午管吃一顿饭。

1937年11月初，日军占领忻口。中共中央根据战局的发展重新调整八路军战略部署，由聂荣臻率一一五师一部留在晋东北创建晋察冀抗日根据地。11月7日，晋察冀军区在五台县正式宣告成立，任命赵尔陆为第二军分区（由晋东北游击司令部改组而成）司令员兼政委，五台县属第二军分区。这时，八路军派了一些干部到地方做开辟根据地工作。赵尔陆知道槐荫村有个自卫队，有一些枪，也派去一名军队的干部帮助训练自卫队。11月中旬的一天，地下党员郭子俊通知赵鹏飞、李力安说。你们把枪交给赵尔

① 《晋察冀革命根据地晋东北大事记》，山西人民出版社1991年版，第13页。

陆的游击司令部，你们几个人到区里战地动员委员会工作，李力安他们都同意，就把枪支弹药全部交给了游击司令部。李力安和自卫队的主要负责人随即参加了五台县第四区战地动员委员会[①]，还动员一些自卫队员参加了游击队。

五台第四区所在地是东冶镇，是五台县最大的乡镇，经济繁荣时，曾有大小商号500家，有2000多户，六七千口人。李力安参加“动委会”后。被分配在组织部当干事，组织部长是郭子俊。1937年底，建立党的区委会时，李力安任青年委员。1938年2月，他又任区委会组织委员，公开职务是“牺盟会”[②]区分会秘书（负责人），党内职务不公开。李力安在“动委会”的工作，主要是发动群众，宣传组织群众，在各村普遍组织工人抗日救国会、农民抗日救国会、青年抗日救国会、妇女抗日救国会等群众团体。同时，还要发展党员，建立农村支部。以及搞合理负担、扩大抗日队伍、减租减息等。李力安起初在村里做工作很困难，搞合理负担又没有经验，只能和大家一起商议，根据各家各户实际生活状况，定出一些有钱人的大户人家，谁

---

① 1937年9月20日，由中国共产党提出并和阎锡山商议后，在太原成立“第二战区民族革命战争战地总动员委员会”（简称“战动总会”）。随后在晋、察、绥地区的68个县组建了县、区、村各级战地动员委员会（简称“动委会”）。该组织是中国共产党参加领导的抗日民族统一战线组织。它以其战时政权组织的合法性和权威性，在山西、察哈尔、绥远广大地区，在配合八路军、牺盟会动员群众，组建发展抗日武装，开展游击战争，支援前线等方面发挥了重大作用。

② “牺盟会”，全称山西牺牲救国同盟会，成立于1936年9月，是薄一波任中共山西省公开工作委员会书记主持山西统一战线工作时，与阎锡山协商组织起来的统一战线组织。

应负担多少粮食、多少钱。虽然引起一些争执，但经过反复做思想工作，合理负担在他所在的村子还是较好地开展了起来。做减租减息工作也有许多困难，一些佃农胆小怕事，生怕地主秋后算账。必须一家一户给农民讲政策，讲革命道理、抗日的前途。经过反复细致的思想工作，第四区的减租减息工作有了新的进展。以后，李力安担任各级领导工作，始终把注重做好群众的思想工作放在首位，他经常说，只要群众思想通了，党的事业就能干好。

当时第四区区委成员中，除了李力安有公开职务是区牺盟会秘书外，另一个有公开身份的是区长。区委决定，公开场合要李力安多出面。因此，他经常在区的群众会上主持会议和讲话。1938年秋，组织群众斗区里一个操纵各村旧政权的劣绅。还没有抓他的时候，这个劣绅就托人到李力安的父母那里说情。李力安的父母对李力安说，人家说就是你要斗他，你不要多出头露面，何必得罪人呢！李力安不听。事后，有人威胁说，阎锡山回来以后第一个就枪毙李力安。李力安的父母听了很害怕。李力安平时不多回家，一回到家，父母就哭。李力安心里烦恼，就找到在四区指导工作的县委宣传部长赵鹏飞，要求调到别的区工作，也不讲是什么理由，只说不愿意在本地工作。赵鹏飞听后当场批评了他。李力安受到震动，逐渐认识到一个革命者，在大是大非面前，不能存有私心，因此暗下决心豁出去了，死也死在这个地方。召开斗争绅士大会时，群众组织一个农民请愿团，选他当团长，带4个农民到边区政府请愿，要求枪毙这个劣绅。李力安毫不犹豫地接受下来，并在大会上宣誓。后来，区干部开总结会，李力安把当初要求调动的原因、思想变化过程向大家如实作了检讨汇报，准备接受批评。结果，赵鹏飞不但没有批评，还表扬了李力安，说李力安自我批评精神很好，就应该这样在斗争中经受锻炼，有什么话向组织讲出来。这一时期，李力安做了大量的群众工作，出色地完成了党组织交给的任务。

1938 年 10 月初，日本侵略军侵占了五台县城、东冶镇。这时，李力安参加了县委，任五台县委宣传部长，在更大的范围内打游击，发动群众、坚壁清野。期间，他曾受命返回第四区，建立了新的区委，建立了工会、农会、区公所，恢复开展了党的工作。

1939 年上半年，晋察冀边区军民在进行反“扫荡”、反“摩擦”武装斗争的同时，又进行了区、村政权的民主改革。五台县由原来的 6 个区，划成 14 个区。县委领导每人分工联系一两个区，李力安分管第三区、第四区。他整天工作生活在农村，到一个村子后，开支部会，同村里所有党员谈一遍话，进行教育，开展批评自我批评，建立一些必要的制度，一起研究村里的对敌斗争、阶级斗争、合理负担、减租减息等工作。这一时期，李力安积累了做群众工作、做基层支部工作的经验，为后来长期从事领导工作打下了坚实的基础。

1939 年底，县委决定李力安到中共北岳区委党校学习。他同县里一同去学习的六七个干部，步行 4 天，到了阜平县平阳区台峪村区委党校。当时，生活条件很艰苦，住在一个庙里，睡在铺着干草、谷草的地上。李力安穿的还是在家时穿的破衣服。带的一床被子又薄又短，盖不住身。

区党委党校开的课程有党的建设，主要讲支部建设，还有党的纲领、路线、方针、政策群众工作、联共（布）党史等。还听彭真、聂荣臻、刘澜涛、吕正操等领导同志的报告。他在学习中非常认真，刚开始当小组长，接着当学习委员、支部委员，第三个月开始担任班党支部书记。1940年5月，学习结业了，组织决定李力安留校工作，担任学校党总支委员会组织科长，并兼一个班的班主任。在党校工作期间，他经手办了有县委、区委书记参加的高级学习班两期，还利用假期到易县、繁峙、盂县农村搞过调查。这一时期，李力安比较系统地学习了党的基本知识和马克思主义的基本理论，认真研读了毛泽东的《论持久战》《中国共产党在民族战争中的地位》《中国革命与中国共产党》等著作和文章，在马克思主义理论和党的基本知识方面打下了比较坚实的基础。

1941年7月，中共北岳区党委决定，调李力安任盂县县委副书记。后又兼任县委组织部长。8月5日，李力安到了盂县。8月13日，日伪军7万人开始对晋察冀根据地北岳区和平西区进行“大扫荡”。日军采取“铁壁合围”、“篦梳式”战术，所到之处杀光、烧光、抢光，制造无人区，持续了两个多月，非常残酷。仅盂县东部、北部就被烧毁146个村庄，基本片瓦无存。晋东北根据地基本上全部被分割、封锁，面积大大缩小。反扫荡开始由县委书记吕健东、副书记李力安、县长康瑞华3人组成的领导核心，提出“军民团结一致，开展劳武结合，坚持‘无人区’斗争，粉碎敌人扫荡”[1]的口号，领导了全县人民反扫荡的斗争。根据党的指示，李力安和县委组织群众转移、组织民兵开展游击战，配合分区部队反“扫荡”。敌人的“三光政策”下，房子烧光了，但除了极少数地主跑到敌占区去以外，广大群众在党的领导下，顽强地坚持下来了。反扫荡后，李力安兼任县委组织部长。以后，日伪军又采取蚕食政策，搞“治安强化”运动，一个村一个村瓦解我们，北岳区抗日根据地受到更严重摧残。李力安和县委一起，根据上级指示，依托盂县无人区坚持游击区工作。他们发动组织群众，建立村两面政权，除奸反特，运用多种形式与日伪军斗争。他们还组织群众配合分区部队平息了盂县城附近“红枪会”[2]搞的反动会道门暴动。

从1941年8月到1942年8月，李力安与县委一起，在日伪军制造的无人区内，在异常艰苦的生存条件下，依靠群众开展对敌斗争，整整坚持了一年。在残酷的对敌斗争中，李力安与群众同生死共患难，每到危难时刻，都得到了乡亲们的支持和掩护，一次次地化险为夷。这一年，由于条件极其艰苦，吃、住都没有保障，干部生病的很多，几乎无一人幸免。

① 《中共山西省盂县历史大事记述》，文津出版社1993年版，第36页。

② 1941年12月，盂县反动会道门道首谢嘉岱、李铁柱等趁日军“扫荡”，人民群众生活极其困苦之机，在盂县西烟镇、仙人村等地秘密设堂，点传道首道徒，拼凑反动会道门组织“红枪会”，很快发展到40余村，蒙骗万余名会员。“红枪会”与日伪、汉奸勾结，强令各村设堂，胁迫群众入道，勒索百姓钱财、抢夺公粮财物，杀害抗日干部战士，大肆破坏抗日活动，1942年5月下旬，被北岳二分区部队一举捣毁。

1942年8月，根据中央和中央局的决定，实行精兵简政、党的一元化领导，重新划分行政区划，“向敌后之敌后挺进”。盂县建制取消，与周围县合并成盂平、盂阳、盂寿等县[①]，并决定调李力安任盂阳县县委副书记兼组织部长。8月上旬，在去盂阳的半路上他得了疟疾，接着又长疥疮，好几个人都病倒了。只好暂住在一个村里养病。当时，少医缺药无法医治，听说喝尿碱水可以治疟疾，他们就把尿盆打碎，煮上喝尿碱水。9月初，病稍好后，即赶去上任。9月中旬，李力安到了盂阳县委暂住地。当晚接头开会后，被日伪军发现了，第二天早上，即被几个据点的敌人围追堵截。李力安就和县委的同志往山沟里跑，分散躲在深草里。黄昏后，日伪军撤回去了，他和大家出来找冲散的同志，集中后清点人数，有7个同志被捕了。当时，县委没有力量打击敌人，主要是把党组织和县区村干部队伍巩固住，把村子里的工作坚持下来，把阵地巩固住，保存力量。李力安工作两个月后，再一次病倒了，几乎被病魔夺去生命。

1943年3月，地委调李力安任盂平县县委副书记。1944年2月，县委书记调走后，组织决定由他主持县委工作。稍后又当选为县议会议长。同年8月，李力安任盂平县委书记[②]。1943年春，北岳区抗日根据地经济更加困难，上级决定开展大生产运动。军队、地方都规定了生产任务，

① 《晋察冀革命根据地晋东北大事记》，山西人民出版社1991年版，第13页。
② 《中共山西省盂县历史大事记述》，文津出版社1993年版，第127页。

主要是开荒种地，纺毛线，织毛衣、毛袜子，搞一些运销、运输。李力安积极参加县委组织的开荒种地，还替贸易公司、合作社从后方往前方背铁锹等商品搞运输完成上交任务。1943 年秋，形势逐步好转，县委积极按党的指示领导群众开展对敌斗争和各项工作，使盂平县取得较大成绩。1943 年秋的反“扫荡”，盂平县民兵打死、打伤日伪军 300 余人，征收公粮、往根据地后方和延安送粮食等任务都完成得很好。开展敌占区工作，已深入日伪军的据点里。有时甚至在据点附近的村子里晚上开群众大会、请剧团演戏，日伪军都不敢出来。敌人白天出来经常踩上民兵埋的地雷。1944 年夏天，李力安主持了盂平县委的整风学习，他和县委委员一起，认真学习、讨论中央规定的 22 个整风文件，认真对照检查自己的思想、工作和作风，重点解决对党的忠诚老实和团结问题。通过整风，县委干部增强了团结，工作热情更加高涨。同时他也参加了地委的整风学习。李力安任盂平县委书记时，注重对干部的教育，也善于了解和使用干部。1944 年秋上级调走大量的县级领导干部，县委决定并经地委批准，一次提拔 7 个区委书记进入县委班子，其中包括青年诗人田间担任了宣传部长。新的县委班子工作更加朝气蓬勃、有活力，做出了可喜成绩。

1944 年 12 月，地委调李力安到五台县任县委书记[①]。他到五台后，主持召开了全县英雄模范代表大会[②]，参加会

---

① 《五台县志》，山西人民出版社 1988 年版，第 281 页。

② 《难忘的岁月》，中共山西省五台县委 1989 年编，第 53 页。

议的有各界代表500人。在会上，县委表彰了1943年冬反"扫荡"以来的一大批战斗英雄、劳动模范，布置了农业生产和肃反工作，极大地鼓舞了全县人民的斗志。

1945年3月，地委又调李力安回地委，任敌工部部长。接着，他随二分区部队在五台县活动，他负责开展敌工工作，掌握日伪军的情况，配合军队作战，扩大解放区。

8月中旬，传来日本投降的消息。艰苦奋战14年，付出巨大牺牲，终于胜利了，干部、群众高兴得不得了。紧接着，李力安随冀晋军区的部队解放了盂县城，盂阳、盂平连成一片，很快恢复了盂县的建制，他积极参加了组建新的县委领导、开展新解放村镇的各项工作。

随后，李力安主持的地委敌工部和康瑞华为部长的地委城工部，即从地委所在地的盂县下社迁至距太原较近的寿阳县坪头镇，就近积极开展对太原和正太、同蒲铁路沿线的情报工作和瓦解敌伪军的工作，取得了一定的效果。

领导反奸清算、土地改革

1945年11月，李力安改任中共冀晋二地委组织部长。这时，日伪军不向八路军交枪、投降，只向阎锡山投降，阎军同日伪勾结，将地盘向外伸展。根据国共两党"双十协定"，晋察冀军区1946年初派代表进太原同阎锡山谈判。根据地军民积极打击日伪军扩大解放区，同时抗击阎锡山部队进攻解放区，并在新解放区和过去工作薄弱的一些游击区，发动群众，反奸清算。这时，李力安一边准备配合进城谈判代表的工作，一边带着县区领导干部和一个区委书记，在阳曲县一个叫范庄的大村子蹲点开展工作。他们每天深入贫雇农家里做工作，领导村干部给贫苦群众分粮食，分浮财，组织群众斗恶霸、诉苦，群众非常高兴。他们在这个村整整工作了一个月。

从1946年6月下旬开始到9月上旬，晋察冀军区和晋绥军区联合组织了晋北战役，先后解放了山阴、繁峙、代县、崞县、五台、定襄6个县。李力安倾全力组织动员民众支前，抢送伤病员，配合部队行动，为晋北战役的胜利做出了贡献。

1946年至1947年，李力安到县、区、村做群众工作和指导工作。他去过五台、崞县、盂县、寿阳，在许多村搞过调查、蹲点，帮助这些地方建立政权、建立支部、发动群众、重新组织农会，斗争地主恶霸、搞反奸清算等。这期间，他还做了组织审查干部，调干部南下等大量工作。

1947年7月至9月，李力安代表中共冀晋二地委到西柏坡参加了中共中央工委召开的全国土地会议，会议期间，聆听了刘少奇、朱德、董必武、彭真等中央领导的报告和各个地方的工作汇报，开阔了眼界和思路。10月，他又参加了晋察冀中央局为贯彻全国土地工作会议精神，在河北阜平县史家寨召开的晋察冀边区土地会议[①]。

1947年11月，地委领导与李力安谈话，说考虑到他在冀晋二地委（五台县归其所辖）工作时间较长，决定调他到

① 《晋察冀革命根据地晋东北大事记》，山西人民出版社1991年版，第358页。

冀晋四地委工作。李力安愉快地服从组织决定，随后，他到了四地委。当时，为了加强对土改的领导，上级要求地委领导全部下去搞土改，李力安到了河北井陉县任县委书记。到任后，县委很快组织起工作队分散下去搞土改。县委机关全住在老百姓家里，工作队都住在贫雇农家里，接着开始发动群众，斗地主、分浮财、分土地。李力安带工作队当时住在贾庄，直接参加村里的土改。1948年初，快过春节了，工作队决定把没收的一些东西，再加上买的东西，给贫雇农家每个人发1斤肉、1斤白面，让翻身的百姓过个翻身的年。贫苦群众非常高兴。有个老贫农叫李由贵，70多岁，没有结过婚，劳苦了一辈子，几十年没有吃过肉，没有吃过白面。工作队发了肉和白面后，年三十晚上，他就和侄儿一块儿吃饺子过年，没想到，吃饺子吃得撑死了。事后几十年，李力安一提起这件往事，仍潸然泪下。

1948年1月中旬，他在农村搞土改一个多月后，有些村子土地已经分完了。地委通知各县县委书记到地委汇报第一期土改情况，李力安准备了一个书面报告。刘少奇知道后，要地委改在他的住处开会，他也想听听。李力安和地委书记及平山、建屏、获鹿的县委书记一块儿到少奇那里汇报，李力安汇报后，刘少奇站起来走到李力安面前很和蔼地说，这个材料是谁写的？李力安说是我自己写的。少奇看看大家，回到座位上又微笑着说，实际工作做得很深入、认真，汇报有材料，掌握情况也很多、很具体，但是缺乏分析，没有讲观点，没有提出意见，没有说今后怎么办，只是报告过程，材料堆砌，这就叫作文牍主义……虽然少奇同志的态度一直很和蔼，但李力安却感到很惭愧。他后来说，当时他心想，自己当了县委书记，又当地委组织部长，工作也10多年了，下去搞土改，怎么只掌握材料就不知道做分析，没有观点、意见，就是材料加减法，没有乘除法，今后一定要记住。这次汇报，刘少奇对李力安耳提面命的一席话，使他终生不忘，受用无穷。正是在这次听取汇报之后，1月18日，刘少奇给毛泽东写了一封七八千字的长信，对新区、老区、半老区的几种不同情况，以及在土改中应采取的不同方针等做了说明。

1948年初，井陉县城解放了。井陉解放后，正太铁路线东段已为我控制。抗战时期被敌占铁路线分割的，分属晋冀区和太行区的两部分已连成一片。李力安主持了井陉南北的合并工作，恢复了井陉县建制。

率队南下开辟新区

1948年3月，李力安突然接到地委通知，说中央局通知，要找他谈话。他不知道是什么事，很快把县里工作安排了一下，赶到中央局所在地城南庄。组织部的同志对他说：刘邓大军打到大别山，中原扩大了新解放区。中央决定，从老区选调干部南下到新解放区开展工作，决定派你去新区工作。另外，你在二分区工作时间久，熟悉干部。决定你还回二分区选调200名干部，组成一个地委和五个县委的班子。当时，他的母亲刚去世不久，家里老的老，小的小。他没有向组织提个人困难，而是把70多岁的老父亲托付给堂兄赡养，把刚刚2岁的女儿寄养在老百姓家里，留下曾在日伪军监狱被折磨得浑身伤病的妻子郑健继续在井陉工作。他愉快地接受了任务。

回到二分区后，他向地委作了汇报，协同地委从五台、盂县、定襄、寿阳、平定五个县抽调干部，大体上配备起1个地委和5个县委的班子。4月底，带着200名干部，到中央局指定的地方——平山县集中。这次从晋察冀共抽调约2000名干部，冀察区党委书记刘杰同志负责，下分8个大队，二分区调出的干部为二大队，李力安任二大队总支书记。

1948年5月，各地区南下干部都集中到了平山。中央工委对南下干部进行了动员培训。刘少奇代表党中央和毛主席为南下干部送行，并给他们做了动员报告，朱德、彭真、叶剑英、董必武、薄一波等许多中央领导都给他们作了报告。

5月28日，晋察冀的南下干部队伍步行出发了。在平原地区雇马车拉行李，每走三四天，休息一两天。先到石家庄，尔后沿原平汉线（当时铁路没有修复）经邢台到邯郸，折向西，进入太行山，经武安、涉县，山西黎城、潞城、长治、高平、晋城，下太行山进河南到沁阳、孟津。7月1日夜从孟津乘木船渡黄河到洛阳东南的一个村子里，休息了六七天，接着又沿伊川、临汝、到了中原局所在地宝丰。在宝丰县，休整学习了近一个月，刘伯承、邓小平、陈毅、邓子恢等首长做了形势任务和新区发动群众问题的报告[①]。在那里，中原局组织部分配工作。从李力安带的干

---

① 《忻州地区革命史实》，中共忻州地委1987年编，第362页。

部中抽了陈之谦、郭步云等20多名骨干留在中央局和豫西，又抽四分区井陉的干部20多人补充到二大队。李力安带的二大队被分配到陕南，他又带着队伍翻山越岭，走了半个多月，于8月底到了陕南区党委驻地湖北郧阳县。这次南下，他们途经4省35个县，走了大约2800华里。

1948年9月，组织任命李力安为两郧地委副书记[①]。9月中旬，他到了地委驻地湖北郧西县土门镇。当时，两郧分区全部解放的有3个县——郧西、郧阳、均县。其他的县有的大部解放，有的只解放了一部分。在一些地区，土匪的活动还很猖狂。李力安和地委领导一起，深入下去开展工作。主要是建立基层新政权，清匪反霸，扩大部队，以及培训新干部，恢复生产，贯彻党的各方面政策，巩固新区。两郧地区处在汉水中游的两岸，绝大部分是山区，新区的群众，由于长期遭受国民党的残酷剥削和压榨，又饱经战乱，虽然已获解放，但被破坏的生产尚未恢复，因此生活十分困难。工作队的生活条件也非常艰苦，顿顿都是苞米糊糊就野菜，直至过春节时，他们才穿上棉衣。

李力安在新区很注意学习政策，调查研究，总结经验，从实际出发开展工作。他在实际工作中体会到：我们过去有过简单化的做法，新解放一个地方，对国民党设的税收一下子全部废除，新的政策还跟不上，合理负担只向有钱人收，群众当时很欢迎，拍手叫好，说共产党好，不收税。

① 初称陕南四分区，1949年改称两郧地区，管辖范围包括湖北省的郧阳、郧西、均县、房县、竹山和陕西省的山阳、白河、旬阳、镇安及新设的上关县。

建立了政权，恢复了生产，政府总得有固定的财政收入，社会才能稳定。根据上级政策，逐步搞一些合理税收，一部分老百姓就产生了不同看法，说怎么共产党也要收税？根据这种情况，总结出了一条经验，就是我们一到新解放的地区，除明显不合理的苛捐杂税，要立即废除外，最好暂时维持现状，然后认真调查研究，搞清楚一种，废除一种，你废除一种老百姓说你一次好。要是你一下子废除了，群众开始说好，以后你设立一种，群众就骂你一次。

当时新区各县小股土匪、还乡团很多，当地叫“棒子队”，到村子里抢东西，打人放火甚至杀人。晚上经常在村子边扔手榴弹，袭扰群众和工作队。派部队出去追剿，他们就躲到山里，部队刚一撤回，他又进行袭扰。我们的地方干部就是在这样的条件下，深入基层，发动群众，向群众大力宣传共产党的政策，稳定群众情绪，帮助农村建立农会等群众组织，领导群众同土匪、恶霸、地主做斗争。1949 年 3 月，在组织安排下，李力安的妻子郑健等女干部也来到了前方，到达老河口时，遇到夜袭该城，所带的东西都被抢光，仅保全了性命。

1949 年 5 月下旬，组织决定抽李力安随刚由陕南部队组建的人民解放军第十九军西进作战，他被任命为军的前委委员、随军工作队的总支书记，主要任务是沿路动员组织群众筹集粮草供应部队。解放一个地方后，由工作队发动群众，建立政权，筹粮支前等。李力安带的工作队密切配合部队行动，克服重重困难，出色地完成了任务。

1949 年 11 月底，陕西安康解放了，李力安留下任安康地委副书记、军分区第一副政委。还兼任过安康地委的纪律检查委员会书记。以后三年中，他依照上级党委指示，在地委集体领导下，深入各县，领导帮助基层进行了建立政权、反奸清算、剿匪反霸、查田定产、土地改革、镇压反革命、抗美援朝、“三反”、“五反”、组织工会、农会、青年会、妇女会等大量工作。他经常冒着危险到山区的村庄中，全身心地投入工作，足迹踏遍了安康的土地。

从事组织人事工作

李力安先后在陕南地区的两郧和安康工作了四年半时间。随着国家经济的迅速恢复和发展，随着大规模经济建设的全面展开，党和国家急需大批经济建设方面的干部。中央组织部决定从全国抽调一批地市级以上的干部到工业交通战线。当时安康的剿匪反霸、土地改革、查田定产、镇压反革命和“三反”、“五反”等大规模的群众运动，已经完成。时年 32 岁的李力安，向地委书记唐方雷谈了自己响应党的号召，趁着年轻转到工业战线工作的想法。并分别向陕西省委和中共中央西北局写了报告，上级组织批准了李力安的请求。接到组织的调令后，他没有因妻子即将分娩而耽搁①，像每次接到命令一样，他立即交接了工作，收拾好简单的行装，冒着雨，骑着马，于 1952 年 10 月 25 日离开安康。到西北局报到后，和其他奉调的同志汇齐。他

① 在他走后的第 7 天，他的第二个儿子就降生了。

们一行7人，由李力安带队乘火车到北京。这是他平生第一次坐火车，也是第一次去北京。

到北京后，中组部副部长兼干部处处长李楚离，召集各地奉调的干部开会。他说，原本调你们来搞工业，但现在中央人民政府新建了一些部门，急需充实干部。决定把你们放在中央机关，你们有意见吗？大家都表示服从。翌日，中组部干部处副处长帅孟奇找李力安谈话，告诉他被分配到中央人事部，任办公厅副主任。当天下午，他就赶到人事部报到，分管办公厅的人事科和研究室，同时还担任了机关党总支副书记，半年后任书记。

当时人事部的工作，许多是程序性的，这就使得部分同志产生了成天打杂、没有权力的思想。部长安子文曾经在局级干部会上针对这种思想，强调：什么叫“人事”，有人的地方就有人事。我们不管，就要由中央管这些杂事，人事部就是要替中央管这些事。李力安多年后仍对此记忆犹新，一再说，这使他深受教育，终身受用。他对安子文高度的党性原则，深感敬佩。[①] 在人事部工作期间，李力安是兢兢业业、尽职尽责的。

随着发展国民经济第一个五年计划的实行，国家的经济建设事业有了突飞猛进的发展，社会分工也随之变化，中央相应地成立了很多的部。比如机械行业，就成立了6个机械工业部。这样，党如何管理这些部门的干部，就成为一个问题。就在这个时期，发生了高岗、饶漱石事件。

① 《蒋建农、张新访问李力安记录》（2001年9月3日）。

于是，中央在1954年决定调整行政区划，撤销各大区和各中央局，由中组部代中央直接管理各地各部门的干部。当时列入中央管理的干部职务名称表的司局地市级以上的干部就达12000多人。而中央组织部只有4个处（室），即干部处、党员管理处、组织指导处和研究室，无法适应这种状况。1953年11月，中央决定分成若干系统来管理干部。1954年5月，李力安被调到中央组织部财贸干部处，任第一副处长，处长是陈野萍。

一年半以后，1955年12月28日，中共中央政治局决定，成立中共中央财政贸易工作部[①]，由马明方、裴孟飞任正副部长。中组部财贸干部处干部转入财贸部工作。李力安在财贸部任基层组织处处长。

这一时期，李力安除了工作繁忙之外，家庭负担也很重。他当时的妻子郑健是1937年1月入党的党员，抗战时期，曾经被日本人抓进监狱中，受尽了磨难，后虽经党组织营救出狱，却落下一身伤病，体质很差。新中国成立后，她在全国妇联工作。1953年春，她患肠结核病倒了，以后又被诊断为癌症，最终于次年10月24日病逝。那时，李力安每天下班后。晚上都要到医院陪护病人，家里还有4个2岁到9岁的孩子和年逾古稀的老人需要照管。这使得他非常疲劳和苦闷。但他努力克服困难，从未影响工作。组织上对他家庭的困难，也非常关心。安子文就曾亲自联系医院帮助他的妻子就医。郑健病逝后，经同志介绍，他

① 简称中央财贸部。

和在人事部工作的傅义仙接触。经过一年多的相互了解，建立感情，他们于1956年8月结婚。他们既没有请客，也没有休婚假。星期日结婚，星期一就上班了。傅义仙是1949年投身革命的，她和李力安既是感情真挚的夫妇，又是政治信仰一致的同志。她对李力安前妻留下的4个孩子，视同己出，把他们教养成人。李力安常常为自己能有这样一位意志坚定、贤惠善良的革命伴侣而欣慰。他们的家庭是一个令人羡慕的和谐美满的家庭，这也是李力安能够没有后顾之忧、专心工作的一个重要条件。

中央财贸部部长马明方认为：加强党的基层组织建设，是各级财贸部的首要任务。[①] 李力安担任处长的财贸部基层组织处，任务是调查研究遍布全国城乡的财贸系统基层单位，总结推广好的工作经验。提出问题和改进工作的意见。李力安任职后，首先对财贸系统基层组织的现状进行了认真的调查研究。1955年底，在全国财贸系统的800多万职工中，只有党员43万人，仅占职工总数的5%多一点。而且分布很不平衡，有些部门和企业中党员很少，有些甚至没有党员，多数企业中没有单独的党支部。有鉴于此，李力安和基层组织处的同志，按照中央财贸部领导的指示，积极指导各地财贸部门发展党员的工作。他曾先后到北京、天津、湖北、湖南、河南、广东、江苏、四川、云南等省市的基层单位，调查、部署和检查发展党员、加强基层组

① 强晓初、李力安、姬也力主编：《马明方传略》，陕西人民出版社1990年10月版，第65页。

织建设的情况。他们提出、经中央财贸部领导同意，要求各级财贸部门必须注意从基层单位的店员、营业员、财会人员和知识分子中吸收一批具备党员条件的积极分子入党：凡是有党员3人以上的企业单位，都应单独建立党的支部；党员不足3人的，可由党员和团员组成党团小组，以加强企业中党组织的工作。经过全国财贸系统各级党组织的努力，到1959年1月，中央召开有七千人参加的全国财贸系统劳动模范先进工作者大会时，全国财贸行业的党员人数已发展到60多万，党的基层组织由2.3万个增加到4万多个，基层组织的战斗堡垒作用和党员的先锋模范作用也大大加强了，李力安作为先进工作者出席了这次会议。到1960年9月中央决定撤销财贸部的时候，全国财贸系统的党员已经增加到85万人，党的基层组织发展到7.5万多个。这有力地加强了党对财贸工作的领导，极大地促进了财贸工作的发展。李力安从财贸部成立到结束，一直从事这项任务，做了大量工作，从中积累了丰富的基层组织建设经验。

1960年11月，李力安被任命为中共中央组织部调配处处长。当时中央发现河南信阳等地区农村有饿死人的严重问题，他还没有正式到职，就奉命率领一个中央工作组到河南省南阳地区搞调查。此时“大跃进”和人民公社化运动所带来的问题和自然灾害等严重情况已经逐步反映到中央。中央一方面为纠正农村的“浮夸风”和“共产风”，下达《关于农村人民公社当前政策问题的紧急指示信》，以纠正“一平二调”为核心，调整农村政策；但同时对基层和农村的实际情况仍然不完全了解，认为各地出现的严重问题，可能是那里的民主革命进行得不彻底，一些基层政权被“阶级异己分子”掌握所致。李力安为组长的中央工作组，也是带着了解那里的情况这一任务，被派到南阳的。

那时南阳深受“浮夸风”等天灾人祸之害，仅唐河县就饿死了300多人。问题发生后，在“左”的思想影响下，省、地的一些领导，把问题的症结简单地归结为基层组织的领导权被坏人掌握，因此，揪出了一大批所谓“钉子”和“阶级异己分子”。南阳地区被定为“钉子”的县委书记和县委副书记有21人，公社正副书记达274人。唐河县委书记毕可旦，已经被逼跳井自杀。[①] 李力安等到南阳后，认真听取了地委、县委的汇报，但又不是只凭这些汇报来形成自己的判断，而是还深入村庄、公社和各县，深入基层干部和广大老百姓之中，广泛地了解情况。他们既看到有些干部作风不民主、搞形式主义的一些错误做法，更目睹了“浮夸风”“共产风”盛行，造成的严重危害。他们看到，由于搞大食堂、大炼钢铁，农民家里连一口完整的铁锅都没有；而一味地搞“深翻土地”，片面地实行所谓“打倒高秆作物”等瞎指挥，以及大搞“一平二调”，不仅导致广大群众食不果腹，并且连取暖烧饭的柴禾都没有了。调查期间，李力安和工作组的同志，也经常要忍饥挨饿，公安部的一位在南阳搞调查的干部，就是因为吃了许多作为“代食品”的红薯蔓子排泄不出去而胃扩张死亡。在3个月的调查中，

① 李保铨：《毛泽东瞩目南阳》，银河出版社2000年7月版，第419页。

李力安到过南阳地区10个县中的9个县，向上级单位写了十几份调查报告，并曾3次到郑州，向在那里听取汇总报告的中组部部长安子文、中监委副书记王从吾、公安部副部长徐子荣等，作口头汇报。他和工作组如实地反映了南阳的情况。他们认为：南阳地区干部的绝大多数是能够与群众同甘共苦的，除有少数干部作风不民主之外，没有发现“阶级异己分子”。南阳问题的症结，除去自然灾害之外，主要是由于高指标、共产风和瞎指挥。他在报告中特别记述了“左”倾错误给南阳地区造成的严重后果，“人人戴孝布，户户有哭声”①。

工作组的报告和其他类似的报告反映到中央，南阳地区正在进行的“为民主革命补课”运动很快停止了，被抓起来的干部释放了，那些被集中在学习班“学习”的干部也解脱了。南阳市党史研究室的同志在他们的研究成果中，郑重地记下了这段历史，认为南阳地区“纠左”的展开，是因为李力安如实地向毛泽东汇报了南阳的情况。李力安看到南阳党史研究室的材料后说：我没有机会直接向毛主席汇报，南阳地区“左”倾错误后来得以纠正，是得力于各地向中央报告了真实情况，中央对大政方针作了调整。我只是在那次调查中，客观地反映了情况，做了一名共产党员应该做的事情。②

1960年11月，李力安调任中组部调配处处长时，中

① 在“文革”中，这成为李力安的一项罪名。

② 《李保铨访问李力安记录》（1999年10月13日）。

组部下设6个处分口管理干部，另有1个办公厅和1个研究室。省部级和地市、司局级以上干部，包括一些大企业的主要干部，是由中央管的，中组部负责管理的干部是负责对这些干部进行考察了解，提出提拔使用意见，报中央决定和批准后，办理调配任免手续。李力安所在的调配处，又称一处，其职能在中组部各干部处中是综合性的，负责审核下边报告的材料，提出意见，部里同意后，起草向中央的报告和下达中央的决定，并保存、管理这些干部的档案。

李力安再次回到中组部工作的时候，正值中央开始在经济领域进行“纠左”和在其他方面进行全面调整。组织系统当时所面临的一项任务，就是对在反右倾运动中被错误定性的同志，进行甄别平反。

1961年5月，李力安奉命带三个同志到河南，帮助省委对1959年反右倾中受批判和处分的干部，进行甄别平反。他们去后不久，见到正在那里检查工作的中央政治局委员、国务院副总理谭震林。谭震林指示他们说，厅局以下干部由省委去甄别，你们可把河南省委原第一书记潘复生的问题甄别清楚，这个工作省委自己搞不了。李力安经请示中组部领导同意，就开始处理这个在全国都有很大影响的“反潘杨王问题”①。他们花了两个月时间，4个人分头查阅了潘复生自1954年开始主持河南省委工作以来的所有

---

① 指在反右倾运动中被错误定性和撤职的河南省委第一书记潘复生、省委书记处书记杨珏，省委秘书长王庭栋。

档案，同几乎所有的省委常委，地、市委书记和省里综合部门的主要负责干部谈了话。并几次同潘复生、杨珏等谈话，做了详细的记录。为慎重起见，针对当年给潘复生等定的6条罪名，他们4个人分为反方和正方进行辩论，细致地推敲究竟能否为潘平反。最后他们认为，潘复生在6个方面都有缺点，但这些只是工作中的错误，而不是路线问题，右倾机会主义分子的帽子不合适，应予平反。7月初，他们向中南局第一书记陶铸和河南省委第一书记刘建勋、常务书记文敏生等作了汇报，得到领导同志的赞同。工作组回到北京后，分别向中组部的领导和谭震林做汇报。谭震林同意这个结论，并决定，把这个报告送中南局，由中南局据此写报告给中央，为潘复生等平反。中央批准了中南局的报告，正式为潘复生等平反。1962年，潘复生被任命为供销合作总社主任。“潘杨王”在当时被甄别平反的干部中，是级别最高的，在全国产生了一定的影响。

这一时期，除日常的干部调配任免外，为配合中央的经济调整和甄别平反等工作，按照中组部领导的指示，李力安和调配处的同志做了大量的考核、调查和干部调配工作。为了加强地方工作和改进基层干部作风，遵照中央的决定他们挑选了100名司局长，任地、市委书记；为了增强中央监察委员会的力量，他们贯彻中央书记处的指示，推荐了一些德高望重的老同志（如王世英、杨之华、李培之、周仲英等），参加中央监察委员会的工作；为了执行毛泽东关于加强政治思想工作的指示，他们协同解放军总政治部，调配了一批部队的军、师级干部担任国务院财经各部门的政治部主任、副主任；为了全面落实党的干部政策，他们不仅对在反右派和反右倾中被错整的干部进行甄别平反，而且对那些因在历史上被捕过而受到不公正待遇的干部，也进行了重新审查。李力安回忆，那时经他手办理认为历史上有这样那样问题各级党委已查清可以任重要职务的高级干部，就有二三百人。而这在“文革”中，就成了指责他积极执行刘少奇、邓小平和安子文“招降纳叛”干部路线的一项重要罪名。李力安在工作中，一方面是认真完成上级交付的任务，同时也努力发挥自己的主动性。当时，对中央直属机构中若干单位的中管干部，因其在康生主管的部门工作，中组部应该考察而没有去考察过，李力安认为这是个缺陷，经请示主管副部长同意，他带领有关处的同志对这些单位的干部情况作了考察。回来后，向部务会议汇报。事后许多同志还担心闯了乱子[①]

1964 年 8 月，经中央批准，44 岁的李力安被任命为中组部副部长[②]，继续负责干部的调配任免工作。时隔不久，9 月 18 日，李力安又被中共中央任命为中共黑龙江省委书记处书记[③]。行前，谭震林与李力安谈话，要求李力安到省里后，一定要坚持原则，注意接近和团结干部、群众，保持艰苦朴素的作风，不搞特殊化。李力安把在北京的住房退

① 《蒋建农、刘志男、张新访问李力安记录》（2001 年 9 月 25 日）。

② 中共中央组织部、中共中央党史研究室、中央档案馆编：《中国共产党组织史资料》第 5 卷，中共党史出版社 2000 年版，第 62 页。

③ 中共中央组织部、中共中央党史研究室、中央档案馆编：《中国共产党组织史资料》第 5 卷，中共党史出版社 2000 年版，第 402 页。

还单位，留下即将由高中和初中毕业的两个女儿继续在京驻校读书，举家搬到了哈尔滨。

经受“左”的磨难

李力安来到哈尔滨，没顾得上安家，就与省委农工部的同志去富锦、尚志县调查农业生产情况。当时，省委负责农村工作的一位书记调走了，省委决定由李力安接替他的工作。在农村，他一边与群众一起参加秋收打场，一边进行调查。为了尽快了解、熟悉黑龙江的情况，过了年，他又到绥化、海伦开展调查。

1965年1、2月，中共黑龙江省委先后召开扩大会议、常委会议，传达贯彻中共中央发布的《农村社会主义教育运动中目前提出的一些问题》(即《二十三条》)。在搞好第一批社教的同时，为了促进工农业生产的新高潮，省委、省人委决定从省一级机关抽调千余名干部，组成工作团，率队深入第一线，帮助基层组织、基层干部加强对各方面工作的领导。2月26日，省委、省人委召开工作团大会，李力安代表省委作动员报告，号召要充分调动各个方面的积极因素，把客观有利条件所提供的可能性变成现实，争取实现农业大丰收，并争取工业、财贸和其他各条战线都获得新的更大的胜利，促进社会主义建设事业的新高潮。为国家“三五”计划的顺利执行创造有利条件。

同年4月，李力安再次深入方正、延寿、通河等几个县开展全面的调查研究。这些县基本属于山区县份。调查中，他认为黑龙江林区面积大，有37个县为山区（包括林区），山区党的建设和生产搞得如何对全省工作关系重大。为此，他对山区党的建设和生产中的一些急待解决的问题提出了一些意见。他说，定要加强山区党的建设，树立艰苦奋斗、长远建设山区的思想；我们的党员干部不仅要想到眼前的工作，而且应该想到5年、10年，以至于下一代的事情，要想若干年后我们这个县、这个公社要变成个什么样子。调查中，每到一处他都教育党员干部要从实际出发，踏踏实实地干，树立艰苦创业的思想、全心全意为人民服务的思想，下决心和当地群众一起，为建设社会主义新山区贡献自己的一切。[①] 经过深入调查研究，李力安向省委提出了《加强山区党的建设工作的几个问题》的报告。对此，省委十分重视。同年5月27日至6月1日，李力安作了会议总结。他在总结中提出了山区建设的方针：以农为主，以粮为纲，农林并举，多种经营；全面发展山区生产，繁荣山区经济；并强调山区建设必须由近及远，由浅入深，以浅山区为基地，有计划、有步骤地开发深山区。会后，各地根据此次会议精神，把山区工作的重点先放在浅山区，集中力量把浅山区生产建设搞好，同时量力而行地积极为开发深山区做必要准备。半年后，省委在哈尔滨市召开林业工作先进集体和先进生产者代表会议。李力安参加了会议并做讲话。会议表彰了32个林业建设红旗单位、355个

① 李力安：《加强山区党的建设工作的几个问题》，黑办秘发［65］28号，存黑龙江省档案馆。

先进集体和135名先进生产者。会议确定全省在第三个五年计划期间，要努力完成植树造林1000万亩，迹地更新1000万亩，次生林抚育1000万亩的任务。李力安在讲话中提出要贯彻“以集体造林为主，集体造林与国营造林并举”的方针，同时帮助个人安排造林；贯彻因地种树，速生为主，乔灌结合，多中求好的原则，做到植树造林与农业生产相结合，与农田基本建设相结合，与发展多种经营相结合。[①] 这一系列切实可行的方针政策促进了黑龙江山区的建设与发展，全省山区建设工作有了新起色。

1965年6月，省委领导调整分工，李力安负责党群工作。7月，第二批农村社教工作在东宁等17个县展开。李力安按照省委的分工到东宁县指导社教工作。他化名“安力”，不担任工作团、队的任何职务，而是跟省委组织部的同志一起，到城关公社大城子大队蹲点。吃、住在老百姓家里，和社员一起参加生产劳动。他经常挎筐拣粪，深入群众，在与群众接触、谈心之中引导群众执行党的政策。当时，社教运动有一些“左”的做法。但李力安认为多数干部是好的和比较好的。他强调社教一定要在县委领导下搞，要按党的原则办事，不能由工作团包办代替一切。就是公社、大队也是一样，不能随意让公社、大队领导“靠边站”。在群众发动起来之后，当时有的地方开三级干部会，让县委检讨，检讨通不过，就让靠边站。对此，他认

① 中共黑龙江省委党史研究室编：《中共黑龙江党史大事记》，黑龙江人民出版社1991年版，357页。

为三级干部会议是在县委领导下召开的工作会议，检查县委工作可以，但不能罢免县委领导，要罢免应通过党的代表大会。因此，在李力安指导下，东宁县没有出现在三级干部会上罢免县委领导的情况，保护了一批干部。原东宁县委书记慕振英已调绥化地区任副专员。县里一些人要把他揪回来批斗，定为“走资本主义道路当权派”。李力安通过调查了解，认为群众对慕振英的意见主要是工作上的问题。他说服了县里和工作团的同志，没给慕振英处分。在社教运动中，李力安坚持实事求是，不跟风头，不怕别人说右了，跟不上形势。在这一点上，大家都很佩服他。当年与他一起在东宁参加社教的大学生回忆起那难忘的岁月，都说在李力安身上得到不少教益。他当年蹲过点的大城子，不论是干部还是群众，都十分敬重这位“安力”同志。36年后，81岁的李力安重返大城子时，乡亲们闻风而至，把他围坐在中间。他还能一一叫出他们的名字，详细询问每家每户的生产、生活情况，其情景令人感动。[①]

1966年3月，中央派潘复生任黑龙江省委第一书记。5月，中共中央通过了《五一六通知》，“文化大革命”开始。当时，李力安正在密山县参加社会主义教育运动，结合进行春耕生产等工作。5月末他回到省城，听了传达中央新的决定精神，省委决定由李力安、陈剑飞率领工作组指导、帮助哈尔滨市委搞“文化大革命”。当时，市里一些人要把市委第一书记任仲夷、市长吕其恩当作“走资派”打倒，并

① 《李云桥、赵俊清访问姜亦栋记录》（2002年1月4日）。

要求“肃清他们的反革命影响”。李力安得知后明确指出，对他们的批评应是严肃、积极、热情的，不能提“肃清反革命影响”。同时，通过调查研究，他和陈剑飞于7月4日联名致信省委，建议城市街道所属单位的“文化大革命”运动“不宜全面开花”，街道工厂、卫生院、合作商店，不要发动群众揭发本单位问题，搞批判斗争；农村（滨江区）要集中力量搞农业生产。

黑龙江省委非常重视这一建议，经过观察，1966年12月25日，省委“文革”办公室就关于城市街道开展“文化大革命”急需明确的几个问题向中央文革小组提出报告。其中提出“街道居委会的主任，我们认为不能算作当权派”。12月28日，毛泽东批示：“同意按他们意见去做。”黑龙江省委的报告和毛泽东的批示，对稳定全国范围内城市街道基层单位的形势，起到了重要作用。在当时极为混乱的情况下，李力安敢于提出自己的意见，是难能可贵的。

7月18日，中共黑龙江省委根据北京大学工作组制止乱打乱斗事件的简报精神，召开1万多人参加的哈尔滨市大中学校无产阶级“文化大革命”积极分子会议。会上，李力安代表省委作了报告，强调要在党委的领导下进行文化革命，要把运动引导到正确轨道上来。要讲究斗争方法，要摆事实、讲道理，严禁打人、骂人，不要采取戴高帽子、游行，以及其他形式的变相体罚。报告特别指出，值得警惕的是有些别有用心的人，利用一些群众的糊涂认识，利用党在工作中的个别缺点错误，反对党的领导，有人假借反对党内资产阶级代理人的口号，实际在那里煽动反对共产党。[1]

8月中旬以后，黑龙江省的形势和全国一样，越来越乱，抓人批斗、游街示众，接连不断。省委第一书记潘复生公开表示支持学生造反。8月24日，哈尔滨市的一些大中学校、机关、工厂、企业单位召开“哈尔滨市各界文化大革命点火大会”，有30万人参加。会上称前不久省委召开的“文化大革命”积极分子会议（即“七一八”大会）犯了方向路线错误，李力安因为代表省委在“七一八”大会上讲了话，成为主要批斗对象之一。不久，省委第二书记李范五、常务书记王一伦即被造反团非法关押。

针对学生造反派在9月4日批斗省委、省政府领导时的打人行为，9月7日，哈尔滨第一工具厂和第二工具厂两千多名工人到省委门前，向省委提出5条意见：省委对运动要敢于领导，对运动中出现的一些问题要态度明朗；运动中揭发出来的坏人，要由本单位管理；对哈尔滨军事工程学院红色造反团搞“武斗”的做法要制止；对被造反团控制的省委领导人，要保证安全；不准造反团干涉其他单位的“文化大革命”运动。同时要求省委第一书记潘复生出面接见工人予以答复。潘复生借口病痛，躲避不见，派省委书记杨易辰与李力安等接见工人代表。他们不顾自己所面临的不利处境，和工人群众进行了恳切的交谈。经过数小时说服和劝阻，避免了工人与学生的冲突（此事后被称为

① 李力安：《高举毛泽东思想伟大红旗，在党的正确领导下，彻底搞好无产阶级文化大革命》（1966年7月18日），存黑龙江省档案馆。

“九七”事件)。[1]10月下旬至11月上旬，潘复生与杨易辰去北京开会，省委的日常工作由李力安负责。当时，由于造反派的干扰，局面混乱，省委工作十分困难。“造反团”与“八八团”两派都说对方整了自己的黑材料，分别找省委要求表态。11月1日，李力安要求两派各自都要销毁整对方的材料。结果，两派又指责他是“挑动群众斗群众”(此事后被称为“十一一”事件)。随之，杨易辰、李力安等领导同志因“九七”事件、“十一一”事件，被指责是不支持学生革命运动因而遭到批判。这期间，有人给李力安出主意，说你刚到黑龙江不久，群众抓不住你什么，只要你支持潘复生就能站住。李力安没有迎合这些错误的言行。1966年11月20日，李力安根据中央领导关于“三个正确对待”(正确对待运动、正确对待群众、正确对待自己)的要求，为了顾全大局，在省、地、县三级干部会议上违心地作了《我的初步检查》。12月中旬，省委机关召开“批判省委资产阶级反动路线大会”，李力安又被迫到会作了检查。但是在当时，无论如何检查，造反派总是说不深刻，难以过关。接着，就是被挂牌子轮流批斗。省会哈尔滨市十四所大学，这家斗完交下一家，第二家斗完交第三家。在残酷的批斗中，他的身体受到了严重的摧残。1967年1月30日，省委、省政府被夺权。翌日，黑龙江省红色造反者大联合委员会成立，除潘复生、汪家道担任顾问外，省委、省人委

① 中共黑龙江省委党史研究室编：《中共黑龙江党史大事记》，黑龙江人民出版社1991年版，第374页。

包括李力安在内的其他领导同志彻底“靠边站”了。

1967年4月，李力安被中央组织部的造反派揪回北京批斗，在一次“批斗”中，他被从凳子上摔下来，腰部受了重伤，留下了腰疼病。接着，就是长达5年的隔离审查。在隔离室里，他失去了自由。每天打水、吃饭都要排队，剃须刀、针线包都要交出，上厕所要报告，而且不允许两人同去，人与人不能交头接耳，晚上睡觉都要按规定头朝外。审查中，反复追问他在中组部工作时看江青档案的事。本来这是他正常业务范围内的事，可偏偏说他是为了整江青，并追问是谁布置的，看过后向谁汇报过。同时，还说他招降纳叛。给他安上了刘少奇、安子文反革命修正主义黑干将的罪名。一次，造反派就1962年由中组部推荐中央监察委员会人选一事，逼迫李力安揭发安子文的问题。李力安气愤地说：安子文让我把叛徒、特务安排到监察委员会，把共产党破坏了。造反派说，安子文能这样讲吗？李力安说，你们不就是想让我这么说吗？结果，弄了造反派一鼻子灰。多年以后，李力安在回忆“文革”时，不无感慨地说：“‘文革’期间，我没有说过任何假话，但说过反话，也就是那么一次。”

1969年3月，他被下放到吉林白城“五七”干校，9个月后又去河南长葛县“五七”干校继续接受审查，劳动改造（共3年）。在“五七”干校期间，他始终坚持共产党人的气节，坚持对党对人民的一片忠诚，从未动摇过自己的共产主义信念。同时，他把自己当时已成为一个不自由的劳动者的处境与密切联系群众联系起来认识，李力安曾经回忆说："'文革'对我们民族，乃至我们每一个亲身经历者都是一场浩劫。但是，特定的条件也使我们有机会直接同劳动群众亲密地生活在一起。劳动是一件寻常的事情，我是在农村长大的，但幼年没有干过农活，对我来说，干劳动活并不容易。我在干校是烧开水的，一锅水 250 多公斤，每次要挑五六担，一天要烧多少锅，老百姓讲究用虚火，而我开始不懂这一点，烧一个多小时却不能烧开一锅水，还弄得水房里到处烟熏火燎。经过一段时间的摸索和农民朋友的指点，我逐渐掌握了烧水的诀窍。后来，我烧一锅水只用 19 分钟。我亲身感受到了劳动获得成果后的喜悦，也认识到了劳动的辛苦和它的伟大意义，我们一定要尊重劳动、尊重工人、农民和知识分子等劳动群众。"

此间，他的妻子傅义仙也被省委组织部造反派歧视、排斥、审查，但她顶着压力，默默地为李力安和他们的家庭承担着精神和生活上的折磨。她和李力安既是相濡以沫的夫妻，又是心心相印的革命伴侣。当时李力安的工资已停发，她用自己 98 元的微薄工资维持全家 9 口人的生活。特别是李力安被隔离审查和在"五七"干校的 5 年间，全家老小的生活，全部由她一个人独立支撑着，5 个孩子虽然也都受到许多牵连，但因为有母爱的抚育，他们都在困境中得以锻炼成才。他们的家庭是一个令人赞羡的和睦家庭，这也是李力安能够顶住"文革"压力的一个重要条件。

"九一三事件"后，一些在"文革"中被打倒的老干部逐步恢复了工作。1972 年 1 月 11 日，李力安被恢复组织生活，可以参加支部活动。身处逆境的他，把这天视为自己的第二次生命，毅然戒掉多年来陪伴他度过疲劳苦闷的抽烟习惯。从那天起到现在的30年里，他再也没有吸过一支香烟。2月，中组部造反派结束对李力安的政治审查，李力安由长葛“五七”干校回到黑龙江省。5个月后，省委决定他任黑龙江省革命委员会政治部主任，恢复工作后。他受命集中力量抓了“批林整风”运动。

1973年4月19日，中共中央批准，任仲夷、杨易辰、于洪亮、李力安、王一伦等任中共黑龙江省委书记（此时省委第一书记为汪家道、第二书记为刘光涛）[①]。李力安仍分工负责党群工作（包括知青工作）。

“文化大革命”中，党群工作遭到严重破坏。当时，虽然党的组织早已恢复，但党的各级组织，特别是基层组织已经涣散，党员思想十分混乱，有的受“左”的错误影响很深，颠倒了是非。在这种情况下，如何抓党群工作，从哪里下手，确实是一个实际问题。5月14日至5月22日，黑龙江省委召开全省基层党的工作座谈会，李力安在会上专门讲了抓基层和经常性党的建设问题。他强调：要从抓基层建设入手，继续开展批林整风，以党支部建设为重点，加强对基层工作的领导：基层单位主要是彻底肃清林彪的流毒和影响（当时不能批极“左”，只能讲批林），要严格区分正确处理两类不同性质的矛盾；对犯错误的干部要贯彻“惩前毖后，治病救人”的方针；要搞好党课教育；贯彻

① 中共黑龙江省委组织部等编：《中国共产党黑龙江省组织史资料》（1923—1987），第389页。

积极慎重的方针。做好发展党的工作。他的这些建设性意见在“文革”后期对推动黑龙江省党的基层建设和其他各项工作起了积极的作用。

这期间，李力安和省委其他领导同志积极配合，大胆解放、使用和安排一批老干部，按照组织原则和领导干部标准配备了一个又一个领导班子，他夜以继日地做了大量组织和协调工作。1974年“批林批孔”运动后，“四人帮”及其死党“东北太上皇”毛远新在黑龙江的帮派代表人物掀起“反复辟”“反回潮”的恶浪。一时间，反省委的大字报贴满省委大楼。他们冲击党政机关，揪斗领导干部，省委有14个月不能正常办公，会议都不能在哈尔滨市召开。此时，李力安成为帮派分子打击的主要目标之一。他们肆意攻击李力安是“复辟的急先锋”，要求罢他的官。他当时已病倒，去天津治疗。那些人硬要他停止治病，回省接受批判。最后，省委某些人迎合帮派势力，调整了常委分工，李力安只分管统战工作、知青工作和机关党的工作。在这种情形下，李力安坚持原则，坚持党性，针锋相对地坚决抵制帮派势力，又一次经受了考验。在极端困难的情况下，李力安仍大胆地积极地开展所分管的工作，再次显示了他作为一个老党员、老干部的大无畏的革命精神。①

“文革”以来，有几十万本省和外省（市）知识青年上山下乡到黑龙江农村、农场插队落户，知青工作是牵涉千家万户的大事情。李力安注重调查研究，强调安置好知青，

---

① 《李云桥、赵俊清访问王永生记录》（2001年4月10日）。

保护好知青。1974年7月28日，他主持召开了全省知青工作会议，确定厂社挂钩，定点支援农业，定点安置知识青年。8月5日，省委召开全省上山下乡知识青年积极分子代表大会。李力安在会上发表讲话，一方面鼓励青年与工农相结合，参加三大革命斗争；一方面强调各级党委一定要在生活上安置好照顾好知识青年，让家长放心，青年安心。当时，在黑龙江已有22000名知青入党，22万人入团。有18000多人被选进各级（主要是基层）领导班子。下乡知识青年在下放期间耽误了学业，这是一代人的悲剧，要深刻接受这一教训，但他们在这个不平常的人生旅程中参加了三大革命运动，学到了平常学不到的许多东西，也在农村的两个文明建设中发挥了重要作用。

1975年2月，邓小平主持国务院工作。这以后，在毛泽东的支持下，邓小平开始了全面的整顿工作。9月15日，在全国农业学大寨会议上，邓小平指出，实现四个现代化的关键是农业现代化，他还强调了整顿各方面工作的意见。11月19日至24日，黑龙江省委召开会议，听取关于全省贯彻全国农业学大寨会议精神情况的汇报，研究决定省委领导亲自抓典型，开展基本路线教育和整顿工作。会后，李力安和任仲夷根据省委领导下基层、抓典型的分工，来到哈尔滨市，指导深入进行基本路线教育和开展各条战线的整顿工作。经过整顿，全市工农业生产有了新的起色。哈尔滨热电厂扩建工程于12月26日建成并网发电。使全市发电设备能力增加72%。在多灾情况下，全市蔬菜总产量比上年增长8.4%，粮食总产量比上年增长2.5%。

就在整顿工作刚刚取得一定成效时，所谓“批邓、反击右倾翻案风”运动开始，整顿工作中断，刚刚出现的比较稳定的政治局面和开始恢复的经济形势，又遭到了严重的干扰和破坏。

在黑土地上耕耘

1976年10月，党中央一举粉碎了江青反革命集团，结束了“文化大革命”的十年内乱。12月3日，中共黑龙江省委召开常委会议，为加强对揭批查运动的领导，决定成立省委大批判组和清查“四人帮”反革命罪行小组，任仲夷、李力安分别担任组长。①

黑龙江省的揭批查运动大体经历三个阶段。在每一阶段中，李力安都认真作出部署，通过组织宣讲团向广大群众进行传达，做到家喻户晓，人人明白，掀起揭发批判“四人帮”反革命罪行的高潮，同时对与“四人帮”有牵连的人和事，及毛远新插手黑龙江的罪恶活动进行认真的清查。这期间，李力安总结了大庆开展“三大讲”（大讲在“四人帮”横行时，党受其害、国受其害，厂受其害、身受其害的深仇大恨；大讲同“四人帮”针锋相对作斗争的经历；大讲同“四人帮”作斗争的经验体会）的经验，并在全省广泛推广，取得很好效果。

---

① 中共黑龙江省委党史研究室编：《中共黑龙江党史大事记》，黑龙江人民出版社1991年版，第501页。

随着全省“揭批查”工作的深入，更多地涉及了当时省委的主要领导同志问题，“揭批查”运动开始出现了极大的阻力，李力安本人也因积极开展这项工作而被排挤，被以送中央党校学习为名，让他离开。在中央党校学习期间，他曾当面向主持党校日常工作的胡耀邦汇报黑龙江省“揭批查”的情况。

在广大干部群众的强烈要求下，党中央于1977年12月9日决定免去刘光涛省委第一书记、省革委会主任职务，任命杨易辰为省委第一书记、省革委会主任。李力安提前结束在党校的学习，回省委在新领导班子中分工抓“揭批查”、平反冤假错案、落实党的各项政策工作。

十年“文化大革命”，全省共有大小冤案、假案、错案21423起，涉及52906人，其中被关押和判刑的9184人。“三案”不平，民心不顺。民心不顺，就谈不到调动广大干部群众的积极性。因此，全面落实党的政策，彻底平反“三案”就成为省委要解决的迫切任务，也是李力安要抓的主要工作。工作中，李力安特别强调全面、认真、切实地落实党的政策，加大对冤、假、错案进行平反昭雪的力度。1978年8月12日，省委召开平反冤案处理打砸抢分子大会。这次大会为“一三一”案件和“洪新建”案件彻底平反，并批斗和依法逮捕了打砸抢首恶分子韩潮、刘佐文、丁树顺，平了民愤，正了国法，表达了全省广大人民群众的心愿。所谓的“一三一反革命案件”，完全是原省革委会主要负责人镇压群众，保护自己，而阴谋炮制的一起重大冤案。在这起案件中，有19名无辜同志被拘留审查，很多同志受到牵连而遭到打击。所谓“洪新建反革命案”，致使省委原第一书记欧阳钦的唯一儿子、优秀共产党员欧阳湘同志，在案件中惨遭迫害，含冤死去。这也是原省革委会主要负责人一手制造的一起重大的政治迫害案件。此案沉冤10年，终得昭雪。在这次大会上，李力安讲话指出：“冤案、假案、错案和打砸抢问题，都是林彪、‘四人帮’反革命修正主义路线的产物。在今天的大会上把被颠倒了的是非纠正过来，昭雪冤案，恢复名誉，伸张了正气，落实了党的政策。这是我省揭批查运动取得重大胜利的又一个标志。”[①]他强调在“三案”平反工作中，要坚持实事求是的原则，要重证据，重调查研究。对所谓犯“走资派错误”、犯“严重错误（路线性）”的要一律平反，做到“有反必肃，有错必纠”。全部错了，全部平反；部分错了，部分平反，不留尾巴。此次会议后，在全省加快了平反冤、假、错案的进度。各地普遍抓住典型案例，进行公开平反，追究了那些制造案件的主谋策划者，严惩了打砸抢的首恶分子，严明了社会主义法制。

在省委的领导下，由李力安具体负责狠抓了在全省乃至全国有影响的涉及面广的大要案的平反工作。1979年3月1日，中共黑龙江省委作出了《关于为“以欧阳钦、李范五为首的里通苏修反党叛国集团”假案平反的决定》。“文革”期间，原省革委负责人秉承“四人帮”的旨意，于

① 李力安：《在黑龙江省平反冤案处理打砸抢分子大会上的讲话》（1978年8月12日），存黑龙江省档案馆。

1968年底制造了“以欧阳钦、李范五为首的里通苏修反党集团”大假案，把欧阳钦、李范五等7名省委书记，谭云鹤、李瑞2名候补书记，以及省委统战部部长张瑞麟，副省长李延禄，省政协主席于天放等分别打成所谓叛国集团的“大头目、干将、谋士、骨干、黑高参和集团成员”这起大假案涉及党中央和中直一些部门以及10个省、市、自治区的同志。已查明的有180多人受到迫害和牵连，后果十分严重。省委决定对这起重大假案彻底平反。

在平反上述冤假错案、落实党的各项政策之后，省委根据中央有关精神还进行了落实改正错划“右派”和“中右分子”政策；落实起义投诚人员政策；落实宗教政策；落实把原工商业者中劳动者区分出来的政策和贯彻落实中央对民族资产阶级的政策等。1979年2月至5月，集中进行了对地主分子的摘帽工作。与此同时，还处理了历史遗留问题。1982年6月，省委作出恢复北满抗日联军总司令赵尚志党籍的决定。决定指出，撤销1940年1月中共北满省委常委会《关于开除赵尚志党籍的决定》，恢复赵尚志党籍，推倒强加给赵尚志的一切不实之词，恢复名誉。同时，对因赵尚志的问题而被牵连的同志，予以平反，恢复名誉。

这是一系列政策性极强、耗时费力的工作，李力安发挥他耐心细致和原则性强的工作特点，为此竭尽全力。因为他深知，平反冤假错案和落实党的各项政策，对于调动广大干部群众和各方面人士的积极性，对于提高党的威信，对于进一步促进安定团结，发展国民经济，起着至关重要的作用。

黑龙江省的工作重心转移，在全国是走在前列的。作为一个边疆省份，之所以能够开风气之先，主要得力于1978年秋邓小平、李先念等中央领导同志对黑龙江的视察和指导。当时，邓小平出访朝鲜归来后到东北工业区视察。9月13日邓小平来黑龙江。因省委第一书记杨易辰出国访问，省委决定由主持省委日常工作的李力安接待。邓小平在黑龙江视察两天，李力安向邓小平作了工作汇报，并陪同小平同志去大庆视察。邓小平就揭批查、工农业发展和全省经济建设等问题作了重要指示。之前不久，李先念同志到省和农垦总局视察过。李力安及时将邓小平、李先念来黑龙江视察所作指示向省委常委和省直领导干部进行了传达。这为黑龙江在党的三中全会后适时地把工作重心转到经济建设上来，做了比较充分的思想准备。

1979年1月20日至23日，中共黑龙江省第四次代表大会在哈尔滨举行。对于1978年12月召开的十一届三中全会确定的路线、方针、政策，坚决拥护，决定尽快把党的工作重点转移到社会主义现代化建设上来。会议选举杨易辰为第一书记，李力安等8人为书记。[①] 省四次代表大会后。李力安等省委同志分别深入各地进行调查研究，向基层传达贯彻党的十一届三中全会精神，着手党的工作重心转移，落实党中央关于农村工作的有关决定。

1979年4月，中央召开工作会议，决定从1979年起用

① 中共黑龙江省委组织部等编：《中国共产党黑龙江省组织史资料》（1923—1987），第480页。

三年时间，认真搞好调整，同时进行改革、整顿。5月22日至6月1日，黑龙江省委召开四届二次全体委员扩大会议。贯彻中央会议精神，决定从现在开始对全省国民经济实行“调整、改革、整顿、提高”的方针，同时在全省上下要进一步加强思想政治工作和党的建设。会上李力安讲话指出：邓小平在中央工作会议上强调了加强党的领导、搞好党的建设的意义：“在目前的历史转变时期，问题堆积成山，工作百端待举，加强党的领导，端正党的作风，具有决定的意义”。党的工作重点转移，开始向“四化”进军，这是一项极其宏伟而艰巨的任务。我们党要担负起这一历史重任。关键就在于把党整顿好、建设好。这个整顿。比起经济方面的调整，在某种意义上说任务更艰巨，意义更重大。党的建设问题，他强调：一、从系统教育抓起，加强党的建设：二、健全民主集中制，加强党的组织建设；三、以领导班子为重点，搞好干部队伍建设；四整顿党风，严肃党的纪律：五、党委要管好党的工作：六、要善始善终地搞好揭批查运动。[①]这一讲话较全面地阐述了新时期党建工作的重要性及党建工作的主要内容和重点。李力安讲的几个问题引起了各级党委的重视。此次会议之后，全省各级党组织普遍重视了“党要管党”的工作，这对于加强党建工作和保证“八字方针”在全省的落实，起到重要作用。

粉碎“四人帮”以后，由于“两个凡是”的影响，人

---

① 李力安：《关于加强党的建设的几个问题》（1979年5月30日），存黑龙江省档案馆。

们的思想还没有彻底解放。敢不敢解放思想，能不能冲破“两个凡是”的羁绊，是直接关系到党的正确路线、方针、政策能否得到贯彻的问题。在这方面，李力安勇于解放思想，敢于坚持实事求是的思想路线。早在1978年5月开始的真理标准问题讨论中，他就大力支持省委第一书记杨易辰代表省委旗帜鲜明地冲破“两个凡是”的禁区，坚持实践是检验真理的唯一标准的行动。一次，常委会谈到干部参加劳动问题时，李力安说，在“文革”后期一次会议上，他讲到东宁县委干部参加劳动很好，还受到过原省委的表扬时，遭到斥责，当时批判他的人说：“什么原省委！是旧省委，黑省委”。李力安由此想到，应该给原省委平反。他提议：现在，应该给原省委平反了，欧阳钦领导的省委是红的，不是黑的！李力安的提议，引发了大家的热烈的发言，一致同意“文革”前的省委，不是黑的，而是红的。以后，由杨易辰集中概括了这一问题，在全国第一个提出为“文革”前的省委平反，明确肯定“文革”前的省委不是黑的，而是红的。黑龙江省委是最早表态支持真理标准问题讨论的省份之一。

1979年9月15日至29日，省委举办干部理论学习讨论会，着重讨论了真理标准、阶级斗争和主要矛盾的问题，还讨论了党的建设、社会主义民主和法制、四化建设等问题。李力安就许多同志感到困惑的阶级斗争和主要矛盾问题在会上作了《关于我国现阶段阶级状况和主要矛盾问题》的长篇学习体会报告，并作会议总结。他指出，经过学习，进一步开展真理标准问题的大讨论是关系到党和国家前途命运的大事；我们一定要认清两个“凡是”的观点，是违反实事求是精神的，要从根本上坚持马列主义、毛泽东思想体系。为要顺利实现工作重点转移，就要正确认识我国现阶段阶级状况和主要矛盾的变化，把我们的思想从唯心主义的阶级估量和“阶级斗争永远是纲”中彻底解放出来。[①]李力安这一讲话对于端正思想路线，坚定地执行党的政治路线、思想路线，抓好当前工作起到重要作用。会后，同志们反映，李力安的报告使许多同志澄清了在阶级斗争和主要矛盾问题上的模糊认识。这次会议可以说是黑龙江省在“文化大革命”以来的一次真正的拨乱反正、解放思想、总结经验的讨论会。

在全面推进平反冤假错案和落实各项政策的过程中，一些人对大庆经验发生怀疑。大庆是在党的领导下，石油战线广大职工在极其困难条件下，发愤图强，以“两论“起家，建设起来的具有世界先进水平的大油田，为社会主义建设做出了巨大贡献。在艰苦创业实践中，形成了一整套现代化管理企业的经验。在毛主席“工业学大庆”的号召下，全国工交战线都在向它学习。但由于过去长期在“左”的思想影响下，把大庆的一切经验几乎都与阶级斗争、路线斗争联系起来，在宣传、推广中也出现过这样那样的问题。特别是发生“渤二”事件后，就有人提出了大庆经验还有没有意义，还要不要学大庆的疑问。在实现党的工作

① 李力安：《在省委举办的理论问题学习讨论会上的总结讲话》（1979年9月29日），存黑龙江省档案馆。

重心转移过程中，如何正确对待大庆经验和工业学大庆问题就成为一个很重要的问题。1980 年 9 月李力安致信中央领导同志，信中提出对工业学大庆问题，要有个明确意见，以便统一大家的认识。中央领导对此信十分重视，胡耀邦亲自做了批示。此后，中共国家经委党组专门向中央书记处作《关于工业学大庆问题的报告》。1981 年 12 月 18 日，中共中央以中发〔1981〕47 号文件转发了这个报告，肯定了大庆经验，进一步明确了工业学大庆的方向。李力安致中央领导的信中提出的问题，对于根据党的十一届三中全会的思想路线，实事求是评价大庆经验，认真总结学大庆中的经验教训，正确对待工业学大庆运动，对于调动工业交通战线广大企业和职工的积极性，有很重要的现实意义。

李力安十分重视党的建设和干部工作，努力贯彻邓小平和陈云提出的关于干部队伍建设的“四化”方针。他认为要实现党的工作重心转移，不抓好党的建设（核心是党风）和干部工作，就失去了实现转移的保证。因此，他投入很大精力，扎扎实实地抓党风和干部队伍建设。在 1981 年 7 月 10 日至 24 日召开的省委四届五次全委扩大会议上，他作了《关于当前党的建设和干部工作上应抓的几项工作》的报告。根据本省的具体情况他提出要求：要认真选拔优秀中青年干部进各级领导班子。再选拔一大批优秀青年干部扩大后备力量。对于已经确定的后备干部，要加强培养和提高。认真妥善安排好老干部。对“文革”中犯严重错误的干部也一定要根据党的政策认真处理，善始善终。各级领导班子要严格党的组织生活。同时，对整党试点作了认真的部署。9月28日，在省委党风问题座谈会结束时，李力安作了《扎扎实实地搞好党风》的讲话。他指出，粉碎“四人帮”已经5年了，开过三中全会也已经3年了，不正之风现在还不少，有的地方还很严重，这与我们抓得不实，抓得不够有力有直接关系。因此，他再三强调要注意新情况，解决新问题；党委要亲自动手，组织各行各业都来抓党风；做扎扎实实的工作，一个一个地解决问题。[①]

全国农村的联产承包责任制是1978年秋安徽、四川两省部分地区因受灾，出现的生产责任制形式。十一届三中全会以后，中央肯定了这种形式，由此全国各地的包工、包产等生产责任制形式迅速发展。到了1980年底实行“双包”的生产队已占50%。相对来讲，黑龙江省对此问题的认识和推广滞后了。李力安对此也十分关注，他把抓好这项工作视为是落实党的工作重心转移的实际步骤。1981年8月，他到杜尔伯特蒙古族自治县的一个生产队调查，肯定了这里的联产到户生产责任制的做法。不久，黑龙江省委、省政府召开全省农村多种经营工作会议，李力安做了关于进一步调整农业结构，实行工商综合经营，实现农业全面发展的报告。他分析了全省发展农村多种经营的好形势，阐述了发展多种经营的重大战略意义，发展多种经营的任务和要求。他提出了“进一步推行和完善各种形式的联产计

① 李力安：《扎扎实实地搞好党风——在省委党风问题座谈会上的讲话》（1981年9月28日），存黑龙江省档案馆。

酬责任制，是促进农业发展的中心环节”的问题。他说：“今年，全省各地对联产计酬责任制落实得比较快，并有了新的发展。既有农机联产责任制，机械作业同手工业劳动联产承包责任制，统一经营、联产到户（组）责任制，多种经营‘四专一联’责任制，农业科技联产责任制等主要形式，在适宜的地方又搞了包干到户、包产到户、口粮田、责任田等多种形式的生产责任制，做到因地制宜，坚持群众自愿，不搞一刀切。对各种责任制要不断加以完善和提高。”[①]他的上述讲话，实实在在地推动了黑龙江农村经济体制的改革。

1981年10月，中央批准李力安任中共黑龙江省委第二书记[②]兼中共哈尔滨市委第一书记职务。[③]

哈尔滨是黑龙江的省会，是黑龙江省的“龙头”城市，其工作开展如何，对全省有直接影响。他兼任市委第一书记后，首先抓市委、市政府领导班子的团结，他在同市级领导班子成员第一次见面会上的一席话深深地打动了同志们。他说：哈尔滨曾经是中央的直辖市，以后作为黑龙江的省会，先后担任市委一把手的李常青、任仲夷等，资历、能力、经验都比我强，但他们都比我缺少一个有利条件，因为他们的主要副职和助手同他们是一起任命的，对哈尔滨的情况都不太熟悉，而我现在的这些副手、班子成员大

① 李力安：《在全省多种经营工作会议上的报告》（1981年8月31日），存黑龙江省档案馆。

② 中共黑龙江省委组织部等编：《中国共产党黑龙江省组织史资料》（1923—1987年），第480页。

③ 同上，第523页。

多是原班人马，都有了经验，对哈尔滨的情况都比较了解，同群众有较密切的联系……。他带领市委、市政府一班人，从调查研究入手，了解市的实际情况，紧紧依靠市委一班人，着手开展整顿工作。

整顿工作从两方面进行。一是针对有些干部精神状态不佳，领导班子涣散、软弱的问题，通过市委召开党员干部大会、思想政治工作会议和整顿市直机关作风动员大会，解决作风和班子的问题。1981 年 11 月 16 日，市委召开党员干部会议，提出了克服涣散软弱状态，加强思想政治工作问题。会议要求用整风的精神检查班子中的问题，总结党对思想政治工作的领导的经验教训。11 月 30 日，市委又召开了思想政治工作会议，对思想政治战线存在的资产阶级自由化倾向影响和领导涣散软弱的问题进行了分析，对克服涣散软弱状态，进一步加强党对思想政治工作的领导作出了部署。会议要求必须切实加强党对思想政治战线的领导，各级党委都要把思想政治工作作为自己的主要任务。为振奋精神，增强信心，搞好机关作风建设，12 月 12 日，市委又召开了整顿市直机关作风动员大会。会议确定：此次整顿着重解决振奋革命精神问题，克服官僚主义作风问题，克服涣散软弱的问题，纠正不正之风的问题。会议要求领导同志要一手抓整顿，一手抓工作，互相促进，互相推动。1982 年 2 月，李力安在市委六届八次全委（扩大）会议上作题为《增强信心，振奋精神，努力争取党风的决定性好转》的讲话。讲话向全市党员提出在政治上与党中央保持一致、做好本职工作、模范执行党的纪律，遵守《准则》的各项规定、坚持党的原则，同各种错误倾向作斗争、关心群众，与群众同甘共苦等六条要求。通过整顿作风，振奋了精神，班子的涣散软弱的状态有很大的克服，思想政治工作普遍得到加强。这期间，李力安带头深入基层，深入实际，密切联系群众，坚持蹲点。

二是以国营工矿企业为重点，对各行各业进行全面整顿。1982 年 5 月 28 日，他在市委召开的全市干部大会上作了题为《一定要把经济工作转移到以提高经济效益为中心的轨道上来》的报告。报告中强调：要使哈市经济保持一定的增长速度，提高经济效益，就要紧紧抓住整顿这个“总开关”，从产品质量上求生存，从花色品种上求发展，从科研上求提高，从经营管理上挖潜力，从领导上找原因。他号召全市各行各业行动起来，打一场提高经济效益的总体战。之后，在全市范围广泛开展了以提高产品质量为重点的提高经济效益的大讨论。到 12 月份，全市参加讨论的干部、职工和技术人员达 50 万人以上。此项活动得到省委的肯定，认为哈市以提高产品质量为重点，提高经济效益。加强经营管理的做法是正确的，这个做法应在全省推广。7 月 23 日，李力安在全市整顿会议上发表《切实搞好整顿，实现好的经济效益和“三个决定性”好转》的讲话，要求继续以整顿为“总开关”，以整党为核心，深入开展打击经济领域犯罪活动的斗争，实现好的经济效益和扎扎实实的增长速度，争取党风、社会风气和社会治安的决定性好转。同时，在全市工交企业中，还广泛开展了“三手一创”（即争当质量能手、革新能手、节约能手和创文明班组）的活动。他亲自到哈市松江电机厂和哈尔滨第一百货商店蹲点，每周去一次，在那里搞调查研究，帮助领导班子抓整顿工作，为提高经济效益出点子，[①]将那里的经验在全市、全省推广，有力地促进了经济效益的提高。

经过李力安和各级党委负责同志的努力，整顿工作取得很大成效。与他一起工作的同志反映，他兼任市委第一书记虽然时间不长（1981.10—1983.2），但重大问题的决策都是由他主持拍板，围绕党的中心工作抓得非常具体，市直机关干部精神面貌大变，一种求实、务实、落实，深入实际，实行面对面领导的作风逐渐形成，工业企业经过整顿，生产大幅度增长。[②]

1982 年 9 月 1 日至 11 日，中国共产党第十二次全国代表大会在北京召开，李力安作为中共黑龙江省代表团副团长参加会议，当选为第十二届中央委员会委员。

同年 10 月中旬，中共黑龙江省委召开四届六次全委（扩大）会议，贯彻党的十二大精神。李力安代表省委讲话指出：党的十二大，高举共产主义旗帜，确定了建设有中国特色的社会主义的历史任务，提出了在新的历史时期，从思想、政治、组织、作风方面，把党建设成为领导社会主义现代化事业的坚强核心的任务和纲领。要实现这个任务和纲领，就需要搞清楚党的建设的一些基本问题：一是党的建设在新的历史时期的地位和作用；二是实现党的政

---

① 《李云桥、赵俊清访问王兴华记录》（2001 年 3 月 29 日）。

② 《李云桥、赵俊清访问王钊记录》（2001 年 3 月 28 日）。

治路线是党的建设的出发点和落脚点；三是努力实现党风的根本好转；四是党的建设的核心是把党员、干部教育成为真正的共产主义者；五是把坚持和改善党的领导作为加强党的建设的一项重要任务。[①]会后，省委又召开了全省党员教育工作会议，李力安强调根据党的十二大关于开展整党工作的部署，在全面整党开始之前，要组织好党员认真学习新党章，搞好整党试点，以提高党员的政治素质，为全面整党做充分的准备。

出任黑龙江省委书记

1983 年 7 月，中共黑龙江省第五次代表大会在哈尔滨召开。李力安代表第四届省委作题为《加强党的建设，坚持进行改革，全面开创我省社会主义现代化建设新局面》的工作报告。报告提出黑龙江省今后 5 年的总任务是，加强党的建设，坚持改革，大力推行社会主义物质文明和精神文明建设，继续加强社会主义民主和法制建设，实现财政经济状况根本好转，社会风气根本好转，党风根本好转，开创我省社会主义现代化建设新局面，把黑龙江省建设成为政治安定、经济繁荣、民族团结、人民幸福的巩固边疆。[②]在省委第五届一次全体会议上，李力安当选为省委书

① 李力安：《为把党建设成为领导社会主义现代化事业的坚强核心而奋斗》（1982 年 10 月），存黑龙江省委办公厅档案室。

② 李力安；《加强党的建设，坚持进行改革，全面开创我省社会主义现代化建设新局面》（1983 年 7 月 22 日），存黑龙江省办公厅档案室。

记，主持黑龙江省委全面工作。[①]

在省委五届一次全委会上，李力安发表了情真意切的讲话。他说，代表大会选出我们组成五届省委，这是全省党员和各族人民对我们的信任，我们要竭尽全力地来完成这一重大使命。在受命之时，我们必须明确：要继承和发扬党的革命传统和优良作风，开拓前进。要继续解放思想，不断加强学习，提高领导水平，努力增强宏观决策的正确性。要进一步改进领导作风，扎扎实实解决具体问题，提高工作效率。要继续推进领导班子的“四化”建设。要把这次代表大会的精神贯彻到各方面工作中去。李力安是这样讲的，这样要求的，也是这样做的。自主持全省全面工作之后，他深知自己身负重任，他以为党尽心、为民尽力的实际行动，努力工作，决心带领全省党员、各族人民把祖国的北疆大省建设好，以不辜负中央重托和人民的希望。

黑龙江省是农业大省，如何做好农村、农业、农民的工作对历届省委来说都至关重要。李力安就任省委一把手后，对“三农”问题更是十分关注。在 1983 年 9 月安排今冬明春农村工作时，他特别强调要抓好总结和完善发展家庭联产承包责任制问题。他说实行家庭联产承包责任制是一个新事物，是农村一项重大改革。我省普遍实行以来，各方面都发生了很大变化，他要求各级领导深入农业第一线，认真开展调查研究，同群众一道总结经验，研究问题，

① 中共黑龙江省委组织部等编：《中国共产党黑龙江省组织史资料》（1923—1987），第 481 页。

使农村这场生产关系伟大变革健康地向前发展。他提出要自下而上的开展以家庭联产承包责任制为主要内容的大讨论、大总结，从而使干部群众坚定地相信党在农村根本政策的长期稳定性，把生产积极性进一步调动起来。他强调承包合同一定要兑现，承包期不宜过短，以利承包者作长远打算，要认真总结和因地制宜地推广能够提高产量和经济效益的各种有效措施、耕作制度，特别是旱作农业的增产经验。其他工作，如抓紧抓好当前农业生产和来年生产准备工作，运用科学技术发展生产力，搞好灾区自救等，都应结合完善家庭联产承包责任制去研究、总结、安排和落实。

黑龙江省干旱、半干旱耕地面积大，有6000多万亩，占全省耕地面积一半，如何解决黑龙江省旱地农业发展问题是个具有战略意义的大问题。李力安了解到肇州县朝阳公社和克山农场等地旱地农业生产搞得很好，就决定推广他们的经验。9月27日，省委、省政府在肇州县召开全省旱地农业生产现场会。李力安参加会议并讲话，他强调不能就农业抓农业，就粮食抓粮食，而要转变为抓植树造林，以林护农，改革耕作制度，充分利用自然降水，蓄水保墒，建设“土壤水库”和“绿色水库”。此次会议后，全省广泛展开了以蓄水保墒为重点的综合治理措施，发展旱作农业。应该说，这是在农村生产关系大变革以后，在靠科学发展农业方面的一个重大创意和措施，

李力安始终牢记1978年邓小平视察时对黑龙江农业发展提出的战略设想：在不依靠扩大增加耕地面积的情况下

争取高产多收。他和杨易辰等省委领导同志动员广大干部、群众，采取有效措施，落实邓小平的指示。经过辛勤努力，在1980年、1981年和1982年三打300亿斤粮食产量翻身仗，终于在1983年粮食总产量达到309亿斤，1984年更增至350亿斤。

早在1983年3月，黑龙江省就已开始进行整党试点工作。整党试点以党委为单位，按条块布点，以县以上领导机关为主，当时省直选择了5至6个厅局作为整党的试点单位。在全省整党试点工作会议上，李力安阐述了新形势下整顿党风，搞好整党的重要意义，在四化建设中如何发挥好党的领导作用等问题。讲话中他强调在新形势下，每个党员都要坚持共产主义的世界观，不忘远大理想、目标，要做靠政策、靠科学的带头人，做群众的知心朋友，做按劳取酬、劳动致富的带头人。对于抓党风，他主张打主动仗、进攻仗，要像抓社会治安一样，实行积极“治安”，不要消极“保安”。搞好党风要一级抓一级，一级带一级。首先要抓班子，把班子本身的风气搞正。①

在李力安的直接领导下，整党试点工作认真总结和吸取了历次整党的正反两方面的经验教训，突破了旧框框，创造了许多新经验，闯出了新路子。这次整党试点为新时期整党工作摸索了经验。为稍后进行的全面整党工作，创造了有利的条件。

---

① 李力安：《关于在新形势下加强党的建设问题》（1983年4月2日），存黑龙江省委办公厅档案室。

12月3日，李力安在有5000余人参加的省直机关整党动员大会上讲话。他说：省直机关是全省的首脑机关，搞好省级党组织的整党是搞好全省整党的关键。他要求，作为首批参加整党的省直机关各单位党委、党组都要把整党作为头等大事来抓，不许走过场，对搞不好的要追究责任。省委整党动员大会后，李力安即带领常委认真学习整党文件，讨论问题，开始进行整党。1984年5月初，黑龙江省的整党进入对照检查阶段，李力安普遍向常委同志征求意见，在互相谈心基础上，带头做对照检查，开展批评与自我批评。

6月6日至10日，召开省委五届三次全委（扩大）会议，李力安代表四届和五届省委做对照检查。检查在肯定党的十一届三中全会以来，省委在政治上同中央保持一致，紧跟中央，使各方面工作都有明显的进步，取得了显著成绩的同时，指出在一段时间里，在有的问题上，对有的方针政策贯彻执行的不够有力，工作上有失误，致使生产的发展、经济效益的提高和人民生活的改善上，都受到一定的影响。具体是：一、在农村推行家庭联产承包责任制问题上，按照中央〔1982〕1号文件检查，至少晚了一年；二、城市经济工作方面，贯彻执行“调整、改革、整顿、提高”方针抓得不力；三、对科技、教育在四化建设中的重要战略地位认识不足，抓得不力；四、在上层建筑领域，主要问题是把思想工作和组织工作的重点转到服务于经济建设这个中心上来做得不够；五、在党性、作风、纪律方面存在问题。在谈到省委常委领导思想和领导作风上的主要教训时，他说：1. 对“左”的思想影响特别是经济工作中“左”的影响，没有进行认真的、系统的、深入的清理，这是影响全面贯彻中央路线方针政策和我省经济发展的一个主要障碍；2. 思想保守，多年来形成旧模式、老框框束缚着我们前进；3. 盲目自满、故步自封；4. 从实际出发，尊重科学、尊重实际不够，有些重大问题的决策缺乏系统调查研究和综合分析，因而出现了一些失误；5. 领导上抓落实不够，使党的方针政策和党委的一些正确决定有的没有很好地坚持执行；6. 民主集中制的贯彻、批评与自我批评的开展不够，在重大问题上没有充分研究，不同意见没有充分讨论。在谈到今后如何开创黑龙江省四化建设新局面时他说：省委常委提出了“两改两开，富国富民”的经济发展的指导方针，即通过搞好体制改革和技术改造，搞好人才、资源开发和对外开放，把我省经济搞上去，达到富国富民的目的。①

在个人整党对照检查中，李力安严格要求自己，带头作了深刻细致的对照检查和自我剖析。在检查关于思想政治路线和业务工作的指导思想方面的问题时他说：一、农村种植业推行家庭联产承包责任制，由于我的认识迟、觉悟慢，在 1982 年底以前没能做到同中央保持一一致；二、城市经济工作，这几年度过了困难，取得一些成绩和进步，同时存在不少问题。从我的工作检查，一方面自己长期当外行，提不出有创见性的意见，另一方面又固守由国家包

① 李力安：《省委常委整党集体对照检查》（1984 年 6 月 6 日），存黑龙江省委办公厅档案室。

揽一切的旧框框，思想不解放，对中央的路线、方针、政策认识不全面，不深刻，贯彻不力，未能扭转被动局面；三、党的建设上几年来做了不少工作，取得一些成绩，整党试点抓得早，比较好，但还缺乏改革创新精神。[①]

李力安代表省委常委和他个人的对照检查，表现出了一个领导者和老共产党员的勇于批评和自我批评精神及勇于承认工作中错误的宽阔胸怀和高贵品质。他的对照检查得到广大干部群众的好评，同时也为厅处、地县等各级领导认真搞好对照检查带了个好头，为第二期、第三期整党提供了好的经验。

县级整党工作结束不久，省委不失时机地狠抓深入改革开放工作。6月，根据李力安的提议，省委、省政府召开了全省经济、科技、社会发展战略及规划调查研究动员大会。会议号召，各地市、各单位、各专题研究组要围绕改革开放，进一步探索加快体制改革，抓紧技术改造，搞好人才资源开发和对外开放（即“两改两开”），加速黑龙江省经济发展问题，大胆解放思想，勇于创新，提高调查研究水平，为黑龙江经济振兴做出贡献。为贯彻全省经济、科技、社会发展战略及规划调查动员大会精神，从6月下旬到7月上旬，李力安亲自到合江地区的5个县和三江平原部分农场考察工作，写出了《关于合江边境地区的开发建设问题的调查报告》。报告中，李力安对合江边境地区的

① 李力安：《我的整党对照检查》（1984年6月8日），存黑龙江省委办公厅档案室。

经济状况和发展潜力作了认真分析，并针对合江地区的实际，提出了7条建设性意见：一是彻底改变“以粮为纲”的单一经营思想，大力发展多种经营，走综合发展道路。二是“旱路不通，走水路”，充分利用三江的水资源。三是调动千家万户发展林业生产的积极性。四是抓好交通建设。五是逐步建立起以加工本地资源为主的工业结构，形成拳头产品。六是千方百计增加财力，解决资金不足问题。七是搞好智力开发，大力培养和引进人才。[①]这几点建议切中肯綮，成为黑龙江省边境地区经济发展的指导方针。

同年8月10日至16日，李力安陪同胡耀邦总书记在黑龙江省的边境地区、三江平原地区视察。10月7日，省委、省政府召开边境工作会议，传达、贯彻胡耀邦在视察期间所作的重要指示。李力安在会上作了题为《改革开放，兴边富民》的重要讲话。他指出：这次耀邦同志来边境地区视察，对边防工作的总方针做了明确的阐述。概括起来叫作四句话、32个字。即力争长期睦邻友好，不怕任何侵略扩张，不要别国一寸土地，不给别国一寸土地。关于边境的建设，耀邦给合江题了“开发三江，兴边富民”8个字，这不仅是合江地区，而且是整个边境地区，乃至我省经济发展的指导思想。他在讲话中，强调建设好边境地区的战略意义，要进一步加强边境建设的领导，明确提出边境市县担负着开发建设边疆的重任，在边疆地区工作的干部要

① 李力安《关于合江边境地区的开发建设问题的调查报告》，（1984年7月），存黑龙江省委办公厅档案室。

当好开发建设边疆的带头人，要加强边疆地区党的建设和思想政治工作；要改进工作作风和领导方法。总之，各级党委、政府部门要解放思想，大胆工作，振奋精神，狠抓落实，力争在三五年时间里，使边境地区面貌有个明显的变化。[①]

同年11月15日至24日，中共黑龙江省委召开五届四次全委（扩大）会议，传达党的十二届三中全会精神，贯彻《中共中央关于经济体制改革的决定》。李力安要求深入学习《决定》，继续解放思想，加快改革步伐。围绕增强企业活力为中心搞好经济体制改革，尊重知识，大胆起用新人，转变思维方式、领导方法和思想观念。他特别强调经济体制改革的中心环节是搞活企业，各项改革都要围绕这个中心进行。他还就简政放权，实行经济责任制，进一步改革流通体制，实行对外开放等方面工作提出了具体意见。这次会议以后，全省城市经济体制改革全面展开。经过艰苦努力，全省1984年的工作取得明显的成绩。

李力安特别重视知识分子工作，注意人才的开发和知识分子作用的发挥。他经常对省委组织部的同志讲，邓小平多次强调要尊重知识，尊重人才，在当前大家努力进行“四化”建设的新的历史时期，这个思想具有重大战略意义，一定要把那些优秀知识分子选拔到各级领导岗位上来。1982年末，为了贯彻落实党的十二大精神，加强领导班子

① 李力安：《改革开放兴边富民》（1984年10月7日），存黑龙江省委办公厅档案室。

四化（革命化，知识化、专业化、年轻化）建设，李力安就特别强调大胆起用优秀知识分子。根据省委指示，组成了以他为组长的领导小组，责成省委组织部，按照中央要求，开展调查研究，认真考察、筛选高级知识分子到省级党政领导岗位上来。发动地市厅局大胆推荐进省级领导班子的对象，开始推出600人，经过几次筛选，选出18人。最后考核后，确定6人，选拔了李根深、靖伯文、朱典明、王耀臣参加省委常委，王连铮、安振东为副省长。在当时，一次选拔6名高级知识分子进省委、省政府领导层，这在全国是比较突出的。当杨易辰、李力安率省委组织部的同志去北京向中央领导汇报时，受到总书记胡耀邦的高度赞赏。[①]为了解放思想、发现人才，他把原哈尔滨市整流设备厂党支部书记陈秀云无畏护良才的事迹作为一个典型，号召各级领导和组织部门的同志向她学习，做新时代的“伯乐”。陈秀云大胆起用曾被错戴过“历史反革命”帽子的非党知识分子安振东，任命他为副厂长，使一个濒临停产的厂子绝路逢生。这次安又被提拔为副省长。李力安充分肯定了整流设备厂党支部的做法，他对陈秀云说，只有无私，才能无畏，只有无畏，才能把党的知识分子政策落到实处，并赞扬陈秀云善于识人、用人，是新时代的伯乐。[②]李力安在接受《人民日报》、新华社记者采访时说，“现在，与其说我们缺乏知识分子，缺乏新时代的千里马，还不如说更

① 《李云桥、赵俊清访问刘汉武记录》（2001年6月8日）。

② 《李云桥、赵俊清访问陈秀云记录》（2001年4月16日）。

缺乏新时代的伯乐，更缺乏像陈秀云这样的党的干部。十步之泽、必有芳草；十室之邑、必有忠士。我们希望有更多的像安振东这样的新时代的千里马，也希望有更多的像陈秀云这样的新时代的伯乐。”[①] 一时，陈秀云、安振东的事迹在全省、全国引起强烈反响。《人民日报》等报刊先后发表报道和评论，号召学习陈秀云，认真落实党的知识分子政策。1984 年 3 月 25 日，李力安邀请省城部分知识分子举行座谈会。他提出“全国学习安振东、陈秀云，我省怎么办？”他在发言中强调，安振东、陈秀云是在同群众一起战斗中成长起来的先进人物，是广大优秀知识分子和优秀干部的代表。我们各级领导干部都要充分发挥他们的“种子”作用，让他们的思想和工作经验，在全省开花结果，让全省涌现出成千上万个安振东、陈秀云。李力安抓住这一典型，要求全省各级党员领导干部学习陈秀云，进而有力地推动了全省知识分子政策的落实，促进了“四化”建设事业的发展。

1985 年，全省随着农村家庭联产承包责任制的普遍推行，极大地激发了农民的生产积极性，使整个农村经济充满生机，呈现出欣欣向荣的形势。它标志着全省农业开始进入商品生产的新阶段。为把全省农村经济推向一个新的发展阶段，李力安提出要加速农村产业结构的调整，实行生产要素重新组合，把发展乡镇企业作为农村产业结构调整的重点，促使全省农村产业结构由种植业为主向农林牧

① 《黑龙江日报》（1984 年 3 月 6 日）。

副渔、工商运建服综合经营转变，由生产初级产品为主向深度加工、综合利用转变，由自给半自给经济向商品经济转变。他还提出，要从建设有中国特色社会主义的高度，大胆创新，打破城乡分割、封闭型的旧模式，走出一条城乡结合、共同繁荣的新路子。他号召全省都来作搞活经济的大文章。①长期以来，李力安经常考虑搞活农村经济要处理好的几个关键问题。他这个时期探索思考的结果集中在新华社《国内动态清样》刊登的《李力安同志说贯彻中央1号文件搞活农村经济必须正确处理好六个关系》上。李力安提出的六个关系是：一、各地各部门都要认真学习今年中央1号文件，正确处理好原则和变通的关系；二、要紧紧围绕加速发展农村生产力这个中心，正确处理好当前和长远的关系；三、对山区、林区要进一步放宽政策，同时要正确处理好放开与管理的关系；四、在加快小城镇建设中，要正确处理好发展和建设的关系；五、尊重和重视人才，正确处理好使用和引进的关系；六、在发展商品生产中，要正确处理好速度和效益的关系。这六点基本涵盖了搞活农村经济的全部内容，同时，也是他多年从工作实践中总结出的有益经验。

为深化改革，扩大开放，发展乡镇企业，1985年5、6月间，李力安带队利用20天时间，到江苏、浙江考察、学习发展乡镇企业的经验。在徐州，看到一个木材加工厂，

① 李力安：《在全省地市县委书记会议上的总结》（1985年2月14日），存黑龙江省委办公厅档案室。

原料来自黑龙江。在萧山，听说那里在外地的推销员有1万人，并要求3天就得给家打一个电话，传递信息。在绍兴，那里用煤是从山西进，问他们为什么不从较近的地方进，人家回答，山西是块煤，拉到家浪费小，较近的地方是面煤，浪费大。对此，李力安深受触动。回来后他向省委常委讲了自己的感受。他说人家资源缺乏，就从外地进，我们的木材让人家拿去搞深加工，我们为什么不能搞深加工？人家是那么注重信息，要求3天就得打回一个电话，而我们不让打长途，怕浪费。人家处处精打细算，用煤要算一个“卡路里”热量要少花多少钱。对比起来，感到我们的差距太大了。他说我们真得认真想一想我省的资源条件那么好，为什么多年来乡镇企业发展不够快？他要求各级领导要始终保持清醒的头脑，进一步转变领导作风，多做些调查研究，少讲空话，多干实事，找出差距，迎头赶上。①

李力安始终关心山区的开发建设。他来黑龙江后所写的第一个大型调查报告是《加强山区党的建设工作的几个问题》，他离开黑龙江前，主持的最后一个大型会议是1985年8月15日至20日在铁力召开的全省山区开发建设会议。搞好山区开发建设是李力安梦萦魂绕的大事。因为在黑龙江省，山区占有相当比重，黑龙江能不能尽快实现富民强省，在某种程度上说，关键在于落后的山区能不能尽快改变面貌。这次会议讨论了省委《关于开发建设山区的若干

① 李力安：《在省委五届五次全委（扩大）会议上的讲话》（1985年6月），存黑龙江省委办公厅档案室。

政策规定（讨论稿）》和《1986年—2000年黑龙江山区经济社会发展纲要》。李力安在讲话中指出：省委认为，有必要把山区开发建设作为全省经济社会发展的战略重点之一。要在继续抓好平原地区建设的同时，大力加强山区的开发建设。要紧紧围绕使山区经济繁荣、山区人民富裕这一中心任务，走出一条适合山区实际，加速山区开发建设的新路子。他指出，山区的开发建设，应当强调根据自然规律和经济规律的要求，坚持生态、经济、社会效益的统一，打开山门，培育资源，科学开发，综合经营，按社会需求发展有计划的商品经济。山区林业要坚决转到以营林为基础的轨道上来。总之，就是要通过改革，依靠科技，发挥山区资源优势，向山区生产的深度和广度进军。李力安的讲话明确了山区开发建设的指导思想、基本方针和基本政策，统一了人们的思想认识，对加大山区建设力度，促进山区经济繁荣，起到巨大作用。

李力安在黑龙江省工作22年，他实事求是，开拓务实，平易近人，严于律己，谦虚谨慎的工作作风感人至深。人们称赞他是一位对自己要求严格的优秀党员，善于集思广益的领导干部，一位受人尊敬的仁厚长者，一位优秀的政治思想工作专家。

他对自己要求特别严格。他作为一个省委主要领导干部，一直坚持过双重组织生活，坚持以一个普通党员的身份参加基层支部生活会。听取支部党员对省委和他本人的意见。省委机关同志都亲切地称他为力安同志。秘书处长窦焕平就经常自豪地说："力安同志是我们党小组的党员。

我还领导力安同志哩！”

李力安知人善任，但对自己的职位却看得很轻。他任省委第二书记时，省委曾决定他兼任省人大主任。但他推辞再三，建议由赵德尊担任省人大主任，中组部采纳了他的意见。在他成为省委一把手之后，他常讲，自己长时间担任副手，比较善于配合一把手做好工作，担当副手还比较称职，当一把手恐怕难以胜任。1982 年底，中央明确由他接替杨易辰的工作后，他坚持让已退出领导班子的杨易辰继续参加常委会，认真听取他对省委工作的意见，直到 1983 年 5 月杨易辰离开黑龙江到北京担任最高人民检察院检察长。他主持黑龙江工作时，行政级别还是 50 年代在中央财贸部任处长时定的级，省委组织部提议报请中央给他提一级，他不同意。他说我提了，今后不好工作。在他的坚持下，他一直没有提级。

李力安对家属子女和身边工作人员要求严格，从不徇私情。山西省五台县一个本家孙子是个盲人，学会了按摩，但没能就业，投奔他来到哈尔滨市，要求安排在哈市就业。但李力安考虑自己不能带头破坏城市户口管理制度，耐心地劝导。这位本家孙子在他家住了 3 年，最后回山西就了业。他有一个在通河农场工作的侄孙（农工）不幸被人杀害。这一非正常死亡的消息传来，李力安非常悲痛。当通河县领导向他征求处理意见时，他说不要考虑死者与我的关系，如何处理，要依法办事。凶手的哥哥知道李力安的态度后，很受感动，他写信给李力安说：“你真是一个老党员！”

他对家属子女要求严格。熟悉他的同志都知道，要想找李力安谈什么事情，只能通过他的秘书，或直接找他本人，而不能走他家属子女的门子，他不许他们为他揽事。有一次，他儿子把一封所在学校领导向李力安反映情况的信送到办公室，交给秘书。秘书问他为什么舍近求远，不直接交给你爸爸？他儿子回答这是爸爸定的规矩。李力安不准自己子女搭乘他的专车，就是在外地工作的子女回哈市，也是子女们自己骑自行车到车站去接。李力安模范执行领导干部子女结婚不许用公车的规定，80 年代，他两个儿子先后结婚，两个儿媳妇都是儿子用自行车从娘家驮回来的。[①]

他严于律己还表现在接待工作上。一次，胡耀邦批评说，黑龙江大吃大喝是有名的，越到北方越厉害。李力安将此话向省委传达以后，作出一条规定，参加接待宴会要按规定付饭费，被接待的如果是自己的老朋友，费用都由自己负责。对此，李力安带头执行。一次中组部的几位退下来的老同志来哈尔滨，秘书和接待办同志联系，由接待办负责安排。李力安知道后说："这些同志是我的朋友，接待费用由我负责。"接待办拗他不过，最后只好同意由他交付客人的饭费。

他对在身边工作的秘书要求非常严格。首先在秘书的选调上他自己从不提名，只提条件，由组织部门按程序去考核选调。新秘书上任后，他提出的要求既严格又简单。一个在他身边工作过 3 年的秘书回忆起第一次见到他时的情景：李力安见到我时，首先说你的情况我都知道了，今

① 《李云桥、赵俊清访问王永生记录》（2001 年 4 月 10 日）。

后我们就是共同工作的同志，我能知道的，你都可以知道，我对你没有保密的，但你必须对外保密，更不能丢失文件，这是第一点。第二，一个人能力有大小，只要尽力工作就可以了。但在党性上我对秘书有严格要求，凡是在我这工作的秘书都必须是模范共产党员。[①]

李力安对人宽厚，从不计较别人如何对待他。李力安是“文革”的受害者，折磨他30多年的腰病就是1967年被斗时留下的，对“文革”中的倒行逆施，他深恶痛绝；但涉及“文革”中具体问题具体人时，他又特别宽厚。1984年中组部派人来调查某人当年来哈尔滨揪他回京这件事。李力安说：“如果他在‘文革’全过程中没有其他问题，这件事就不要揪住不放了。当时那样的历史背景，是组织部造反组织派他来的，如果不是他来，也会派别人来。换个别人，可能还不如他哩！”这个同志就没有因此受到影响。[②]

在黑龙江省没有和他谈过话的厅级以上干部不多，凡是和他谈过话的人都会留下深刻印象。他对要求谈话的人从不拒绝，让秘书记下来，尽量安排谈话时间，工作日安排不开，就安排在休息日。不管你来时带着怎样的情绪，走时都会心情舒畅地离去。他从不摆架子，不盛气凌人。不管职务高低，他都平等相待，先听取你的意见，然后促膝谈心，相互交流，说话入情入理，让人很容易接受。他发现同志有不良倾向的苗头，就及时谈话，事前打招呼，

① 《李云桥、赵俊清访问姜亦栋记录》（2001年4月13日）。
② 《李云桥、赵俊清访问姜亦栋记录》（2001年4月13日）。

指出问题发展下去的危害，敲警钟。不等问题出现，造成既成事实才找人谈话，他说，那样就害了干部。

李力安不仅善于做思想政治工作，而且非常重视政治思想理论研究，包括党建理论研究。他在担任省委领导期间，分外关注省委机关报《黑龙江日报》和省委机关刊物《奋斗》杂志的工作，经常为他们撰稿，重要的社论他都亲自过问，甚至亲自修改。他还多次在《红旗》杂志和《人民日报》发表有关政治思想和党建研究的文章，都有一定的社会反响。他在为《政工干部实用手册》一书所作的序言中写道："一个合格的政治工作者，不仅要对党的事业和人民无限忠诚，而且要懂得马克思主义；不仅要懂得马克思主义一般原理，还要懂得党的政策原则；不仅要谙熟本单位、本地区的情况和特点，而且还要了解全局的形势和任务；不仅要会综合分析说明一个事物，分辨是非，而且要善于按照原则，妥善地处理解决具体问题。当然，不仅会用道理说服人、教育人，还要能以身作则，为人楷模。"[①] 这不仅是他对政治思想工作者提出的要求和殷切希望，也是他多年从事思想政治工作的经验总结。

在中顾委秘书长任上

1985 年 9 月，在全国党的代表会议期间，由习仲勋代表中央在一个小型会议上宣布：年满 65 岁的李力安不再担

① 《〈政治干部实用手册〉序言》，哈工大出版社 1984 年版。

任黑龙江省委书记职务。习仲勋肯定了李力安在黑龙江 20 多年的工作，特别指出：力安同志在党的建设方面，是有贡献的。的确，李力安在黑龙江工作期间，非常注重抓党风和党建问题。他一方面是按照中央的部署，紧密结合黑龙江的实际，提出一些有针对性的主张与措施，如清理帮派分子和调配各级领导班子问题，实现干部队伍新老交替问题，重新恢复与贯彻党的思想路线问题，改革开放形势下的党风建设问题等；另一方面，他总结自己多年从事党的工作的经验，围绕党建工作撰写发表了 10 多篇有自己见解的文章。[①] 黑龙江的党建工作，是全国搞得较好的省份之一。在 1981 年 7 月召开的黑龙江省委四届五次全委扩大会议上，李力安就对整党试点工作作了认真的部署。1983 年 3 月，李力安根据中组部召开的整顿党的基层组织试点工作座谈会的精神，召集黑龙江省整党试点工作会议，他强调这次整党试点，一定要认真总结和吸取历次整党的正反两方面的经验教训，突破旧框框，创造新经验，一定要有创新精神，面对新情况，解决新问题，认识新规律，闯出新路子。在李力安的直接领导下，黑龙江的整党试点工作，为稍后黑龙江省全面整党的顺利开展打下了好的基础。或许正是因为李力安在党建方面有着丰富的实践经验，所以在他离开黑龙江省委书记岗位之后不久，中央就调他任中央整党工作指导委员会办公室主任。

1985 年 10 月 25 日，中共中央发出文件，免去李力安的

---

① 据统计，从 1981 年到 1983 年，仅中国人民大学报刊复印资料全文转载的就有 8 篇。

黑龙江省委书记职务，由孙维本接任。对中央的决定，李力安表示：举双手拥护[①]。11月中旬，他与孙维本认真地交接了工作。从这以后的10多年间，他自觉约束自己，从来不干预省里的事情，也再没去过黑龙江省委机关。1986年3月，李力安告别了22年与他息息相关的黑土地，重新来到北京。

1983年末开始的整党，是新时期党的建设中的一件大事。李力安奉调任整党办主任时，第一、二期整党已经结束，第三期整党正在进行，面临着诸多的工作。如对一些不好定性的“三种人”的定性与处理问题，第三期基层整党工作如何分区指导，第一、二期整党中遗留问题的处理和少数单位的验收，本次整党的全面总结和整党成果如何巩固的问题，整党中所发现问题的整改和党风建设制度化的问题等等。李力安按照中央整党工作指导委员会的部署和要求，在胡耀邦和薄一波等同志的领导下，同办公室全体同志一道，深入基层进行调查研究，协调各方面的关系，对处理重要干部问题提供可行方案意见，并先后到郑州、南京和兰州等地，参与召集北方省份、沿海省份和边远省区的整党工作会议，检查工作和总结经验，为这次整党工作的胜利完成，尽了他的一份力量。

对1983年至1987年的整党，有人说是“认认真真地走了过场”。李力安并不这么看，他认为，这次整党尽管有不足之处，但必须肯定是起到了应有的作用。至少表现在三个方面：一是根据中央《关于建国以来党的若干历史问

① 《蒋建农、刘志男、张新访问李力安记录》（2001年10月23日）。

题的决议》的精神，教育干部彻底否定“文化大革命”和所谓无产阶级专政下继续革命的理论，从而进一步统一了全党的思想；二是基本解决了“文革”十年造成的造反派和保守派等派性问题，促进了党的团结；三是从党内，特别是从党和政府的各级领导班子里比较彻底清理了“三种人”，纯洁了党的组织和加强了党的领导。至于说还存在这样那样的问题，一是一次整党不可能解决一切问题；二是解决旧的矛盾后还会产生新的问题。如大量经济犯罪问题的涌现，就是新出现的问题。这是他作为亲历者以历史唯物主义的观点对那次整党做出的中肯评价。①

整党办的工作刚刚完成，1987 年 10 月 6 日中央任命李力安担任中共中央顾问委员会秘书长。在 11 月 1 日举行的中国共产党第十三次全国代表大会的全体会议上，李力安当选为中央顾问委员会委员。设立中顾委是为了解决干部新老交替问题的一个重要举措，是中国共产党历史上的一件创举。对于李力安来说，更是一次新的挑战。作为委员他是退到二线的老同志中的一员，但作为秘书长，他又仍处在第一线，要负责处理好中顾委的日常事务，为中顾委的全体委员服好务，并在发挥中顾委应有作用中，搞好协调工作。关心他的亲友劝他：你也是年近古稀的老人了，不要只忙着工作，也要注意自己的身体。而他却总是乐观地说：“我是我们村的年轻人”②，全身心地投入新的工作。

---

① 《蒋建农、刘志男、张新访问李力安记录》（2001 年 10 月 23 日）。

② 在十三大选出的 200 位中顾委委员中，他的年龄倒数第 8。

李力安任中顾委秘书长的5年间，按照中顾委主任陈云和副主任薄一波、宋任穷，以及中顾委常委会的指示和要求，为中顾委承办和完成党章赋予的职责与中央交办的各项任务，为保持中顾委机关日常运转得顺畅，做组织落实和协调联络工作。同时，他还努力恪尽中顾委委员的职责。1989年5月14日至6月9日，他以中顾委委员身份，奉中央之命率中国共产党代表团赴摩洛哥王国进行友好访问，分别参加了该国独立党和宪政联盟的代表大会；1991年至1992年，他受中央的委托，在中组部统一领导下，作为工作组的组长，先后参与了对3个省市和中央5个部级单位领导班子的考察工作。他还多次利用在外地开会或代表领导看望外省市中顾委老同志的机会，深入基层进行调查研究。例如，1989年12月间他用1个多月的时间，对陕西安康、汉中、商洛等3个地区、4个贫困县的11个极贫困村，进行了深入的调查，向中央写了调研报告。报告得到薄一波等领导同志的首肯，并被批转给有关部门参考、落实。从那时起，如何改变西部（特别是老区）贫穷落后状况成了他不能忘怀的问题。一直到现在，他仍然为扶贫工作而奔波忙碌。

这一时期，李力安最为关注的还是党风和党的建设问题。特别是在经历了1989年政治风波和苏东剧变之后，他考虑最多的是如何保持党的无产阶级纯洁性、先进性和旺盛生命力，巩固发展社会主义制度的问题。1989年8月1日，李力安致信中央领导同志，针对当时极少数资产阶级自由化分子和国外敌对势力，在“民主、自由、人权”问题上，对中国共产党和中国政府的污蔑和诽谤，强调：我们党从成立之日起，就为民主、自由而奋斗，我们现在的目标仍然是要建设富强、民主、文明的社会主义现代化国家。他建议“组织一些党内外的理论工作者，围绕这些问题，认真读点马列的书，深入研究国内外的实际情况，写出一批有深度、有说服力的文章；还可以采取各种形式，帮助群众用马克思主义的阶级观点，来分析不同社会制度下的民主、自由、人权的不同内容和实质，进行群众性的自我教育，使群众在思想上解开疙瘩。”[①]中央领导同志在这封信上作了大段的批示，认为“这个建议很好”，“现在非常有必要发表一些文章，比较系统地、科学地阐明这些概念，澄清各种糊涂认识”。《人民日报》全文发表了李力安的信，并根据中央领导同志的批示撰写了编者按。1990年春，在特定形势下，他向中央建议在没有培养好合格的接替人选的部门，应推迟政治上强、虽然已达退休年龄的同志的退休时间和从工农兵青年中不间断地有计划地定向培养、选拔优秀干部的建议。这两个建议都得到江泽民和其他中央常委的重视，并被采纳。为了推进党风和社会风气的根本好转，1989年1月21日，他和孙大光、萧克等27位中顾委老同志为丧事简办、取消遗体告别仪式和捐献遗体联名上书中央。他们希望通过他们的实际行动，起个带头作用。

随着干部新老交替的逐步完成，随着干部离退休制度的建立与完善，中顾委完成了它的历史使命，党的十四大

① 《人民日报》1989年8月24日。

决定以后不再设党的中央和省市的顾问委员会。根据薄一波关于在年底前结束中顾委善后工作的指示，李力安带领中顾委办公厅的工作人员，在十四大后加紧进行中顾委办公厅的人员安置、文件归档等善后事宜。经过一段时间，完成了中顾委的善后工作。1992 年 12 月 31 日他离开工作了 5 年的设在中南海的中顾委办公室。

努力开创国史研究工作新局面

从 1992 年底以来，中央党史领导小组副组长邓力群几次力邀李力安出任 1990 年新成立的当代中国研究所所长。李力安考虑到自己一直是从事党的具体工作，从来没有在学术研究领域工作过，因而一再推辞。邓力群就商请主持中央党史领导小组工作的另一位副组长薄一波，向中央请示。经薄一波当面口头请示江泽民批准，李力安于 1993 年 5 月份开始到当代中国研究所上班，了解情况，9 月份正式就任所长。此时，李力安已经 73 岁了，他不曾想，在这个岗位上又干了 7 年多。

根据中央批准的报告，当代所在中央党史领导小组副组长邓力群的直接指导下开展工作。李力安到任时，当代中国研究所的机构设置和人员调配已经初具规模，国史稿的编写也已经由选题论证进入撰稿阶段。但当代所毕竟是个新建单位，亟待解决的问题还很多。李力安认为首先要明确领导体制。经请示领导同意，当代所实行所长负责制，创立时设的所务委员会发挥学术咨询指导作用，因为当时是由党史领导小组领导的单位，所以暂未建立党组，决定重大问题的是所长办公会[①]，实行集体领导。第二是抓队伍的思想建设。在教育干部充分认识国史研究事业在推进建设有中国特色的社会主义事业中的重要意义、增强爱岗敬业精神的同时，7年多来，他一再强调，当代所的研究人员在工作中必须加强对科学社会主义基本理论的学习，自觉地执行和宣传党的十一届三中全会以来的方针路线，坚决同党中央保持一致，切实树立起无产阶级的世界观，用马克思主义的立场、观点和方法研究国史和现实问题。第三是加强制度建设。他和所领导班子的其他成员及各部门的负责人一起，参照中央和国务院的有关规定，广泛地借鉴学习相关单位的经验，逐渐摸索修正，建立起当代所行政、人事、科研和后勤管理等一套规章办法。

在党中央、国务院和有关部委的支持、关怀下，在中央党史领导小组的具体领导下，经过全所同志的共同努力，几年来，当代所从无到有，建起了办公楼、图书资料楼，部分无房职工分得了住房；围绕国史研究这一中心工作，设置和充实了科研、编辑、档案资料、行政、后勤等机构；在胡乔木家属捐赠图书的基础上，建起专业的小型图书馆，加强了专业学术刊物和专业出版社的建设；初步理顺了与上级各对口部门的关系，逐步形成了一支科研和行政管理的干部队伍。

在国史研究上，李力安强调坚持无产阶级的立场和历史唯物主义观点，坚持以马列主义、毛泽东思想、邓小平

---

① 正副所长和秘书长为办公会成员。

理论，以及《关于建国以来党的若干历史问题的决议》和三中全会以来党的历次代表大会的精神为指导，要认真调查研究，加强口述史和活材料的整理、抢救，尽可能多地掌握第一手材料，实事求是地叙述历史过程，要搞清每一重大事件和决策的历史环境和背景，要明辨是非，要不讳过不溢美，重在总结经验教训，找出规律性的东西，要维护国家、人民的利益。

每当谈起当代所的中心工作——国史研究，李力安总是说："我是国史研究战线一个年老的新兵"，"直到离职之前我还没有完全进入所长这个角色"。实际上，7 年来他虚心地学习和钻研国史，努力做到"干一行，爱一行，学一行"。凡是在当代所工作过的同志，都难以忘记 70 多岁的老所长，在大大小小的会议上，戴着花镜，曲着身子，认真记笔记的形象；当代所已经出版和成稿的《中华人民共和国史稿》序卷和第一、二、三、四卷书的每一次修改稿[①]，都留下他密密麻麻的批注和修改意见。这些批注，大到书稿结构和指导思想，小到具体观点、错别字，甚至是标点符号，无不凝结了他刻苦钻研的心血。在他和全所同志的努力下，当代所的科研工作取得了一系列的重要成就，受到领导的肯定和学术界的好评。

除了主持或组织所里的科研项目外，李力安本人还在《当代中国史研究》《光明日报》《党建研究》《内部文稿》《中共党史研究》《高校理论战线》《求是》等报刊上，发表

---

① 有的卷已经四易其稿。

了20多篇国史和党建方面的学术论文。这些论文不仅在政治上观点鲜明，而且在学术上也有自己的见解，其中有5篇论文被《人民大学报刊复印资料》全文转载，还有一些被《人民日报·内参》《解放军报·内参》《报刊文摘》，以及一些书籍转载或收录，产生了一定的影响。

在当代中国研究所工作的后期，李力安考虑得比较多的，是国史学科的建设和国史研究如何联系实际、如何在社会主义物质文明和精神文明建设中发挥更大的作用。2000年初，他撰写发表了《努力开创国史研究工作的新局面》一文，就完成纪念建国50周年阶段性的国史研究任务之后，当代所和国史学科的发展提出了具体的设想，并比较系统地论述了国史研究的对象、特点、理论指导和方法论，及其与党史、中国通史的联系和区别，他还特别强调国史研究工作者一定要注意解决观点、立场和理论联系实际的问题。接着他作为课题组组长到山西，与山西史志研究院、山西省教育厅等单位商定，合作开展以山西为依托的“大中小学国史教育情况调查”，以期在今后能够更有的放矢地开展国史研究和国史教育。这个课题后被列为国家“九五”重点社科规划项目。4月下旬，他组织当代中国研究所与安徽省社科院一起在合肥举办当代地方史工作研讨会，以期进一步推动地方史研究工作的开展。李力安在会议开始时作了主题发言。9月15日，他参加当代所和中华人民共和国国史学会召开的全国国史研究方法论研讨会，同与会同志进一步探讨了国史研究的立场、观点和方法问题。9月29日，他在《光明日报》上发表《“总结历史，说明现在，探索规律，启示未来”——

深入开展中华人民共和国国史的研究和宣传工作》一文，号召“要认真关注现实问题”。在此前后，李力安和几位副所长还非常关注培养国史专业硕士生和博士生的问题，并具体指导了当代所与河北师范大学联合申报国史专业博士点和共同培养硕士生的工作。2000年9月，全国第一批中华人民共和国国史专业硕士生开始入学。

从1997年夏季开始，鉴于自己年迈体衰，李力安用口头或书面形式多次正式向组织和中央领导报告，请求批准他不再担任当代中国研究所所长职务，但由于各种原因，三四年没有结果。在中央的最后决定下达之前，他一面不断地向上级申诉他的请求，一面努力克服各种困难，继续在所长的职务上兢兢业业地工作着。

2000年12月28日，中共中央正式批准了李力安不再担任当代中国研究所所长职务的请求。翌年元月2日，中共中央政治局委员、中国社会科学院院长李铁映，在当代所新老所长交替干部大会上，高度评价李力安在当代所的工作，认为“在他的领导下，当代所取得了目前这样的成绩，可以说他已画上了一个圆满的句号”①。

永不歇息的革命家

李力安是一个闲不住的革命老人，从15岁入党到80

① 2001年1月2日，李铁映在当代中国研究所新老所长交替干部大会上的讲话录音记录稿。

岁不再担任实际领导职务，他把自己的一生都献给了他执著追求的共产主义事业。不仅是组织交付的任务，他无条件地接受，努力地去完成。比如在他任当代中国研究所所长期间，他就曾两次受中央组织部的委托，率工作组分别对福建省和国家科委的领导班子，各进行了为时一个多月的届中考察。即使是组织上没有布置的事情，作为一名共产党员，只要是对人民、对党的事业有益的事情，他看到了、想到了，也都会主动地提建议，尽可能地帮助去做。他经常利用出差的机会搞社会调查，比如，1993年春，他到云南对工业企业中党的工作做调查；1994年在深圳做过农村支部工作的调查；1995年12月，他到锦州农业试验区调研；1996年11月，他去温州进行股份合作制和新建经济组织党建调研；1997年5月，他去苏南等地进行乡镇企业改制调研；1998年6月，他到闽西、赣南进行老区建设和党史工作调研；1999年3月，他到山西的晋城、晋中等地进行基层党组织建设情况调研。每次调研回来，他都要认真地整理搜集来的资料，撰写调研报告，报送中央领导和有关部门参阅。有的调研报告还被报刊公开发表。

李力安还在一些社会团体中有许多兼职。从1987年当选为中顾委委员后，他先后担任了中国扶贫基金会、中国关心下一代工作委员会、延安精神研究会、中华人民共和国国史学会、中国炎黄文化研究会、中国历史唯物主义学会、全国党建研究会等社会团体的顾问，他是陕西省扶贫顾问和中国儿童少年基金会副会长，并直接主持了全国中共党史人物研究会和中国中外名人文化研究会的工作（分别担任会长和理事长），做了大量的实际工作。以全国中共党史人物会的工作为例：他自1991年担任会长以后，指导制订了《中共党史人物传》50—100卷的编撰规划。在每年召开的工作会议和常务理事会议上，他强调传记的政治性、史料的真实性和文字的精练朴实性。他要求传记作者和编委应认识这项工作的重要意义，要认真负责、一丝不苟，争取做到尽善尽美，充分发挥党史人物传记的资政育人作用。李力安同志对党史人物研究会经费上的困难境况十分关心，他一方面勉励研究会的同志艰苦奋斗，克服困难，把工作做好，同时又千方百计地设法为研究会筹措经费。在他的努力下，大大改变了经费困难的状况，基本满足了研究会所需的编审出版和日常活动的经费开支。在他的主持下，《中共党史人物传》在前一届理事会完成了50卷的基础上，又编写出版了33卷，在2001年建党80周年之际，又编辑出版了10卷《中共党史人物传》（精选本）。这样，为共约1200多位党的第一、二代领导集体的主要领导人和著名烈士立了传。党史人物研究会的工作得到了陈云、李先念、杨尚昆等老一辈革命家的关怀。李鹏等中央领导同志也曾为这项工作致信或题词。2002年4月17日，曾庆红在一个批示中再次肯定这项工作是“有重要意义的事情”，他认为：“中共党史人物研究会自成立以来，在中共党史人物的资料征集、人物研究、精神风范的宣传等方面做了大量的工作，取得了显著的成绩。”①

① 2002年4月17日曾庆红在《中共党史人物传研编情况的汇报》上的批示。

从当代所所长职务上退下来以后，李力安仍在考虑着如何发挥一名老党员的作用。正如他在回答《太原日报》记者关于退下来后干些什么的提问时所说："职位有进退，但共产党员的身份不存在退的问题。做群众工作、对青少年进行宣传教育、搞一些力所能及的调查研究、写一些宣传爱国主义和共产主义思想的文章，总之，想做的事情很多。只要我脑子能运转、嘴巴能说话、腿能走路，我就会发挥一个党员应起的作用。"

李力安是这样说的，更是这样做的。在2001年初从正式的领导岗位上退下来之后，这一年，他围绕纪念建党80周年，先后在《求是》《当代中国史研究》《紫光阁》《奋斗》《中华魂》等杂志上，撰写发表了5篇文章，还多次参加相关的纪念座谈会和报告会，并在会上即席发言，热情歌颂党的光辉历史，积极宣传党的基本路线。除在北京参加活动外，他还不顾年高体弱，又几次到外地进行调研。这年的4月底，李力安到湖南长沙主持召开《中共党史人物传精选本》的出版座谈会和党史人物写作研讨会；这年的"七一"前后，他到河南许昌参加"杨水才纪念馆开馆仪式"①，然后又到长葛县和临颍县的农村参观、座谈，并和南街村的干部群众共庆党的80岁生日；8月，他利用在黑龙江省休假的机会，对一些县市主要领导干部更迭过于频繁的情况进行统计和调查，回来后，他就黑龙江一些地方一、二把手更换过于频繁、不利于当地的稳定和发展这一问题，

① 《许昌日报》，2001年7月1日。

提请有关部门的领导关注；9月初，他到陕西省榆林地区进行防风治沙和西北开发问题调研；10月底，他又亲赴太原市，召集“山西大中小学国史教育状况课题组”的同志讨论修改调查报告。退下来的他，比在岗位上更忙碌了。1990年7月19日，李力安在他70岁生日的自勉诗中写道：“以身许党年少时，事业方兴已古稀。内忧外患今犹在，敢吝余生息征蹄。”这首诗深刻地反映了他要为共产主义事业奋斗不息的崇高思想情操。

自从抗战开始离开家乡以后，他很少有机会回去探望，但是对家乡的眷恋和怀念却始终缠绵不断。无论在什么地方，什么时候，只要遇到家乡人，或是听到有关家乡的信息，看到有关五台县、忻州地区以至山西省的报道，都能引起他的注意，专心地看下去，听下去。十一届三中全会以后，他利用外出机会，数次顺路回家乡探望。他不仅对家乡改革开放以来的巨大变化由衷地感到欣慰，并且根据当地生产和生活实际情况提出许多好的思路和建议。1977年他将土改时家里分得的房屋，无偿地交给村里，还多次向五台县图书馆、槐村的两所学校捐献图书。这些深情的关怀，已经溶入于家乡的发展建设之中。随着他年事的增高，家乡人民对他的惦念也在不断地增加。

（执笔人：马正英、李云桥、蒋建农）

附录二

1993—2002年李力安主要著述目录

一、参与编写的著作：

《当代中国》丛书编委。

《当代中国人物传记》丛书编委。

《中华人民共和国国史稿·序卷》副主编之一。

《中华人民共和国国史百科全书》副主编之一。

《中华人民共和国地方简史》丛书主编之一。

《祖国宝岛台湾》（“彩图本”“中学生本”“小学生本”）主编。

《毛泽东与我》丛书编辑委员会主任。

《逆境中的伟人》套书主编。

《中国人民解放军将帅图集》主编。

《中华人民共和国年鉴》主编之一。

另：曾担任大型电视片题片《新中国》总策划。

并作为课题组组长主持完成国家九五社科规划重点研究项目——《大中小学国史教育状况调查》。

二、文章和讲话：

1993年

［1］2月15日，加强领导、加快速度，力争提前实现《中共党史人物传》第51—100卷的编纂出版目标——在中

共党史人物研究会第二届理事会第二次（扩大）会议开幕式上的讲话。

［2］2月17日，在中共党史人物研究会第二届理事会第二次（扩大）会议闭幕式上的讲话。

［3］6月12日，在“93中国信息发布万里行”新闻发布会上的书面讲话。

［4］《撰写〈中共党史人物传〉应注意的问题——在中共党史人物研究会大连审稿会上的讲话》。

［5］9月21日，在当代所第四十六次办公会议上的讲话。

［6］10月30日，在“毛泽东”征文活动获奖征文颁奖仪式上的讲话。

［7］11月5日在“学习百强县，大步奔小康”座谈会暨《中国百强县党组织与改革发展纪实》大型系列丛书首发式上的发言。

［8］11月24日，给北京《人事工作》的稿件《在毛泽东思想哺育下成长》。

［9］12月15日，《当前党建中需要加以解决的问题》。

1994年

［1］5月7日，在当代所办公扩大会议上的讲话。

［2］6月28日，在北京当代服务中心开业典礼会上的讲话。

［3］9月14日，在中共党史人物研究会黄山审稿会上的讲话。

［4］10月，在历史唯物主义学会等单位召开的“全

国社会主义市场经济与党的建设理论研讨会”会上发表讲话——《谈谈坚持和加强民主集中制的问题》，后收入该次会议的论文集。

1995年

[1] 2月23日，在中央直属单位党史人物传记工作会议上的讲话。

[2] 3月，在《中华人民共和国年鉴》编写研讨会上的发言。

[3] 4月10日，在“苏南模式和江阴的实践——邓小平关于农业两次飞跃理论研讨会”上的讲话，4月25日《光明日报》以《坚持走共富裕的道路》为题摘要发表。

[4] 5月15日，在国史稿第一卷上半卷讨论会上的讲话。

[5] 5月22日，在国史稿第一卷审稿会上的第二发言。

[6] 6月15日，在中直单位党史人物传写作研讨会上的讲话。

[7] 6月27日，在当代所全体干部会上《关于领导问题）的报告，后经充实修改，以《关于领导问题浅谈》为题发表于2001年第4期《当代中国史研究》杂志。

[8]7月4日，在国史稿第一卷下半卷讨论会上的发言。

[9] 7月5日，在国史稿第一卷下半卷第二次讨论会上的发言。

[10] 8月7日，在纪念恽代英诞辰一百周年学术讨论会上的讲话，后收入华中师大出版社的该次讨论会的论文集。

［11］11月10日，在全国中共党史人物研究会第二届会员代表会议上的报告。

［12］11月29日，《牢固地树立正确的人生观——重读〈纪念白求恩〉》，发表于全国党建研究会关于“讲政治”问题的专题论文集。

［13］12月10日，在“胡乔木藏书、档案资料捐赠仪式”上的讲话，后刊登于《当代中国史研究》1996年第1期。

1996年

［1］1月8日上午，在山西史志工作会议上发表《搞好史志研究发挥山西在精神文明建设的资料优势》的讲话，该讲话作为会议文件下发。

［2］1月8日下午，在《当代山西史》编写工作座谈会上的讲话。

［3］3月25日，在中央国家机关中共党史人物传第二次写作研讨会上的讲话。

［4］5月27日，在当代所学术讨论会上的讲话。

［5］7月1日，应邀在外交部非洲司做党课报告。

［6］7月22日，为当代所搜集和使用档案问题致中办副主任兼中央档案馆馆长王刚同志信。

［7］8月15日，接受黑龙江省机关刊物《奋斗》记者的采访，谈话记录后以《执纪监督从严治党》为题发表。

［8］8月19日，为执政党阶级基础学术讨论会提交论文《永远坚持共产党的无产阶级先锋队性质》，在会上宣讲后，先刊于全国党建研究会的会刊——《通讯》1996年第4期，后收入此次讨论会的专题论文集中。

［9］9月4日，在当代所办公会上的讲话。

［10］9月25日，在“纪念手工业社会主义改造基本完成四十周年暨城镇集体经济研讨会”上的讲话。

［11］10月18日，在中国文联“晚霞工程”新闻发布会暨向老文艺家赠书仪式上的讲话。

［12］10月22日，在纪念三大改造基本完成、《论十大关系》发表、党的八大召开40周年学术讨论会上，做学术报告《沿着建设有中国特色社会主义道路前进——纪念〈论十大关系〉讲话发表40周年》，该文发表在《当代中国史研究》1996年第6期，后收入该次讨论会的论文集。

［13］10月29日，为《长征画典》所作的序言在《光明日报》上发表。

［14］11月9日，在福州新大陆集团公司全体员工大会上的教育报告——《爱我国家爱我人民》。

［15］11月7日，在《组织人事报》发表《当前我们怎样增强党性锻炼》一文。

［16］11月27日，为中组部经济干部局做如何进行干部考核工作的报告。

［17］12月16日，给振兴五台经济促进会关于发展五台经济的报告。

［18］12月，分别撰写“温州调研观感”和“关于温州基层党建工作观感”。

1997年

［1］1月3日，撰写1996年度个人总结——《我的述职报告》。

[2] 1月8日，在当代所工会代表会议上的讲话。

[3] 2月26日，在中央国家机关党史人物传第三次写作研讨会上的讲话和闭幕式上的讲话。

[4] 2月，撰写《继承小平同志遗志造就一代代革命事业接班人》，发表1997年第2期《党建研究》。

[5] 3月，参加中国研究唯物主义学会等召开的所有制问题学术讨论会，做题为《全面准确地理解和贯彻“以公有制为主体、多种经济成分共同发展”的战略方针》的学术报告，该文发表于1997年3期《当代思潮》，《解放军报·内参》和人大报刊复印资料分别全文转载。

[6] 4月1日，为《中国共产党党史镜鉴》所作的序言《领导干部要重视党史的学习和研究》在《人民日报》上发表。

[7] 4月25日，接受《退休生活》记者采访，谈香港回归的意义。

[8] 5月2日，为中办老干部局、当代中国研究所青年同志上党题，题目是《发扬爱国主义传统，做一个推动社会进步有益于人民的人》，该报告后被中直工委评为优秀党课报告。

[9] 5月，去苏州调研，回来后同程中原等同志撰写采访王敏生稿《苏南乡镇企业是怎样异军突起的》，后收入《中华人民共和国要事口述史》一书。

[10] 5月，去张家港市调研，回来后同程中原同志撰写采访秦振华稿《张家港市乡镇企业是怎样开拓前进的》，后收入《中华人民共和国要事口述史》一书。

［11］6月，在《内部文稿》1997年第3期发表《关于温州股份合作制的思考》一文，后被人大报刊复印资料全文转载。

［12］7月，为《中国人民解放军将帅图集》作序，该序言后在《光明日报》发表。

［13］7月14日，在当代中国研究所、中华人民共和国国史学会等单位召开的纪念《关于正确处理人民内部矛盾的问题》发表40周年学术讨论会上，做《关于阶级分析方法的现实意义——纪念〈关于正确处理人民内部矛盾的问题〉发表40周年》的学术报告，该文发表于《当代中国史研究》1997年第6期，后被收入该次讨论会的论文集。

［14］9月14日，在“十五大”小组会上发言，刊载于会议简报244号。

［15］9月24日，传达十五大精神推进国史研究和做好各项工作。

［16］10月6日，在全国中共党史人物研究会常务理事扩大会议上，做辅导学习“十五大”的报告。

［17］10月9日，在中外名人文化研究会做“十五大”辅导报告。

［18］10月22日，在“中苏关系冷战”国际学术讨论会开幕式上的讲话。

［19］11月4日，在当代所专业技术职称评审工作动员大会上的讲话。

［20］11月24日，就陕西商洛扶贫事致信姜春云、陈俊生同志，并附有关报告。

［21］12 月 9 日，在当代所年终干部考核动员会上做“关于考核工作的几点意见”的报告。

［22］在《中共党史人物传》审稿会（北京）上的讲话。

［23］12 月 19 日，撰写《1997 年度个人述职报告》。

1998 年

［1］1 月 17 日，当代所、中央电视台等单位召开的电视专题片《新中国》选题讨论会上的讲话。

［2］1 月，在历史唯物主义学会等单位召开的纪念《共产党宣言》发表 150 周年座谈会上的讲话，后发表于 1998 年第 3 期《高教理论战线》。

［3］2 月 23 日，《太原日报》刊出的采访李力安同志的通讯《正气生辉》。

［4］2 月 27 日，在古井集团企业管理研讨会上的讲话，《关于对国有大中型企业负责人的监督和管理问题》，后被新华社内部刊物《动态清样》摘要刊出。

［5］3 月 7 日，撰写简讯——《俄国学者齐赫文斯基对中苏关系的一些观点》，刊登于第 1 期《国史情况》反映。

［6］4 月，为《党和国家重大决策的历程》一书作序《写在前面的话》，后在《人民日报》摘要发表。

［7］5 月 15 日，在全所干部大会上做关于为建国五十周年献礼的动员报告。

［8］6 月 2 日，在全国中共党史人物研究会在南昌召开的写作经验交流会上的讲话。

［9］5 月 27 日至 6 月 2 日，在厦门、龙岩调研时的谈话要点，刊登于《福建党史》第 8 期。

［10］7 月 1 日，撰写闽西、赣南参观观感（调研报告）。

［11］7 月 30 日，在纪念《退休生活》创刊十五周年大会上的讲话，第 10 期《退休生活》以《引导老同志深入学习邓小平理论》为题发表。

［12］7 月 31 日，在黑龙江省地方志学会成立大会上的讲话，后以“黑志办〔1998〕14 号”文件下发。

［13］8 月 1 日，在黑龙江省委党校五十周年校庆纪念会上的讲话。

［14］8 月 20 日，为印尼华侨妇女受迫害事致信顾秀莲和陈慕华。

［15］9 月，在当代山西研究会成立大会暨山西省史志院纪念十一届三中全会召开二十周年学术讨论会上的讲话（刊于《当代山西研究会创会专刊》），后以《当代史研究的理论思考、政治思考和现实思考》为题发表在 1999 年第 1 期《当代中国史研究》。

［16］12 月 9 日，在当代中国研究所等单位召开的“纪念十一届三中全会召开二十周年研讨会”上的书面发言，后以《深入学习邓小平理论全面准确地理解和贯彻党的基本路线》为题，发表于 1998 年第 6 期《当代中国史研究》，人民大学报刊复印资料曾全文转载。

［17］12 月下旬，撰写《重温 20 年前邓小平视察黑龙江的谈话》，发表于 1999 年第 2 期《中共党史研究》和 1998 年 12 月 23 日的《黑龙江日报》。

1999 年

［1］3 月 23 日，给《党建研究》创刊 10 周年的贺词。

[2]《回忆1978年邓小平视察黑龙江时关于改革的谈话》，发表于《瞭望》1999年第3期；1999年2月1日的《报刊文摘》于第一版头条摘要刊出。

[3] 3月23日至26日，在山西晋城、晋中等地调研时关于基层党建问题的即席讲话。

[4] 5月10日，为筹备《当代中国》丛书暨电子版出版完成总结表彰大会事给中宣部龚心瀚、丁关根同志的信。

[5] 5月11日，撰写“我对北约侵略南斯拉夫·导弹袭击我驻南使馆的看法和建议”，送交有关方面，后由《人民日报·内参》刊出。

[6] 6月29日，应中央党史研究室之约审读《中国共产党历史》中卷后，撰写《读〈中国共产党历史〉中卷的一些感受和建议》，送党研室参考。

[7] 9月1日，在当代中国研究所等单位召开的纪念建国五十周年学术讨论会上的讲话——《对中国社会主义改造问题再认识的认识》，《当代中国史研究》第5—6期合刊全文发表，《人大报刊复印资料·中国现代史》2000年第5辑全文转载，并收入该次讨论会的论文集。

[8] 10月8日，在“三讲”教育中的“自我剖析”。

[9] 10月13日，接受南阳市党史办李保铨同志采访“三年自然灾害期间南阳调查”情况的谈话记录。

[10] 10月13日，在《光明日报》发表《用党领导人民进行革命、建设和改革的历史教育党员干部》一文。

[11] 在《对中国社会主义改造问题再认识的认识》一文基础上，改写的《社会主义初级阶段与新民主主义社会

的区别与联系》，分别在《史志研究》1999 年第 4 期和《当代思潮》1999 年第 6 期发表，另《人大报刊复印资料·社会主义研究》2000 年第 2 期全文转载。

［12］9 月 29 日，在当代所庆祝建国五十周年联欢会上的即席讲话。

［13］10 月 14 日，“三讲”期间，在当代所处以上干部会上关于正确对待群众意见的讲话。

［14］11 月 24 日，同当代所工会负责同志关于工会工作的谈话。

［15］11 月 27 日，在全国党建研究会召开的“中国共产党执政五十年历史经验”学术讨论会上的讲话《世纪之交的干部“四化”建设问题》，发表于 2000 年第 1—2 期合刊《党建研究内参》，后收入党建读物出版社出版的《中国共产党执政五十年的基本经验》一书。

［16］12 月 18 日，在《中共党史人物传》审稿会上的讲话。

［17］12 月底，撰写 1999 年度述职报告。

2000 年

［1］1 月 11 日，在全所职工会上的讲话。

［2］2 月 1 日，在春节团拜会上的讲话。

［3］4 月 4 日在当代所行政干部会上做关于如何做好机关党的工作的讲话。

［4］4 月 26 日，在合肥召开的中华人民共和国地方史工作研讨会上做主题报告《努力开创国史研究工作的新局面》，后发表于 2000 年第 4 期《当代中国史研究》。

［5］4 月 27 日，在中华人民共和国地方史工作研讨会上的总结讲话，刊于《安徽省社会科学院要报》第八期。

［6］6 月 30 日，在嘉兴召开的全国党史学术研讨会上的即席讲话。

［7］应《求是》之约完成《革命化是干部队伍“四化”建设的当务之急》一文，后以《谈谈世纪之交干部队伍的“四化”建设问题》为题发表于 2000 年第 16 期《求是》杂志。

［8］9 月 15 日，在国史研究方法论学术讨论会开幕式上讲话——《谈谈国史研究的指导思想和方法问题》，发表于 2000 年第 5 期《当代思潮》。

［9］9 月 29 日，《光明日报》发表《“总结历史，说明现在，探索规律，启示未来”——深入开展中华人民共和国国史的研究和宣传工作》。

［10］10 月 10 日，在上海召开的《中共党史人物传》审稿会上发表讲话，阐述全国党史人物研究会今后的工作和发展方向问题。

［11］10 月 17 日，在当代中国研究所纪念抗美援朝战争爆发五十周年学术座谈会上的讲话《抗美援朝保家卫国》、后作为这次会议综述的一部分发表在《当代中国史研究》2000 年第六期。

［12］11 月 5 日，撰写 2000 年年度述职报告。

［13］11 月 19 日，在东生所著《天地颂——“两弹一星”内幕》一书出版座谈会上的发言。

［14］12 月 17 日，关于《新华词典修订问题》分别致信有关领导，后教育部长陈至立、中宣部副部长龚心瀚和

国家新闻出版署署长石宗源同志分别批复给有关部门、调查处理。

2001 年

[1] 1 月 2 日，在当代中国研究所新老所长交替时召开的干部大会上的讲话。

[2] 6 月 16 日，在《求是》杂志召开的纪念中国共产党建党 80 周年座谈会上发言，后以《作始也简，将毕也钜》为题发表于 2001 年第 13 期《求是》杂志。

[3] 7 月，《在新形势下大力加强机关党的建设》，发表于 2001 年第 10 期《紫光阁》杂志。

[4] 7 月，《做一名新形势下合格的共产党员》，发表于 2001 年第 7 期《中华魂》杂志。

[5] 7 月，《让党的光辉照耀新世纪的征程》，发表于《奋斗》杂志 2001 年 7 期。

附录三

2002 年以来李力安主要著述活动[①]

2002 年

[1] 2 月，参加全国党建研究会年会时的书面发言——《在非公有制企业的工人群众中开展党建工作之我见》，后发表于《党建研究参考》。

[2] 4 月 27 日，在中办老干部局党支部的书记学习班上的发言。

[3] 5 月 15 日，在《求是》杂志社召开的纪念毛泽东同志《在延安文艺座谈会上的讲话》发表 60 周年座谈会上的发言——《为什么人的问题是一个根本问题》，发表于 2002 年第 11 期《求是》杂志。

[4] 5 月，中共党史人物研究会在重庆召开第三次会员代表大会，决定聘请邓力群、李力安为名誉会长，选举中央党史研究室主任孙英为会长。

2003 年

[1]《为中国特色社会主义事业竭尽全力》，《中华魂》2003 年第 1 期。

[2] 太原举行招商旅游年暨纪念建城 2500 年大会。

[3] 9 月 13 日，出席当代中国研究所与江西省社科院

① 李力安同志 2001 年不再担任当代中国研究所所长后，当年的著述目录见附录二；这里列举的是媒体公开发表或报道的他自 2002 年以来的主要著述活动简表。

联合在井冈山召开的全国第三届国史学术年会，并作题为《对研究新中国历史的粗浅认识》的讲话。

2004年

［1］《党史文汇》2004年第2期发表杨松、马正英的专访《矢志不渝跟党走——访当代中国研究所原所长李力安》。

［2］《中共党史研究》2004年第3期刊登滕文生、李力安、龚育之、贺光辉、马胜荣等在《薄一波》画册出版座谈会上的发言。

［3］《在庆祝中华人民共和国成立55周年座谈会上的讲话》,《当代中国史研究》2004年第6期。

2008年

［1］《回忆薄一波同志对我的言传身教》,《党史文汇》2008年第5期。

［2］在纪念王震同志诞辰100周年座谈会的发言《王震永远活在我们心中》,《中华魂》2008年第5期。

［3］《谈口述史资料的重要性》,《世纪桥》2008年17期刊登中共黑龙江省委党史研究室对李力安的专访。

2009年

［1］8月26日下午，出席在人民大会堂举行的中华人民共和国国史学会第四届理事会成立大会。

［2］《新中国"新"在哪里》,《百年潮》2009年第10期。

［3］《回忆宋任穷同志》，载《宋任穷纪念文集》，中共党史出版社2009年出版。

［4］《充分发挥党员作用的思考》,《党建研究》2009年

第 9 期。

2010 年

《弘扬延安精神，是我的责任》，《黑龙江日报》8 月 24 日。

2011 年

［1］《坚定信仰 高举旗帜 正视历史 依靠群众》，《光明日报》4 月 1 日。这是作者 3 月 1 日在中国社会科学院世界社会主义研究中心、社会科学文献出版社在京联合举办的《居安思危——苏共亡党 20 年的思考》专著发布会的发言。

［2］《如何对待历史关系民族兴衰》，《中国社会科学报》3 月 22 日。

［3］7 月 2 日，出席全国先进基层党组织和优秀共产党员、优秀党务工作者代表纪念建党 90 周年座谈会并在会上发言。会前，中共中央总书记胡锦涛会见全体与会人员，座谈会由习近平同志主持。

［4］10 月 17 日，视察重庆市廉政教育基地并为基地题词。刊载于《重庆日报》。

［5］11 月 9 日，出席中国延安精神研究会在北京召开“一史两志”（即党中央在延安 13 年编年史、陕甘宁边区志和延安地方志）课题研究工作汇报总结会议并发言。

2012 年

［1］6 月 26—29 日，赴棉花生物学国家重点实验室参观考察并题词：“研究好棉花就是最好的为人民服务”。

［2］《二十年风雨写春秋》，《光明日报》9 月 28 日。

［3］到南街村考察。

［4］参观考察苏州旺山新农村建设情况。

2013年

［1］1月9日，向八路军纪念馆捐赠的日军大衣、手套等文物，并接受纪念馆人员的口述史采访。

［2］《“资本主义永恒”神话失色，社会主义前途光亮显现》，《红旗文稿》2013年第2期。

［3］《〈国史稿〉的立场、观点与方法》，《当代中国史研究》2013年第4期。

［4］5月13日，出席中国社会科学院世界社会主义研究中心举办的“《居安思危·世界社会主义小丛书（第二辑）》、《世界社会主义黄皮书（2012—2013）》发布暨帝国主义转折新特点和社会主义新实践”学术研讨会，并作题为《坚持和发展科学社会主义》的发言。

［5］10月26日，赴湖北十堰考察调研。

［6］出席在哈尔滨召开的弘扬延安精神理论研讨会，并接受《黑龙江日报》记者的专题采访。

［7］接受专访：《晚霞红似火，余晖比朝阳——访原中央顾问委员会秘书长、原黑龙江省委书记、中国关工委顾问李力安》。

2014年

［1］《解决好依靠谁 团结谁 反对谁的国家安全发展大问题》，《世界社会主义研究动态》。

［2］《把系统掌握马克思主义基本原理作为党员干部的看家本领》，《红旗文稿》2014年第13期。

［3］《毛泽东关于党员干部学习的论述及其现实意义》，

《世界社会主义研究动态》。

2015年

［1］9月2日上午，在人民大会堂出席并接受中共中央总书记、国家主席、中央军委主席习近平向30名抗战老战士老同志、抗战将领、为中国抗战胜利作出贡献的国际友人或其遗属代表颁发的纪念章。

［2］《直观反映抗战历史进程——贺〈中国抗日战争史地图集〉再版》，《光明日报》10月13日。

［3］《怀念老战友野萍同志》，载《洪流细浪——陈野萍百年诞辰纪念文集》，党建读物出版社2015年出版。

［4］《毛泽东关于党员干部学习的论述及其现实意义》，载李慎明主编：《世界社会主义黄皮书》。

2016年

［1］《忆国史研究事业的开创者——邓力群同志》，《当代中国史研究》2016年第1期。

［2］《西柏坡全国土地会议前后》，《百年潮》2016年第7期。

［3］《我在山西的革命岁月》，《党史文汇》2016年第10—12期。

［4］《为“潘、杨、王”事件甄别平反及其他》，《党史博览》2016年第6期。